## BIBLIOTECA DE SABIDURÍA Y COMPASIÓN

*Biblioteca de sabiduría y compasión* es una serie de varios volúmenes en los que Su Santidad el Dalai Lama comparte las enseñanzas del Buda sobre el camino completo hacia la completa Iluminación y que él mismo ha practicado durante toda su vida. Los temas están dispuestos especialmente para las personas que no han nacido en una cultura budista, pero se han visto seducidas por la perspectiva singular del Dalai Lama. Asistido por su antigua discípula la monja americana Thubten Chodron, el Dalai Lama establece el contexto para practicar las enseñanzas del Buda en los tiempos modernos y, a continuación, revela el camino de la sabiduría y la compasión, que dirige hacia una vida significativa y un sentimiento de realización personal. Esta serie es un puente importante entre los temas introductorios y los más complejos para quienes buscan una explicación profunda en un lenguaje contemporáneo.

# UN ACERCAMIENTO AL SENDERO BUDISTA

El Decimocuarto Dalai Lama
Bhiksu Tenzin Gyatso
*Y*
Bhiksuni Thubten Chodron

*Ediciones Amara*
*Apartado 995*
*07760 Ciutadella*
*Menorca*
*www.edicionesamara.com*

Título original: *Approaching the Buddhist Path*
Por cortesía de Wisdom Publications

Publicado por vez primera en 2018 por Ediciones Amara.
Ciutadella de Menorca. Illes Balears.



Impreso en España / Printed in Spain



ISBN de la obra: 978-84-95094-62-9
Depósito Legal: ME 766-2018

# Contenido

## Prólogo por S.S. el Dalai Lama

El mundo en el que vivimos es muy diferente del mundo en la época del Buda, pero aun así tenemos las mismas aflicciones y todavía experimentamos sufrimiento físico y mental. Mientras que la verdad de las enseñanzas del Buda ha trascendido las eras históricas, el modo en que se han presentado a los practicantes en un momento dado se ha visto influido por la cultura específica, el entorno y los desafíos económicos y políticos. Yo animo a que seamos budistas del S. XXI, personas cuya visión está enraizada en el mensaje de compasión y sabiduría del Buda y que además tienen un amplio conocimiento de muchos campos, como la ciencia –especialmente la neurología, la psicología y la física y otras religiones–.

Nuestro conocimiento del budismo debe ser extenso, no limitado a un solo tema, práctica o tradición budista. Deberíamos tratar de aprender acerca de las enseñanzas y prácticas de otras tradiciones budistas y comprender cómo se adaptan a las disposiciones e intereses particulares de las personas que las practican. Deberíamos también incluir algunas de esas enseñanzas en nuestra propia práctica. De este modo, apreciaremos mejor el talento del Buda como maestro, lo que reducirá el sectarismo que nos limita a los budistas, pudiendo así actuar juntos para contribuir al beneficio de todas las personas y medioambientes de nuestro planeta. También deberíamos entender todo el sendero que conduce a la Iluminación y cómo el mismo individuo puede practicar diferentes enseñanzas en diferentes momentos de su viaje espiritual. Esto aclarará nuestra práctica personal, así como también incrementará nuestro respeto por las demás tradiciones budistas y por otras religiones.

Para desarrollar estas comprensiones no es suficiente con recitar mantras y oraciones. Aunque tal vez aumenten nuestra devoción, estas actividades por sí solas no aportan sabiduría. En el mundo moderno necesitamos ser realistas y prácticos, y por eso el conocimiento es esencial. Todos queremos felicidad, no sufrimiento. Puesto que tanto la felicidad como el sufrimiento surgen dependiendo de causas y condiciones, debemos conocer las causas de ambos, de manera que podamos adiestrar nuestra mente para crear las causas de la felicidad y abandonar las causas del sufrimiento.

Todos deseamos una sociedad en armonía. Dado que la sociedad está formada por individuos, para que haya paz cada individuo debe desarrollarla en su propio corazón y en su propia mente. Por supuesto, el objetivo último de las enseñanzas del Buda va más allá de la paz mundial y dirige a la liberación de todos los renacimientos en la existencia cíclica (samsara), pero las enseñanzas nos pueden ayudar a crear una sociedad más pacífica mientras permanezcamos en dicho modo de existencia.

El material presentado en esta serie se corresponde con la presentación general de los sabios indios de la tradición de Nalanda, apreciados tanto por las cuatro tradiciones budistas del Tíbet como por las tradiciones budistas de China. La mayoría de las citas textuales proceden de estas fuentes indias y, en lo que se refiere al aspecto del método del sendero –renuncia, bodhichita y las perfecciones de la generosidad, la conducta ética, la paciencia, el esfuerzo gozoso y la estabilidad meditativa–, hay pequeñas diferencias entre ellas. Las tradiciones tibetanas siguen a Nagarjuna y hablan de la naturaleza no contradictoria de la vacuidad y la relación dependiente como la esencia del aspecto de la sabiduría del sendero. Aquí haremos hincapié en la presentación de la vacuidad expuesta por Tsongkhapa y alguna mención a las enseñanzas de las tradiciones nyingma, kagyu y sakya. Además, como la tradición pali enfatiza el vehículo fundamental, que es común a todas las tradiciones, también mencionaremos citas de ella.

En general, mi manera de enseñar no sigue el enfoque de las enseñanzas tradicionales del Lam Rim (etapas del sendero). Me gusta hablar mucho sobre la vacuidad y mostrar su relación con otros aspectos del sendero; este método para presentar las enseñanzas también floreció en la antigua India. Muchos años atrás, Su Eminencia Gueshe Lungrik Namgyal, el Gaden Tripa de aquel momento, les dijo a sus amigos: "Comprender las enseñanzas de Su Santidad el Dalai Lama es un desafío porque su modo de presentar el material es especial. Aborda este y aquel punto, pero somos incapaces de integrarlo todo dentro del marco tradicional de las enseñanzas". Me pregunto si es una alabanza o una crítica. En cualquier caso, por favor, piensa profundamente en los diferentes temas como se han explicado y contempla cómo se relacionan entre sí y con tu vida.

Bhiksu Tenzin Gyatso, Decimocuarto Dalai Lama<br>
Teckchen Choling

## Prefacio por la bikshuni Thubten Chodron

### *El propósito de esta serie*

TODO SURGE DEBIDO a causas y condiciones, y esta serie no es una excepción. Explicar algunas de sus causas y condiciones te ayudará a comprender su propósito último, que no es otro que dirigirte a ti, el lector, a la Iluminación. A pesar de que ya hay muchos trabajos excelentes sobre las *Etapas del sendero*, Lam Rim, existe una necesidad para esta singular serie. Para explicar por qué, compartiré un poco de mi historia personal, que es típica de la primera generación de occidentales que se encontraron con el budismo tibetano.

Nací en los Estados Unidos, crecí en una cultura judeocristiana. Intenté creer en Dios, pero esa visión del mundo no me funcionaba. Había demasiadas preguntas sin respuesta. Cuando tenía veinticuatro años asistí a un curso de Dharma de tres semanas impartido por dos lamas tibetanos. Una de las primeras cosas que dijeron fue: "No tenéis que creeros nada de lo que yo diga. Sois personas inteligentes. Examinad estas enseñanzas utilizando el razonamiento. Practicadlas y comprobad si funcionan a través de vuestra propia experiencia. Después, decidid si queréis seguirlas". Me atrajo la actitud de *ehipasyika* ("ven y lo ves") de la que el Buda habló en los sutras. Estudiando, contemplando y practicando las enseñanzas, conforme pasaba el tiempo, llegué a convencerme de que este camino tenía sentido y podía ayudarme si lo practicaba con sinceridad.

Como muchos jóvenes occidentales en los setenta me sumergí en el estudio y la práctica del budismo tibetano lo mejor que pude, teniendo en cuenta que no sabía tibetano ni mucho sobre la cultura tibetana. Nuestra educación en el Dharma empezó con el Lam Rim –un género de textos que guían al lector a través de las progresivas etapas del sendero a la Iluminación. En este punto, es bueno revisar el lugar que ocupan las obras tibetanas del Lam Rim dentro de la tradición. Después de iluminarse, el Buda enseñó por toda la India durante cuarenta y cinco años. Sensible a las necesidades, intereses y disposiciones de las diferentes audiencias dio enseñanzas adecuadas para ellos en aquel momento. Tras su muerte (*parinirvana*), los grandes sabios indios organizaron el material en los sutras por temas, y escribieron tratados y comentarios explicándolos. Después de que el Dharma se extendiera al Tíbet, los maestros tibetanos también escribieron tratados y comentarios, de los que la literatura del Lam Rim es uno de ellos.

Los tibetanos ven este desarrollo de tratados, comentarios y comentarios de los comentarios como una prueba de la amabilidad de los sabios. Aquellos afortunados que fueron discípulos directos del Buda tenían un gran mérito y pudieron alcanzar realizaciones del sendero sin necesidad de explicaciones extensas. Puesto que los seres de las generaciones posteriores tenían menos mérito y sus mentes no eran tan brillantes, requirieron de explicaciones más detalladas para disipar sus dudas, generar las visiones correctas y lograr las realizaciones espirituales. Ahora, dado que las mentes de las personas están más oscurecidas y tienen menos mérito, son necesarios nuevos comentarios. Nuestros maestros decían que los sutras son como el algodón recién recogido, que los tratados indios y los comentarios son como las piezas de tela fabricadas con él y que el Lam Rim es como la ropa ya confeccionada. Cuando se nos dio a conocer el Lam Rim a la primera generación de occidentales nos dijeron que todo lo que necesitábamos saber estaba en aquellos textos y que todo lo que teníamos que hacer para lograr la Iluminación era estudiar y practicar correctamente a lo largo de nuestras vidas.

Sin embargo, las cosas no resultaron ser tan simples. Desde el mismo principio del Lam Rim tuvimos dudas sobre temas que para nuestros maestros tibetanos resultaban evidentes. La preciosa vida humana, una de las meditaciones iniciales del Lam Rim, habla de nuestra buena fortuna al haber nacido como seres humanos y no como seres de los infiernos, espíritus ávidos o animales. Los tibetanos se educan en una cultura que cree en las vidas futuras y en diferentes reinos de existencia, y lo aceptan sin cuestionarlo. Sin embargo, para los que habíamos crecido en culturas cristianas, judías o seculares que creían en la ciencia, este no era el caso.

Además, mientras nuestros maestros tibetanos hablaban de que todos los fenómenos eran vacíos de existencia verdadera, nosotros nos preguntábamos: "¿Existe Dios?". Cuando ellos enseñaban la ausencia de esencia sustancial del yo, estábamos intentando encontrar nuestras almas o nuestro verdadero yo. Cuando explicaban la relación dependiente, estábamos buscando la única verdad absoluta e independiente de todo lo demás. Filosóficamente, nuestras visiones no coincidían.

La presentación tradicional de las enseñanzas asumía que quien las recibía tenía fe en el Buda, el Dharma y la Sangha, y que estaba libre de dudas respecto a las instituciones religiosas y sobre cuestiones relacionadas con la autoridad. Las enseñanzas iban dirigidas a personas que podían separar sus necesidades emocionales de su práctica espiritual y que podían entender perfectamente las enseñanzas. Por ejemplo, nuestros maestros asumían que no nos sentíamos abrumados por la culpa cuando reflexionábamos sobre nuestras malas acciones, que no nos autocriticábamos sin piedad cuando contemplábamos las desventajas del egoísmo, y que no sucumbíamos a la tendencia de nuestra cultura de idolatrar a las personas carismáticas.

Por nuestra parte, nosotros los occidentales asumíamos que todos los maestros tibetanos eran budas y que los valores que sosteníamos mientras crecimos –la democracia, la igualdad de género, el respeto al medioambiente, etc.– eran encarnados perfectamente por la sociedad tibetana.

Todas estas suposiciones eran incorrectas por ambas partes y después de un tiempo, muchos occidentales empezaron a tener dificultades con sus estudios y prácticas del Dharma. La diferencia cultural era un problema para nosotros y para nuestros mentores espirituales, que hacían todo lo que podían para enseñarnos una perspectiva de la vida que era completamente nueva para nosotros. Pasaron muchos años antes de que nos diéramos cuenta de que los occidentales necesitamos unas enseñanzas "pre-Lam Rim". Para que nosotros nos desarrollemos en el Dharma, las etapas del sendero necesitan empezar con un material que se acerque a nuestra cultura.

Su Santidad el Dalai Lama lo comprendió y, en consecuencia, adaptó su manera de enseñar en occidente. En lugar de empezar con la confianza en un maestro espiritual elevado al estatus de un buda, empezó con las dos verdades: cómo parecen existir las cosas y cómo existen realmente. En lugar de decirnos que recitar cierto mantra unas cuantas veces nos protegería de renacer en los infiernos, explicó las cuatro verdades de los aryas –aquellos que perciben de modo no conceptual la verdad última–. En vez de decir que beber agua bendecida podía purificar eones de karma destructivo, nos habló sobre la naturaleza de la mente, el funcionamiento de las emociones aflictivas y la posibilidad de lograr la Liberación. Profundizaba en la filosofía que está detrás de la visión budista del mundo, y nos pedía que reflexionásemos al respecto. Nos desafiaba a dudar de nuestra ira y a abrir nuestro corazón de forma compasiva a todos los seres vivos. El suyo no era un enfoque sin sentido, y cuando descubrió que la tierra no era plana y giraba alrededor del sol (contrariamente a lo que decían las escrituras budistas), dijo al momento que si la ciencia probaba algo de manera definitiva, deberíamos aceptarlo y no seguir las afirmaciones de las escrituras que defendían lo contrario.

En este contexto, en 1993, solicité una entrevista con Su Santidad. La entrevista no tuvo lugar durante los dos años siguientes debido a la apretada agenda de Su Santidad. Durante la entrevista, le pedí humildemente que redactara un Lam Rim breve diseñado para personas que no fueran tibetanas. Un texto que los gueshes tibetanos pudieran utilizar para enseñar a los occidentales, que los temas estuvieran dispuestos en un orden accesible para las personas que no habían crecido como budistas, y que estas pudieran lidiar con las dudas y las cuestiones que, quienes no eran tibetanos, tenían acerca del Dharma. Su Santidad estuvo de acuerdo con la idea pero inmediatamente convino que primero se debería escribir un Lam Rim extenso y después extraer de él los puntos desde los que hacer un texto raíz. Me pidió que hablara con muchos estudiantes de Dharma occidentales avanzados acerca de los temas que habría que incluir, me dio una transcripción de las enseñanzas del Lam Rim que él mismo había impartido recientemente para que la usara como base y me pidió que empezara.

Hablé con muchos practicantes del Dharma occidentales avanzados y elaboramos una lista de preguntas, temas y problemas que nos gustaría trasmitir a Su Santidad.

Durante los años siguientes, me he reuní con Su Santidad varias veces para trasmitirle dichos asuntos y para enseñarle el trabajo que había hecho hasta ese momento en el manuscrito. Durante las reuniones enseñó temas específicos basándose en mis preguntas, ofreció profundas explicaciones de otros temas y respondió a las muchas cuestiones que yo había recogido.

Su Santidad parecía disfrutar profundamente en esas sesiones y normalmente invitaba a asistir a otros gueshes y a su hermano. Yo formulaba una pregunta y ellos discutían animadamente la respuesta en tibetano, el Dalai Lama preguntaba a los gueshes su opinión, sacando a la luz puntos que no habían considerado. Después de algún tiempo, el traductor me daba la conclusión del debate.

A medida que seguía añadiendo más material de muchas de las enseñanzas orales de Su Santidad y de nuestras entrevistas, el manuscrito se hacía más y más largo. Llegué a ver que el propósito de esta serie era salvar la distancia entre los textos breves del Lam Rim, las enseñanzas que los lamas daban en occidente, y los tratados filosóficos extensos traducidos al inglés por los eruditos. Los practicantes occidentales necesitaban una presentación concisa en su propio idioma de los temas principales de los textos filosóficos que pudieran ser también la base para la meditación analítica en el Lam Rim.

En el 2003 empecé a leerle en voz alta el manuscrito a Su Santidad para que pudiera revisarlo. Pronto nos dimos cuenta que este sería un proceso lento que su agenda no permitiría. En el 2004 le pidió a su traductor Gueshe Dorje Damdul que revisara el manuscrito conmigo. Gueshela y yo trabajamos metódicamente hasta el 2010.

Su Santidad también dejó claro que esta serie no era sólo para occidentales, sino para todos aquellos interesados en el budismo –en particular en la tradición de Nalanda– y que ansiaran estudiar y practicar, pero que necesitasen un nuevo enfoque. Aquí incluyó a los tibetanos nacidos en el exilio que han recibido una educación moderna, así como a los asiáticos de Taiwán, Corea, Vietnam, etc. que asisten a sus enseñanzas en Dharamsala, India, con mayor frecuencia e interés.

Esta serie contiene principalmente las enseñanzas de la tradición de Nalanda, la tradición clásica del budismo en la India proveniente de las grandes universidades monásticas como Nalanda, Odantapuri y Vikramasila. Esta es la tradición budista que los tibetanos y, en cierta medida, los asiáticos orientales heredaron de la India clásica. Sin embargo, Su Santidad dejó claro que esta serie debía ser especial: no se debía limitar a la tradición de Nalanda, sino que debía incluir información sobre las enseñanzas de otras tradiciones budistas. Era hora, dijo, de que los seguidores del budismo tibetano aprendieran más sobre las diferentes tradiciones budistas y sus enseñanzas. Conforme iba hablando más y más en conferencias públicas sobre ser budistas del S. XXI, yo iba entendiendo su deseo de disipar concepciones erróneas y estereotipos que los practicantes de las diferentes tradiciones budistas tenían unos de otros, para acercarlos más. Con este propósito, me pidió que visitase otros países de Asia para aprender cómo practicaban ellos el Dharma. Estuve en un monasterio en Tailandia y también visité Taiwán para aprender de los eruditos y de los practicantes de allí. Continué los diálogos con monjes budistas en occidente en nuestra reunión anual de Monjes y Monjas Budistas Occidentales, y me familiaricé con las enseñanzas de sus maestros asiáticos. Fueron unas experiencias muy enriquecedoras.

En la serie de entrevistas del 2011, Su Santidad aclaró que, para cumplir el objetivo anterior, quería un libro que explicara las similitudes y diferencias entre las tradiciones del pali y las del sánscrito. Mientras que la mayoría de los libros de introducción de las distintas formas del budismo explican temas más superficiales como la disposición del altar, formas de oración, etc., este libro se centraba en la doctrina. Quería que la gente pensara en profundidad sobre las enseñanzas del Buda y su habilidad para dirigir las diferentes disposiciones e intereses de sus discípulos. Pero esta vez el manuscrito era ya demasiado grande como para ser un único volumen. Para cumplir con el deseo de Su Santidad, extraje y resumí partes de él para crear "*Budismo: Un maestro, muchas tradiciones*" publicado por Wisdom Publications en el 2014.

La presente serie, que se publicará en varios volúmenes, explica el sendero a la Iluminación como se describe en la tradición de Nalanda, tal y como se practica en la tradición del budismo tibetano. En algunas secciones, aparecen enseñanzas de otras tradiciones budistas para enriquecer nuestra comprensión y ofrecernos una perspectiva más amplia de un tema. La serie también incorpora otros propósitos diferentes: vincula el estudio a la vida moderna y a la meditación formal; sirve como un puente que va desde los textos breves del Lam Rim hasta los tratados filosóficos extensos, tanto para los practicantes nuevos como para los expertos, y expone al lector a los principios y prácticas de otras tradiciones budistas. Puesto que algunos de estos temas ya se han explicado en *Budismo: Un maestro, muchas tradiciones*, a veces nos remitiremos a esta obra.

## *Resumen de la serie*

Empezamos sentando las bases para las enseñanzas del Buda. La necesidad de un material pre Lam Rim queda reflejada en un comentario que hizo Su Santidad cuando empezábamos a trabajar en la serie: "El Lam Rim asume que alguien ya es un practicante con plena fe en el Buda. La audiencia principal de los textos del Lam Rim en todas las tradiciones tibetanas ya tiene cierto conocimiento sobre las vidas futuras, el karma, las Tres Joyas, los conocedores válidos y sus objetos (epistemología budista), etc. Necesitamos añadir material introductorio a esta serie de modo que los estudiantes estén adecuadamente preparados". También se aborda el significado de la fe, de una fe equilibrada y de la sabiduría. La cuestión de buscar un maestro espiritual cualificado, de cómo confiar en esa persona adecuadamente y de desarrollar las cualidades de un estudiante receptivo. Esto ayudará a acercarse al Dharma como un budista del S. XXI.

Después, establecemos la base para el aprendizaje y la meditación explicando cómo se estructura una sesión de meditación en el Lam Rim. Tras reflexionar de nuevo en la posibilidad de que la continuidad de nuestro continuo mental no termine con la muerte, sino que tome otro cuerpo en otra vida, examinamos la preciosa oportunidad que nos ofrece nuestra vida humana presente y cómo establecer nuestras prioridades. Esto nos lleva a reflexionar sobre los ocho intereses mundanos, (las maneras en que nos distraemos del objetivo de hacer que nuestras vidas sean significativas) y el karma (las acciones intencionadas o volitivas) y sus efectos, ya que el primer paso para tener una vida significativa es evitar dañar a los demás. De este modo, conoceremos las causas de la felicidad y las causas del sufrimiento, de manera que podamos crear las primeras y abandonar las últimas. El tema del karma es vasto y despierta un gran interés en mucha gente, así que se aborda en profundidad.

Después pasamos a explorar las cuatro verdades de los aryas, seres que han percibido directamente el modo último de existencia. Estas cuatro conforman la estructura básica de las enseñanzas del Buda. Las dos primeras verdades –la verdad de *duhkha* y la verdad del origen– muestran nuestra situación presente insatisfactoria en la existencia cíclica y sus causas: las aflicciones que atormentan nuestra mente y que están detrás de nuestro sufrimiento. Revisamos los doce vínculos de relación dependiente –el proceso mediante el que las aflicciones y el karma contaminado impulsan nuestro renacimiento en la existencia cíclica y el modo en que podemos liberarnos de ella. Esta sección ahonda en la psicología que hay detrás de los puntos de vista erróneos y de las emociones perturbadoras.

En este punto, comprendemos que necesitamos la guía de las Tres Joyas –el Buda, el Dharma y la Sangha–, que nos enseñan y nos guían por el sendero a la Liberación mediante el ejemplo de sus propias vidas. Aprender sobre el potencial de nuestra mente, sobre la posibilidad de lograr la Liberación y sobre nuestra naturaleza de Buda, incrementa nuestra confianza en que podemos conseguir liberarnos del samsara y lograr el Nirvana, un estado de paz genuina. Esto se explica en las dos últimas de las cuatro verdades, la verdad de la cesación y la verdad del sendero, es decir, el estado de la liberación y el método para lograr dicho estado. Dentro de la verdad del sendero se encuentran los tres adiestramientos superiores, los cuatro fundamentos de la atención y los treinta y siete factores que llevan a la Iluminación –temas que van orientados tanto hacia la práctica en la vida diaria como en las sesiones de meditación–. Trabajando estos temas, nuestro comportamiento diario será más calmado, nuestra concentración será más profunda y aumentaremos nuestra sabiduría, de manera que empezaremos a hacer realidad nuestro gran potencial.

Pero liberarnos nosotros solos es algo limitado, teniendo en cuenta que los demás sufren del mismo modo en que lo hacemos nosotros y que, además, han sido extraordinariamente amables con nosotros. Para liberarnos de la prisión del egoísmo aprendemos cómo desarrollar el amor, la compasión, el regocijo y la ecuanimidad inconmensurables, así como la bodhichita –la intención de alcanzar la Iluminación con el fin de beneficiar de la mejor manera a todos los seres conscientes. Después, aprendemos cómo adiestrarnos en las perfecciones (*paramitas*) –prácticas que nos permiten llevar nuestra motivación de la bodhichita a buen término mediante la práctica de la generosidad, la conducta ética, la paciencia, el esfuerzo gozoso, la concentración y la sabiduría. Imagina la clase de persona en la que te convertirás cuando estas seis maravillosas cualidades lleguen a ser una segunda naturaleza en ti.

Después de generar la intención altruista de lograr la Iluminación, queremos desarrollar la sabiduría que comprende la naturaleza de la realidad, el único antídoto que erradicará de manera completa e irreversible de nuestros continuos mentales todas las aflicciones y sus rastros latentes. Entonces aprendemos los principios de los distintos sistemas filosóficos budistas, que tienen diferentes perspectivas acerca de la verdad última. Nuestro trabajo es clasificarlos con la ayuda de los grandes sabios del pasado y discernir la visión más precisa, la del sistema prasangika madhyamaka.

Esto nos lleva a la explicación de las dos verdades: la oculta o convencional y la última. Las verdades convencionales u ocultas son objetos de conocimiento que aparecen como verdaderos a una mente afectada por la ignorancia, y la verdad última es la manera real en que existen, su vacuidad. Después de una profunda reflexión, llegamos a ver las singularidades de la visión de la vacuidad del sistema prasangika madhyamaka, así como también cómo la unión de la mente concentrada de la permanencia apacible (*samatha*) y la mente analítica de la visión superior (*vipasana*) comprende la naturaleza última. También mencionaremos la ausencia de existencia inherente del yo como se entiende en la tradición pali y la china.

El Buda también precisó los senderos y las etapas que los practicantes atraviesan para lograr sus objetivos específicos, ya sea la liberación del samsara como la Iluminación. Aprender dichos senderos nos ofrece un mapa a seguir en nuestro viaje espiritual y llegamos a comprender las diferentes cualidades y logros que se desarrollan gradualmente en el sendero. También nos permite comparar nuestras experiencias meditativas con la secuencia de desarrollo aceptada generalmente.

Podemos entonces aprender sobre la práctica de la tierra pura, que se encuentra tanto en la tradición tibetana como en la china, lo que nos lleva a la explicación del vajrayana que, en general, es una rama del mahayana. La obra concluye con un epílogo de Su Santidad que contiene consejos personales para sus estudiantes.

Esta obra no está diseñada simplemente para dar información sobre el budismo, sino para enriquecer tu práctica del Dharma. Para este fin, la mayoría de los capítulos tienen resúmenes de los puntos principales para que los puedas recordar fácilmente y reflexionar sobre ellos. Por favor, aprovéchalo para hacer más profunda tu práctica al contemplar lo que has leído. El trabajo se hubiera hecho demasiado extenso si se hubiesen introducido las reflexiones para cada sección, así que, donde no estén, revisa lo que has leído y escribe los puntos principales para la contemplación. Esto te ayudará a aplicar a tu propia experiencia lo que has aprendido y a integrar el Dharma en tu vida.

Los volúmenes de esta serie se publicarán de uno en uno. De este modo, puedes pasar algún tiempo estudiando, contemplando y meditando en el material de un volumen, lo que te preparará para abordar el siguiente. Las etapas del sendero se presentan en un orden particular en esta serie de volúmenes con la intención de que puedas evolucionar hacia las etapas más avanzadas y complejas. Sin embargo, cada volumen individualmente permanece como una explicación de su tema específico.

Cuando Su Santidad ofrece enseñanzas públicas a una audiencia con muchos trasfondos y grados de comprensión, no rehúye introducir temas profundos. Aunque no ofrece una explicación completa, expone los conceptos y el vocabulario avanzados de manera concisa. No espera que todo el mundo los comprenda, pero siembra semillas para que los estudiantes nuevos un día aprendan y comprendan las enseñanzas más complejas. A menudo pasa de los temas generales que la mayoría de las personas pueden entender fácilmente a los temas difíciles que solo los más instruidos en el Dharma comprenderán. No te desanimes si no lo entiendes todo la primera vez. Los conceptos y términos introducidos en los primeros volúmenes se desarrollarán en los posteriores.

Todos los volúmenes de esta serie están escritos con un estilo similar, aunque he tratado de revisar el material para llevar al lector desde los temas más sencillos a los más difíciles. Si no comprendes completamente un tema la primera o la segunda vez, no te preocupes, la serie está pensada para ser un recurso en tu camino, un texto que puedas consultar repetidamente para profundizar en tu comprensión del Dharma. Cada vez que lo lees lo comprendes más debido al mérito y la sabiduría que has acumulado la vez anterior.

Al aprender el sendero de principio a fin llegarás a ver la relación entre los diferentes temas, lo que enriquecerá tu práctica. Aunque las etapas están presentadas de forma lineal, el conocimiento y la experiencia obtenidos en las últimas etapas te informarán de tu meditación sobre las primeras. A medida que profundices en las enseñanzas del Buda, encontrarás nuevas maneras de relacionar los diferentes puntos de una manera creativa, que te invite a reflexionar. Una de las singulares cualidades de Su Santidad como maestro es la habilidad de trazar líneas entre temas aparentemente diferentes para crear un tapiz que continuamente nos lleva a comprensiones más profundas.

## *Resumen del volumen I*

Este primer volumen y parte del segundo abordan los temas que forman la base del enfoque de la tradición de Nalanda. En el currículo de un monasterio tibetano muchos de estos temas están incluidos en extensos textos y otros se aprenden en enseñanzas públicas. Hemos extraído los puntos más importantes y se han incorporado en un volumen para que las personas que no han crecido en una cultura budista o en un monasterio obtengan el bagaje en el que se apoya el estudio de las etapas del sendero.

El capítulo uno explora el papel del budismo en el mundo: el propósito de nuestras vidas, el camino medio entre las religiones teístas y el reduccionismo científico, la relación del budismo con las otras grandes religiones y el significado de ser un practicante espiritual en el mundo moderno.

El capítulo dos profundiza en la visión budista de la vida: la explicación de la mente y su relación con el cuerpo, el renacimiento y el yo. Las cuatro verdades de los aryas componen el marco esencial del sendero y, para comprenderlo en profundidad, investigamos la relación dependiente y la vacuidad, así como la posibilidad de acabar con duhkha –nuestra situación insatisfactoria en el ciclo de las existencias–.

El capítulo tres explora nuestra mente y emociones, y proporciona algunas estrategias básicas para calmar la mente, así como para desarrollar una actitud optimista y confiada para abordar la vida y la práctica espiritual.

El capítulo cuatro es un breve sondeo del desarrollo histórico del Budadharma: las primeras escuelas en el subcontinente indio, Sri Lanka y Asia Central; los cánones budistas y los sistemas de principios filosóficos que empezaron a formarse en la India. Se ha incluido información más detallada en notas al pie para los lectores que estén interesados.

Esto nos lleva a un análisis –en el capítulo cinco– de los tres giros de la rueda del Dharma (un esquema para organizar las enseñanzas del Buda), así como de la autenticidad de las escrituras mahayana. Este capítulo concluye con una introducción al budismo tibetano, considerándolo como la continuidad de la tradición india de Nalanda.

El capítulo seis investiga las enseñanzas. En primer lugar reconociendo las enseñanzas fiables y distinguiéndolas de las afirmaciones exageradas que se dan para animar a un tipo particular de discípulo y, después, asegurándose de que entendemos el sentido correcto de la enseñanza que estudiamos.

El capítulo siete analiza cómo desarrollar una motivación adecuada para la práctica espiritual, ya que es crucial para no engañarnos a nosotros mismos, desviarnos o volvernos hipócritas. Este capítulo nos lleva de vuelta a nuestro corazón y nos anima a desarrollar un deseo sincero de liberarnos tanto nosotros mismos como a los demás de la existencia cíclica y lograr la Iluminación. Su Santidad también ilustra un modo práctico de desarrollar y mantener una motivación compasiva.

El capítulo ocho trata de cómo progresar en el sendero a la Iluminación según el nivel del practicante, ya sea inicial, medio o superior. Esto proporciona el contexto para poder ubicar en el sendero cada tema que enseñó el Buda, de manera que podamos practicar gradualmente sin confundirnos.

El capítulo nueve habla de las herramientas mentales que necesitaremos para progresar en el sendero, como la fe y la sabiduría. Aquí entenderemos el papel que desempeñan en el desarrollo de las tres sabidurías las oraciones, los rituales, memorizar y el debate: la sabiduría que surge de aprender, la que surge de reflexionar en las enseñanzas y la que nace de meditar en ellas.

El capítulo diez se anticipa a algunos de los desafíos normales con los que el practicante se puede encontrar y ofrece maneras de superarlos.

En el capítulo once, Su Santidad ofrece algunas de sus reflexiones y experiencias en la práctica del sendero para que podamos ver a un auténtico practicante utilizando el Dharma en la vida diaria.

El capítulo doce traslada el escenario de la práctica para que los principios budistas rijan nuestro trabajo en y para el mundo. El Buda no enseñó el Dharma solo para la trascendencia espiritual, sino también para crear una sociedad más saludable y más justa, así que aplicamos las ideas y prácticas budistas a la política, los negocios, el consumismo, los medios de comunicación, las artes, la ciencia, la igualdad de género y el respeto por otras religiones, así como también por otras tradiciones budistas.

## *Ten en cuenta*

Aunque la autoría de esta serie es compartida, la inmensa mayoría está en la voz de Su Santidad. Yo escribí el capítulo sobre la historia del budismo, todas las partes pertenecientes a la tradición del pali y algunos párrafos sueltos.

Los términos en pali y en sánscrito están por lo general entre paréntesis sólo la primera vez que aparece la palabra. A menos que estén marcados con "P" o "T", indicando pali y tibetano respectivamente, los términos en cursiva son sánscritos. En la mayoría de los casos, los términos de Dharma y los títulos de las escrituras están en castellano, pero cuando los términos del pali o del sánscrito son muy conocidos se utilizan esos, como, por ejemplo, *Prajñaparamita* para perfección de la sabiduría, o *jñana* y *dhyana* –los términos pali y sánscrito respectivamente para la estabilidad meditativa–. La ortografía sánscrita o pali se utiliza en secciones que tienen que ver con sus respectivas tradiciones y en las citas de las escrituras de cada una de ellas. Para facilitar la lectura, se han omitido la mayoría de títulos honoríficos, aunque no por ello por ello disminuye el gran respeto que sentimos por todos esos excelentes sabios. Ya que es complicado poner en el glosario cada nuevo término cuando aparece por primera vez, se ha añadido un glosario al final del libro. A menos que se señale de otro modo, el pronombre personal *yo* se refiere a Su Santidad.

## *Agradecimientos y reconocimientos*

Me postro ante Buda Shakyamuni y ante todos los budas, bodhisatvas y arhats, que encarnan el Dharma y lo comparten con los demás. También me postro ante los maestros realizados del linaje de todas las tradiciones budistas, por cuya amabilidad el Dharma existe en nuestro mundo.

Puesto que esta serie aparecerá en volúmenes consecutivos, expresaré mi agradecimiento a las personas implicadas en cada volumen en particular. Este primer volumen se debe al talento y al esfuerzo de los traductores de Su Santidad –Gueshe Lhakdor, Gueshe Dorje Damdul y Gueshe Thupten Jinpa– y al de Samdhong Rimpoché y Gueshe Sonam Rinchen por sus aclaraciones de puntos importantes. También quiero dar las gracias a Gueshe Dadul Namgyal por revisar el manuscrito; al equipo de la Oficina Privada de Su Santidad por facilitar las entrevistas, a las comunidades de Sravasti Abbey y Dharma Friendship Foundation por respaldarme mientras escribía esta serie y a David Kittelstrom por su habilidosa edición. Me siento agradecida a todo el equipo de Wisdom Publications, que ha contribuido a que la publicación de esta serie sea un éxito. Todos los errores son culpa mía.

Bhiksuni Thubten Chodron
Monasterio de Sravasti

## Abreviaturas

Las traducciones utilizadas en este volumen, a menos que se señale de otro modo, son las que se citan aquí. Alguna terminología se ha modificado para darle coherencia al presente trabajo.

AN *Anguttara Nikaya.* Traducido por Bhikkhu Bodhi en *Los Discursos Numéricos del Buda* (Boston: Wisdom Publications, 2012).

AKC *Advice to Kunzang Chogyal* [*Consejo a Kunzang Chogyal*], de Dza Patrul Rimpoché, traducido por Karer Liliemberg.

BCA *Engaging in the Bodhisatva's Deeds* (*Bodhicaryavatara*) (*Implicarse en las Acciones de los Bodhisatvas*) de Shantideva. Traducido por Stephen Batchelor en *A Guide to the Bodhisatva's Way of Life* (Dharamsala, India: Library of Tibetan Works an Archive, 2007).

CS *Los Cuatrocientos* (*Catuhsataka*), de Aryadeva.

LC *El Gran Tratado de Las Etapas del Sendero* (Tib. *Lam Rim Chemo*) de Tsongkhapa, volumen 3. Traducido por Joshua Cutler et al. (Ithaca: Snow Lion Publications, 2000-2004).

MN *Majjhima Nikaya.* Traducido por Bhikkhu Ñanamoli y Bhikkhu Bodhi en *The Middle-length Discourses of the Buda* (Boston: Wisdom Publications, 1995)

RA *Guirnalda Preciosa* (*Ratnavali*) de Nagarjuna. Traducido por John Dunne y Sara McClintock en *The Precious Garland: An Epistle to a King* (Boston: Wisdom Publications 1997).

SN *Samyutta Nikaya.* Traducido por Bhikkhu Bodhi en *The Connected Discourses of the Buda* (Boston: Wisdom Publications, 2000).

Vism *Sendero de la Purificación* (*Visuddhimagga*) de Budagosha. Traducido por Bhikkhu Ñanamoli en *The Path of Purification* (Kandy: Buddhist Publication Society, 1991).

# 1 Explorando el budismo

Un sendero es esencial para la vida humana. Aunque los avances en la medicina, la ciencia y la tecnología han hecho mucho para mejorar la calidad de nuestra vida, no han podido liberarnos de todo el sufrimiento y traernos una felicidad estable y última. De hecho, en muchos casos, nos han traído nuevos problemas que no teníamos que afrontar en el pasado, como la contaminación ambiental y la amenaza de una guerra nuclear. Por lo tanto, las mejoras externas en nuestro mundo no son suficientes para traernos la felicidad y la paz que todos deseamos. Para este propósito, la transformación interior mediante el desarrollo espiritual es esencial. Para que dicha transformación tenga lugar, necesitamos seguir un sendero espiritual.

La práctica espiritual implica transformar nuestra mente. Aunque el cuerpo es importante, satisfacerlo no reporta la felicidad última. Debemos mirar en nuestro interior, examinar nuestras actitudes y emociones para darnos cuenta de la profunda influencia que ejercen y de cómo determinan nuestras experiencias. El Buda dijo (SN 1.6.2):

> El mundo es dirigido por la mente y delineado por la mente.
> Todos los fenómenos son controlados por uno solo: la mente.

La mente no sólo incluye nuestro intelecto, sino también nuestras cogniciones, emociones y otros factores mentales. La palabra sánscrita para "mente", *chitta*, se puede traducir también como "corazón". Se refiere a todas nuestras consciencias –sensoriales y mentales– y a toda la variedad de estados mentales que experimentamos. Al subyugar los aspectos aflictivos en nuestra mente, nuestra experiencia del mundo se transforma, mientras que si buscamos únicamente cambiar el ambiente externo y las personas que están en él, nos encontraremos continuamente con la frustración y la desilusión porque no podemos controlar el mundo externo. Únicamente desarrollando el enorme potencial de nuestra mente seremos capaces de hallar un modo de liberarnos de nuestro sufrimiento y de beneficiar verdaderamente también a los demás.

Por lo tanto, en el budismo los obstáculos que pretendemos eliminar no son externos, sino que son estados mentales aflictivos –actitudes distorsionadas y emociones perturbadoras. Las herramientas que utilizamos para contrarrestarlos también son mentales –la compasión, la sabiduría y otras actitudes y emociones realistas y beneficiosas que cultivamos conscientemente. Las enseñanzas del Buda o Budadharma –lo que comúnmente se conoce como budismo– nos ayudan a diferenciar las actitudes, visiones y emociones realistas y beneficiosas y que están en consonancia con el modo en que son las cosas. Las enseñanzas también nos dan instrucciones respecto a lo que practicar y lo que abandonar en el sendero espiritual. El Buda enseñó desde su propia experiencia, y nosotros somos libres de aceptar o rechazar su enseñanza utilizando razones válidas, así como nuestra propia experiencia, como criterio.

## *El propósito de la existencia y el sentido de la vida*

El Buda dijo: (MN46.2):

> En su mayor parte, los seres tienen esta aspiración, deseo y anhelo: "¡Sólo con que lo no querido, lo no deseado y lo desagradable disminuyera, lo querido, deseado y agradable aumentaría!" A pesar de que los seres tienen esta aspiración, deseo y anhelo, lo no querido, lo no deseado y lo desagradable aumenta para ellos, y lo querido, lo deseado y las cosas agradables disminuyen.

Lo que el Buda dice aquí se confirma con nuestra propia experiencia. Todos queremos la felicidad y nadie quiere el sufrimiento. Aun así, a pesar de nuestro sincero deseo, ocurre lo contrario. Creo que el sentido y el propósito de nuestra vida tiene que ver con erradicar las causas del dolor e incrementar las causas de la felicidad, de modo que este profundo anhelo en el corazón de cada ser consciente pueda cumplirse.

No conozco un propósito global sobre la existencia de este mundo, y desde la perspectiva budista no hay una explicación clara. Simplemente decimos que la existencia del mundo se debe a causas y condiciones, a la naturaleza. La existencia de este universo es un hecho. Cómo surgió la existencia y la posibilidad de acabar con el sufrimiento son cuestiones bastante diferentes. No necesitamos saber cómo surgió el mundo para detener nuestro sufrimiento.

Todo el mundo quiere ser feliz, estar en paz y evitar el sufrimiento. Incluso una persona que no conozca el propósito de la existencia del universo no quiere sufrir. Esta persona nunca pensaría: "Puesto que no hay un plan o un gran objetivo, voy a sufrir". Nuestro cuerpo existe, y los sentimientos de felicidad o infelicidad existen. Tanto si nuestro intelecto comprende la razón de nuestra existencia como si no, estamos implicados en nuestra felicidad y en la de los demás. Procurar llevar a cabo esta felicidad les da un sentido a nuestras vidas.

El propósito de nuestras vidas es la felicidad y la paz, un sentimiento interno de bienestar. Para lograrlo, necesitamos el desarrollo material y una educación adecuada. Necesitamos además el desarrollo espiritual. Cuando digo espiritualidad, no me refiero a creencia religiosa o rituales. Para mí, se refiere a las buenas cualidades que son básicas en los seres humanos, como la compasión, el afecto, la amabilidad y la humildad. Cuando estas cualidades se establezcan en nuestros corazones tendremos más paz mental y contribuiremos a la felicidad de los demás. Cualquiera puede ser feliz sin creencias religiosas, pero no sin estas buenas cualidades fundamentales.

Los seres conscientes –todos los seres cuyas mentes no están completamente iluminadas– experimentan dos tipos de felicidad y sufrimiento: felicidad y sufrimiento físicos (que suceden a nivel de nuestros sentidos), y felicidad y sufrimiento mentales o emocionales (que suceden a nivel mental). Como seres humanos no somos diferentes de los animales, insectos y otros seres con cuerpos; todos somos básicamente iguales en términos de buscar el confort físico y evitar el dolor. Pero en lo que respecta a la felicidad y al sufrimiento mental y emocional, los seres humanos somos muy diferentes de otras especies. Tenemos inteligencia humana y por eso tenemos más capacidad para pensar, recordar, explicar y examinar. Por ejemplo, al contrario que los animales, los seres humanos pueden sufrir cuando recuerdan las injusticias que sus ancestros experimentaron. Podemos especular sobre el futuro y ponernos ansiosos o furiosos sobre situaciones que todavía no han sucedido. Debido a nuestra imaginación somos mucho más sensibles a nivel mental y experimentamos mucho más placer y sufrimiento que son creados por nuestra mente. Puesto que el sufrimiento mental está creado por las concepciones en nuestra mente, los métodos para contrarrestarlas, que son también mentales, son importantes. En este sentido, los seres humanos han desarrollado diferentes religiones, filosofías, teorías psicológicas e hipótesis científicas.

## *Un camino medio entre las religiones teístas y el reduccionismo científico*

Los más de siete mil millones de seres humanos en nuestro planeta se pueden dividir en tres grupos generales: los que no están interesados en la religión, los que creen y practican una religión y aquellos que son activamente hostiles hacia la religión. El primer grupo, los que no están muy interesados en la religión, es el más amplio. Estas personas están preocupadas por su vida cotidiana, especialmente por la seguridad financiera y la prosperidad material. Dentro de este grupo hay dos tipos. El primero consiste en las personas que tienen principios éticos y los utilizan como guía en sus vidas. El segundo valora el dinero, el prestigio y el placer por encima de todo. Los que se guían por los principios éticos son, en general, más felices. Aquellos que carecen de control ético pueden lograr más beneficio temporal, pero, al final, no se sienten bien en su interior acerca de lo que han hecho. Temerosos de que sus métodos deshonestos sean descubiertos, no tienen una confianza genuina en sí mismos ni paz interior. Muchos de nuestros problemas globales se deben a esta falta de principios éticos, que se produce cuando la gente no conoce o no se preocupa de las consecuencias morales de sus acciones. Sin este conocimiento y el control que de él se deriva, la codicia campa a sus anchas. Podemos ver que muchos de los problemas globales se resolverían si las personas vivieran con un sentido de responsabilidad que surge de apreciar los principios éticos.

De los otros dos grupos –aquellos que sinceramente creen en una religión y la practican y aquellos que son hostiles hacia la religión–, el primero también utiliza los principios éticos y la compasión para guiar sus vidas, mientras que el último se opone a las ideas religiosas de manera intencionada. Algunas personas de este último grupo dicen que la religión es el instrumento con el que la clase dominante explota a los demás; otros dicen que la religión es mera superstición o causa de ignorancia.

Las personas en estos tres grupos son iguales en el sentido de que todos buscan la felicidad. No hay diferencia entre ellos a este respecto.

La diferencia se da en lo que cada grupo cree que lo dirige hacia la felicidad. A excepción de los del primer grupo que priman los valores éticos sobre la ganancia personal, el resto confía principalmente en el dinero y en el confort material; el segundo afirma que la felicidad procede principalmente de la conducta ética, así como de la práctica espiritual y religiosa; el tercero no sólo cree que la felicidad yace en el mundo material, sino también que las ideas religiosas son irrelevantes, una fantasía, y contrarias a la felicidad humana. De estos tres grupos, los practicantes del budismo pertenecen al segundo.

Desde una perspectiva, el budismo es una religión y una disciplina espiritual. Puesto que los preceptos budistas y la meditación están vinculados directamente con el adiestramiento mental, es además una ciencia de la mente. Desde otro punto de vista, ya que el budismo no acepta un creador externo, no es una religión teísta sino una filosofía. Dependiendo de cómo miremos el budismo, podemos describirlo como una religión, una ciencia de la mente o una filosofía. No necesitamos decir que es esto y no lo otro porque el budismo abraza aspectos de los tres. También vemos materialistas radicales que niegan la existencia de la mente como un fenómeno inmaterial, así como creyentes religiosos que afirman la existencia de un creador externo. Vemos personas que recalcan el razonamiento lógico y otros que enfatizan la fe ciega. Parece que el budismo no encaja en ninguna de estas categorías. En contraste con las religiones que se oponen a la investigación crítica, el budismo hace hincapié en que deberíamos ser escépticos, incluso con las palabras del Buda. Tenemos que investigar si los fragmentos de las escrituras son fiables y verdaderos o no. Si encontramos una evidente contradicción, comparándolos incluso con los hallazgos de la ciencia, deberíamos seguir lo que ha sido demostrado y no lo que dijo el Buda. Él mismo dijo que sus seguidores no deberían aceptar su enseñanza por respeto, sino tras una investigación y una experiencia personal. Tenemos la libertad de examinar y comprobar las enseñanzas del Buda.

Por otro lado, a pesar de que el budismo muestra respeto por las pruebas lógicas y experimentales, no niega el valor de tener fe y confianza en los seres espiritualmente realizados. Puesto que nuestros cinco sentidos están limitados a lo que son capaces de conocer, las herramientas científicas no están cualificadas para investigar muchos fenómenos existentes. Así que parece que el budismo está en medio de la ciencia y las religiones teístas. En el futuro, quizá el budismo pueda llegar a ser un puente entre la religión y la ciencia proporcionando un acercamiento entre ambas.

Me he reunido muchas veces con personas de otras creencias, así como con científicos. A veces, mis explicaciones budistas han ayudado a mis hermanos y hermanas cristianos a practicar su propia fe. Otras veces, los científicos en los campos de la cosmología, la biología, la física y la psicología moderna han hallado puntos en común entre el budismo y sus disciplinas. Algunos de estos científicos empiezan nuestras reuniones pensando: "Esto va a ser una pérdida de tiempo porque el budismo es una religión y la religión no tiene mucho en común con la ciencia". Pero tras unas pocas sesiones, están ansiosos por aprender acerca de los conceptos budistas de las partículas sutiles o nuestras explicaciones de la relación entre la mente y el cerebro. Esto demuestra la posibilidad de un entendimiento mutuo con practicantes de otras religiones y con los científicos.

## *El Budadharma y otras religiones*

Hay dos aspectos en cada religión: uno es la transformación de la mente o el corazón, y el otro es la filosofía que respalda esta transformación. Creo que, en términos de transformar las mentes y los corazones de los seres humanos, todas las religiones están en general de acuerdo. Todas enseñan el amor, la compasión, el perdón, a no dañar, el contentamiento, la autodisciplina y la generosidad. No importa la religión, una persona que la practica con sinceridad desarrollará esas cualidades. En cualquier religión vemos ejemplos de la ética y de personas bondadosas que benefician a los demás.

La diferencia entre religiones se da principalmente en el área de la filosofía. Las religiones teístas –el judaísmo, el cristianismo, el islam y muchas ramas del hinduismo– creen en un ser supremo que ha creado todo el universo y los seres vivos que lo habitan. La filosofía teísta proporciona a los seguidores de esas religiones las razones para transformar sus corazones y sus mentes. Para ellos, toda la existencia depende de un creador. El creador nos ha creado y nos ama y, de este modo, agradecidos, amamos al creador. Puesto que amamos al creador, debemos en consecuencia amar las creaciones –los otros seres conscientes– y tratarlos con respeto. Esta es la razón para que nuestros hermanos y hermanas judíos, cristianos, hindúes y musulmanes sean amables y personas éticas.

El budismo, por su parte, no habla de un creador externo, sino de la ley de la causalidad. Nuestras acciones crean las causas para lo que experimentaremos en el futuro. Si queremos felicidad –ya sea la felicidad temporal o la que surge mediante las comprensiones espirituales– debemos abandonar las acciones destructivas y practicar el amor, la compasión, la tolerancia, el perdón y la generosidad.

A pesar de que existen grandes diferencias entre sus filosofías, todas las religiones están de acuerdo en desarrollar las buenas cualidades del ser humano. Para algunas personas, la filosofía budista es más efectiva para desarrollar esas cualidades. Para otros, la doctrina de otra religión es más útil. Por lo tanto, desde el punto de vista del individuo, cada persona verá una filosofía como cierta y una religión como la mejor para él o ella. Pero mirando a la sociedad debemos aceptar la diversidad y la pluralidad de religiones y de puntos de vista acerca de lo que es la verdad. Estas dos perspectivas –lo que es mejor para un individuo en concreto y lo que es mejor para la sociedad– no son contradictorias.

Incluso dentro del budismo, nuestro maestro, el Buda, enseñó diferentes filosofías a diferentes personas porque comprendió que, debido a los intereses y disposiciones de cada individuo, lo que es adecuado para una persona no es necesariamente efectivo para otra. Así, el Buda respeta las visiones individuales, ya sea dentro del propio Budadharma o entre individuos de diferentes religiones.

Esta serie está escrita principalmente para practicantes del budismo, así que, naturalmente, algunas explicaciones filosóficas no estarán de acuerdo con personas de otras religiones. Sin embargo, como budistas, no criticamos dichas religiones o a las personas que las practican. Desde un punto de vista budista la pluralidad de religiones en el mundo es beneficiosa para que cada individuo encuentre un sistema de creencias que se adapte a sus disposiciones e intereses. Aunque la filosofía de otra creencia pueda no ser correcta desde el punto de vista budista, debemos respetarla si beneficia a los demás.

Aceptar una religión o no es una elección individual. Pero si aceptamos una religión, debemos ser serios para seguirla y hacer que concuerde nuestro modo de vida con sus enseñanzas. Si las enseñanzas se vuelven parte de nuestra vida recibiremos un verdadero valor. En la política y los negocios, la hipocresía y los engaños son habituales y lamentables, pero en la religión son totalmente deplorables. Debemos ser sinceros y desarrollar un corazón amable y tolerante sin importar la religión que escojamos.

Una vez me reuní con un científico chileno que me dijo que no recordaba haber estado nunca apegado a su propio campo científico particular. Creo que lo mismo ocurre con las religiones, porque el apego conduce a la parcialidad, que a su vez nos lleva a actitudes fundamentalistas que se aferran a una única verdad absoluta. Cuando todavía era joven y vivía en el Tíbet, era un tanto parcial frente a otras creencias; sin embargo, al venir a la India, conocí a Thomas Merton, a la Madre Teresa y a personas de muchas otras religiones. Al ver que la práctica de otras creencias puede producir personas maravillosas, desarrollé respeto por las otras religiones.

Cuando mis hermanos y hermanas no budistas vienen a aprender el Budadharma, normalmente les recomiendo que no piensen en hacerse budistas. El budismo no es proselitista, no piensa en convertir a los demás. Deberías primero explorar la religión de tu familia, y si eso satisface tus necesidades espirituales, practícala en lugar de adoptar el budismo. En este sentido, deberías evitar las dificultades de practicar una religión que existe dentro de una cultura extranjera a la tuya y cuyas escrituras están en idiomas que no entiendes. Sin embargo, si la religión de tu familia no colma tus necesidades y el Budadharma se adapta a tus disposiciones mejor, entonces, por supuesto eres libre de ser budista o de adoptar algunas prácticas del budismo conservando tu religión previa.

La razón por la que aconsejo a la gente investigar la religión de su familia es que algunas personas se quedan confundidas cuando cambian su religión. Un ejemplo de ello es la familia de un oficial tibetano laico que huyó del Tíbet a principios de los sesenta tras el levantamiento contra la ocupación china y llegaron como refugiados a la India. Después de que muriera el padre, uno de los muchos grupos de misioneros cristianos que amablemente ayudaban a los refugiados, ayudaron a la esposa y a su hijo. Después de algunos años, la mujer vino a verme y me contó su historia diciéndome que los cristianos le habían ayudado mucho y que le habían dado una educación a su hijo, así que en esta vida ella era cristiana, ¡pero que en la próxima vida sería budista!

Para practicar y beneficiarse de las enseñanzas budistas no es necesario ser budista. Si ciertas enseñanzas tienen sentido para ti, te ayudan a llevarte mejor con los demás y dejan que tu mente y tu corazón sean más claros y más pacíficos, practica esas enseñanzas en el contexto de tu propia vida. Las enseñanzas del Buda para subyugar la ira y desarrollar la paciencia las pueden practicar por cristianos, judíos, musulmanes, hindúes y por los que no siguen ninguna religión. Las instrucciones budistas sobre cómo desarrollar la concentración y la atención unipuntualizada las puede utilizar cualquiera que medite, sin importar la religión o la filosofía que siga.

Si estás interesado en seguir el sendero budista te recomiendo que primero comprendas el modo en el que el budismo entiende e interpreta el mundo. Dedícale tiempo y aprende cómo el Buda describe nuestro estado presente, las causas de nuestras dificultades, nuestro potencial y el sendero para actualizarlo. Explora las ideas de la reencarnación, el karma y sus efectos, la vacuidad, la Iluminación, etc. Más tarde, cuando tengas alguna convicción que surja de una reflexión profunda, puedes considerar el seguir el sendero budista.

## *La religión en el mundo moderno*

Una vez que adoptamos una religión deberíamos practicarla sinceramente. Si verdaderamente creemos en el Buda, Alá, Shiva, etc., deberíamos ser seres humanos honestos. Algunas personas afirman tener fe en su religión, pero actúan de manera contraria a sus mandatos. Ellos rezan por el éxito de sus acciones deshonestas y corruptas ¡pidiéndole ayuda a Dios, al Buda, etc., para encubrir sus delitos! Las personas así deberían dejar de decir que son religiosas.

Nuestro mundo se enfrenta ahora a una crisis ética que está relacionada con la ausencia de respeto por los principios espirituales y los valores éticos. Estos no pueden meterse a la fuerza en la sociedad mediante leyes o a través de la ciencia, y la conducta ética basada en el miedo no funciona. Más bien, debemos pensar y estar convencidos del valor de los principios éticos para poder vivir éticamente.

Los Estados Unidos y la India, por ejemplo, tienen unas buenas estructuras de gobierno, pero muchas de las personas involucradas en ellas carecen de principios éticos. La autodisciplina y el autocontrol ético son necesarios por parte de los líderes políticos, ejecutivos financieros, las personas que trabajan en el ámbito de la medicina, los empresarios, maestros, abogados y todos los demás ciudadanos, para crear una sociedad buena. Pero no podemos imponer la autodisciplina y los principios éticos desde fuera. Necesitamos el desarrollo interior. Esta es la razón por la que la espiritualidad y la religión son relevantes en el mundo moderno.

La India, donde vivo ahora, ha sido el hogar de las ideas del laicismo, la integración y la diversidad durante tres mil años. Una tradición filosófica –que en la antigüedad era conocida como *charvaka*– afirma que sólo existe lo que conocemos a través de los cinco sentidos. Otras escuelas filosóficas indias critican esta visión nihilista, pero aun así consideran a las personas que la sostienen como *rishis,* o sabios. En el laicismo indio son respetadas por otras tradiciones a pesar de sus diferentes filosofías. Del mismo modo, todos debemos respetar a las personas de otras religiones, así como a los no creyentes. Yo promuevo este tipo de laicismo, la esencia de lo que es ser una persona amable que no daña a los demás, tanto si eres una persona religiosa como si no.

En los siglos anteriores, los tibetanos sabían muy poco acerca del resto del mundo. Vivían en una elevada y amplia llanura rodeada por las montañas más altas del mundo. Casi todo el mundo, a excepción de una pequeña comunidad de musulmanes, eran budistas, y muy pocos extranjeros llegaban a nuestro país. Desde que fuimos al exilio en 1959, los tibetanos hemos entrado en contacto con el resto del mundo; nos relacionamos con diferentes religiones, grupos étnicos y culturas con un amplio abanico de puntos de vista. También vivimos en un mundo donde destacan las modernas perspectivas científicas. Además, los jóvenes tibetanos reciben ahora una educación moderna en la que están expuestos a perspectivas que no se encuentran tradicionalmente en la comunidad tibetana. Por lo tanto, es imperativo que los budistas tibetanos sean capaces de explicar claramente sus principios y creencias a otras personas utilizando la razón. Únicamente citar las escrituras budistas no basta para convencer de la validez de la doctrina budista a personas que no han crecido como budistas. Si tratamos de demostrar los argumentos solo citando las escrituras, estas personas te podrían decir: "¿Por qué debería creerme esa escritura? ¡Todo el mundo tiene un texto del que poder citar!".

La religión, en términos generales, aborda tres desafíos principales hoy en día: el comunismo, la ciencia moderna y la combinación del consumismo y el materialismo. En cuanto al comunismo, aunque la guerra fría acabó hace muchos años, las creencias comunistas y los gobiernos todavía influyen considerablemente en la vida de los países budistas. Por ejemplo, en el Tíbet, el gobierno comunista controla quién puede ordenarse monje o monja y regula la vida en los monasterios de monjes y de monjas. También controla el sistema educativo, enseñando a los niños que el budismo está anticuado.

La ciencia moderna hasta ahora se ha limitado a estudiar los fenómenos cuya naturaleza es material. Puesto que los científicos en general examinan sólo cosas que pueden ser medibles con instrumentos científicos, limitan el ámbito de sus investigaciones y, en consecuencia, su comprensión del universo. Fenómenos como la reencarnación y como la existencia de la mente como un fenómeno separado del cerebro están más allá del ámbito de la investigación científica. Aunque no tienen pruebas de que estas cosas no existan, algunos científicos asumen que no existen y consideran que estos temas no son dignos de tener en cuenta. Sin embargo, en las últimas dos o tres décadas, me he reunido con científicos con una mentalidad más abierta y hemos mantenido debates beneficiosos para ambas partes y que han puesto de relieve tanto nuestros puntos en común como nuestras visiones divergentes. Estos debates se han desarrollado dentro del respeto mutuo, de modo que, tanto los científicos como los budistas han ampliado su comprensión del mundo.

El tercer desafío es la combinación del consumismo y el materialismo. La religión valora la conducta ética, que puede implicar el retraso de la gratificación, mientras que el consumismo nos dirige hacia la felicidad inmediata. La religión enfatiza la satisfacción interior diciendo que la felicidad es el resultado de una mente en paz, mientras que el materialismo nos dice que la felicidad procede de los objetos externos. Los valores religiosos como la amabilidad, la generosidad y la honestidad se pierden en la carrera para hacer más dinero y tener más y mejores posesiones. Como resultado, las mentes de muchas personas están confundidas respecto a lo que es la felicidad y a cómo crear las causas de la felicidad.

Cuando empiezas a aprender las enseñanzas del Buda puedes encontrar que algunas de ellas están en armonía con tus propias opiniones acerca de los valores sociales, de la ciencia y el consumismo, y que algunas no lo están. Esto está bien. Continúa investigando y reflexionando sobre lo que has aprendido. En este sentido, cualquier conclusión a la que llegues estará basada en razonamientos, no simplemente en la tradición, la presión social o la fe ciega.

## *Una perspectiva amplia*

La práctica del Dharma no consta únicamente de una sola técnica de meditación. Nuestras mentes son demasiado complejas para una única técnica de meditación o un tema de Dharma para transformar cada aspecto de nuestras mentes. Aunque algunos recién llegados al Dharma puedan querer una sola técnica para practicar y ver sus progresos anclados a ella, no deberían pensar que a largo plazo es suficiente para generar todas las realizaciones del camino.

El Dharma abarca una visión del mundo completa, y practicarlo conlleva examinar todos los aspectos de tu vida. Alguna de las ideas del Buda serán nuevas para ti y pueden desafiar algunas de tus más profundas y arraigadas creencias. Mantén una mente abierta y curiosa, investiga esas ideas y observa tu mente. Comprueba la enseñanza utilizando el razonamiento y aplícalo a tu propia vida para ver si describe tu experiencia. No las aceptes simplemente porque las enseñó el Buda, y no las rechaces únicamente porque son extrañas para tus actuales ideas.

Si cultivas una perspectiva amplia y una profunda visión del significado de la vida podrás comprender no sólo esta vida, sino también la existencia de muchas vidas que están por llegar. Además, comprenderás tu propia felicidad y sufrimiento, así como el de los incontables seres conscientes que son iguales a ti en cuanto a querer ser felices y a evitar el sufrimiento. Esta visión más amplia que tiene en cuenta muchas vidas y muchos seres conscientes contribuirá a la paz y la felicidad en esta vida.

Si estamos principalmente absortos en nuestra felicidad personal y en nuestros problemas y no nos preocupamos demasiado de la felicidad y del sufrimiento de los demás, nuestra visión es bastante estrecha. Cuando nos encontramos con dificultades, esta visión estrecha nos hará pensar que todos los problemas del mundo han aterrizado en nosotros y que somos la persona más desgraciada que existe. Este modo tan pesimista de ver nuestra propia vida hará difícil que seamos felices aquí y ahora, y nos arrastraremos por la vida día y noche.

Por otro lado, si tenemos una visión amplia y somos conscientes de las experiencias de otros seres conscientes, entonces, cuando nos encontremos con dificultades, comprenderemos que las experiencias insatisfactorias no son solo casos aislados que nos suceden únicamente a nosotros, sino que son la naturaleza de la existencia cíclica, le suceden a todo el mundo. Esta actitud mental nos ayudará a mantener la estabilidad en la vida y a afrontar las situaciones con las que nos encontremos de un modo productivo. Para ir un paso más allá, si no pensamos únicamente en mejorar esta vida y permitimos la posibilidad de muchas otras vidas posteriores, entonces, cuando nos encontremos con dificultades en el presente, estaremos más capacitados para capearlas y seguir siendo positivos respecto al futuro. Pensar únicamente en los placeres de esta vida y poner todas nuestras esperanzas en *solo* esta vida hace que nos sintamos decepcionados cuando las cosas inevitablemente no marchan como nosotros queríamos. Por consiguiente, una perspectiva más amplia de la vida y una comprensión de la naturaleza de duhkha –sufrimiento e insatisfacción– nos ayuda a mejorar nuestra vida ahora y en las muchas vidas que vendrán.

En la primera de sus cuatro verdades el Buda describe duhkha y sus causas. Podríamos pensar: "¿Por qué debería pensar en eso? ¡Sólo hará que me sienta más deprimido e infeliz!". Aunque reflexionar sobre duhkha y sus causas pueda producirnos al principio cierto desasosiego, el sufrimiento sigue ahí incluso aunque no pensemos en él de esta manera tan consciente y sistemática. Si no hacemos nada y sencillamente dejamos que las cosas sigan su curso, el sufrimiento nos golpeará cuando menos lo esperemos y nos arrollará. Estaremos confundidos respecto a la naturaleza de duhkha, sus causas y cómo eliminarlas, y los sentimientos de desesperación y de fracaso pueden complicar todavía más nuestra situación y hacernos más miserables si cabe.

Pongamos por caso que pasamos por cierta enfermedad o lesión para la que no estábamos preparados. Tenemos el sufrimiento de la enfermedad y, además, sentimientos de conmoción y vulnerabilidad. Pero si sabemos algo sobre la condición física y calmadamente la aceptamos, vamos al médico para que nos trate. Puesto que hemos aceptado la existencia de dicha enfermedad y estamos preparados para luchar contra ella, incluso si el médico nos sugiere una operación, la aceptaremos felices porque sabemos que estamos siguiendo un método para eliminar el sufrimiento.

Por tanto, si conocemos y aceptamos la naturaleza insatisfactoria de la existencia cíclica estaremos en mejor posición para afrontar la insatisfacción cuando ocurra. No deberíamos simplemente esperar a que la tragedia nos golpee, sino reflexionar sobre la existencia cíclica, aprender acerca de ella y tener un método para hacerle frente.

Como ahora vamos a investigar otros temas, es importante que sepas que yo no soy nada especial. Soy un ser humano igual que tú. Todos tenemos el mismo potencial, y esto es lo que hace que la experiencia de una persona sea relevante y se pueda expresar a los demás. Si tienes la idea de que el Dalai Lama es alguien extraordinario, un ser de una clase especial, entonces también podrías pensar que no te puedes beneficiar o relacionarte con lo que digo. Eso es algo necio.

Algunas personas piensan que tengo poderes sanadores. Si los tuviera ya los hubiese utilizado para evitar la operación de vesícula por la que tuve que pasar. Puedes obtener algún beneficio de mis palabras y experiencias por el hecho de que somos iguales.

# 2 La visión budista de la vida

NUESTRA MENTE DETERMINA nuestro estado de existencia. Alguien con una mente contaminada por las aflicciones es un ser del samsara. Alguien que ha erradicado todos los *oscurecimientos aflictivos* –las aflicciones mentales y el karma que produce renacer en el samsara– es un ser liberado, un *arhat.* Alguien que ha eliminado incluso los oscurecimientos cognitivos más sutiles es un Buda. Esto viene determinado por el grado en que la mente de esa persona ha sido purificada. En este sentido, *Sublime continuo* (*Ratnagotravibhaga*) habla de tres clases de seres: seres contaminados que giran en la existencia cíclica, seres no contaminados que no giran en la existencia cíclica y seres no contaminados en absoluto, que son budas. El nivel de realización espiritual de una persona no depende de características externas, sino de su estado mental.

Aunque puede que practiquemos la meditación budista y apliquemos su psicología en nuestras vidas sin llegar a hacernos budistas, comprender la visión budista del mundo es esencial para experimentar todo el efecto de las enseñanzas budistas. En este capítulo, investigaremos algunos de los temas más importantes acerca de la visión budista del mundo: la naturaleza de la mente, el yo, las cuatro verdades de los aryas, la relación dependiente y la vacuidad, y la posibilidad de acabar con el sufrimiento.

## *¿Qué es la mente?*

La ciencia moderna se centra principalmente en adquirir conocimiento sobre el mundo material externo. Los científicos han desarrollado sofisticadas herramientas para manipular incluso las partículas subatómicas y han creado instrumentos para medir los ínfimos cambios en los estados químicos y eléctricos en las neuronas.

Tenemos conocimientos sobre las estrellas que brillan a años de distancia de la Tierra y de diminutos organismos que no pueden ver nuestros ojos.

Mientras que la ciencia ha dado pasos enormes para comprender el mundo externo, la materia y sus componentes subatómicos, no ha prestado mucha atención al mundo interno de la mente, la consciencia y la experiencia. La ciencia carece de un concepto integral de la mente, de su naturaleza, de sus causas y de su potencial y, si bien hay muchos libros sobre la anatomía y la fisiología del cerebro, rara vez se menciona la mente.

Hoy en día, mucha gente piensa en la mente como si fuera un fenómeno material. Los neurólogos la describen basándose en las actividades de las neuronas, especialmente las del cerebro. Los psicólogos conductuales la describen refiriéndose a las acciones y a las palabras de una persona. Los científicos cognitivos estudian la percepción, el pensamiento y los procesos mentales en términos del comportamiento externo perceptible y la actividad del cerebro. Las dificultades que surgen con esos modelos es que no nos proporcionan ningún medio para comprender con precisión o en profundidad la experiencia. Los científicos nos hablan de los procesos neuronales en el cerebro, las reacciones hormonales que acompañan a la compasión o la ira y del comportamiento de las personas cuando están enfadadas, pero eso no transmite cómo se sienten estas emociones, lo que es la experiencia de ellas.

Otras personas hablan de la mente como de un yo permanente o un espíritu inmaterial. Pero ellos tampoco pueden sugerir herramientas para observar la consciencia. Las enseñanzas del Buda se pueden considerar como una "ciencia de la mente" que proporciona un estudio completo sobre ella, estableciendo herramientas específicas para observarla, definiendo los diferentes tipos de consciencias y factores mentales, dando a conocer el potencial de la mente y describiendo modos para transformarla.

La naturaleza de la mente no es material, carece de la cualidad tangible de los objetos físicos. Aunque la mente y el cerebro están relacionados e interactúan entre ellos mientras una persona está viva, la mente es diferente del órgano físico del cerebro, que es material y que puede ser investigado con instrumentos científicos que registran la actividad física. La mente es lo que experimenta, es lo que hace que un organismo sea consciente. Los que hemos estado sentados al lado del cuerpo de un ser querido fallecido sabemos que, aunque el cerebro está allí, algo más se ha perdido. Lo que ya no está presente es la mente, el agente que experimenta lo que la vida presenta, y este es el factor clave que diferencia un cadáver de un ser vivo.

El budismo lleva unos 2600 años de historia investigando la mente. Muchos tratados sobre la mente fueron escritos en la antigua India, donde vivió el Buda, así como en los países a los que llegó el budismo a lo largo de los siglos. En estos últimos años, han empezado fructíferos diálogos entre budistas y científicos, y tengo un gran interés en ver cómo se desarrolla este diálogo y las contribuciones positivas que producirá para el bienestar de los seres conscientes.

Cada tema en esta serie tiene que ver con la mente. Contemplaremos la mente desde muchas perspectivas: su naturaleza, sus causas, su potencial, sus funciones, niveles, etc. Investigaremos lo que oscurece su potencial y cómo desarrollar los antídotos a dichos oscurecimientos para revelar el potencial de la mente en su asombroso esplendor, que podemos denominar completa *Iluminación* o *Budeidad.*

La palabra sánscrita para *mente se* puede traducir también como *corazón.* Desde una perspectiva budista, expresiones como "tiene un corazón bondadoso" o "su mente es muy inteligente" se refieren a la misma entidad: la consciencia, la parte experiencial de un ser vivo. Aunque nuestra mente está ahora mismo aquí, con nosotros, y la utilizamos todo el tiempo, no la comprendemos muy bien. En el Budadharma, la mente se define como "claridad y cognición". *Claridad* indica que, a diferencia del cuerpo, la mente no es material. *Claridad* también señala que cuando la mente se encuentra con ciertas condiciones es capaz de reflejar objetos, como un espejo limpio. Debido a su cualidad de *cognición*, puede relacionarse o conocer dicho objeto.

Desde nuestra propia experiencia, sabemos que nuestra mente cambia instante tras instante. Esta cualidad de variabilidad es un indicio de que está bajo la influencia de causas y condiciones. Cada instante de mente surge debido a su propia causa particular –el instante de mente previo. La mente es un continuo, una serie de "instantes de mente" que denominamos continuo mental. Cada ser tiene su propio continuo mental. Los continuos mentales, o partes de dichos continuos mentales individuales, no se mezclan. Puesto que la mente es influida por otros factores y cambios a cada momento, cuando las condiciones adecuadas están presentes, acontece la transformación mental. Una mente desbordada por las emociones aflictivas puede transformarse en una mente calmada y gozosa.

La mente tiene dos naturalezas: su naturaleza convencional (cómo funciona y se relaciona con otras cosas) y su naturaleza última (su modo real de existencia). La naturaleza convencional –su claridad y cognición– quizá pueda compararse con el agua pura libre de contaminantes. Cuando la suciedad se mezcla con el agua, su naturaleza pura se oscurece, a pesar de que sigue estando ahí. Algunas veces, se agita la suciedad y el agua está más oscurecida que en otras ocasiones. Pero no importa cuanta suciedad haya en el agua, se puede purificar y eliminar la suciedad. Del mismo modo, la mente es pura aun cuando está oscurecida por las aflicciones. A veces, nuestra mente está calmada y otras veces está agitada por la ira o el apego. Estas aflicciones son temporales. Alguien podría estar enfadado por la mañana y relajado por la tarde. Mientras el continuo mental fluye, la ira no está siempre presente en él. Esto sucede porque la ira y las demás aflicciones no han penetrado la naturaleza de la mente.

La mente se puede colorear con diferentes emociones en diferentes ocasiones. La ira y el amor afectuoso son contrarios; no pueden manifestarse en la mente al mismo tiempo, pero sí pueden surgir en diferentes momentos. Incluso personas como Hitler o Stalin, que tenían tanto odio, sentían amor por los miembros de su familia y sus hijos. El hecho de que la mente pueda estar dominada por la ira en un momento y por la emoción contraria (el amor) en otro, sugiere que las emociones no están en la naturaleza de la mente. La mente en sí misma es pura, es como el agua incolora que se puede colorear con una infinidad de tonos o con ninguno en absoluto.

Nuestro cuerpo es como una casa y la mente es su habitante. Mientras el cuerpo permanezca, la mente es un residente de larga duración. Sin embargo, los diferentes factores mentales –que incluyen emociones y actitudes– son como las visitas. Un día viene el resentimiento, otro día viene la compasión, pero ninguno se queda mucho tiempo. Aunque ambos son visitas, una visita es respetuosa, útil y agradable, como alguien responsable, en quien se puede confiar y que querrías hacer miembro de la familia. Invitamos a esta visita a quedarse en nuestra casa todo el tiempo y cultivamos las condiciones para que lo haga. Mientras tanto, la otra visita es irrespetuosa, y altera nuestra paz y la de los demás. No queremos que nos visite y mucho menos que se mude aquí a vivir, así que no la invitamos y la desalojamos si se cuela. De igual manera, es posible desvanecer la ira y desarrollar de modo ilimitado la compasión, haciendo que sea nuestra compañera.

La naturaleza última de la mente es su vacuidad de existencia inherente o independiente. La existencia inherente es un modo falso de existencia que superponemos a todos los fenómenos: creemos que poseen una esencia propia que podemos encontrar y que les hace ser lo que son, pensamos que existen independientemente de todos los demás factores, como sus causas y sus partes. De hecho, son vacíos de tales modos inventados de existencia porque existen dependiendo de otros factores. En el *Sutra de la perfección de la sabiduría en ocho mil estrofas* (*Astasahasrika Prajñaparamita Sutra*) el Buda dijo:

La mente está vacía de mente, ya que la naturaleza de la mente es luz clara.

"La mente está vacía de mente". Esto nos lleva a investigar lo que es la mente en realidad, su modo último de existencia, cómo existe realmente. "La mente" se refiere a la naturaleza convencional de claridad y cognición de la mente. Cuando buscamos esta naturaleza de claridad y cognición no podemos encontrar algo que sea la mente. Dentro de la claridad y cognición no podemos señalar una mente que sea inherente. Si fuéramos capaces de hallar una mente real, entonces la mente existiría con su propia esencia independiente. Sin embargo, cuando buscamos para encontrar la mente, no podemos encontrar la mente en la mente, no encontramos una mente inherentemente existente. Por esta razón se dice aquí que "la mente está vacía de mente". La naturaleza última de la mente, su modo último de existencia, es su vacuidad de existencia inherente.

Dado que la mente está vacía de mente podemos pensar que la mente no existe en absoluto. Pero este no es el caso. Las palabras "la mente" indican que la mente existe, que es la base de nuestro análisis. Que la mente existe se demuestra por el hecho de que puedo explicar estas afirmaciones debido al funcionamiento de mi mente y que tú puedes entenderlas debido al funcionamiento de tu mente. Decir que la mente no habita en la mente quiere decir que una mente que exista inherentemente no es el modo último de existencia de la mente, no significa que la mente no exista en absoluto.

La mente existe, pero es vacía de existencia inherente. Este es el significado de "la naturaleza de la mente es luz clara". Esta naturaleza última de la mente es pura en el sentido de que carece de existencia inherente. Pero el mero hecho de que la mente sea vacía de existencia inherente no significa que las aflicciones como la ignorancia, la ira, y el apego puedan eliminarse de ella automáticamente. Estas aflicciones también carecen de existencia inherente, pero no podemos decir que su naturaleza sea pura.

La *ignorancia* es un factor mental que se aferra a los fenómenos como si existieran de modo inherente, con sus propias esencias independientes. Esta es la raíz de todas nuestras emociones aflictivas, como la ira, el ansia, los celos y la arrogancia. El hecho de que la mente y todos los demás fenómenos no existan inherentemente quiere decir que la ignorancia que se aferra a una mente que existe de manera inherente contradice la realidad. Si la mente existiera inherentemente, la ignorancia sería una mente correcta que percibe la realidad. En tal caso no se podría eliminar. Sin embargo, puesto que la ignorancia percibe lo contrario a la realidad, se puede eliminar con la sabiduría que percibe la realidad correctamente: la sabiduría que comprende la ausencia de existencia inherente.

Dado que la ignorancia y otras aflicciones son factores mentales erróneos que carecen de una base inherentemente existente, no están integrados en la naturaleza de la mente y se pueden eliminar para siempre. Igual que las nubes oscurecen temporalmente el cielo despejado a pesar de que no son la naturaleza del cielo, la ignorancia y otras aflicciones oscurecen temporalmente la naturaleza de la mente. Pero al contrario que las nubes, que pueden volver a aparecer, una vez que la ignorancia y las aflicciones han sido eliminadas desde su raíz por la sabiduría, no pueden volver a oscurecer la mente. Mientras tanto, otros factores mentales como el amor, la compasión y la paciencia no dependen de la ignorancia para existir y, por lo tanto, permanecerán como parte de nuestro continuo mental para siempre.

## REFLEXIONES

1. La naturaleza convencional de la mente es claridad y cognición, lo que significa que puede reflejar y conocer objetos.

2. La naturaleza convencional de la mente es pura: las aflicciones no se integran en su naturaleza, aunque pueden temporalmente colorear u oscurecer la mente.

3. El cuerpo es de naturaleza material. Es como una casa, y la mente es su habitante inmaterial.

4. La naturaleza última de la mente es vacía de existencia inherente. Carece de cualquier esencia que se pueda encontrar cuando buscamos cómo existe la mente de modo último.

---

## *Cuerpo, mente, renacimiento y el yo*

Nuestro cuerpo y nuestra mente se influyen el uno al otro mientras estamos vivos a pesar de que tienen diferentes naturalezas y diferentes continuos. El cuerpo es material y depende de causas físicas –como el esperma y el óvulo de nuestros padres– para existir. La comida que comemos –también de naturaleza material– es la condición que permite a nuestro cuerpo vivir y crecer. La mente, sin embargo, no es material y no puede conocerse o medirse con los instrumentos científicos diseñados para medir la materia.

Según los que propugnan el reduccionismo científico, la mente no es nada más que el cerebro. Otros científicos, por otro lado, afirman que la mente es una función de los procesos cerebrales, y que los procesos mentales y las experiencias emocionales también se correlacionan con los procesos bioquímicos del cerebro o se deben a ellos. Sin embargo, muchos aspectos de la mente no pueden ser explicados por la visión neurocientífica. Por ejemplo, simplemente con mirar un proceso químico en el cerebro no podemos determinar si un pensamiento es válido –si es un caso de conocimiento o de aflicción. Examinando los procesos cerebrales no podemos discernir si un acontecimiento mental es un percibidor directo de un objeto de los sentidos o una concepción (un recuerdo o un pensamiento sobre algo).

A nivel experiencial, se da esta gran diferencia entre el dolor que experimentamos debido a nuestra propia situación y el dolor que surge de la compasión hacia el dolor de los demás. La experiencia de nuestro propio dolor surge involuntariamente y con fuerza, y normalmente respondemos ante ella con miedo e ira. El dolor que va acompañado de compasión hacia el sufrimiento de los demás tiene un elemento que nos lleva a compartir y abrazar deliberadamente ese dolor, y reaccionamos a él con valentía. Sin embargo, en términos de procesos bioquímicos en el cerebro, estos dos tipos de dolor son indistinguibles.

Nuestros ojos pueden producir lágrimas cuando estamos muy contentos o muy tristes. A nivel físico, ellos no distinguen entre los dos estados, pero a nivel mental hay una gran diferencia en la causa de las lágrimas y en cómo las experimentamos. Por todas estas razones, es difícil afirmar que todos los aspectos de nuestra consciencia experiencial pueden explicarse simplemente a través de los procesos biológicos del cerebro.

Todas las cosas funcionales –las cosas que producen efectos– surgen debido a causas y condiciones. Para rastrear las causas y condiciones de nuestro cuerpo presente, seguimos hacia atrás las causas y efectos materiales que llegan hasta nuestros padres y generaciones de antepasados. Cuando rastrean el origen del cuerpo humano, los científicos plantean la teoría de la evolución. Antes de que la vida existiera en la Tierra, el continuo de los elementos físicos que posteriormente constituirían nuestros cuerpos estaba presente y su continuo se desplaza hacia atrás hasta el Big Bang. Puesto que la materia –ya fuera burda o sutil– estaba presente en el momento del Big Bang e incluso antes de él, las causas de la materia deben haber sido también materia, o energía que pueda transformarse en materia. Aunque nuestro cuerpo no estaba presente cuando este universo empezó a formarse, ya existía su continuidad previa bajo el aspecto de causas materiales y elementos físicos.

Según el *Tantra de Kalachakra,* la causa última del cuerpo son las partículas espaciales que existen entre la desaparición del universo previo y la producción del universo subsiguiente. Estas proporcionan la continuidad del potencial para la aparición de la materia durante dicho intervalo de tiempo. Contienen un rastro de cada una de las partículas elementales burdas que son la materia básica desde la que surgen todas las demás formas cuando se desarrolla un nuevo universo.

Es difícil identificar las características esenciales de la mente. En el día a día, experimentamos percepciones sensoriales y las intenciones que persiguen a los objetos de los sentidos. Las consciencias sensoriales –nuestras consciencias visual, auditiva, olfativa, gustativa y táctil– se enfocan en el mundo exterior y adoptan el aspecto de los objetos que perciben[1]. La mente conceptual que piensa en estos objetos también adopta el aspecto de dichos objetos externos, e incluso cuando nuestra mente se dirige hacia el interior, hacia nuestros propios sentimientos, adopta el aspecto de dichos sentimientos. Es difícil para nosotros separar de la mente la claridad y la cognición, y ser conscientes de la mente aislada sin ser al mismo tiempo conscientes de sus objetos. Sin embargo, con la meditación es posible experimentar la naturaleza de la mente.

Los resultados se producen debido a causas concordantes, causas que tienen la capacidad de producirlos. No pueden producirse de causas discordantes. Puesto que la mente es inmaterial, su causa esencial –ese algo primordial que se transforma en un instante particular de mente– debe ser también inmaterial. Dicha causa es el instante de mente precedente, que se puede rastrear hasta el momento de la concepción. El instante de mente en el momento de la concepción surge debido a una causa, un instante previo de mente, y, de este modo, se establece el continuo de mente previo a esta vida.

La concepción es la unión del esperma, el óvulo y la mente sutil, lo cual crea una nueva vida. El aspecto material de esta nueva vida, el esperma y el óvulo, procede de nuestros padres. Lo inmaterial, el aspecto consciente –la mente– no procede de nuestros padres, debe venir de un instante previo de mente que, en el momento de la concepción, es la mente de un ser en la vida anterior.

En el momento de la muerte el cuerpo y la mente se separan. Aquí también tienen un continuo diferente. El cuerpo se torna un cadáver y se recicla en la naturaleza, y la mente continúa, un momento de mente produce el siguiente. En el caso de los seres ordinarios, normalmente la mente toma otro cuerpo y empieza una nueva vida.

Las escrituras budistas describen diferentes niveles y tipos de mente. En términos de tipos de mente, están las consciencias burdas, como las consciencias de los cinco sentidos; las consciencias sutiles, como la consciencia mental, que piensa y sueña; y la mente muy sutil, que se hace manifiesta en los seres ordinarios en el momento de la muerte. Esta mente muy sutil, la que va de esta vida a la siguiente, puede continuar sin depender del cuerpo físico, incluyendo el cerebro y el

1 Es decir, el objeto se refleja en la mente. Es parecido, pero no es lo mismo que la imagen de un objeto que se forma en la retina cuando la consciencia visual lo ve. Ver el aspecto –la representación– significa ver el objeto.

sistema nervioso. La mente más sutil es una continuidad en constante cambio de instantes de mente; no es un yo permanente o alma. Los términos "mente muy sutil" y "la mente fundamental e innata de la luz clara" son meramente designados dependiendo de un continuo de instantes transitorios extremadamente sutiles de claridad y cognición.

El Buda explicó la continuidad de la vida y el renacimiento principalmente sobre la base de la continuidad de la mente. La continuidad de la mente a lo largo de las vidas no es el nivel burdo de mente que depende del cuerpo físico. Es la mente muy sutil, la mente fundamental e innata de la luz clara, que es la base última de designación de la persona, la que conecta una vida con la siguiente. La explicación detallada de esta mente se encuentra solo en los textos sobre los tipos de yoga más elevados de los tantras budistas.

El renacimiento también puede ser validado por la experiencia personal. He oído hablar de un niño tibetano que podía leer sin que le hubieran enseñado. Algunos podrían decir que es debido a su configuración genética, pero para mí tiene más sentido decir que es debido a la continuidad de su consciencia de una vida previa. También conozco el caso de una chica india que tenía muchos recuerdos de su vida anterior. Sus padres de su vida previa y los de esta vida se reunieron y confirmaron los detalles. Ahora ambos padres la aceptaban como su hija, ¡así que acabó teniendo cuatro padres!

Hablando en general, una vez que una mente se une con un óvulo fertilizado empieza una nueva existencia. Dependiendo de ese cuerpo y esa mente designamos *persona*, *ser vivo*, *yo* o *ser*. Nuestra perspectiva de la vida, nuestras percepciones, sentimientos y emociones, están todas basadas en la noción de un yo. Decimos: "yo hice esto", "yo pienso esto" o "yo me siento triste o feliz". Aunque esta es nuestra experiencia, rara vez nos paramos para preguntarnos: "¿Quién es este yo en torno al que todo gira?". La pregunta referente a la identidad del yo es importante porque es el yo el que quiere ser feliz y evitar el sufrimiento. Si el yo existiera independientemente de otros fenómenos, deberíamos poder aislarlo e identificarlo.

El Buda enseñó que la persona está compuesta por cinco agregados psicofísicos: forma, sensación, discernimiento, factores composicionales y consciencia. El agregado de la forma es nuestro cuerpo, y los otros cuatro agregados constituyen nuestra mente. Si buscamos entre estos cinco agregados no podemos localizar una persona que esté totalmente separada de ellos, ni tampoco podemos identificar una persona que sea lo mismo que su cuerpo y su mente. El conjunto de los dos tampoco es la persona. Una persona existe dependiendo de su mente y su cuerpo, pero ni es totalmente uno con ellos ni está completamente separada de ellos.

El yo depende del cuerpo. Cuando nuestro cuerpo está enfermo decimos: "yo estoy enfermo". Si el yo fuera una entidad separada del cuerpo, no podríamos decirlo. El yo también depende de la mente. Cuando la mente está feliz decimos: "yo soy feliz". Si el yo fuera una entidad separada de la mente, no podríamos decirlo. Sobre la base de la mente viendo una flor, decimos que la persona que posee esa mente ve la flor. Aparte de esto, no podemos encontrar una persona viendo algo.

En resumen: el *yo* se designa dependiendo de nuestro cuerpo y nuestra mente, pero aun así, cuando buscamos para encontrar algo que sea *yo*, no podemos encontrarlo ni en el cuerpo, ni en la mente, ni en el conjunto de los dos, ni separado de ellos. Esto indica que la persona existe de modo dependiente. Carecemos de una esencia inherente o no cambiante. Puesto que carecemos de un *yo* independiente podemos cambiar, crecer y progresar desde la confusión a la Iluminación.

La persona o el yo crean las causas de la felicidad y del sufrimiento. Es también la persona la que experimenta los resultados placenteros o dolorosos de esas acciones. Aunque no podemos señalar nada que sea el yo, la existencia de la persona que crea las causas y experimenta los efectos es innegable.

Los ilimitados seres conscientes tienen este sentido del yo, aunque sea difícil identificar lo que es el yo. Sin embargo, el hecho de que todos y cada uno de los seres conscientes quieran la felicidad y no quieran sufrir es indiscutible. No es necesaria razón alguna para demostrarlo. Nacer, disfrutar de la vida, soportar el sufrimiento y la muerte son fenómenos condicionados producidos por causas previas. Si no hubiera una persona que los experimentase ninguno de ellos se podría mantener. De igual manera, podemos distinguir entre la existencia samsárica aflictiva y el estado despierto del Nirvana basándonos en si la persona ha obtenido las realizaciones espirituales necesarias. Esta distinción entre samsara y Nirvana sería irrelevante si la persona no existiera.

El yo existe, pero, desde la perspectiva más profunda de la realidad, nuestra visión de él es equivocada. La incongruencia entre cómo existe el yo en realidad y cómo lo aprehendemos es la fuente de toda nuestra confusión y sufrimiento. A medida que cultivamos visiones correctas, nuestra fortaleza mental se incrementa; esto nos lleva a la paz mental, lo que, a su vez, nos aporta gozo y un sentimiento de plenitud. Un estado mental que percibe el mundo tal y como es, libre de miedo y ansiedad.

REFLEXIONES

1. El cuerpo tiene una naturaleza material; la mente es inmaterial. Aunque el cerebro y la mente influyen uno en el otro, no son lo mismo.

2. Nuestro cuerpo y su causa primordial –el esperma y el óvulo de nuestros padres– son materiales. Nuestra mente y su causa primordial –el instante previo de mente– son inmateriales, son mera claridad y cognición. En el momento de la concepción se juntan, creando una nueva vida.

3. En el momento de la muerte, la continuidad del cuerpo es un cadáver que se descompone para transformarse en elementos materiales. La continuidad de la mente, en la forma de la mente más sutil, continúa hacia la próxima vida.

## *Las cuatro verdades de los aryas*

El tema del primer discurso que dio el Buda tras lograr la Iluminación, las cuatro verdades de los aryas, también conocido como *Las cuatro verdades*, conforma la base y la estructura del sendero budista. Enseñó esto al principio con un propósito específico. Cada ser consciente tiene el deseo innato de una paz estable, felicidad y liberación del sufrimiento. El anhelo de estas cosas nos hace implicarnos en muchas actividades en un intento de alcanzarlas. Sin embargo, hasta ahora todo lo que hemos hecho no nos ha reportado esa paz estable o ese gozo porque vivimos en la existencia cíclica (*samsara*), un estado en el que tenemos un cuerpo y una mente bajo la influencia de las emociones aflictivas y el karma. Dentro de la existencia cíclica sólo encontramos duhkha –condiciones insatisfactorias y sufrimiento[2]. Sin elección, tomamos un

2 *Duhkha* (P. *dukkha*) se traduce a menudo como *sufrimiento*, pero esta traducción es errónea. Su significado es mucho más refinado y se refiere a todos los estados y experiencias insatisfactorios, muchos de los cuales no son explícitamente dolorosos. Aunque el Buda dice que la vida bajo la influencia de las aflicciones y el karma contaminado es insatisfactoria, no dice que la vida es sufrimiento.

cuerpo que envejece, enferma y muere, y que tiene una mente que se vuelve ansiosa, temerosa y airada. El yo –la persona que es meramente designada dependiendo del cuerpo y la mente– gira en la existencia cíclica. Nuestros cinco agregados de cuerpo y mente son insatisfactorios por naturaleza y constituyen la primera verdad de los aryas, *la verdad de duhkha*. Las causas de los cinco agregados son aflicciones mentales –actitudes distorsionadas y emociones perturbadoras de las que la ignorancia es el director– y las acciones contaminadas[3]. Estas constituyen la segunda verdad, *la verdad del origen de duhkha*.

La *verdadera cesación* definitiva, la tercera verdad, es la Liberación y el Nirvana, el estado de paz estable, gozo y plenitud que buscamos. Aquí, la ignorancia, las aflicciones y las acciones contaminadas y las experiencias insatisfactorias que producen se han extinguido desde su raíz, de manera que ya no pueden volver a surgir.

Las cesaciones verdaderas se alcanzan en función de un método que erradica la ignorancia. Este método son los *senderos verdaderos*, la cuarta verdad, que consiste fundamentalmente en la sabiduría que comprende la naturaleza última –el vacío de existencia inherente de toda persona y fenómeno– y las consciencias virtuosas basadas en esa sabiduría. Estos senderos requieren de tiempo y esfuerzo diligente para desarrollarlos; no podemos pagar a otro para que los alcance por nosotros igual que pagamos a un mecánico para que nos arregle el coche. La manera de recorrer estos senderos y alcanzar el Nirvana es el objeto de esta serie.

El proceso de lograr el Nirvana empieza por comprender la primera verdad, la naturaleza de duhkha y los diferentes tipos de circunstancias insatisfactorias y el sufrimiento que aflige a los seres conscientes en la existencia cíclica. Cuando algunas personas escuchan esto temen que reflexionar en su sufrimiento únicamente lo empeore y, por lo tanto, piensan que no existe ningún beneficio en aprender las enseñanzas del Buda. Esto sería cierto si fuera imposible para nosotros liberarnos de las causas de duhkha. Sin embargo, puesto que la causa raíz de duhkha, la ignorancia –un factor mental que confunde la realidad y se aferra a los fenómenos como si tuviesen existencia inherente–, es errónea, puede ser eliminada por la sabiduría que percibe las cosas como realmente son –vacías de existencia inherente. Erradicando de manera gradual

3 El término sánscrito *asrava* se traduce como *polucionado*, *contaminado* o *manchado*, en el sentido de estar bajo la influencia de la ignorancia o sus impresiones potenciales.

la ignorancia y otras aflicciones podemos traer a nuestras vidas una mayor satisfacción y libertad. Después de haber acumulado sus causas, obtenemos la verdadera cesación final de duhkha, y esto produce el Nirvana. Aunque el Nirvana puede sonar como un objetivo muy lejano, podemos fácilmente ver los pasos que van en esa dirección: cuanto más detenemos la ira, más armonía experimentamos, y cuanto más disminuye nuestra codicia, más satisfacción tenemos. A medida que reducimos gradualmente la ignorancia y las aflicciones mediante la aplicación de la sabiduría, la tranquilidad y la plenitud se incrementan en consecuencia y culmina en el Nirvana.

Por consiguiente, reconocer nuestro sufrimiento y reflexionar sobre él tiene un propósito especial y beneficioso: nos moviliza para descubrir su raíz y sus causas secundarias y erradicarlas practicando el sendero a la paz, que nos lleva a la auténtica felicidad del Nirvana.

El Buda habló de tres tipos de duhkha. El primero es el duhkha del dolor, el sufrimiento físico y mental que todos los seres ven como algo indeseable. Todas las religiones del mundo están de acuerdo en que las acciones destructivas como matar, robar y mentir conllevan dolor físico y/o mental. Para contrarrestar este dolor y las acciones que lo producen, todas las religiones enseñan algún tipo de conducta ética. Los científicos también buscan remediar el dolor físico y mental, y lo hacen desarrollando los medios para cambiar las causas externas que existen en nuestro entorno o las debidas al mal funcionamiento de nuestro cuerpo, nuestro cerebro, nuestro sistema nervioso o nuestros genes.

El segundo tipo de duhkha es el duhkha del cambio, que se refiere a la felicidad mundana. ¿Por qué llamaría el Buda duhkha a lo que se considera convencionalmente como felicidad, como las sensaciones agradables? La felicidad mundana es insatisfactoria porque las actividades, las personas y las cosas que inicialmente nos proporcionan placer no lo hacen continuadamente. Aunque comer, estar con los amigos, recibir halagos o escuchar buena música pueda inicialmente mitigar el dolor o el aburrimiento y traernos placer, si continuamos haciéndolo nos traerán finalmente incomodidad o agotamiento.

La mayoría de la gente no reconoce la felicidad mundana como algo insatisfactorio por naturaleza a pesar de que muchas religiones lo hacen. Algunos hindúes ven la naturaleza insatisfactoria de los placeres mundanos y buscan profundos estados de concentración unipuntualizada que son mucho más agradables. Algunos cristianos abandonan los placeres mundanos en favor de un estado de éxtasis o de gracia.

El tercer tipo de duhkha –el duhkha de lo condicionado que lo impregna todo– es el hecho de que tenemos un cuerpo y una mente que no están bajo nuestro control. Sin elección, tomamos un cuerpo que nace, cae enfermo, envejece y muere. Entre el renacimiento y la muerte nos encontramos con problemas a pesar de que tratamos de evitarlos. No podemos encontrar todo lo que deseamos a pesar de que intentamos arduamente conseguirlo, e incluso cuando nuestros deseos se cumplen esa felicidad no es estable: nos desilusionamos o nos separamos de lo que ansiamos.

La descripción del tercer tipo de duhkha –el duhkha de lo condicionado que lo impregna todo– es exclusivo del Budadharma. Ninguna otra religión o ciencia identifica como algo problemático el tomar un cuerpo y una mente bajo el control de la ignorancia, las aflicciones y el karma contaminado. No buscan las causas del duhkha de lo condicionado que lo impregna todo, por no hablar de trabajar para eliminarlas. En su lugar, tratan de mejorar la situación centrando sus esfuerzos en eliminar el duhkha del dolor.

Habiendo identificado el duhkha de lo condicionado que lo impregna todo como la condición básica por la que sufrimos los seres conscientes, el Buda buscó su causa raíz. La identificó como la ignorancia que se aferra a la existencia inherente, y vio que esta ignorancia se puede eliminar completamente tan solo desarrollando su opuesto: la sabiduría que percibe la ausencia de existencia inherente. Aquí, las enseñanzas del Buda sobre la ausencia de un yo o persona con esencia sustancial o esencial (*anatman*)[4] se tornan importantes. Él explicó que cuando buscamos lo que la ignorancia aprehende –la existencia inherente o independiente de la persona y de los fenómenos– no podemos encontrarlo. La sabiduría que comprende esto –el sendero verdadero– tiene la habilidad de erradicar de modo gradual toda la ignorancia de la mente, lo que da lugar al Nirvana, la definitiva y verdadera cesación. De este modo, vemos que la explicación del

4 En este contexto, *yo* o *self* en el término inglés *selflessness* no significa "una persona", sino que se refiere a lo inherente, independiente, o a la existencia verdadera. "Ausencia de una esencia sustancial" (del inglés *selflessness*) es la ausencia de existencia independiente, no la ausencia de un yo o persona. Así pues, el término inglés *self* significa ausencia de existencia esencial, inherente.

Buda sobre el origen de duhkha, la naturaleza última de la realidad, la sabiduría que lo comprende y el logro del Nirvana, es también exclusiva.

En este sentido, el Dharma –la verdadera cesación y los senderos verdaderos– es un refugio extraordinario. El Buda, que enseñó este Dharma, es un maestro extraordinario, y la Sangha –los seguidores que han visto directamente la ausencia de existencia inherente– son compañeros del camino extraordinarios. Estos tres objetos de refugio, como se describe en el budismo, son inigualables y no se encuentran en ningún otro lugar.

Las situaciones descritas en las cuatro verdades no las creó el Buda. Él sencillamente describió las cosas como son. Si duhkha, su origen y su cese no existieran, no sería necesario practicar el Dharma. Por supuesto, depende de nosotros el comprobar la veracidad de las cuatro verdades por nosotros mismos. Observando nuestra propia experiencia llegaremos a darnos cuenta de que duhkha y sus orígenes existen. Aunque no podamos conocer directamente las verdaderas cesaciones y los verdaderos caminos en este momento, también existen. Comprendiendo que duhkha y sus orígenes pueden ser eliminados, comprendemos que la verdadera cesación puede ser alcanzada. Esto nos da la convicción de que los caminos verdaderos son los medios para traer paz a nuestras mentes.

## REFLEXIONES

1. La primera de las cuatro verdades de los aryas describe nuestra experiencia presente, es decir, que estamos sujetos a los tres tipos principales de circunstancias insatisfactorias: sufrimiento, cambio y el condicionamiento que todo lo abarca. Estas tienen su raíz en la ignorancia que desconoce la naturaleza última de la realidad.

2. Las dos últimas de las cuatro verdades describen nuestras posibilidades: existe un estado libre de la ignorancia y de duhkha, y también existe un sendero que lleva a ese estado.

3. Aprender y reflexionar sobre estos temas depende únicamente de cada uno de nosotros. Si lo hacemos, nos convenceremos y desarrollaremos la sabiduría necesaria para liberarnos.

## *La relación dependiente y la vacuidad*

En la explicación anterior sobre las cuatro nobles verdades aparecen varios temas reiteradamente: la ignorancia que se aferra a la existencia inherente; la vacuidad de existencia inherente, que es la naturaleza última de todas las personas y fenómenos; la sabiduría que comprende la vacuidad y que contrarresta la ignorancia y el Nirvana, que es el estado de paz que se logra al desarrollar la sabiduría. Otro tema esencial, la relación dependiente, está vinculado con todos estos.

El sistema de principios mahayana tal como fue explicado por el sabio indio Nagarjuna habla de tres niveles de relación dependiente. El primero, que es común a todos los sistemas de principios budistas, es la *dependencia causal,* el hecho de que los productos (las cosas condicionadas) dependen de causas. Una mesa depende de la madera, que es su causa sustancial –que en realidad se acaba convirtiendo en el resultado–, y de las personas que la fabricaron, que son las causas secundarias que ayudan a que se produzca el resultado. De igual forma, nuestro cuerpo, nuestra mente y nuestro renacimiento presente dependen de sus respectivas causas y condiciones. Dicha dependencia descarta la posibilidad de que las cosas surjan aleatoriamente, sin causa alguna. Esto también excluye que las cosas surjan debido a causas discordantes, es decir, que no tienen la capacidad de producirlas. La cebada no puede crecer de semillas de arroz y la felicidad no puede venir de acciones destructivas.

Además de la causalidad química, biológica y física, el karma y sus efectos son otro sistema de dependencia causal. El karma son las acciones intencionadas que llevamos a cabo física, verbal o mentalmente. Estas causas producen sus resultados: los renacimientos que experimentamos, las experiencias de nuestras vidas y el medioambiente en el que nacemos.

El segundo tipo de dependencia es la *designación dependiente*, que tiene dos ramas: la dependencia mutua y la mera designación por término y concepto. La *dependencia mutua* se refiere a las cosas que existen en relación a otras: largo y corto; padre e hijo; el todo y las partes; sujeto, objeto y acción. Nuestro cuerpo, que es un *todo*– depende de sus partes: brazos, piernas, piel y órganos internos. Los órganos y las extremidades sólo son partes dependiendo del cuerpo como la totalidad.

Un objeto duro y esférico del tamaño de una manzana pequeña se convierte en una pelota de beisbol sólo porque existe el juego del beisbol, un pitcher, un bateador y un bate. Fuera de este contexto, este objeto redondo nunca se llamaría pelota de beisbol ni funcionaría como pelota de beisbol. Un padre se identifica sólo en relación a su hijo y alguien se convierte en hijo sólo en relación a su padre. Ni el padre ni el hijo existen independientemente uno del otro.

En la vida diaria utilizamos convenciones y términos y nos implicamos en acciones basadas en el lenguaje. Esto no requiere que haya un referente individual objetivo para cada uno de ellos, más bien, los términos se definen de forma relativa y adquieren sentido sólo en el contexto de relaciones de mutua dependencia.

El segundo tipo de designación dependiente es la *mera designación por término y concepto*. Dependiendo del conjunto de brazos, piernas, torso, cabeza etc., la mente concibe y designa *cuerpo*. Dependiendo del conjunto de cuerpo y mente, la mente concibe e imputa *persona*. En este sentido, todos los fenómenos existen dependiendo de la mente. Cualquier identidad que tenga un objeto está supeditada a la interacción entre una base de designación y una mente que concibe y designa un objeto dependiendo de dicha base.

Esta naturaleza interdependiente está integrada en el fenómeno. Si el fenómeno tuviera una identidad independiente que no estuviera relacionada con los demás fenómenos, podríamos encontrar el referente verdadero de un término cuando lo buscásemos. Sin embargo, no encontramos ninguna esencia independiente en ningún fenómeno. Esto nos enseña que todos los fenómenos existentes existen por ser meramente designados por término y concepto. Siendo dependientes, todos los fenómenos están vacíos de existencia independiente. Este es el significado sutil de la relación dependiente.

## *La relación dependiente y las Tres Joyas*

Para señalar la importancia de comprender la relación dependiente, el Buda dijo en el *Sutra del vástago de arroz* (*Salistamba Sutra*):

> Monjes: cualquiera que vea la relación dependiente, ve el Dharma. Cualquiera que vea el Dharma, ve al Tathagata [el Buda].

¿Cómo nos dirige la relación dependiente a que nos lleva a ver al Buda? Se necesita un proceso de comprensión progresiva. Cuando comprendemos la dependencia causal –que todo lo que percibimos y experimentamos surge como un resultado de sus propias causas y condiciones– nuestra perspectiva del mundo y nuestras propias experiencias internas cambian. En base a la comprensión de que esto existe únicamente porque sus causas y condiciones existen, ya no podemos ver tan fijos y sólidos nuestro mundo, nuestra experiencia e incluso a nosotros mismos. Al ser dependientes, no tienen esencia alguna en sí mismos.

Cuanto más profunda sea nuestra comprensión de la dependencia mutua y de la mera designación por el nombre y los conceptos, más nos daremos cuenta de la discrepancia que hay entre el modo en que las cosas aparecen y el modo en que existen. A pesar de que las cosas aparecen como si fueran autónomas, objetivas, realidades independientes "ahí fuera", no existen de ese modo. Si nos enfocamos reiteradamente en las ramas, el tronco, las ramitas y las hojas dispuestos de cierta manera, y nos preguntamos qué hace que este conjunto de cosas sea un árbol, empezaremos a darnos cuenta de que ninguna de las partes individualmente ni el conjunto de ellas es un árbol, y que el árbol existe al ser meramente designado en base a sus partes. Un árbol existe dependiendo del conjunto de partes de un árbol (la base de designación de un árbol) y de la mente que concibe y designa *árbol*. Puesto que depende de todos estos factores, el árbol está vacío de existencia objetiva, independiente o inherente. No existe aislado –por su propio lado o por su propio poder– porque depende de causas, condiciones, partes y de la mente que lo concibe y lo designa.

Aunque un árbol que exista de manera inherente no se puede encontrar tras un análisis, existe un árbol. ¿Cómo existe? Existe de modo dependiente. Así, vemos que la vacuidad y la relación dependiente no son contradictorias y, de hecho, son mutuamente complementarias. Todo es vacío de existencia inherente y, al mismo tiempo, todo existe, pero no del modo independiente en que parece hacerlo. Existe dependiendo de otros factores.

Por debajo de las emociones fuertes como el aferramiento del apego, la ira y los celos, está la asunción de que existimos inherentemente como personas independientes, que existimos en y por nosotros mismos. Del mismo modo, hay una realidad independiente de personas y cosas que existen en el mundo de manera objetiva. Reconociendo la disparidad entre la apariencia y la realidad, llegamos a darnos cuenta de que nuestras percepciones e ideas de las cosas son exageradas. Investigando cómo percibe e interpreta nuestra mente las cosas con las que nos encontramos, desarrollamos la visión de las funciones de la mente y de los diferentes tipos y niveles de consciencias que operan en nuestro interior. También llegamos a entender que, aunque algunos de nuestros estados emocionales parecen muy fuertes y que sus objetos aparecen muy vívidos, de hecho, son parecidos a los espejismos, en las que estos objetos no existen del modo en que aparecen ante nosotros.

La relación dependiente es la base de todas las prácticas del Dharma. Los dos niveles de relación dependiente –la dependencia causal y la dependencia de designación– son los principales factores mediante los que los practicantes espirituales consiguen sus aspiraciones. Desarrollando una profunda comprensión de la naturaleza de la realidad en términos de la dependencia causal, vamos entendiendo los mecanismos del karma y sus resultados; nuestras acciones traen resultados. El dolor y el sufrimiento surgen debido a acciones destructivas, y la felicidad y las experiencias deseables son resultado de acciones constructivas. Entendiendo esto, decidimos vivir rigiéndonos por una buena conducta ética, lo que nos permitirá obtener un renacimiento elevado en el futuro.

Mediante la contemplación profunda de la designación dependiente llegamos a comprender la vacuidad, el modo último de existencia. Esta sabiduría derriba la ignorancia fundamental que nos mantiene atados a la existencia cíclica, permitiéndonos cumplir nuestros objetivos espirituales de la Liberación y la Iluminación.

La relación dependiente también es la base de las cuatro verdades. Mediante esta reflexión y análisis comprendemos que la ignorancia que se aferra a una existencia esencial o sustancial, que malinterpreta la realidad, da lugar a nuestras emociones aflictivas (los orígenes verdaderos), y que estas, a su vez, ocasionan el sufrimiento que experimentamos (el duhkha verdadero). Comprender la relación dependiente también nos permite ser conscientes de la ausencia de existencia independiente de las personas y los fenómenos –su vacuidad.

Esta sabiduría que comprende la vacuidad (el sendero verdadero) tiene el poder de superar toda ignorancia, visiones erróneas y aflicciones puesto que carecen de una base válida, mientras que la vacuidad y la relación dependiente pueden ser probados por el razonamiento y por la experiencia directa. De esta manera nos daremos cuenta de que existe un estado en el que las aflicciones han sido eliminadas. Esto es el Nirvana, la cesación verdadera. Así pues, la Joya del Dharma –la cesación verdadera y el sendero verdadero– existe.

Si el estado del Nirvana existe, los individuos tienen que poder hacerlo real. Esto nos lleva a entender la existencia de la arya Sangha –los seres que perciben la vacuidad directamente. También demuestra la existencia de los budas, seres omniscientes que han perfeccionado su estado de cesación. En este sentido, la comprensión de la relación dependiente nos lleva a establecer la existencia de las Tres Joyas de refugio: los Budas, el Dharma y la Sangha. Por este motivo dice el Buda que aquellos que ven la relación dependiente ven el Dharma, y que aquellos que ven el Dharma ven al Tathagata.

Creo que esta cita del Buda podría decir también que, al ver la relación dependiente en el nivel de la apariencia convencional, vemos las relaciones causales y comprendemos el karma, la compasión, la bodhichita y el aspecto del método del sendero. Al comprender el aspecto del método del sendero, llegamos a *ver* –es decir, a hacer real– el cuerpo de la forma de un buda (*rupakaya*). Comprendiendo la relación dependiente en relación al modo último de existencia experimentamos el significado de la vacuidad –la talidad (*tathata*) de todo fenómeno–, y con ello "vemos" (hacemos real) el cuerpo de la verdad de un buda (*dharmakaya*), la mente de un buda, específicamente la sabiduría de la realidad última de un ser iluminado. En este sentido, tanto el cuerpo como la mente de un buda se han hecho reales.

## REFLEXIONES

1. Todas las personas y fenómenos existen dependiendo de otros factores. Hay tres tipos de dependencia: la dependencia causal (sólo para las cosas impermanentes), la dependencia mutua y la mera designación por término y concepto.

2. La relación dependiente contradice la posibilidad de una existencia independiente o inherente. Comprenderlo puede erradicar el aferramiento a la existencia inherente, la raíz de nuestro duhkha en la existencia cíclica.

3. La sabiduría que erradica la ignorancia (el sendero verdadero) y la libertad de duhkha que surge debido a ella (la cesación verdadera) son la Joya del Dharma.

4. Las personas que han hecho real la Joya del Dharma en sus mentes son la Joya de la Sangha y la Joya del Buda. Así existen las Tres Joyas de refugio.

---

## *La posibilidad del final de duhkha*

Si la posibilidad de acabar con el sufrimiento existe, entonces merece la pena perseguir este objetivo. Pero si duhkha es algo impuesto, tratar de eliminarlo sería desperdiciar el esfuerzo. Desde el punto de vista budista, hay dos factores que hacen posible la Liberación: la naturaleza de luz clara de la mente y la naturaleza ocasional de los engaños. La *naturaleza de luz clara de la mente* hace referencia a su capacidad básica de conocer objetos, su naturaleza de claridad y cognición[5]. Por lo tanto, el error que comete la mente al conocer los objetos se tiene que deber, a factores obstructores. En algunos casos, los factores obstructores pueden ser físicos: si nos ponemos las manos en los ojos no podemos ver. Pero en un sentido más profundo nuestra visión está entorpecida por dos tipos de obstrucciones: los oscurecimientos aflictivos, que impiden la liberación de la existencia cíclica, y los oscurecimientos que impiden la Omnisciencia.

Cada sistema de principios budistas tiene un modo diferente de explicar en qué consisten estos dos oscurecimientos. Aquí, la descripción se basa en los escritos de Nagarjuna, el gran sabio indio del S. II. En *Setenta estrofas sobre la vacuidad* (*Sunyatasaptati*), menciona que el concepto de que las cosas que surgen debido a causas y condiciones existen por su propio poder es ignorancia. La luz clara de la mente tiene la capacidad de conocer todos los objetos, pero la ignorancia y sus predisposiciones o impresiones la obstruyen. Todos los estados incorrectos en la mente están basados y dependen de la ignorancia, y los doce vínculos de relación dependiente –el proceso por el cual la existencia cíclica surge vida tras vida– se deducen de la ignorancia. Aryadeva, principal discípulo de Nagarjuna, dice (CS 350):

---

5 El término *luz clara* tiene diferentes significados dependiendo del contexto. También se podría referir a la ausencia de existencia inherente o a la mente más sutil.

> La consciencia que es la semilla de la existencia tiene objetos como su ámbito de actividad.
> Cuando la ausencia de esencia sustancial es vista en los objetos, la semilla de la existencia es destruida.

¿Qué es la consciencia que es la semilla de la existencia? Si la consciencia en general fuera la raíz de la existencia cíclica, no habría manera de superar la existencia cíclica porque la consciencia tiene una naturaleza de claridad y cognición y nada puede contrarrestar o cortar su continuidad. Aquí, Aryadeva no se está refiriendo a la consciencia en general sino a un tipo específico de consciencia: la ignorancia. Su posición es que la existencia cíclica no aparece sin una causa, ni de causas discordantes o de un creador permanente. La ignorancia surge de una mente indisciplinada e ignorante.

Al decir que la consciencia tiene objetos como su ámbito de actividad, Aryadeva señala el potencial de la mente para comprender objetos. Después enfatiza que, al comprender la ausencia de esencia sustancial o existencia esencial, inherente, la ignorancia que se aferra a dicha esencia sustancial puede ser eliminada. Puesto que la ignorancia se aferra a la existencia inherente (sustancialidad o esencialidad), puede ser superada por la sabiduría que comprende lo opuesto: la ausencia de esencia sustancial o vacuidad de existencia inherente. Eliminando la ignorancia que oscurece nuestro conocimiento de los fenómenos, se hace posible la capacidad de percibir todos los objetos.

En *Tratado del camino medio* (*Mulamadhyamakakarika,* 24.18) Nagarjuna dice: "Lo que es relación dependiente se explica que es vacío". Pero cuando los objetos aparecen ante nosotros no aparecen como dependientes o relacionados con otros factores, aparecen como independientes, objetos separados que existen por su propio poder, con su propia esencia inherente, por su propio lado. Esta apariencia de los objetos como si existieran por derecho propio es falsa, y la idea de que los objetos existen de ese modo es errónea y puede ser refutada por el razonamiento. Utilizando la investigación y el análisis podemos establecer la ausencia de existencia inherente en nosotros mismos. La existencia inherente –también llamada existencia por su propio lado– se conoce como *el objeto de negación,* aquello que refutamos o negamos mediante el análisis y el razonamiento. Una vez se ha completado el análisis, se genera en nuestro continuo mental la consciencia que comprende que las personas y los fenómenos no existen por su propio lado. Esta consciencia de sabiduría daña y, en un momento dado, supera completamente la concepción y el aferramiento a que los objetos existen inherentemente.

En *Comentario sobre "Compendio de la cognición válida"* (*Pramanavarttika*)[6] Dharmakirti dice que los estados mentales influidos por la ignorancia, como cualquier otra concepción errónea o consciencia errónea, carecen de una base válida, y que los estados mentales influidos por la sabiduría, como cualquier otra consciencia correcta, tienen una base válida. Así, cuanto más nos acostumbremos a las consciencias correctas más disminuirán las erróneas. El modo de aprehender directamente de la sabiduría contradice el de la ignorancia. Así que, familiarizándonos con la sabiduría, la ignorancia disminuye y, finalmente, se extingue.

Aquí, vemos una cualidad única del acercamiento budista: los estados mentales erróneos se pueden erradicar cultivando sus opuestos: estados mentales correctos. No se eliminan simplemente mediante oraciones, pidiendo bendiciones de los budas o las deidades u obteniendo la concentración unipuntualizada (*samadhi*).

Puesto que la ignorancia tiene un antídoto, puede ser eliminada. Este es el significado de que la ignorancia es eventual. De este modo, debido a los dos factores mentales mencionados anteriormente –la naturaleza de la luz clara de la mente y que los engaños son eventuales– la liberación es una posibilidad asequible. *Sublime continuo* (1.62) dice:

Esta naturaleza clara y luminosa de la mente es inmutable como el espacio. No se ve afectada por el deseo, etc., manchas eventuales que brotan de las falsas concepciones.

Cada uno de los diferentes sistemas de principios budistas tiene una explicación del Nirvana o la Liberación propia y ligeramente diferente, pero todos están de acuerdo en que es una cualidad de la mente, la cualidad de la mente que se ha separado para siempre de los engaños que producen la existencia cíclica, mediante la aplicación de los antídotos a dichos engaños.

Cuando examinamos esta separación de los engaños, descubrimos que es la naturaleza última de la mente que está libre de engaños. Esta naturaleza última de la mente existe desde tiempos sin principio.

---

6 En lo sucesivo, este título se abrevia como *Comentario a la cognición válida.*

Existirá mientras haya mente. En el continuo de los seres conscientes, la naturaleza última de la mente se denomina la naturaleza de buda o el potencial de buda. Cuando está dotada de la cualidad de estar separada de los engaños se denomina Nirvana. Por lo tanto, la base misma para el Nirvana, la vacuidad de la mente, está siempre con nosotros. Esto no es algo de nueva creación u obtenido desde el exterior.

# 3 | Mente y emociones

SOMOS SERES EMOCIONALES. Nuestras sensaciones de placer o dolor provocan diferentes emociones, y nuestras emociones nos motivan a actuar. Algunas de nuestras emociones son aflictivas e irreales, otras son más realistas y beneficiosas. Como resultado, algunas de nuestras acciones nos traen más dolor, mientras que otras nos aportan felicidad. Aprender a diferenciar las emociones destructivas de las constructivas para que podamos subyugar las primeras y fomentar las segundas es un saludable empeño tanto a nivel personal como a nivel social.

Los budas han eliminado todas las emociones aflictivas, pero eso no significa que sean emocionalmente planos, apáticos y poco receptivos al contacto humano. De hecho, es todo lo contrario: al atravesar todo el proceso de superar las emociones aflictivas como la codicia o el enojo, los budas han ampliado las emociones constructivas como el amor y la compasión. Debido a esta transformación interna, su trabajo en el mundo es más sabio y más efectivo. En este capítulo, se presentará la visión budista de las emociones, contrastada y comparada con los paradigmas occidentales. También vamos a examinar cómo afectan a nuestra vida diaria emociones específicas y cómo trabajar con las emociones difíciles y desarrollar las positivas.

## *Budismo, ciencia y emociones*

Los budistas y los científicos tienen algunas ideas similares y algunas muy diferentes respecto a las emociones. En general, los científicos dicen que una emoción tiene tres componentes: un componente fisiológico, un componente experiencial y un componente conductual. El componente fisiológico incluye los cambios químicos y eléctricos en el cerebro, así como la respuesta galvánica de la piel, los latidos del corazón y otros cambios en el cuerpo. El componente experiencial es la experiencia subjetiva –el estado de ánimo psicológico o el aspecto sensorial de una emoción. El aspecto conductual incluye las palabras y los actos de una persona motivados por esa emoción.

Desde la perspectiva budista, las emociones son estados mentales y experiencias subjetivas. Pueden verse acompañadas por cambios en el cuerpo físico, pero las actividades del cerebro no son la emoción en sí. Si pudiéramos colocar unas cuantas células cerebrales vivas en una placa de Petri delante de nosotros, no podríamos decir que sus interacciones químicas y eléctricas fuesen ira o afecto, porque la ira o el afecto son experiencias mentales internas de un ser vivo. Esta experiencia se puede correlacionar con la actividad en un área concreta del cerebro, pero la actividad neurológica no es la experiencia de la ira. De modo similar, una emoción puede llevar a una acción, pero esa acción es un efecto de la emoción, no la emoción en sí. En consecuencia, de los tres componentes mencionados anteriormente, los budistas hablan de las emociones solo en términos del segundo: lo que experimentamos, sentimos y pensamos.

El budismo no niega que la mente y el cuerpo se afecten y se influyan mutuamente. Cuando nuestra rodilla se golpea contra la mesa, nuestra mente experimenta dolor y se puede enfadar. Cuando nuestra mente está calmada, nuestra salud física mejora. En *Comentario sobre la cognición válida,* Dharmakirti dice que cuando el cuerpo está sano, en la mente aumenta el aferramiento al placer sexual, mientras que cuando el cuerpo está enfermo, el enojo aparece con mayor facilidad.

A nivel sutil, ciertas emociones se correlacionan con cambios químicos y eléctricos específicos en el cerebro. ¿Indica esta correlación una relación de causa y efecto? La ciencia ha hecho descubrimientos fascinantes correlacionando ciertos estados cognitivos y emocionales con áreas específicas del cerebro y con una actividad neuronal particular, pero debemos ser cuidadosos para no atribuir causalidad a una mera correlación. Aunque los científicos creen que los acontecimientos fisiológicos en el cerebro producen las emociones, los budistas creen que, en general, los estados mentales preceden a los cambios fisiológicos. Esta es un área importante abierta para la investigación y en los últimos años muchos científicos han empezado a explorarla. Pero, sin tener en cuenta si los cambios sutiles en el cerebro producen las emociones, son provocados por ellas o sencillamente se correlacionan con las emociones, el budismo enfatiza que las emociones y sentimientos son estados mentales en los seres vivos. Sin mente no hay experiencia: un cadáver ciertamente no tiene amor u odio, y un grupo de neuronas o racimo de genes no siente placer o dolor. Los seres vivos sí. En la mente tienen lugar sentimientos, emociones, pensamientos, visiones, actitudes, etc. Son estados mentales que experimentan los seres vivos.

Estos estados mentales impulsan nuestras acciones físicas y verbales. No es razonable –e incluso es peligroso– decir: "Mi configuración biológica me hace dañar a los demás". Semejante actitud nos lleva a caer por la resbaladiza pendiente de renunciar a la responsabilidad de nuestras acciones al atribuir sus causas a elementos físicos sobre los que no tenemos control. Además de crear un sentimiento de impotencia en nosotros, puede utilizarse como justificación para eliminar a individuos con ciertas configuraciones genéticas o neurológicas.

La inmensa mayoría de nuestras acciones físicas y verbales están impulsadas por intenciones en nuestras mentes, y estas intenciones están influidas por nuestros sentimientos, emociones y visión del mundo. Aunque muchas de nuestras intenciones son muy sutiles y algunas se parecen a necesidades primarias más que a planes concebidos, están presentes. El hecho de que nuestras intenciones sean la fuerza que subyace a lo que decimos y hacemos significa que cambiándolas podemos transformar nuestras acciones y nuestras vidas. No estamos condenados a una vida circunscrita por las limitaciones de nuestros genes, patrones neurológicos y procesos biológicos de los que muy poco podemos elegir o controlar. A pesar de que todavía tenemos que lidiar con los efectos de los procesos genéticos y psicológicos, no debemos desarrollar una actitud de rechazo hacia ellos. Tenemos una inteligencia humana y las semillas del amor, la compasión, la sabiduría y otras cualidades magníficas en nuestro interior. Estas pueden desarrollarse conscientemente, y muchos grandes sabios pertenecientes a diversas culturas y tradiciones espirituales lo han hecho.

Hace muchos años desafié a uno de los científicos de nuestros diálogos *Mente y vida* a registrar los efectos en el cerebro de desarrollar el bienestar y las emociones positivas. Tras investigarlos durante algunos años reportó que, la combinación de la neuroplasticidad del cerebro y la práctica de la meditación producían cambios en los circuitos del cerebro de las personas que cultivaban cuatro cualidades exclusivas: resiliencia, actitud positiva, atención y generosidad. Cada una de ellas tiene su correspondiente práctica budista para desarrollarla. La *resiliencia* es la velocidad con la que podemos recuperarnos de la adversidad. La *actitud positiva* es ver la bondad básica hacia los demás y dejar que influya en todo lo que hacemos. La *atención* es la habilidad de enfocarse en un objeto, y nos permite acabar lo que empezamos. Y la *generosidad* es la actitud de dar y compartir. Todas estas cualidades activan circuitos en el cerebro que se correlacionan con un sentimiento de bienestar. La conclusión del investigador fue que se puede aprender el bienestar, de modo que ellos han estado desarrollando programas que enseñan meditación y mindfulness y los utilizan en escuelas, hospitales, etc., con gran éxito.

## *Felicidad e infelicidad, virtud y no virtud*

Tanto el budismo como la psicología buscan ayudar a la gente a tener más felicidad y satisfacción y a reducir su infelicidad y el sufrimiento, pero difieren de algún modo en lo que consideran emociones positivas y negativas. Algunos psicólogos y científicos con los que he hablado dicen que una emoción negativa es aquella que hace sentirse mal y hace a la persona infeliz en el momento en que se manifiesta en la mente. Una emoción positiva hace feliz a la persona en el momento en que se manifiesta.

En el budismo, lo que diferencia las emociones negativas de las positivas no son nuestros sentimientos inmediatos de felicidad o bienestar, sino la felicidad o el sufrimiento que darán como resultado a largo plazo dichas emociones. Esto es así porque los efectos a largo plazo de nuestras acciones se consideran más importantes que los resultados a corto plazo, que tienden a ser más breves en comparación. Si, a largo plazo, una emoción produce experiencias desagradables, se considera negativa. Si aporta felicidad a largo plazo, es positiva. El budismo explica que las emociones virtuosas, positivas, constructivas y saludables dirigen a la felicidad a largo plazo, mientras que las emociones no virtuosas, negativas, destructivas e insanas dirigen al sufrimiento.

El Buda presentó cuatro escenarios en los que entran en juego la felicidad presente, el dolor, la virtud y la no virtud (MN 70.7):

Aquí, cuando alguien siente cierta clase de sensación placentera, los estados no virtuosos aumentan y los virtuosos disminuyen. Pero cuando alguien siente otra clase de sensaciones placenteras los estados no virtuosos disminuyen en él y los virtuosos aumentan. Aquí, cuando alguien siente cierta clase de sensación dolorosa, los estados no virtuosos aumentan y los virtuosos disminuyen. Pero cuando alguien siente otra clase de sensaciones dolorosas los estados no virtuosos disminuyen en él y los virtuosos aumentan.

Esta sugerente cita es digna de algún ejemplo. Como se ha dicho, hay cuatro permutaciones posibles entre sensaciones y valor ético. En la primera, una sensación placentera va acompañada del aumento de la no virtud y la disminución de la virtud. Un ejemplo sería sentir felicidad cuando hemos logrado engañar a otros sobre una acción malvada que hemos cometido. Incluso aunque pueda ir acompañada por una sensación placentera, nuestra acción es no virtuosa puesto que es la causa de sufrimiento en el futuro.

En la segunda, hay una sensación placentera cuando un estado no virtuoso decrece y aumenta uno virtuoso. Un ejemplo sería deleitarse haciendo una generosa ofrenda a una organización benéfica que ayude a los refugiados o a los pobres y hambrientos. En este tipo de acción todos ganan: nos sentimos alegres ahora y, además, nuestra acción crea la causa para nuestra futura felicidad y la de los demás.

La tercera ocurre cuando una sensación desagradable acompaña a un aumento de la no virtud y un descenso de la virtud. Un ejemplo sería el dolor de alguien que furiosamente rechaza la sentencia de prisión cuando ha sido condenado por malversación de fondos. No asumiendo la responsabilidad de su acción no virtuosa, echa la culpa a los demás enérgicamente, creando más no virtud. Si aceptara la responsabilidad de sus acciones y se arrepintiera, su virtud podría incrementarse, y su dolor podría llevarle a cambiar sus métodos.

En la cuarta situación, tenemos una sensación dolorosa, pero nuestra no virtud disminuye y nuestra virtud aumenta. Un ejemplo sería aceptar un trabajo peor pagado para evitar tener que mentir a los compradores o a los clientes. En este caso, crear virtud, que traerá felicidad y paz mental en el futuro, ahora también traerá infelicidad debido a la pérdida de ingresos. Pero es una acción indudablemente provechosa a largo plazo.

Es útil observar algunos ejemplos al respecto en nuestra propia experiencia. Este ejercicio nos ayuda a valorar nuestra integridad ética más que la felicidad fugaz de tener lo que queremos en el momento. Puesto que nuestros sentimientos de autoestima y valía dependen más de nuestra integridad ética que del placer sensorial, merece la pena tomarse el tiempo de recordar estos valores antes de que surja un impulso, de manera que cuando llegue el momento tomemos decisiones sabias.

REFLEXIONES

1. Cuando actúas en contra de tus valores éticos, ¿cómo te sientes en el momento de realizar el acto? ¿Cómo te sientes después tras reflexionar sobre tu acto?

2. Cuando abandonas un placer inmediato debido a tu sentido de integridad personal en beneficio de la felicidad a largo plazo, ¿cómo te sientes en ese momento? ¿Cómo te sientes después, tras reflexionar sobre tu acto?

3. ¿En qué grado es fundamental la conducta ética para tu felicidad? Basado en tus conclusiones, haz algunas determinaciones sobre cómo quieres vivir.

## *Emociones y kleshas*

Antes de profundizar en la explicación de las emociones, necesitamos aclarar términos. Aunque todo el mundo en occidente entiende el significado de la palabra emoción, no hay una palabra similar en tibetano. Cuando yo, Chodron, estaba revisando este capítulo con Su Santidad, él y sus traductores entraron en una discusión interminable sobre el significado de la palabra *emoción* y sobre cómo debería ser traducida al tibetano. Algunos tibetanos sugieren la palabra tibetana *myong 'tshor* como traducción, aunque esta palabra no es ampliamente utilizada. Etimológicamente, *myong* quiere decir "experiencia" y *'tshor* quiere decir "sensación". Estas dos cualidades pertenecen a otros estados mentales que no son emociones. Otros tibetanos han propuesto la palabra *gyer bag*, que se encuentra en el comentario de Gyaltsab Rimpoché al *Comentario sobre la cognición válida*. Sin embargo, es una palabra arcaica y no se refiere a lo que en castellano consideramos emociones positivas.

Nuestro debate nos llevó a la conclusión de que, actualmente, no hay una palabra tibetana extendida que sea la traducción exacta de la palabra castellana "emoción". Sin embargo, el tibetano tiene términos para las diferentes emociones de las que hablamos en las lenguas occidentales. La falta de un término y de un concepto para emoción despertó mi interés porque nosotros, los occidentales, hablamos continuamente de nuestras emociones. Me imaginé cómo sería crecer en una cultura que no se centrara en ellas.

Un diccionario inglés define "emoción" como "un fuerte sentimiento acerca de algo o alguien". La palabra sensación (*vedana)* es también un concepto vago y se usa en las traducciones budistas para indicar el agregado de las experiencias agradables (felices), desagradables (infelices, dolorosas) o neutras. Este agregado no incluye lo que podríamos denominar "sentimientos" en castellano, como la ira o el amor.

La palabra sánscrita *klesha* es una palabra utilizada comúnmente en textos budistas para referirse a los factores mentales que afligen la mente y que no le permiten permanecer en calma. Estas emociones perturbadoras y sus perspectivas esclavizan la mente, confinándola a una visión estrecha y motivando acciones que dificultan tanto la felicidad propia como la de los demás. Como tales, los kleshas son oscurecimientos en el sendero de la Liberación, y los textos budistas hablan de sus desventajas y de sus antídotos. Sin embargo, no hay un equivalente en castellano para la palabra *klesha,* que abarca factores mentales tan diversos como emociones, actitudes, visiones filosóficas y suposiciones innatas e incuestionables sobre nosotros mismos y sobre el mundo. Para simplificarlo, en esta serie hemos traducido *klesha* como *aflicción* y, a veces, se amplía y se dice "emociones aflictivas y visiones erróneas". Algunas aflicciones, como el sentimiento de poseer una identidad personal, se denominan *visiones* o "puntos de vista" en castellano, mientras que otras, por ejemplo, la ira y los celos, se denominan *emociones.* Estados mentales como el no creer que la Iluminación es posible se denominan "visiones erróneas".

Todas las personas tenemos el mismo tipo de emociones, actitudes y visiones similares acerca de cómo existe el mundo. Algunas de ellas dirigen a la felicidad y a la paz a largo plazo, mientras que otras son productoras de obstáculos. Sin embargo, las palabras que utilizamos cuando nos referimos a ellas y los conceptos que influyen en cómo nos relacionamos con ellas varían. Del mismo modo, los comportamientos que están motivados por ciertas emociones pueden ser socialmente aceptables en algunas culturas, pero no en otras. Por ejemplo, sacar la lengua, que es un signo de amistad y respeto en la cultura tibetana, es desaconsejable en las culturas occidentales, mientras que dar palmas –un signo de estar satisfecho en las culturas occidentales– es un indicador de aversión en la cultura tibetana.

Las palabras que usamos para etiquetar las emociones tienen muchos matices. Además, no siempre podría haber una correspondencia exacta en el significado entre la palabra sánscrita o tibetana y el término utilizado en castellano para traducirla. Cuando leemos obras budistas en castellano, debemos tener cuidado de no imputar el significado ordinario sobre una palabra que tiene un significado específico en el contexto budista.

## *Emociones constructivas y destructivas*

Cuando hablamos de emociones positivas y negativas, los budistas distinguen múltiples significados de las palabras para algunas emociones. Por ejemplo, el apego, el miedo, la ira y la decepción tienen múltiples significados dependiendo de las circunstancias, y es importante distinguir las diferentes formas de estas emociones para evitar confundirnos.

### APEGO

Entre los múltiples significados de la palabra *apego*, una de las formas de apego es necesaria para nuestro bienestar físico y psicológico y otra es uno de los que denominamos "los tres venenos": tres aflicciones que envenenan nuestro propio bienestar y el de los demás.

La primera forma de apego se nombra en psicología, y se refiere a un sentimiento de cercanía o conexión entre la gente. Por ejemplo, los psicólogos hablan del apego que tiene un bebé por su madre. Tal apego o vinculación afectiva con la madre o la figura de la madre es necesario para el bienestar psicológico del niño.

Este sentimiento de cercanía o apego está presente en las familias, y nos permite funcionar juntos como una unidad en beneficio de cada miembro. El apego saludable en una familia armoniosa conlleva una comprensión real de las capacidades de los demás miembros y fomenta el respeto mutuo. Igualmente, el apego une a los ciudadanos de un país, facilitando la cooperación para beneficio de su sociedad. Esta forma de apego produce buenos resultados.

Los budistas también tienen un uso positivo del término. Se dice que los bodhisatvas están apegados a los seres conscientes porque poseen un tremendo sentimiento de cercanía y de responsabilidad por el beneficio de todos y cada uno de los seres conscientes que los estimula a practicar. Su amor por los seres conscientes los impulsa a hacer todo cuanto puedan para paliar su sufrimiento y aportarles felicidad. Lo hacen con más energía y deleite de los que las personas ordinarias empleamos para nuestro propio beneficio.

Sin embargo, es más común en el budismo que el apego (*trsna* y *raga*) se refiera a uno de los tres venenos y una de las seis aflicciones raíz. Este apego es un factor mental que, basado en la exageración o proyección de buenas cualidades, se apega a su objeto deseado. Debido al apego nos obstinamos, ansiamos, nos aferramos y nos obsesionamos con un objeto, persona, idea, lugar, etc. Cuando conseguimos procurarnos el objeto de nuestro apego somos felices, pero cuando ese deseo se frustra nos enfadamos, nos quedamos resentidos y sentimos celos. Estas emociones, a su vez, motivan acciones destructivas para conseguir o proteger el preciado objeto. Podemos ver claramente que la avidez de un CEO por el dinero o el ansia de un deportista o estrella de cine por la fama dirigen a acciones dañinas y sufrimiento para ellos mismos y los demás.

Cuando el apego es moderado, la sociedad en general lo considera una emoción positiva. Hay un sentimiento de excitación al encontrarse a alguien maravilloso, al recibir una posesión deseada o al ser alabado por las personas que valoramos. Sin embargo, desde el punto de vista budista este apego está basado en la exageración, y aunque una nueva relación pueda ser cautivadora al principio, este apego impedirá que en la relación haya armonía y sea de beneficio mutuo a largo plazo. Esto se debe a que el apego lleva a unas expectativas que no son realistas. Las dificultades y los desacuerdos surgen de manera natural cuando descubrimos que el objeto de nuestro apego no posee todas las cualidades maravillosas que pensábamos.

Este apego es taimado. Por ejemplo, cuando el afecto de los miembros de una familia se hace dependiente y posesivo, y genera exigencias basadas en expectativas que no son realistas, se torna un apego insano. Si el aprecio de alguien por este país hace que sea desconfiado hacia los extranjeros en base a la nacionalidad o al grupo étnico, se ha establecido el apego. Esta emoción puede producir prejuicios y discriminación, y la persona puede ir más lejos, hasta negar a los demás sus derechos humanos.

Una vez me encontré con un científico chileno que opinaba que los científicos estaban apegados a su campo de estudio. Decía que cualquier apego exagerado hacia el propio campo de estudio, a las creencias políticas o a la religión era perjudicial. Este hombre no era budista, pero entendía que es el estado mental del apego y no el objeto del apego lo que crea los problemas. En el caso de un científico, tal aferramiento puede llevarlo a ignorar evidencias contradictorias, o incluso a amañar los resultados de experimentos o a no informar de los datos obtenidos en estos. Inconvenientes similares suceden a una persona apegada a su religión o a sus ideales políticos.

Algunas personas preguntan si es posible estar apegado al Nirvana o al Buda. Aspirar al Nirvana o a tener las cualidades del Buda no es apego. La mente es clara y, aunque se ve atraída por su objeto, no hay presente exageración porque el Buda y el Nirvana poseen cualidades magníficas. Aun así, según el punto de vista prasangika, mientras haya el más sutil aferramiento a la existencia inherente –en este caso, el aferramiento a que el Buda y el Nirvana existen de forma inherente– existe el potencial para que aparezca el apego sutil. Si alguien se apega al Nirvana y quiere desesperadamente alcanzarlo como si fuera un objeto externo, la exageración está presente en la mente. Cuando esta persona estudia y practica el Dharma, finalmente el aspecto distorsionado se disipará y obtendrá una aspiración genuina al Nirvana que estará libre de aferramiento.

## REFLEXIONES

1. ¿Cuáles son algunos de los significados más comunes de la palabra apego?
2. ¿Cuáles son las desventajas del tipo aflictivo de apego?
3. ¿Es fácil decir cuándo pasa el apego de su sentido de afecto y respeto al de exageración y expectativas?

---

## MIEDO

El miedo es otra emoción de la que se puede hablar de dos maneras. Hablando comúnmente, el miedo se asocia por lo general con el pánico, la ansiedad, la preocupación y el estrés. Se considera una emoción negativa porque se siente como desagradable y a menudo está basado en pensamientos que no son realistas. Desde el punto de vista del budismo, esta clase de miedo es aflictiva porque se basa en la exageración y en una preocupación personal, y lleva a la persona a realizar actos o a tomar decisiones imprudentes.

Otra clase de miedo tiene un ingrediente de sabiduría. Es una consciencia de un posible peligro que hace que practiquemos la prudencia. Aunque este miedo pueda a veces ser desagradable, es útil y está libre del tormento emocional del miedo ordinario. Por ejemplo, la consciencia de vivir en una zona que es propensa a los terremotos incentiva a la gente a prestar atención a la normativa de construcción para evitar que se derrumben los edificios. Las personas hacen planes cuidadosos y toman precauciones sin verse inmersos en un pánico incontrolable. Este miedo sabio también funciona cuando nos metemos en una autopista. Conscientes del peligro de otros vehículos circulando a altas velocidades, conducimos con cuidado. Los padres inculcan en los niños un miedo respetuoso por las cerillas. En estos ejemplos, el miedo es útil y no es aflictivo. La diferencia entre el miedo aflictivo y el miedo sabio es la presencia o la ausencia de la exageración. Cuando estamos en armonía con los hechos de una situación, el miedo no está tergiversado, pero cuando exageramos algún aspecto de la situación, el miedo no es realista y lleva al sufrimiento.

Ciertas meditaciones en las etapas del sendero están diseñadas para que surja el miedo sabio en nosotros. Cuando meditamos en las desventajas de la existencia cíclica, el miedo sabio nos motiva a practicar el sendero que nos libera del sufrimiento del samsara. La meditación en la muerte no está pensada para provocar un miedo emocional o aterrador a la muerte, que no nos beneficia en absoluto, sino una consciencia sabia de nuestra mortalidad que nos lleve a establecer correctamente nuestras prioridades en la vida, abandonando las acciones dañinas y viviendo ética y amablemente.

En Tailandia, algunos monjes de la tradición del bosque meditan en lugares aterradores, como cementerios, junglas y bosques con animales feroces. Antes de 1959, los meditadores en el Tíbet hacían lo mismo. Si aparecía el miedo aterrador en sus mentes, motivados por el sufrimiento que dicho miedo producía, hacían un gran esfuerzo para generar el samadhi o la visión que comprende la vacuidad para superarlo. Ajahn Mun, un famoso monje asceta tailandés que vivió a finales del S. XIX y principios del veinte tenía discípulos que practicaban de este modo, y se contaban muchas historias sobre ellos entrando en samadhi cuando se encontraban con un tigre en la jungla. El gran yogui tibetano Milarepa practicó de modo parecido, y meditadores del linaje del Chod invocan deliberadamente a espíritus y fantasmas para motivarse a practicar la bodhichita y la sabiduría.

Si alguien medita en los sufrimientos de los reinos inferiores, y aparece el miedo aterrador en lugar del miedo sabio, ¿qué debería hacer? Primero debería recordar que el pánico no es el objetivo que queremos en la meditación. Después, comprendiendo que posee la capacidad de evitar las causas de dichos renacimientos, debería girar su mente hacia las Tres Joyas y tomar refugio en ellas. En lugar de dejarse abrumar por este miedo irreal, un practicante bien adiestrado lo utilizará para reafirmar su conexión con las Tres Joyas.

Algunas escrituras hablan de utilizar la presencia o ausencia del miedo aterrador como un medio para examinar si una persona es un arhat o no. Cuando esa persona está meditando o sentada de manera informal, otra, de repente, hace un ruido fuerte y brusco. Si la persona no pega un salto o jadea de miedo, se dice que ha alcanzado niveles elevados del sendero. Según este ejemplo, parece que algunos niveles de aferramiento a la existencia esencial están presentes cuando una persona ordinaria experimenta el miedo, pero están ausentes cuando se ha liberado de la existencia cíclica.

A veces se dice que los bodhisatvas temen al samsara tanto como a la paz individual de un arhat en el Nirvana. Aunque la palabra "miedo" se utiliza para señalar su rechazo a permanecer en cualquiera de estos dos estados, no se trata del miedo que experimentan las personas ordinarias. Nuestro miedo está normalmente basado en el aferramiento a un yo con existencia inherente y en el egoísmo, mientras que el miedo del bodhisatva se sustenta en la compasión y la sabiduría que desean alcanzar la Iluminación para beneficiar a los demás tan pronto como puedan.

ENFADO, AVERSIÓN

La mayoría de nosotros estaremos de acuerdo en que, en general, el enfado es una emoción destructiva. Bajo su influencia, hablamos de maneras de romper la confianza en las relaciones con las personas que nos importan profundamente. Abrumados por el enojo, actuamos de maneras nocivas y destructivas hacia nuestro bienestar y el de los demás. Aunque pensamos que nuestro enfado está justificado y nos decimos: "Cualquier persona en su sano juicio se enfadaría en esta situación", eso no reduce el lado negativo del enfado. Cuando, más tarde, nos calmamos, podemos ver que nuestra mente estaba exagerando las cualidades negativas de la persona o de la situación, o incluso estaba proyectando cualidades negativas que no estaban ahí.

Algunas personas sostienen que ciertas formas de enfado o aversión son constructivas. Por ejemplo, si un estudiante está perdiendo el tiempo y no está desarrollando su potencial, su maestro se puede enfadar. Este enfado radica en el deseo del maestro de que el estudiante tenga éxito y, desde esa perspectiva, podría considerarse el aspecto positivo de la aversión o enfado que algunas personas sostienen. Sin embargo, necesitamos examinar cada situación de manera individual y comprobar nuestra motivación cuidadosamente. Es fácil justificar un comportamiento abusivo diciendo: "Lo hago por tu propio bien".

La indignación moral ante la injusticia del mundo es otra forma de aversión que algunas personas dicen que es beneficiosa porque lleva a un cambio constructivo en la sociedad. Pero aquí, también se hace necesario examinar si la exageración está presente. Hace años, cuando yo, Chodron, estaba en una protesta en contra de la guerra, vi a otro manifestante coger un ladrillo y lanzárselo a la policía. Su acción me impactó, y me di cuenta de que su estado mental era el mismo estado mental que el de los responsables de la guerra. Había prejuicios y hostilidad de su propio lado hacia los otros. Protegía a aquellos que estaban de su lado, pero buscaba dañar a los que no lo estaban. Es demasiado fácil en una situación de conflicto olvidar que las personas del "otro lado" son seres humanos que desean la felicidad y verse libres del sufrimiento del mismo modo que nosotros. Catalogarlos como absolutamente malos y establecer que nunca se puede confiar en ellos es, definitivamente, una exageración.

La aversión o enfado no es la única emoción que puede motivarnos a derribar la injusticia social. La compasión puede ser también un factor muy poderoso en la motivación altruista. Puesto que una mente compasiva está centrada en el bienestar de todas las partes en un conflicto, hay una gran oportunidad de llegar a un resultado que beneficie a todos. Somos capaces de pensar con más claridad cuando estamos libres de la aversión. Los arya bodhisatvas, que están liberados de la existencia cíclica, no tienen aversión en absoluto. Si ven a una persona que está dañando a otra, tienen compasión por ambos e interceden para evitar el daño. Compasión no significa ser pasivo e ineficaz. Más bien, nos impulsa a actuar asertivamente cuando es adecuado, pero sin ira ni rabia.

Es difícil experimentar las emociones asociadas con la aversión o enfado –odio, ira resentimiento, venganza, etc.– sin algún grado de hostilidad hacia los demás. Cuando examinamos de cerca estas emociones, observamos que están basadas en el egoísmo. Como tales, desde el punto de vista budista, las emociones que están bajo el paraguas del enfado son estados mentales distorsionados y perjudiciales que deben ser abandonados. Al decir esto, debemos tener cuidado de no confundir el enfado con la asertividad. Una persona puede hablar o actuar con firmeza o con contundencia sin estar enfadado, igual que una persona enfadada puede ser pasiva e introvertida.

El sutrayana, el sendero basado en los sutras, considera todos los instantes de enfado o aversión basados en la distorsión y, por lo tanto, dañinos. El tantrayana, el sendero basado en los tantras, habla de utilizar la aversión o enfado en el sendero. En nuestros debates, Su Santidad explicaba que cuando un bodhisatva que practica el tantra habla con dureza a alguien, la motivación causal, el pensamiento inicial para realizar la acción, es la compasión, pero la motivación inmediata en el momento del acto es el enfado. Una diferencia entre este enojo y el enojo ordinario es que el enfado ordinario quiere dañar o castigar a la persona, mientras que el enfado que ha sido transformado en el sendero va dirigido a detener las acciones dañinas de la persona. Un bodhisatva tiene un profundo interés y compasión por la persona y utiliza acciones violentas para impedir que dañe a otros y para impedir que cree karma destructivo que más tarde madurará como su propio sufrimiento. Además, el bodhisatva posee la profunda sabiduría que comprende que tanto el agente como la acción y el objeto carecen de existencia inherente.

Hablando de la posibilidad de utilizar la aversión, la ira, en el sendero, se hace necesaria una directriz. Puesto que los principiantes carecemos de requisitos como la compasión, la sabiduría y la capacidad necesaria para transformar una emoción destructiva en el sendero, es mejor para nosotros aplicar los antídotos como se explica en el sendero del sutrayana y practicar el autocontrol.

DECEPCIÓN

Normalmente hablamos de la decepción como una emoción negativa porque nos trae infelicidad. Cuando nos sentimos decepcionados porque una persona no resulta ser todo lo que pensábamos que era nos sentimos incómodos y ello puede llevarnos al desánimo, a la depresión y, en algunos casos, al cinismo. Esto sucede porque habíamos construido previamente una expectativa irreal de la otra persona, aferrándonos a ella como real, y ahora vemos su falsedad.

Pero no todas las decepciones son malas. Cuando contemplamos los defectos de la existencia cíclica, las imperfecciones de renacer en el samsara, y la naturaleza engañosa de los placeres temporales, nos sentimos desilusionados yendo tras un tipo de felicidad que nunca podemos asegurar. Desde el punto de vista budista, esta decepción es positiva porque nos lleva a aspirar a la liberación y a crear las causas para lograrla. Al estar desencantados con la existencia cíclica, los practicantes están felices de renunciar a su aferramiento hacia ella. Aunque la decepción hace que nuestra mente esté seria, no necesitamos estar desanimados o desmoralizados, porque existe un remedio al sufrimiento del samsara. Tal decepción hace que la mente esté calmada y dirige a desarrollar profundos estados de concentración porque libera nuestras mentes de las preocupaciones innecesarias centradas únicamente en los asuntos de esta vida.

## *Emociones y supervivencia*

La ciencia nos dice que hay una base biológica para nuestras emociones, tanto las emociones aflictivas como las beneficiosas. Tenemos instintos que nos acercan hacia cualquier apoyo que nos mantenga vivos y nos alejan de cualquier cosa que nos dañe. La necesidad de comida, refugio y compañía nos impulsa a buscar y conseguir estos requerimientos para la vida humana. Según esta teoría, ciertas emociones nos dirigen hacia la supervivencia, y surgen debido a factores biológicos. Por ejemplo, los celos y la arrogancia nos impulsan a competir, lo cual nos lleva a una mejor ejecución y a una mayor posibilidad de que nuestros genes pasen a nuestros descendientes. La ira y el miedo pueden ser utilizados para evitar o destruir lo que amenaza nuestra vida o nuestro bienestar. Los científicos dicen que, desde una perspectiva evolucionista, estas emociones no estarían presentes en nosotros si no nos sirvieran para un propósito útil. Cuando estamos enfadados la sangre acude a nuestros brazos por si fuese necesario pelear; pero cuando tenemos miedo, la sangre se dirige a nuestras piernas para que podamos huir. A nivel puramente biológico las emociones como el apego, la ira y el miedo pueden ayudar a los animales y también a los humanos a seguir vivos y, desde esa perspectiva, se pueden considerar beneficiosas.

¿Por qué entonces el Buda llama *aflicciones* a emociones como el apego, la aversión o enfado, los celos, la arrogancia y el miedo? ¿Por qué dice que producen sufrimiento y aconseja contrarrestarlas? De nuevo, el problema con estas emociones es que están alimentadas por la exageración y el aferramiento y, entonces, no cumplen su función de una manera razonable. Podrían exagerar el peligro potencial de la situación, la primacía del propio interés egoísta o el beneficio potencial que se pueda obtener. Cuando las aflicciones se manifiestan, nuestras mentes se nublan y no pueden pensar con claridad. En lugar de responder ante una situación con inteligencia, reaccionamos impulsivamente, sin haber contemplado lo suficiente los posibles efectos de hacerlo. Los resultados a menudo son desastrosos. En algunos conflictos, la aversión nos expone a un sufrimiento mucho mayor y nos hace actuar irracionalmente, lo que provoca a la otra parte a contraatacar con medios más violentos. El miedo también puede poner en peligro nuestra supervivencia porque cuando exageramos el peligro podemos atacar cuando la amenaza aún no existe o es pequeña. Podemos quedarnos paralizados cuando lo más sabio sería actuar, o podemos actuar a la ligera llevados por el pánico. Es especialmente trágico cuando un gobierno o sus ciudadanos colectivamente caen en estas emociones perturbadoras.

Algunos psicólogos dicen que las emociones perturbadoras son un noventa por ciento exageración y proyección. Aunque pueda haber un componente biológico, la exageración y la proyección vienen de la mente, y generalmente no somos generalmente conscientes cuando se entrometen. Un sentimiento razonable de peligro se puede exagerar en un momento dado y proyectarse sobre muchas otras ocasiones, haciendo que la persona esté ansiosa innecesariamente. La ira que provoca la subida de la adrenalina que nos ayuda a protegernos se vuelve un hábito, y creamos drama y conflicto en nuestras vidas porque la adrenalina resultante nos hace sentir vivos.

Aplicar la inteligencia humana a la parte emocional de nuestras vidas nos permite discernir qué emociones conducen al bienestar y cuáles nos llevan a dificultades. Aquí vemos, tal como lo confirman estudios sociológicos y psicológicos que los niños que crecen con amabilidad son, en general, más seguros y más equilibrados emocionalmente, mientras que los que crecen en familias con mucha ira y violencia física o verbal son más ansiosos. Los pensamientos de ira, resentimiento y venganza nos vuelven también más infelices y tensos. Estas emociones tienen su impacto en nuestra salud física y nuestro sistema inmune, mientras que la compasión conduce a una mejor salud.

Hay un mundo entre las emociones constructivas y las destructivas. En los seres ordinarios, las emociones aflictivas aparecen fácilmente, son irreflexivas y reactivas. Las emociones genuinamente constructivas como la compasión y la generosidad vienen a través de la investigación y el esfuerzo. Mientras que las emociones destructivas distorsionan nuestra visión de la situación, las constructivas nos llevan a una evaluación precisa. Las emociones destructivas hacen que nos arrepintamos de nuestras acciones, las constructivas no.

Examinando las desventajas y las perspectivas irreales de las aflicciones, llegaremos a un punto en el que tomaremos la determinación de no dejar que controlen nuestras vidas. Viendo los beneficios de las emociones realistas y beneficiosas, las desarrollaremos conscientemente. En sus enseñanzas, el Buda describió las maneras de pensar y de meditar que hacen que surjan las emociones positivas. Familiarizándonos con estas y con los antídotos a las aflicciones una y otra vez, nuestras emociones habituales cambiarán y, en situaciones donde la aversión y el enojo se propagarían, se extenderá la compasión.

Sería el caso de cuando, perjudicados por otro, pensamos: "Aunque esta persona es perjudicial y debo actuar para detenerlo, tiene el mismo deseo de ser feliz que yo". Desde este punto de vista, desarrollamos un sentido de preocupación por la otra persona. Esto no solo aliviará la tensión y la ansiedad en nuestra mente, sino que también nos ayudará a llegar a mejorar su condición. Esto a su vez resultará en que la otra persona responda a nuestra amabilidad. Esta clase de amabilidad se desarrolla solo mediante el razonamiento y el adiestramiento, no surge instintivamente. Cuando cuidamos del bienestar de los demás minuciosamente, no deseamos implicarnos en acciones dañinas.

Aunque la compasión selectiva, como la que tenemos por nuestro hijo o nuestro padre, tenga una base de relación biológica, debemos purificarla conscientemente del aferramiento y la codicia. En lugar de seguir el enfado mecánicamente, debemos evaluar si eso nos beneficia. En ciertas ocasiones, responder con tolerancia y amabilidad protege nuestros intereses y bienestar de modo más efectivo que la hostilidad. La aversión puede destrozar a un agresor u oponente, pero también puede tener consecuencias devastadoras. La compasión cuida de los dos, del agresor y de la víctima y, de este modo, nos permite intervenir en situaciones abusivas de modo equilibrado y consciente, lo que nos permite resolver la situación con el mínimo daño para nosotros y para los demás.

Hay un desarrollo progresivo en nuestras razones para no dañar a los demás. Las personas que no han considerado los beneficios de la amabilidad y las desventajas del enfado y la codicia pueden contenerse de matar, robar, de una conducta sexual inadecuada y de mentir para evitar el castigo. Aunque dicha contención es positiva, no hay mucha virtud en la intención que hay detrás. Sin embargo, ayuda a la gente a vivir mejor con los demás, y eso es importante.

Un paso más allá es pensar: "Matar, robar y demás son acciones no virtuosas. Si incurro en ellas, tendré las consecuencias después de morir, y podrían ser fatales". Aunque esta contención sea solo en referencia a la persona, hay virtud en la motivación porque considera la dimensión ética de la acción.

El tercer paso sería pensar: "Este ser consciente quiere ser feliz. Su vida es tan sagrada como la mía". Como consecuencia, evitamos dañar a esa persona. O pensamos: "Esta persona sufrirá si pierde lo suyo, por lo tanto, respetaré y protegeré sus posesiones", y, teniendo esto en cuenta, evitamos robar. El acto externo es el mismo en las dos ocasiones anteriores, pero aunque nuestra motivación interna es diferente, es muy virtuosa en ambos casos porque considera los efectos de las acciones sobre la otra persona.

Una motivación incluso más avanzada es que evitamos dañar a los demás porque, no sólo les causa dolor, sino que también interfiere en nuestra capacidad para lograr la Iluminación y ser del mayor beneficio para los seres conscientes. Aquí vemos los efectos de tener bodhichita, la intención altruista que aspira a llegar a la Iluminación para beneficiar a los seres conscientes. Abstenerse de la no virtud con esta preciosa motivación es extremadamente virtuoso y beneficioso.

## *Trabajar con las aflicciones*

Aunque las emociones aflictivas puedan surgir naturalmente en seres ordinarios como nosotros, pueden ser eliminadas. No son una parte intrínseca de la mente, no han penetrado su naturaleza de claridad y cognición. Las aflicciones están arraigadas en la ignorancia y otras concepciones distorsionadas y, por ese motivo, son frágiles y no pueden sostenerse ante los poderosos estados mentales que comprenden la realidad. Cuanto más fuerte crece nuestra sabiduría, más débiles se vuelven las aflicciones, hasta que un día son completamente erradicadas.

Por el contrario, los estados mentales constructivos pueden desarrollarse ilimitadamente. La naturaleza fundamental de la mente es pura y estable. La mente sutil innata de la luz clara, que es la base para desarrollar los estados mentales positivos, es estable puesto que continua eternamente, sin interrupción. Mientras las aflicciones tengan antídotos poderosos que las puedan destruir, no existirán fuerzas que puedan eliminar las emociones y actitudes constructivas para siempre. Están basadas en percepciones precisas y por eso pueden aumentar indefinidamente. Además, la naturaleza de la mente es tal que, una vez que nos hemos familiarizado profundamente con esos estados mentales virtuosos, no necesitamos hacer esfuerzos repetidos para desarrollarlos. Seguirán ilimitadamente.

Normalmente la gente considera las emociones como sentimientos aleatorios diferentes del pensamiento o de los procesos cognitivos. Parecen surgir espontáneamente, no en base a un esfuerzo consciente. Creemos que las emociones nos ocurren a nosotros y que cualquier persona razonable podría sentir lo mismo en la misma situación.

Sin embargo, aprender cómo aparecen las emociones destructivas y observar este proceso con atención nos permite ver que no son algo impuesto. Podemos aprender a detectar las emociones dañinas mientras todavía son pequeñas y aplicar rápidamente sus antídotos. Cuando le damos vueltas a los perjuicios que nos han causado otros, el resentimiento aumenta. Cuando contemplamos la amabilidad de los demás, la gratitud aumenta.

Además, cultivando deliberadamente perspectivas correctas incrementamos la fuerza de las emociones constructivas. Debido al poder de la familiaridad, gradualmente, estas nuevas perspectivas se vuelven naturales, como lo hacen las emociones beneficiosas.

La consciencia de nuestro cuerpo y de las sensaciones físicas es útil especialmente para tomar conciencia de las emociones perturbadoras cuando empiezan a aparecer. Los cambios en la respiración, en el ritmo cardiaco, en la temperatura corporal y la tensión muscular son signos físicos que acompañan la aparición de una emoción perturbadora. Puede ser muy útil crear un hábito de analizar regularmente nuestro cuerpo en este sentido.

Para algunas personas, observar el estado o la atmósfera de su mente les permite detectar una emoción perturbadora cuando aún es pequeña. Sin importar cómo lo hagamos, cuanto más conscientes seamos de nuestros pensamientos y emociones, más rápido podremos evaluarlas y decidir si las cultivamos o las contrarrestamos. Practicar la meditación de una manera regular nos ayuda a fomentar conscientemente las emociones constructivas y contrarrestar las destructivas. Con este adiestramiento, podemos establecer nuevos hábitos emocionales que, con el tiempo, se manifestarán de manera natural en nuestra vida diaria.

La inteligencia, la habilidad para discernir con precisión las características de un objeto, es otro factor mental que puede incrementar o reducir la fuerza de una emoción. Cuando es corrupta, la inteligencia entiende de modo erróneo cómo existen las cosas y nos crea más problemas. Cuando se usa correctamente, nuestra inteligencia humana y nuestra capacidad analítica nos ayudan a superar nuestras emociones destructivas. Esta inteligencia puede ser un pensamiento (como la comprensión clara de las desventajas de la aversión) o puede percibir directamente una característica de las cosas, como su naturaleza en cambio constante.

Algunas aflicciones son "inteligencia corrupta" (tib. *shes rab nyon mong chen*). Se denominan *inteligencia* porque implican un proceso analítico, pero, puesto que este proceso es profundamente defectuoso, la conclusión alcanzada es errónea. Consideremos las dos visiones filosóficas extremas: el absolutismo (aferrarse a que las personas y los fenómenos existen de modo inherente) y el nihilismo (creer que los fenómenos que existen convencionalmente son no existentes). El mero hecho de decir "Esta es una visión errónea" no hará que desaparezcan estos dos enfoques. Ni las oraciones ni las aspiraciones virtuosas son suficientes para eliminarlos. Tenemos que neutralizarlos directamente desarrollando la sabiduría o inteligencia (*prajña*) que comprende la realidad. El absolutismo y el nihilismo surgen mediante un profundo proceso, así que tienen que ser contrarrestados mediante un razonamiento correcto que haga añicos nuestra certeza previa. A medida que nuestra comprensión sea más profunda, nuestra sabiduría se transformará en la percepción directa no conceptual de la naturaleza de la realidad.

Ayuda el ser conscientes del proceso que se oculta tras las emociones. Tenemos maneras habituales de interpretar acontecimientos que nos hacen verlos como amenazadores o deseables cuando en realidad no lo son. Si es así, podemos conscientemente empezar a cambiar nuestras interpretaciones y de este modo cambiar las emociones que resultan de ellas. Esta es la teoría que subyace tras las enseñanzas del adiestramiento mental, como las que describen el modo de transformar la adversidad en el camino a la Iluminación.

Por ejemplo, un compañero nos ofrece ayudarnos con un proyecto y pensamos: "¿Por qué de repente quiere colaborar? ¿Querrá el mérito para él? ¿O quizá querrá retrasar mi trabajo para que el jefe se enfade conmigo?". Aunque no somos psicólogos, podríamos incluso atribuirle un desorden mental: "Este chico es pasivo-agresivo, y me está manipulando porque quiere mi trabajo". Estamos "leyendo la mente" –proyectando con pocas pruebas una motivación sobre la acción de alguien. Nos volvemos desconfiados y hostiles, respondemos con un comentario sarcástico y aparece el conflicto. Por desgracia, muchos malentendidos y conflictos entre la gente, los grupos y las naciones se crean de este modo.

Además de desarrollar nuestra inteligencia humana y aprender a utilizar nuestras habilidades lógicas correctamente, necesitamos hacer que nuestra mente esté receptiva de manera que las semillas de las emociones y actitudes constructivas puedan crecer en ella. Conseguimos esto al implicarnos en prácticas espirituales que disminuyen y purifican las semillas de las acciones negativas presentes en nuestro continuo mental. Además, las prácticas que acumulan mérito –semillas de karma positivo– incrementan la fuerza de nuestras tendencias saludables. Estas prácticas incluyen ser generoso, vivir éticamente y desarrollar el amor afectuoso.

Aprender cómo dirigir conscientemente nuestros pensamientos de un modo más positivo es esencial para neutralizar los estados mentales aflictivos. Repetir "La ira es horrible. Que desaparezca. La compasión es maravillosa. Deseo tenerla" no es suficiente para transformar nuestra mente. Rezar diciendo "Buda, por favor, inspírame para ser compasivo" o "Buda, por favor, elimina mis aflicciones" sin haber cultivado nosotros las causas tampoco funcionará. Para liberarnos de la ira debemos contemplar la amabilidad de los demás y adiestrar nuestra mente en el perdón y el amor, practicando las meditaciones que evocan esas emociones virtuosas. Aunque pensar en el valor de la compasión y pedir inspiración para desarrollarla es útil, el verdadero trabajo es reflexionar en los beneficios de la compasión y después practicar una serie de meditaciones para generarla. En nuestras vidas diarias debemos también traer la compasión a la mente cuando interactuamos con los demás para que se vuelva habitual.

La compasión amplía las miras de nuestra mente y la hace más receptiva y abierta a los demás. Las emociones destructivas como el aferramiento y la ira normalmente se enfocan en una persona o en una clase de gente, mientras que la compasión se puede extender hacia todos los seres conscientes. No es necesario que el objeto de nuestra compasión sea alguien conocido, puesto que sabemos que todo el mundo quiere liberarse del sufrimiento y busca la felicidad.

Cuando nuestra mente está infeliz, la compasión y el amor nos animan. La mejor ofrenda que podemos hacer a todos los budas es dejar de dañar a los demás física, verbal y mentalmente. A diferencia de las emociones aflictivas, los estados mentales virtuosos no tienen la ignorancia que se aferra a la existencia inherente como soporte, así que desarrollar la sabiduría que supera la ignorancia no dañará nuestras emociones virtuosas. En todo caso, eliminará los obstáculos para generarlas. Si realmente cuidamos de nosotros mismos generemos una intención altruista, porque nos aporta coraje, entusiasmo, resiliencia y un buen corazón. Por lo tanto, una persona egoístamente sabia es altruista.

Familiarizarnos con perspectivas constructivas es uno de los propósitos de los *gathas* –frases cortas utilizadas en la práctica del adiestramiento mental. Por ejemplo, mientras fregamos los platos o lavamos el coche pensamos: "Estoy limpiando mis engaños y los de todos los seres conscientes". Cuando subimos las escaleras: "Llevo a todos los seres conscientes a la Iluminación", y cuando las bajamos: "Estoy dispuesto a ir a las moradas del sufrimiento para beneficiar a los seres conscientes". De este modo, las acciones cotidianas neutras se transforman en el camino a la Iluminación.

Algunas aflicciones son emociones destructivas que se neutralizan generando las emociones opuestas. Por ejemplo, para contrarrestar el enfado y el odio meditamos en el amor. Otras aflicciones son actitudes distorsionadas y visiones erróneas que se contrarrestan viendo que el objeto que se aprehende es falso. Por ejemplo, la ignorancia que se aferra a la existencia verdadera tiene su antídoto en la sabiduría que comprende la ausencia de existencia verdadera.

La imaginación puede utilizarse como un medio hábil para contrarrestar las emociones perjudiciales. Por ejemplo, como antídoto a la lujuria, el abhidharma prescribe meditar en que el universo está lleno de huesos. Aunque, en realidad, el universo no está repleto de huesos, contemplar el interior del cuerpo funciona como técnica para eliminar la obsesión por el sexo. Para desarrollar el amor afectuoso como antídoto al odio debemos imaginar a los demás seres felices, y cuando cultivemos la compasión debemos reflexionar en su sufrimiento. Los científicos se han dado cuenta de que cuando imaginamos una situación se activa la misma área del cerebro que cuando la experimentamos realmente. Esto corrobora la visión budista de la utilidad de la imaginación para desarrollar estados mentales saludables y equilibrados.

Aplicar un antídoto puede hacernos sentir al principio desilusionados, pero esto no es perjudicial. Por ejemplo, cuando somos arrogantes, hacer que la mente se torne sobria es beneficioso. Sin embargo, si estamos deprimidos, desinflar nuestro estado de ánimo es perjudicial. Debemos evaluar nuestros estados mentales, primero determinando si está presente una emoción destructiva, y si lo está, entonces elegir un antídoto adecuado. En resumen, aprendemos a ser los médicos de nuestra propia mente, diagnosticando nuestras enfermedades mentales, seleccionando la medicina correcta del Dharma y luego aplicando hábilmente dicha medicina.

Trabajar con las emociones aflictivas requiere un acercamiento de doble vertiente. Manejar las emociones insanas y frenar las acciones motivadas por ellas son dos componentes importantes, pero no resuelven todos los problemas. También necesitamos desarrollar las emociones saludables. Aunque puede que al principio no seamos capaces de evocar estas emociones en el calor del momento, gradualmente y cultivándolas de manera diligente en nuestra práctica de meditación, influirán en nuestro temperamento y en nuestros patrones emocionales. Cuanto más familiarizados estemos con estas emociones beneficiosas, menos susceptibles seremos a las emociones perjudiciales. Desarrollar emociones constructivas es similar a reforzar nuestro sistema inmunitario. Desarrollar el amor fortalece nuestra inmunidad emocional a la ira. Desarrollar compasión evita la crueldad; el contentamiento se opone a los celos, y la ecuanimidad impide las tendencias debidas al aferramiento, la ira y el desinterés.

Reflexionar en los beneficios de tener una emoción saludable particular refuerza nuestros esfuerzos para desarrollarla. Por ejemplo, si contemplamos los beneficios de ver a los seres conscientes como seres amables e imaginamos los buenos sentimientos que derivarán de ello, felizmente meditaremos en su amabilidad. Esto producirá que los sentimientos de gratitud y aprecio por los demás aparezcan de modo natural en nuestra mente. Para ver las ventajas de ciertas prácticas podemos preguntarnos: "¿Qué está perturbando mi alegría interior?". Después vemos las emociones aflictivas como las responsables, y nos oponemos a ellas. Con esta determinación, buscaremos los métodos para neutralizar estas emociones perturbadoras y practicar estos métodos diligentemente.

REFLEXIONES

1. ¿Cómo puedes distinguir una emoción destructiva de una constructiva?
2. ¿Cuáles son los beneficios de subyugar las emociones perturbadoras y desarrollar las saludables?
3. Revisa los métodos para subyugar cada emoción perturbadora y desarrollar cada una de las saludables.

## *Desarrollar el amor y la compasión*

Para generar emociones beneficiosas como el amor afectuoso y la compasión hacia todos los seres vivos, primero debemos tener una correcta comprensión de estas emociones. El amor y la compasión que cultivamos en nuestra práctica espiritual no deberían confundirse con el amor y la compasión que sentimos hacia nuestros seres queridos, que normalmente se basa en consideraciones en referencia al yo: esta persona es mi amigo, mi esposo, mi hijo, mi padre, etc. Aunque este amor pueda ser muy fuerte, está contaminado por el apego porque es parcial hacia los que nos complacen y tendencioso hacia aquellos que nos disgustan. Como hemos visto, una vez que nos apegamos a alguien, el escenario está dispuesto para enfadarnos posteriormente con ellos cuando no cumplan nuestras expectativas, no satisfagan nuestras necesidades o no hagan lo que nosotros queremos. El amor y la compasión que buscamos desarrollar en la práctica del Dharma están basados en un sentimiento ecuánime de preocupación por todos los seres simplemente porque existen y quieren la felicidad y no desean el sufrimiento, igual que nosotros.

Incluso si comprendemos el sentido de las emociones constructivas auténticas, podemos dudar si es posible desarrollarlas. Debemos recordar que las semillas de las emociones constructivas están de modo natural en nuestro continuo mental y que cuando las cultivamos incrementan. Todo se vuelve más fácil con la familiaridad, y las emociones positivas no son una excepción.

Cuando tenemos la confianza de que es posible desarrollar emociones positivas, ponemos esfuerzo en ello. En este punto, llevamos a cabo las meditaciones para desarrollar la ecuanimidad y ver la amabilidad de los demás, factores que preceden al desarrollo real del amor y la compasión. La meditación en la ecuanimidad nos permite ir más allá de las limitaciones de nuestra actitud crítica que clasifica a las personas en amigos, enemigos y extraños, y que origina las emociones de aferramiento, hostilidad y apatía hacia ellos. Viendo que todo el mundo es igual que nosotros en cuanto a desear la felicidad y a no querer el sufrimiento, la ecuanimidad crea la plataforma para desarrollar el amor y la compasión hacia todos los seres, sin importar lo que ellos piensen o cómo nos traten.

Entonces cultivamos el sentimiento de que los demás son amables, lo que hacemos recordando su amabilidad hacia nosotros. Aquí reflexionamos no solo en la amabilidad de nuestros amigos y familia, sino en la amabilidad de todos los que hacen los diferentes trabajos en la sociedad y que nos permite tener lo que necesitamos. También reflexionamos en la amabilidad de los que con sus actitudes perturbadoras desafían nuestro desarrollo del perdón, la paciencia y la entereza.

Ahora llevamos nuestra atención al amor expansivo que buscamos desarrollar en nuestra práctica espiritual. Este amor es el sencillo deseo de que los demás tengan la felicidad y sus causas. Visualiza una variedad de gente y extiende este deseo a todos ellos imaginando que poseen la felicidad y sus causas. Una vez hecho esto, cultiva la compasión deseándoles que estén libres del sufrimiento y de sus causas. Hazlo con unos pocos individuos para empezar, y después amplíalo a grupos de personas, y finalmente a todos los seres vivos.

Al principio, los sentimientos de amor y compasión imparciales que surgen en lo profundo del corazón duran solo un poco. En este nivel, son todavía artificiales en el sentido de que tenemos que esforzarnos para experimentarlos. Sin embargo, mediante la familiaridad, llegará un momento en el que tan pronto como veamos incluso un diminuto insecto surgirán espontáneamente y sin esfuerzo sentimientos de amor y compasión por él. Esta nueva experiencia se manifiesta como resultado de haber hecho un esfuerzo durante un largo periodo de tiempo. Esta transformación mental trae consigo un cambio duradero en nuestro carácter y emociones.

Los científicos y los budistas están de acuerdo en que la familiaridad es necesaria para que tenga lugar un cambio duradero en nuestros pensamientos, emociones y comportamientos. Cuando practicamos algo de manera repetida, se vuelve parte de nuestro temperamento. Los budistas lo describen como el proceso de familiarización con nuevas respuestas emocionales. Los científicos lo explican como la creación de nuevos caminos neuronales en el cerebro. Cuando cierto camino asociado con una emoción está bien engrasado, esa emoción aflora más fácilmente.

Aunque el budismo enfatiza desarrollar el amor y la compasión por los demás, no debemos ser negligentes con nosotros mismos. La felicidad de los demás es uno de nuestros objetivos, así que debemos cuidarnos para tener la energía física y la claridad mental para beneficiarlos. Si ignoramos nuestro bienestar, no podremos beneficiarlos: ¡serán ellos los que tengan que cuidar de nosotros!

## REFLEXIONES

1. Sigue las etapas para desarrollar el amor y la compasión explicadas anteriormente. Haz que tu contemplación sea personal.

2. Disfruta del sentimiento de expansión en tu corazón mientras relajas la ira y los juicios, y permite que surja un sentimiento de afecto imparcial.

---

## *Un estado mental saludable*

Cuanto más calmada esté nuestra mente, más fácil será lidiar con los problemas. En lugar de esperar una crisis y después buscar el modo de manejarla, deberíamos practicar a diario la apertura mental y la amabilidad. Después, cuando sucedan los problemas o situaciones traumáticas, su impacto será menos severo y podremos regresar a un estado mental equilibrado más rápidamente. Por otro lado, si consentimos nuestros malos humos, nos sentiremos abrumados incluso cuando ocurra un pequeño acontecimiento desagradable.

Los tibetanos tienen un dicho: "Espera lo mejor y prepárate para lo peor". La principal preparación es dejar ir la actitud egoísta que aumenta nuestros propios problemas y desarrollar la compasión hacia nosotros y hacia los demás. Cuando aparecen las dificultades, es útil abordarlas con una perspectiva amplia. Concentrarse en *mis* problemas trae más frustración e infelicidad, mientras que recordar que todo el mundo pasa por dificultades pone *las mías* en perspectiva. Además, si vemos las circunstancias difíciles como un desafío para elevar nuestro potencial y como una oportunidad para invocar nuestra compasión, seremos más efectivos manejando la situación estresante y aportaremos algo útil a la misma. De este modo, nuestra vida merecerá más la pena y nuestra mente estará más relajada y abierta.

En las pocas secciones siguientes, explicaremos algunos estados mentales y situaciones que la gente ve normalmente como problemas –el miedo, la depresión, la aprobación, compararnos con otros y el desacuerdo y el conflicto– y las maneras de adiestrar nuestras mentes para abordarlos de manera efectiva.

## *Trabajar con el miedo, desarrollar el coraje*

Antes consideraremos brevemente los dos tipos de miedo: uno basado en la sabiduría y otro que sucumbe al pánico. El primer tipo de miedo procede de la razón, y es saludable. Cuando encendemos un fuego somos conscientes del peligro y tenemos cuidado para evitarlo. Este miedo nos protege. De igual forma, cuando analizamos correctamente las causas de la existencia cíclica aparece un miedo sabio respecto a ellas que nos hace ser conscientes de nuestras actitudes y acciones. Este miedo basado en la sabiduría es importante en la vida diaria y en el sendero.

El miedo del pánico es problemático porque nos impide ver la situación con claridad. Por ejemplo, cuando yo era un niño y pasaba por algunas habitaciones oscuras del Potala, tenía miedo de que hubiera alguien escondido ahí. Con que un pequeño ratoncillo saliera corriendo, yo saltaba de miedo. Esta clase de miedo lo crea nuestra imaginación. Lo creamos mentalmente. Tener información precisa y cambiar nuestra visión de la situación puede contrarrestarlo. Por ejemplo, cuando nos sentimos inseguros, temerosos y solos, podemos meditar en la amabilidad que recibimos de los demás, de manera que surja en nuestro corazón un sentimiento de conexión y gratitud, y así sabemos que tenemos apoyo. Si somos escépticos y desconfiados hacia alguien, es bueno que lo veamos como otro ser humano, igual que nosotros. De este modo, nuestra actitud será más receptiva y podremos encarar la situación con mayor claridad y sabiduría.

Otro miedo irreal puede aparecer cuando nos da miedo perder nuestro trabajo. Nuestra mente imagina inmediatamente que nos quedaremos sin hogar, sentados en la calle con nuestros hijos pasando hambre. Aplicando la inteligencia, deberíamos investigar si estamos viendo la situación con exactitud o estamos exagerando ciertos aspectos. Podemos encontrar que es improbable que la situación suceda como habíamos imaginado. E incluso si sucediera así, tenemos habilidades para manejarla. Hay recursos en la sociedad, y tenemos un grupo de amigos y familiares que nos ayudan, así que no necesitamos dibujar un cuadro de circunstancias extremas que no existen en ese momento.

Algunas personas observan las circunstancias políticas, económicas, sociales y medioambientales y desarrollan un miedo sabio que les inspira a trabajar para impedir el daño al planeta y a los seres vivos. Viendo la misma situación, otras personas desarrollan un miedo sin esperanza. Dicho estado mental desanimado los inmoviliza, y su deseo de ayudar se pierde entre olas de desesperación. Para contrarrestarlo, debemos mantener constantemente nuestra compasión y conservar nuestros corazones abiertos, de manera que, sin importar la respuesta de los demás, sigamos trabajando en serio.

El coraje viene del modo en que consideramos las situaciones. Por ejemplo, desde un punto de vista, la situación actual del Tíbet es extrema. Desde otro, es esperanzadora. Enfocarse en lo positivo y ser conscientes de lo negativo, pero sin desanimarse, nos permite hacer todos los esfuerzos para mejorar las condiciones.

Una única práctica o método no puede hacer que desarrollemos coraje. Se requiere la contemplación de varios temas durante un periodo de tiempo. Estos temas incluyen lo valiosa que es nuestra vida humana, nuestro potencial y el de los demás para llegar a ser budas completamente iluminados, las actividades compasivas e iluminadas de los budas y bodhisatvas, las vidas de los grandes maestros, la amabilidad que recibimos de todos los seres conscientes, y el amor, la compasión y tomar el sufrimiento de los demás y darles nuestra felicidad. Esto elevará y equilibrará la mente de manera que veremos las situaciones desde una perspectiva amplia.

Además del coraje necesitamos confianza. Para desarrollarla yo mantengo presentes algunas creencias básicas: la naturaleza humana es amable y compasiva; ninguno de nosotros sin excepción quiere el sufrimiento y tenemos derecho a tratar de vencerlo; todos los seres tienen el potencial para llegar a ser budas sabios y altruistas. Reflexionar en estas cosas me da fortaleza interior y determinación. Una motivación compasiva y un objetivo claro me aporta confianza en mí mismo y destruye las dudas. En otras palabras, la confianza no sólo surge de tener éxito en nuestros proyectos, sino de implicarnos en ellos con una motivación sabia y amable.

Los seres humanos poseen una inteligencia destacable, que, aplicada correctamente, puede solucionar problemas y conflictos. Las actitudes fatalistas son inútiles. Tenemos capacidad para prevenir las dificultades y para mejorar lo que es bueno. Debemos hacer todo lo posible para utilizar nuestras habilidades de manera constructiva. Si ponemos todo nuestro esfuerzo y, aun así, fallamos, no hay que lamentarse. Podemos aceptar lo que suceda. Sin embargo, si debido a la falta de cuidado o de esperanza suceden cosas negativas, esto sí es extremadamente triste.

## *Esperanza, deseo y aceptación*

Igual que el miedo tiene dos aspectos, uno que abandonar y otro que desarrollar, también los tienen la esperanza, el deseo y la aceptación. Por ejemplo, cuando esperamos cosas buenas para nosotros

–una nueva casa, un buen trabajo, una familia maravillosa, dinero o posesiones materiales–, nos distraemos de nuestros asuntos espirituales y nos atrincheramos en el apego. Los textos del Dharma que hablan de abandonar todas las esperanzas se refieren a esas esperanzas que tienen que ver con la ganancia mundana, que inevitablemente nos dejará tirados.

Por otro lado, debemos tener la esperanza de un futuro mejor, de modo que trabajemos para crear sus causas. Aquí el futuro por el que tenemos esperanza no es uno centrado en uno mismo, basado en deseos mundanos, sino uno que tiene en consideración a los demás y que quiere la felicidad para muchos. Este último tipo de esperanza nos motiva a practicar el Dharma y a implicarnos en proyectos que benefician directamente a los demás.

No importa la situación en la que estemos, no debemos perder la esperanza. Perder la esperanza y hundirnos en una actitud derrotista son las causas reales del fracaso. Son también estados mentales distorsionados. Tenemos vidas humanas con nuestra inteligencia humana única, y esto nos da la capacidad de superar los problemas. Por consiguiente, deberíamos permanecer calmados e investigar con sabiduría las diferentes alternativas en lugar de rasgarnos las vestiduras de desesperación, lo que a menudo empeora el problema.

El deseo negativo está relacionado con el apego y nos mantiene encadenados a la existencia cíclica. Por el contrario, el deseo también se puede referir a una aspiración positiva, como puede ser el de meditar en la ecuanimidad o el deseo de llegar a ser un buda. Estos deseos no están basados en el aferramiento a la existencia esencial o sustancial o en la preocupación por uno mismo. Tienen objetivos positivos e incrementan nuestro esfuerzo gozoso para alcanzar aquello que merece la pena.

La aceptación también tiene dos caras. La clase de aceptación que te quita la fuerza es la aquiescencia –aceptar algo desagradable con un corazón desconsolado. Esta aceptación nos conduce al abatimiento y destruye nuestro entusiasmo por la vida y por la práctica del Dharma. La clase buena de aceptación admite y acepta las faltas y fracasos propios y los de los demás y, al mismo tiempo, quiere mejorar en el futuro. No es útil pelear con la realidad del momento presente, pero sabemos que podemos cambiar y mejorar en el futuro. Aceptamos el sufrimiento presente, ya que las causas para ello habían sido creadas y ya están madurando. Sin embargo, el sufrimiento futuro todavía se puede prevenir, de modo que nuestra mente permanece optimista. Aceptando la situación presente nuestro tiempo y energía no se ven consumidos por la ira o el dolor, y podemos en su lugar dirigirnos a purificar las causas del sufrimiento futuro, evitando la creación de muchas más causas similares y creando las causas de la felicidad futura.

## *Compararnos con los demás y la autoestima*

Aunque todos los seres conscientes son iguales en desear la felicidad y en no querer el sufrimiento, cada uno tenemos talentos y puntos débiles diferentes. Podemos reconocer que otros son mejores que nosotros en términos de educación, salud, apariencia física, estatus social, riqueza, etc., pero esto no conduce necesariamente a los celos. Es un simple reconocimiento de lo que es.

Los problemas empiezan cuando empezamos a pensar: "Como soy menos que..., no tengo esperanza", y nos sentimos inferiores. Compararse con los demás y sentir desesperanza es el resultado de una visión estrecha, ya que vemos únicamente nuestra debilidad e ignoramos nuestro potencial. Aquí debemos recordar que, aunque esa persona tenga más éxito que nosotros, también es un ser humano como nosotros, y que tenemos el mismo potencial para el éxito.

También es importante recordar que cada uno tenemos nuestras cualidades y aptitudes únicas. Compararnos con los demás es como comparar manzanas y coches. Puede que los dos sean rojos, pero son útiles en diferentes ocasiones, así que es bueno valorar los dos. Igualmente, es bueno que la gente tenga diferentes intereses, aptitudes y habilidades. Al juntarlas, todos nos beneficiamos. Podemos alegrarnos de las buenas cualidades de los demás y regocijarnos de las nuestras también, incluso aunque sean diferentes.

Algunas personas a menudo hacen distinciones entre blanco y negro, sin un término medio. Si sucede algo bueno, se ponen demasiado contentos y excitados y, si sucede algo malo, se desaniman y se deprimen. La vida es compleja. El sufrimiento está destinado a suceder y las cosas buenas también. Cuando ocurren cosas buenas algunas personas todavía no se sienten satisfechas y se fuerzan a tener más y mejor hasta que se derrumban. Con esta clase de actitud, si ven que su vecino tiene más éxito, sucumben ante los celos y la desesperación. Todo es evitable con una perspectiva amplia en la vida.

## *Contrarrestar la depresión*

Algunos tipos de depresiones clínicas severas parecen tener un componente químico en el cerebro, pero aquí examinaremos el aspecto psicológico de la depresión. Los psicólogos con los que he hablado me han dicho que una gran parte de la depresión se debe a la carencia de afecto, de amor y compasión en la familia y en la comunidad. Creo que los seres humanos son por naturaleza animales sociales. Nuestra naturaleza básica es tal que apreciamos el afecto de los demás y, cuando no recibimos suficiente afecto o estamos privados de él por completo, nos volvemos infelices y apáticos.

Las técnicas para contrarrestar la depresión dependen mucho de la persona, de si sigue una tradición espiritual y, si lo hace, de qué tradición se trata. Alguien no creyente puede considerar que la naturaleza humana es amable. Hemos experimentado algunas formas de amor y compasión de mucha gente desde que nacimos. Hemos recibido mucha amabilidad de los demás a lo largo de nuestra vida. A veces estamos ciegos ante la amabilidad a nuestro alrededor. Otras veces estamos insatisfechos con ella y nos hubiese gustado que hubiera sido más o mejor. Aquí es bueno desarrollar el contentamiento con el afecto y la amabilidad que hemos recibido y que nos alegremos de ello. Ver sus efectos positivos en nuestra vida. Desde que nacimos hasta ahora, toda nuestra felicidad, en un sentido u otro, ha dependido de la amabilidad de otros. Solo el hecho de estar vivos es debido a la amabilidad que hemos recibido de muchos otros seres.

Para neutralizar la depresión, los budistas pueden pensar de dos maneras. Primero desarrollamos un sentido de nuestro propio potencial reflexionando en la naturaleza de buda. No importa lo confundidos o débiles que podamos estar a veces en un nivel superficial, en el fondo nuestra naturaleza de buda está ahí. En el nivel más básico de la mente, no existe diferencia alguna entre un buda y nosotros. Cada persona tiene la *naturaleza de buda innata* (la vacuidad de existencia inherente de la mente) y *la naturaleza de buda evolutiva* (aquellos factores que se pueden incrementar, y cuya continuidad seguirá hasta la Iluminación). Así que todo el mundo tiene el potencial para llegar a estar completamente iluminado.

En segundo lugar, consideramos la naturaleza de la existencia cíclica. En el presente estamos bajo el control de las aflicciones y el karma. Mientras esta situación exista, algún tipo de problema estará presente. Por ejemplo, cuando nuestro cuerpo está enfermo, experimentamos dolor. Debemos esperarlo y aceptarlo. Preocuparse por el dolor es inútil. Si no deseamos el dolor debemos eliminar su causa. Si es posible eliminar la causa, debemos tratar de hacerlo. Si no es posible, no hay ningún beneficio en preocuparse.

Tenemos que pensar de modo similar en la naturaleza de la existencia cíclica. Mientras tengamos un cuerpo y una mente que está bajo la influencia de la ignorancia surgirán problemas. Esta es la realidad. Es de esperar estando en la existencia cíclica, y debemos aceptarlo. Si no nos gustan esos problemas, debemos tratar de eliminar sus causas –las aflicciones y el karma contaminado– y alcanzar la Liberación. Esto aporta entusiasmo a la práctica del Dharma y buscamos el Nirvana.

La depresión también aparece al centrarnos demasiado en nuestra propia situación y en nuestros problemas. Mira alrededor, a los demás, y date cuenta de que todo el mundo sufre de uno u otro modo. Reflexionar profundamente en esto abrirá nuestro corazón, y la corriente de nuestro amor y compasión por los demás se incrementará.

## *Desacuerdo y conflicto*

Los desacuerdos aparecen siempre entre seres conscientes. Las diferencias en las visiones y opiniones pueden ser potencialmente positivas y pueden ser una fuente de progreso. Sin embargo, cuando estamos aferrados a nuestras ideas, posesiones y estatus, estos desacuerdos pueden llevar a la violencia u opresión. Por esta razón, es importante recordar que somos parte de la comunidad humana. Nos necesitamos unos a otros. Dependemos unos de otros.

Cada día tengo desacuerdos conmigo mismo como individuo. Por la mañana creo que una cosa está bien y, tras una investigación posterior, por la noche descubro que otro enfoque es mejor. Esto no se produce confusión y puedo manejar este desacuerdo conmigo mismo. Igualmente, si nos vemos como una comunidad humana, como un organismo, entonces podemos tolerar las diferentes opiniones y aprender juntos. Deberíamos escuchar las ideas de los demás e investigar sus razones, así como compartir nuestra experiencia y conocimientos.

Algunos desacuerdos surgen sobre temas económicos porque un grupo está en desventaja. Este grupo intenta cambiar la situación utilizando la razón y la negociación, pero, cuando esto falla, se sienten frustrados y se pueden volver violentos. Si miramos la situación a través de un prisma estrecho, esta violencia puede parecer útil. Pero cuando la observamos desde una perspectiva amplia, vemos que la violencia puede solucionar un problema mientras que crea otros. Por ejemplo, cada parte en los conflictos étnicos tiene sus razones que avalan sus acciones, pero a los ojos del resto del mundo su lucha es una locura, porque crean más sufrimiento del que tenían antes. Por lo tanto, debemos evitar cualquier forma de violencia. Igual que la ignorancia se puede reducir con la educación, nuestra tendencia humana a la violencia se puede reducir a través de la educación en la no violencia, la mediación y la resolución de conflictos. Aprender a escuchar con una mente y un corazón abiertos también ayuda. A menudo, la ira de la gente muere cuando sienten que alguien escucha sus preocupaciones y los comprende.

A veces, podemos pensar que una situación es injusta y queremos atacarla o rebelarnos. Pero viéndola desde un ángulo más amplio, vemos que la agresión traerá más complicaciones y que existe otra manera de tratar con las dificultades. Estos otros métodos pueden llevar más tiempo, pero viendo que al final son más beneficiosos los utilizamos y tenemos paciencia. Considero esa paciencia como un signo de fortaleza, no de debilidad. Esta es la estrategia que he adoptado para lidiar con la injusta ocupación del Tíbet.

La violencia no solo crea nuevos problemas, también va en contra de la naturaleza humana. Una de mis creencias fundamentales es que la naturaleza humana es amable. Desde el momento en que nacemos, nos sentimos infelices cuando vemos que una persona trata con dureza a otra. Pero cuando vemos expresiones de compasión y amor, sentimos felicidad de manera natural. Este es el caso, incluso con los niños. El sistema educativo debería enseñar el valor de la vida humana y las desventajas de la violencia. Deberíamos enseñar a los niños métodos para controlar el enfado, la ira y manejar los conflictos y lo que es más importante: como adultos deberíamos ser un modelo de tolerancia, empatía y escucha positiva. Actualmente, los sistemas educativos en la mayoría de los países enfatizan la transmisión de información y descuidan la creación de buenos seres humanos con un sentido de responsabilidad de unos hacia otros. Necesitamos cambiar esto. El Buda señala la raíz de las disputas (AN 6.36):

> Existen, oh monjes, estas seis causas de disputas. ¿Qué seis? Aquí un monje es (1) airado y vengativo, o (2) despectivo y autoritario, o (3) envidioso y mezquino, o (4) deshonesto e hipócrita, o (5) tiene deseos perversos y visiones erróneas, o (6) se aferra a sus propias visiones, las mantiene tenazmente y difícilmente renuncia a ellas.

Puesto que el Buda se estaba dirigiendo a un grupo de monjes, ponía un monje como ejemplo. Pero lo mismo se puede aplicar a cualquier persona en cualquier grupo: en una situación de trabajo, club, familia, equipo de deporte o un grupo de activistas sociales o del medioambiente. Sólo hace falta la mente incontrolada de una persona para llevar al grupo al desorden, impidiendo [al grupo] llevar a cabo su propósito.

En el pasaje anterior, el Buda describe formas en que nuestra mente puede descontrolarse. Primero, estamos enojados y vengativos. Hablamos mal de los demás a sus espaldas, tomamos represalias por todo y por todos los insultos recibidos y hacemos acusaciones retorcidas e injustas sobre los demás. Seguramente podemos pensar en muchos ejemplos en los que hemos estado alrededor de personas así, pero la cuestión aquí no es lo que los demás hacen o no hacen, sino nuestro comportamiento y emociones. Debemos examinar nuestros arrebatos de ira y nuestras acciones vengativas y buscar sus causas en nuestro interior. ¿Cómo estábamos viendo la situación? ¿Cuáles son nuestros patrones emocionales y de comportamiento? En resumen, antes de pensar sobre lo que decir o hacer, es mejor calmar nuestra mente y llevarla a un estado más equilibrado.

Aquí, es un ejercicio muy útil incorporar la enumeración anterior de las causas de una disputa. Contempla las veces en que has actuado de esa manera y considera otros modos de ver la situación y los métodos para ajustar tu motivación para que esta sea beneficiosa, que no haga daño, ni a nosotros ni a los demás.

La segunda raíz de las disputas es ser despectivo y autoritario. Una persona busca dirigir a un grupo tanto si tiene las habilidades para ello como si no, o bien se le ha dado la autoridad para ello. Si otros dirigen, ella es despectiva y no colabora, solo participa en las cosas que se hacen a su manera. Los líderes y los seguidores deben cooperar. Ambos tienen deberes específicos y requieren de diferentes talentos y capacidades, y ninguno puede funcionar bien sin el otro.

La tercera raíz es la envidia y la mezquindad. Al ser insegura, una persona es celosa y no le gusta cuando otros tienen más éxito que ella. Es egoísta con la información, el tiempo y el esfuerzo y no ayuda a los demás del equipo.

El cuarto es ser deshonesto e hipócrita. Es difícil confiar en las personas que son deshonestas y mienten y, por lo tanto, es difícil trabajar o vivir con ellas. Dicen una cosa, pero quieren decir otra. Hablan para su propio beneficio, sin considerar las situaciones o sentimientos de los demás.

La quinta raíz de la discordia es tener deseos perversos y visiones erróneas. Teniendo malas intenciones y visiones erróneas, una persona puede postular una doctrina errónea y llevar a otros por mal camino. Esto es especialmente dañino porque puede limitar su propia capacidad y la de los demás para encontrar las enseñanzas de Buda durante muchas vidas futuras.

Finalmente, alguien que se aferra a sus propias visiones, las mantiene tenazmente y difícilmente renuncia a ellas. Esta persona es obstinada y discutidora. Salta a las conclusiones y defiende sus ideas obstinadamente. Incluso aunque haya pensado sobre un tema, una vez que se forma una opinión, su mente se cierra a nueva información o a otras perspectivas.

¿Cuáles son los resultados de tener una raíz de disputa? El Buda continúa:

> Tal monje permanece sin respeto ni deferencia hacia el Maestro, el Dhamma y la Sangha, y no completa el adiestramiento. Este monje crea una disputa en la Sangha que lleva al daño y a la infelicidad de la multitud, a la ruina, al dolor y al sufrimiento de devas y humanos.

Esta persona carece de respeto por las Tres Joyas, y es incapaz de practicar con sinceridad o lograr los beneficios de la práctica. Genera desarmonía en la familia, en el lugar de trabajo, en la fábrica, en la escuela, en el club o en un grupo. Esta desarmonía no solo la daña a ella, sino que altera las relaciones de los demás, boicotea sus actividades, desvía la energía y molesta a muchos otros. Cuando advirtamos una raíz de disputa en nosotros, es importante reflexionar en sus desventajas para que estemos motivados y poder cambiar este hábito o comportamiento. ¿Cómo podemos trabajar con las situaciones cuando encontramos alguna o todas las raíces de disputa en nuestro interior? El Buda continúa:

> Si, monjes, advertís cualquiera de estas raíces de disputa tanto en vosotros como en los demás, deberíais esforzaros para abandonar esta nociva raíz de disputa. Y si no veis ninguna de estas raíces de disputa ni en vosotros ni en los demás, debéis practicar para que esta nociva raíz de disputa no aparezca en el futuro.

Cuando advertimos una raíz de disputa en nuestro interior, deberíamos evitar, en primer lugar, actuar con el cuerpo y la palabra. Más tarde, deberíamos trabajar con la mente, aplicando el antídoto a esa emoción aflictiva. Cuando descubrimos una raíz de disputa en otra persona, podemos recordar: "Esto es lo mismo que me pasa a mi cuando las aflicciones dominan mi mente. Este es el tipo de comportamiento que mis aflicciones me hacen imponer a los demás. Puesto que no son emociones o comportamientos que respete o encuentre beneficiosos, debo tener mucho cuidado para no dejarlos aparecer". En otras palabras, consideramos las acciones de la otra persona como una advertencia y tomamos la fuerte determinación de no actuar de ese modo.

Una vez que la emoción aflictiva ha disminuido y podemos hacer un balance de la situación de una manera más equilibrada, podemos acercarnos a la otra persona y discutir los diferentes puntos para resolverlo de manera más equitativa[7].

Si no vemos ninguna de estas raíces de disputa ni en nosotros ni en los demás, entonces asegurémonos de tratar bien a los demás y de estar atentos a nosotros mismos de manera que no broten. Expresar nuestra gratitud a nuestros compañeros, familiares, amigos, socios u otras personas del grupo y hacerles saber que apreciamos sus acciones amables y su comportamiento razonable, también es bueno. Muy a menudo las personas expresan sus sentimientos y pensamientos sólo cuando son infelices. Esta es una buena oportunidad para adiestrarnos en desarrollar y expresar nuestro aprecio por los demás. Alabar a los

7 Ver Russell Kolts y Thubten Chodron, "*An Open-Hearted Life* (Boston: Shambala, 2014) para una explicación más profunda sobre cómo trabajar con las emociones perturbadoras y desarrollar habilidades de comunicación beneficiosas.

demás por sus buenas cualidades alegra sus mentes; además, se extiende la armonía en el grupo y nos hace felices a nosotros también.

## *La supervivencia del más cooperativo*

La "supervivencia del más cualificado" se cita para apoyar y promover la competitividad en muchas áreas en las que la gente se esfuerza. En vez de esto, queremos considerar la "supervivencia del más cooperativo" como un axioma para el progreso humano y la prosperidad. La manera en que las abejas y las hormigas cooperan y se apoyan unas a otras permite a la colmena o al hormiguero seguir vivos y prosperar. Imagina lo que sería si las hormigas obreras hicieran las maletas y dijeran: "¡Ya está bien de servir a la reina!". Piensa en las consecuencias si se fuera la hormiga reina: "¡Estoy harta de estas malditas obreras! ¡Nunca me dejan en paz!". Estos diminutos insectos saben instintivamente que toda su comunidad sobrevivirá y prosperará cuando trabajan juntas y en armonía por un objetivo común. Saben que siguiendo sus necesidades individuales y antojos perecerán como individuos y que toda la colonia también sufrirá.

Históricamente, las grandes civilizaciones del mundo se han desarrollado cuando las personas se han ayudado unas a otras y han trabajado por el bien común. La degeneración ha sobrevenido cuando los líderes competitivos han peleado por el poder y la fama, ignorando egoístamente a los demás y mirando únicamente por su propio beneficio. Los seres humanos dependemos unos de otros simplemente para vivir. Esto es cierto ahora más que en cualquier otro momento de la historia de la humanidad. La mayoría de nosotros no sabemos cómo desarrollar nuestra comida, cómo hacernos la ropa, construir nuestras casas o fabricar las medicinas que curan nuestras enfermedades. Dependemos de los demás y cada uno de nosotros contribuye al bien común a su manera.

La economía global indica que nos influenciamos unos a otros drásticamente. Si como seres humanos nos centramos en el modelo de supervivencia del más cualificado, y tratamos de conseguir más y mejores recursos para nosotros individualmente o sólo para nuestro propio grupo, sabotearemos nuestra felicidad personal y pondremos en peligro la existencia de los seres humanos en este planeta.

La preocupación egoísta no sólo daña a los demás, sino a nosotros mismos. Somos seres dependientes. Existimos dependiendo de una multiplicidad de otros factores, muchos de los cuales los tenemos debido a los esfuerzos de otros. El sentido exagerado de la autosuficiencia es ilusorio, y puede y debería ser reemplazado por aceptar sabiamente la mutua interdependencia.

El amor y la compasión se basan en la comprensión de la interdependencia. Los bodhisatvas, que aspiran a la Iluminación, meditan en la interdependencia para, de ese modo, incrementar su comprensión de la naturaleza de la realidad, así como su altruismo. De este modo, desarrollan una enérgica confianza de que pueden llegar a hacer una contribución altamente positiva para el beneficio de los demás.

Cuanta más confianza tenemos, menos atormentan nuestra mente el miedo y la ira. Especialmente, cuando atravesamos dificultades, la compasión y el altruismo nos mantendrán a flote. En un mundo en el que las acciones de un individuo pueden tener efectos trascendentales en mucha gente, el egoísmo y la ignorancia pueden dirigirnos hacia un gran perjuicio. Por el contrario, el altruismo propaga un gran beneficio para todos. Cuando cultivamos el cuidado y la preocupación por los demás junto con la sabiduría que puede analizar las situaciones, estamos más calmados interiormente y nuestras acciones benefician a los demás y son más efectivas. Si como seres humanos obedecemos la filosofía egoísta de la supervivencia del más cualificado, el resultado podría ser que no sobreviviera nadie. Tener la actitud de la supervivencia del más cooperativo traerá más bienestar individual, así como la supervivencia de nuestra especie.

## REFLEXIONES

1. Imagina que comprendes la perspectiva de alguien que te ha hecho daño o te ha amenazado o que consideras como enemigo.

2. Imagina tener compasión –no lástima– por las dificultades físicas y mentales que atravesó y atravesará esa persona en la vida.

3. Observa la situación con unos ojos que desean que esa persona se libere de su sufrimiento y logre la felicidad. Después de todo, si fuera feliz, no haría esas acciones que tu encuentras estresantes.

4. Imagínate hablando con esa persona con amabilidad, claridad y equilibrio.

# 4 La expansión del Budadharma y los cánones budistas

NO TODAS LAS PERSONAS PIENSAN IGUAL. Tienen diferentes necesidades, intereses y disposiciones en casi todas las áreas de sus vidas, incluyendo la religión. Desde esta perspectiva, el Buda, un hábil maestro, dio múltiples enseñanzas para corresponder a la variedad de seres conscientes. Como el Budadharma se extendió por todo el subcontinente indio y por otras tierras, la gente tuvo acceso a diferentes sutras, y encontraron que ciertas enseñanzas eran más adecuadas para sus mentes que otras que aparecían en otros sutras.

De este modo, aparecieron múltiples tradiciones budistas. El desarrollo de estas tradiciones y sus presentaciones de las enseñanzas también se vieron influidas por las situaciones económicas y políticas en cada país, así como por el clima, la estructura social, el lenguaje y la cultura de cada lugar. Aunque todas las tradiciones comparten las cuatro verdades, su selección de textos, imaginería, rituales, interpretaciones textuales, punto de énfasis e instituciones religiosas se vio influenciada por la sociedad en la que se produjo.

Conocer la historia del budismo es importante para evitar absorber prejuicios sectarios que se han trasmitido a lo largo de los siglos. También nos ayuda a comprender por qué el budismo se desarrolló del modo en que lo hizo en diferentes lugares. Esto, a su vez, nos anima a discernir entre el Budadharma auténtico y los aspectos culturales, de manera que podamos practicar el verdadero Dharma sin confundirlo con tradiciones culturales.

Aprender sobre la historia del budismo nos ayuda a ver el budismo como una tradición viva que influye en varias sociedades y es influida por ellas. Llegamos a distinguir entre las Tres Joyas, que son objetos perfectos de refugio, y las instituciones religiosas establecidas por seres humanos limitados. Así como la Joya del Dharma está más allá del tiempo y el espacio, las instituciones budistas no son objetos de refugio, aunque hacen todo lo posible para proporcionar el Dharma.

Todas las tradiciones budistas tienen su propia explicación de la historia del budismo, el lugar que ocupa su propia tradición dentro de ella y la autenticidad de sus propias escrituras y de las de las demás. Las escrituras se basan generalmente en la tradición oral que fue escrita en los siglos previos. Los académicos modernos, que emplean herramientas y métodos de investigación histórica que no se utilizaban en las presentaciones tradicionales de la historia budista, también tienen sus visiones. Mientras que las explicaciones no cambian con el tiempo, las visiones de los académicos cambian a medida que se hacen nuevos descubrimientos.

Hablar de las diferentes tradiciones budistas y las enseñanzas solo puede hacerse de modo general. Como sabemos, la gente no siempre encaja en categorías claras con límites bien definidos. Como en *Budismo: un maestro, muchas tradiciones,* hablaremos de dos tradiciones principales basándonos en el lenguaje en el que han sido escritas: la tradición del pali y la del sánscrito. El propio Buda enseñó en alguna forma de prakrit, un grupo de lenguas habladas en la India por la gente común de aquella época. Después de su parinirvana, sus discursos fueron organizados en grupos y trasmitidos oralmente durante varios siglos. Los textos escritos más antiguos que tenemos datan de alrededor del S. I A.C., y tanto el pali como el sánscrito emergieron como lenguas primarias para transmitir las palabras del Buda. La tradición sánscrita, como la describimos, también incluye textos en lenguas antiguas de Asia Central como el gandhari.

Pero antes de explorar el desarrollo histórico de estas tradiciones, es útil familiarizarse con los vehículos espirituales que enseñan.

## *Vehículos y senderos*

Vehículo y sendero son sinónimos. Aunque estos términos se utilizan frecuentemente para referirse a un grupo progresivo de prácticas espirituales, técnicamente se refiere a elevados "conocedores" –consciencias de sabiduría– que van unidos a la incontrovertible determinación de liberarse del samsara. Cuando nuestro maestro, Buda Shakyamuni, vivió en la India, giró la rueda del Dharma (es decir, enseñó el Dharma), y dio enseñanzas para los seres de los tres vehículos:

el del oyente (sravaka), el del realizador solitario (pratyekabuda), y el del bodhisatva. Estos se denominan *vehículos* (yanas) porque "transportan" a sus respectivos practicantes a los diferentes logros espirituales.

Según la tradición sánscrita, los tres vehículos se diferencian basándose en la motivación para lograr un objetivo específico, en su objeto principal de meditación y en la acumulación de mérito y el lapso de tiempo necesario para lograr sus objetivos. Cada vehículo conduce a su propia Iluminación. Tanto la tradición del pali como la del sánscrito contienen enseñanzas sobre los tres vehículos, aunque la tradición del pali pone más énfasis en el vehículo del sravaka y la del sánscrito en el vehículo del bodhisatva.

A veces los vehículos del sravaka y el realizador solitario se ven agrupados en la categoría "vehículo fundamental". Aunque tanto la tradición del pali como la del sánscrito explican el vehículo del bodhisatva, en la tradición del sánscrito se denomina "vehículo universal" y se basa en los sutras que se extendieron ampliamente más adelante.

El vehículo del bodhisatva se divide además en dos de acuerdo con el método: el vehículo de la perfección y el vehículo del tantra. Estos dos se practican sobre la base del vehículo fundamental, y el vehículo tántrico también se practica sobre la base del vehículo de la perfección. El vehículo tántrico también se puede dividir de varias formas. Una manera se describe en un tantra explicativo, el *Tantra del tendal vajra* (*Vajrapañjara tantra*), que habla de cuatro clases de tantra: de acción, de ejecución, yoga, y el más elevado yoga tantra.

**TRADICIONES BUDISTAS**

### *Tradición del pali*

- Vehículo del sravaka (pali: savakayana)
- Vehículo del realizador solitario (pali: paccekabudayana)
- Vehículo del bodhisatva (pali: bodhisattayana)

### *Tradición del sánscrito*

- Vehículo del sravaka (sánscrito: sravakayana)
- Vehículo del realizador solitario (sánscrito: pratyekabudayana)
- Vehículo del bodhisatva (sánscrito: bodhisatvayana) o vehículo universal (mahayana)
  - Vehículo de la perfección (paramitayana)
  - Vehículo del tantra (tantrayana, vajrayana o mantrayana)

Hoy en día, destacan los vehículos del sravaka y del bodhisatva. En sus últimas vidas, los realizadores solitarios aparecen en un momento y lugar donde ningún buda ha girado la rueda del Dharma. Ya que este no es el caso, cuando hablemos de sravakas incluirá a los realizadores solitarios, a menos que haya una razón para describir su práctica por separado. Aunque las enseñanzas del vehículo del bodhisatva en las tradiciones del pali y del sánscrito se solapan de varias maneras, el nombre "mahayana" se refiere a las enseñanzas del bodhisatva y a las escrituras en la tradición del sánscrito.

## *La vida del Buda*

El budismo en nuestro mundo empezó con Buda Shakyamuni, quien, según la visión general de todos los budistas, nació como Sidhartha Gautama, un príncipe del clan de los Shakyas, muy probablemente en el S. V A.C., cerca de lo que hoy es la frontera entre la India y el Nepal[8]. Su amable corazón y su gran inteligencia fueron evidentes desde su niñez. A pesar de su vida entre algodones en palacio, se aventuró a salir a la ciudad, donde por primera vez vio a una persona enferma, a una persona anciana y un cadáver. Esto le impulsó a reflexionar acerca de la experiencia del sufrimiento de los seres vivos y, tras ver a un mendigo errante, aspiró a liberarse del ciclo de la constante aparición de problemas denominado samsara. Desilusionado de los placeres de la vida de palacio y buscando la liberación, a la edad de veintinueve años dejó su familia y su posición real, se quitó sus elegantes ropajes y llevó la vida de un mendigo errante.

Estudió y dominó las técnicas de meditación de los grandes maestros de su tiempo, pero vio que no llevaban a la liberación de la existencia cíclica. Durante seis años practicó un ascetismo severo, pero comprendiendo que torturar el cuerpo no doma la mente, renunció a ello optando por el camino medio de mantener el cuerpo saludable sin caer en el placer sensual.

---

8 Según los budistas theravada el Buda vivió del 563 al 483 A.C., aunque mucha gente, seguidora de la tradición del sánscrito, a menudo sitúa cronológicamente al Buda entre los años 448 y 368 A.C. Habiendo analizado los archivos históricos tradicionales desde un ángulo diferente, Richard Gombrich, profesor de sánscrito de la Universidad de Oxford, ubicó la vida del Buda del 485 al 404 A.C. "Dating the Buda: A Red Herring Revealed", en *The Dating of Historical Buda, Vol. 2* ed. Heinz Bechert (Götitingen: Vandenhoeck & Ruprecht, 1992), 237-59.

Sentado bajo el árbol bodhi en lo que hoy en día es Bodhgaya, en la India, se determinó a levantarse sólo tras haber alcanzado la Iluminación. En la luna llena del cuarto mes lunar –la festividad budista de Vesak– completó el proceso de limpiar su mente de todos los oscurecimientos y desarrollar todas las buenas cualidades llegando a convertirse en un buda, un ser plenamente iluminado. Tenía treinta y cinco años en ese momento y pasó los cuarenta y cinco siguientes enseñando lo que había descubierto, basándose en su propia experiencia, a cualquiera que viniera a escucharle.

El Buda enseñó a hombres y mujeres de todas las edades, razas y clases sociales –realeza, mendigos, mercaderes, oficiales, ladrones, granjeros, músicos y prostitutas. Muchos de sus seguidores decidieron renunciar a su vida familiar y hacerse monjes y, de este modo, nació la comunidad de la sangha de personas ordenadas. Así como sus seguidores fueron alcanzando realizaciones y adquiriendo destreza en enseñar el Dharma, les pidió que compartieran con los demás lo que habían realizado "por el beneficio de la multitud, para la felicidad de la multitud, movidos por la compasión por el mundo; por el beneficio, bienestar y felicidad de dioses y humanos" (AN 1.170). De este modo, las enseñanzas del Buda se extendieron por todo el subcontinente indio, y en los siglos posteriores hasta nuestros días por Sri Lanka, el sudeste asiático, Indonesia, China, Corea, Japón, Asia Central, el Tíbet, Mongolia, Pakistán y Afganistán. En los últimos años, se han abierto centros de Dharma por todo el mundo.

Personalmente, siento una profunda conexión con el Buda Shakyamuni, así como una enorme gratitud por sus enseñanzas y por el ejemplo que dio con el modo en que vivió su vida –manteniendo la conducta ética pura de un monje y compartiendo sus enseñanzas imparcialmente. El Buda tuvo visiones de los funcionamientos de la mente que eran desconocidas hasta ese momento en la Tierra. Enseñó que nuestras experiencias de sufrimiento están estrechamente vinculadas con nuestras mentes y emociones. El sufrimiento no nos viene impuesto por otras personas, es un producto de nuestras visiones ignorantes y creencias. La felicidad no es un regalo de los dioses, es un resultado de desarrollar la sabiduría y la compasión.

La vida del Buda es una enseñanza en sí misma: Él cuestionó el sentido de la vida mundana y tomó la decisión de practicar el Dharma mientras se enfrentaba a la presión de su familia y la sociedad para que heredase el trono. A pesar de las dificultades con las que se encontró practicó con diligencia, y no abandonó hasta que había alcanzado la Iluminación. Trató compasivamente con la gente que lo reprendió o criticó sus enseñanzas. En ocasiones, sus seguidores eran poco cooperativos o beligerantes, pero no se dio por vencido, aunque algunas veces tuvo que guiarlos con dureza. Los sutras muestran que se comprometió con muchos tipos de personas con gran habilidad y compasión, y que no estaba interesado en absoluto en la fama o en las alabanzas. Al contemplar la amabilidad del Buda para proporcionar enseñanzas que se adaptasen a las diferentes disposiciones e intereses de la diversidad de seres, siento una profunda veneración. Espero que tú también, aprendiendo y practicando las enseñanzas de Buda, desarrolles este sentido de conexión personal con nuestro maestro, el Buda.

## *Las primeras escuelas budistas*

La evolución histórica del budismo es un proceso fluido y dinámico que pasa por varias escuelas, tradiciones y sistemas de principios filosóficos. Podemos hablar de una u otra escuela como si fueran entidades diferentes, con límites claros. Sin embargo, el budismo "en la base" no era tan claro. Vemos esto mismo incluso hoy en día con los monjes theravada que toman los votos del bodhisatva, practicantes del budismo tibetano que se ordenan en el vinaya del linaje dharmaguptaka que se sigue en Taiwán, monjes chinos practicando meditación profunda como se enseña en la tradición del pali, etc.

Es importante recordar cuando se explica la historia del budismo que no podemos decir con seguridad lo que sucedió en el pasado. En nuestras vidas presentes, nuestra memoria de un acontecimiento concreto difiere de la de la persona que está a nuestro lado. La historia parece diferente según nuestra perspectiva. Cada persona selecciona los detalles en los que se centra, y la interpretación de estos detalles varía de una persona a otra. No obstante, a pesar de la subjetividad de la historia, es útil tener un conocimiento general de los antecedentes históricos del Dharma que estudiamos.

Después de la muerte del Buda (parinirvana), el arhat Mahakasyapa reunió a quinientos arhats en Rajagrha para recitar los discursos del Buda en lo que se denominó el primer concilio. En los primeros siglos estos sutras se trasmitieron oralmente, principalmente por los bhanakas[9], monjes cuya labor era memorizar y recitar las escrituras. Cada grupo de bhanakas memorizaba los textos y se los enseñaba a otros. Aunque el Buda no repetía textualmente cada charla que daba sobre un tema en particular, se estandarizaron citas de ciertos temas importantes para hacer fácil la memorización. Así, hay un stock de frases y citas –y algunos sutras casi idénticos– en los nikayas del canon pali y en los agamas del canon chino. Una hambruna en el S. I A.C. amenazó la continuidad de las escrituras en lo que hoy es Sri Lanka, obligando a los monjes a preservarlas en forma escrita. Durante este tiempo, otros grupos de bhanakas siguieron extendiendo oralmente los discursos del Buda en muchas otras partes de la India.

En los siglos posteriores al segundo concilio en el 383 A.C.[10], aparecieron una variedad de sectas budistas diferentes –se dice que dieciocho en total. Hay más de una lista de estas dieciocho, y en cada lista se clasifican las escuelas principales y sus ramas de manera diferente, pero, en cualquier caso, hubo claramente una gran profusión de linajes budistas en el subcontinente indio y también en las áreas cercanas. Muchos factores influyeron en el desarrollo de estas escuelas sravakas –la localización, el clima, el lenguaje, la cultura y la disponibilidad de sutras y enseñanzas, por mencionar unos cuantos. Puesto que los sutras se trasmitieron oralmente y los grupos estaban separados por grandes distancias, cada grupo desarrolló versiones del tripitaka –las tres cestas del vinaya, sutra y abhidharma– ligeramente diferentes, aunque la mayor parte del material tenía mucho en común.

Aparte de esta información básica, se sabe muy poco de estas dieciocho escuelas adicionales. Puesto que seguramente estas escuelas debatían unas con otras, en general las sectas budistas y las escuelas mantenían una relación amigable. Los nombres de algunas de estas dieciocho escuelas se mantienen hoy en día en los tres linajes existentes de preceptos monásticos: la theravada (desciende de la sthavira y el monasterio mahavihara), la mulasarvastivada (una rama que desciende de la sarvastivada)[11] y la dharmaguptaka. En la antigüedad,

9 Esta palabra es la raíz del título *bhante*.

10 Esta fecha se basa en el antiguo método de datar la vida del Buda. Según las fechas propuestas por Gombrich para la vida del Buda, esto requiere una revisión.

11 Algunos eruditos dicen que la escuela mulasarvastivada estaba localizada en Mathura, al norte de la India, y que podría haberse trasladado posteriormente a Kashmir, y desde allí al Tíbet, donde su vinaya llegó a ser el código monástico dominante.

la theravada floreció en el sur y el sureste de Asia, la sarvastivada se localizaba principalmente en el norte de la India y en Kashmir, y la dharmaguptaka era prominente en Gandhara y Asia Central, desde donde se trasmitió a China.

Los sabios indios y los de Sri Lanka empezaron a componer comentarios desentrañando el significado de lo que el Buda dijo en los suttas. Así empezó la tradición de los comentarios. Algunas de las diferencias entre las escuelas eran doctrinales, otras se debían a que la gente vivía en climas y culturas diferentes. Aunque la theravada, como se recoge en los antiguos manuscritos de Sri Lanka, ve la separación en diferentes escuelas como un cisma en la comunidad budista, otras tradiciones budistas no lo ven así.

Los eruditos aceptaban anteriormente que el material del canon pali era más antiguo que el de las escuelas del norte de la India. Sin embargo, ahora están revisando su opinión partiendo de recientes descubrimientos de escrituras en Afganistán, Pakistán y China desconocidas hasta la fecha. Se han encontrado fragmentos de las escrituras de algunas de las primeras escuelas, y ahora las están estudiando eruditos como Richard Salomon y Collette Cox en el Early Buddhist Manuscripts Project en la Universidad de Washington. Alguna de estas escrituras se remontan al S. I y II de nuestra era. Considerando los materiales tan frágiles que se utilizaban para escribir en aquellos días, es sorprendente que aquellos manuscritos hayan sobrevivido. Otros eruditos, como Bhikkhu K.L. Dhammajoti, de la Universidad de Hong Kong, han determinado que hay textos sarvastivada que datan de entre los S. II o III de la época del Buda. Los resultados de la continua investigación nos darán una idea clara de las primeras escuelas y de sus escrituras.

Mirando hacia atrás, hacia los antepasados, los budistas del norte de la India en el periodo medieval decían que había cuatro escuelas principales sravakas que se dividían en dieciocho: (1) la escuela sarvastivada, que utilizaba el sánscrito; (2) la mahasamghika, que utilizaba el dialecto prakrit; (3) la sammitiya, que utilizaba el apabhramsa, otro dialecto del prakrit; y (4) la sthavira, que usa el paisaci[12]. Es interesante que la mayoría de las primeras escrituras no se autoidentifiquen con una u otra de las dieciocho escuelas, de modo

12 Algunos dicen que paisaci es lenguaje literario, pero que no se habla. Otros dicen que fue un primer nombre para el pali.

que los eruditos modernos deben hacer inteligentes conjeturas sobre de qué escuela son los últimos manuscritos que se han encontrado.

No sabemos exactamente cuánto duró cada una de las antiguas escuelas ni por qué cesaron. Las escuelas en algunas zonas –como en lo que hoy en día es Irán, Afganistán, Pakistán y las repúblicas de Asia Central– fueron las primeras en extinguirse. Debieron desaparecer debido a cambios económicos, políticos o sociales, invasiones o desastres naturales en esos lugares. Lo que quedó de algunas escuelas pudo haberse mezclado con otras. Debido a que el budismo se concentró masivamente en los monasterios y no en los hogares del pueblo, una vez que los monasterios fueron destruidos durante las invasiones turcas en el S. XIII, el budismo casi desapareció en la India.

Aunque algunos maestros indios, como Bhavaviveka, y la mayoría de los tibetanos ven las dieciocho escuelas como ramas del sistema filosófico vaibhasika[13], no hay mucho acuerdo al respecto en otras partes. La escuela vaibhasika es desconocida en el sur y el sureste de Asia, y la theravada no se considera a sí misma una rama de la vaibhasika.

## *Los albores del budismo en Sri Lanka*

El budismo fue trasmitido a Sri Lanka por el hijo y la hija del rey indio Ashoka en el S. III A.C. Algunos de los comentarios indios se trasmitieron también. Se preservaron y fueron ampliados en la antigua lengua sinhala por los monjes sinhaleses. En el S. V de la era cristiana, el monje indio Budagosha viajó a Sri Lanka, donde recopiló y editó el contenido de esos antiguos comentarios mientras escribía numerosos comentarios personales en pali. Mientras que las obras de Budagosha han sido ampliamente estudiadas hasta el presente, desafortunadamente las antiguas escrituras de los sabios en sinhala ya no existen. Debido al trabajo de traducción de Budagosha, el pali se convirtió en la lengua de las escrituras de todos los budistas theravada.

El budismo floreció en Sri Lanka, y sus tres sectas mayoritarias –mahavihara, abhayagiri y jetavana– evolucionaron, cada una con

---

13 Muchos eruditos modernos piensan que los vaibhasikas fueron una rama de la sarvastivada porque el texto principal de los vaibhasikas, el *Mahavibhasa* (la *Gran explicación detallada*) es un comentario al último libro del abhidharma sarvastivada, la *Base del conocimiento* (*Jñanaprasthana*). Para una nueva versión de las dieciocho escuelas ver *Meditation on Emptiness*, de Jeffrey Hopkins (Boston: Wisdom, 1996), 713-19.

su propio monasterio. Los peregrinos chinos documentaron que Abhayagiri, el monasterio más grande y más rico, seguía tanto las escrituras antiguas como las mahayana. Alguno de los sutras mahayana en el tripitaka chino se obtuvieron en Sri Lanka. Había también muchas estatuas y arte mahayana en la isla, y hay pruebas de que también hubo presencia de algunas enseñanzas tántricas.

Cuando apareció una disputa entre los monasterios abhayagiri y jetavana –los dos que incluían algunos elementos mahayana– y la mahavihara –que decía que los sutras mahayana no eran auténticos– el rey Mahasena (271-301) apoyó a la abhayagiri y a la jetavana. Sin embargo, tras la muerte de rey, la secta mahavihara obtuvo el apoyo real. En la medida en que crecía la colección de textos escritos, la secta mahavihara obtuvo más legitimidad como la sustentante del budismo *puro*, libre de las ideas heterodoxas y las escrituras basadas en la abhayagiri y la jetavana.

El *Dipavamsa* (*La crónica de la isla*) y el *Mahavamsa* (*La gran crónica*) presentaron la historia budista acorde a la narrativa de la mahavihara. El *Dipavamsa* fue escrito probablemente por monjes mahavihara en el S. III o IV, y el *Mahavamsa* en la segunda mitad del S. V. Sus autores afirman ser auténticos theravadin, los descendientes espirituales de los arhats del primer concilio. Las crónicas históricas también hablaban del linaje de los reyes de Sri Lanka y de los acontecimientos que tuvieron lugar durante sus reinados, mitología y leyenda. Ellos presentaron a Sri Lanka como la isla donde el Buda profetizó que sus enseñanzas serían preservadas con pureza, fomentando así un espíritu nacionalista. Afirmando que otros monasterios seguían sutras que no provenían de la trasmisión original de los sutras de Sri Lanka y que, por lo tanto, no eran la palabra del Buda, los mahaviharan dejaron bien claro que ellos sostenían el auténtico canon con todo el *Budavacana* (la palabra del Buda) completo, libre de las degeneraciones del mahayana presente en los monasterios de las sectas abhayagiri y jetavana.

El Dharma se desarrolló en Sri Lanka a lo largo de varios siglos con la aparición de sutras y comentarios escritos, la formación de un canon cerrado de escrituras, el establecimiento de comentarios fidedignos y la creación de historias oficiales en las dos crónicas. Además de ayudar a preservar el Dharma en Sri Lanka, estos factores también sirvieron para legitimar y reforzar la autoridad de la secta mahavihara como la que preservó el Dharma auténtico con escrituras auténticas.[14]

Aunque la mahavihara tomó impulso, no se hizo dominante hasta el S. X . Alrededor del S. XII, el rey Parakkamabahu "unificó" a todos los monjes suprimiendo los monasterios abhayagiri y jetavana y sus textos, y pidiendo a sus monjes que, o bien dejaran los hábitos, o bien se unieran a la mahavihara.

No está claro a lo que se refiere históricamente el término theravada o cuándo se generalizó su uso. Aunque hoy en día se presenta a menudo haciendo referencia al "budismo original", el término theravada rara vez se encuentra en la literatura pali, y en el primer milenio de la dispensa del Buda no se usó frecuentemente en inscripciones, crónicas históricas u otros textos antiguos del sureste asiático. Es interesante ver que, al parecer, el término theravada apareció primero en Nagarjunakonda, en el sureste de la India, donde se promulgaron las visiones proto-mahayana. Los peregrinos chinos llamaban a los monjes de Sri Lanka "mahayana theravadin"[15]. El término theravada no parece tener que indicar una escuela en la India anterior a que el budismo pasase a Sri Lanka, sino una escuela que se originó en Sri Lanka.

Históricamente, el theravada no ha sido una entidad religiosa o institucional monolítica en el sur o en el sureste de Asia. Aunque la gente en esa zona tradicionalmente recibía la ordenación monástica de Sri Lanka, las sanghas que crecieron en esos lugares funcionaban independientemente. Cuando el linaje de la ordenación se extinguió en Sri Lanka durante la invasión *Chola* a principios del S. XI, los reyes de Sri Lanka invitaron a los monjes de Burma a venir y restaurarlo. Esto creó una tendencia en el sur y el sureste de Asia que continúa hoy en día. Siempre que un grupo de monjes se considera corrupto, el rey invita a monjes de otro país theravada que practiquen correctamente a dar la ordenación nuevamente. Aun así, el linaje de la ordenación de Sri Lanka impone un gran respeto, y los monjes de otros países viajaban hasta Sri Lanka para ordenarse en siglos posteriores.

---

14 Steven Collins, "On the Very Idea of the Pali Canon" *Journal of the Pali Text Society 15* (1990): 89-126.g

15 Jonathan Walters, "Mahayana Theravada and the Origins of the Mahavihara". *The Sri Lankan Journal of the Humanities* 23.1-2 (Sri Lanka: University of Peradeniya, 1997).

En los últimos años los académicos han revisado su idea de que la tradición theravada posee las escrituras más antiguas y auténticas de las dieciocho escuelas. Algunos dicen que theravada es un término moderno y una escuela reciente derivada de la sthavira, pero no idéntica a ella. Otros dicen que la theravada desciende de la mahavihara,[16] o que derivó de la escuela india vibhajyavada.

La mayoría de la literatura pali consiste en los comentarios y los subcomentarios que fueron recopilados o escritos al principio del S. V. Las escrituras del pali fueron trasmitidas en diferentes variedades lingüísticas según el país. Las palabras se pronunciaban y recitaban de manera diferente, y esto sucede aún hoy en día. Se desarrollaron diferentes linajes y *nikayas* (tradiciones) en cada país. Los monjes tampoco fueron un todo unificado. Los que vivían en las ciudades y los que lo hacían en los bosques vivían de modo muy diferente. Sin embargo, la mayoría de los budistas del sur y el sureste de Asia se veían a sí mismos relacionados de muchas formas, aunque un sentido de entidad unificada y común como theravadin podría no haberse desarrollado hasta el S. XX. Por ejemplo, anteriormente, en Tailandia, el budismo de Sri Lanka se denominaba *sinhala-sasana*, la doctrina de Sinhala. Skilling dice: "El centrarse en el theravada por encima de todo en el canon pali en 'los cuatro *nikayas* principales' es una criatura de finales del S. XIX y XX. Ha crecido hasta llegar a ser lo que podríamos

16 Cartas de Bhikkhu Bodhi a Bhiksuni Jampa Tsedroen, 21 de febrero de 2010: "Theravada se refiere a una escuela moderna del budismo que deriva de la antigua sthaviravada, pero esta última tiene una historia más larga y es la fuente de muchas de las viejas escuelas indias que no sobrevivieron [...]sería engañoso asumir simplemente que la theravada es idéntica a la sthaviravada y que esta es simplemente una forma sanscritizada que significa exactamente lo mismo que la primera". T creo que sea adecuado identificar a los theravadins con los mahaviharans. Este último término tenía sentido durante el periodo en Sri Lanka cuando se nombraron las escuelas budistas después de los viharas (monasterios) en los que ellas se concentraban. En aquel momento, mahaviharans hacía referencia a aquellos que se basaban en el mahavihara en Anuradhapura. Se distinguían por su particular actitud hacia los textos budistas y los métodos de interpretación, preservados en los comentarios del pali. Pero hoy en día, todo lo que queda del mahavihara son sus ruinas...y lo que denominamos theravada ha evolucionado de un modo más complejo del que los mahaviharans pudieran haber imaginado".

llamar 'un nuevo theravada' ampliamente anglófono, pero cada vez más internacional en influencia y alcance".[17]

Algunos eruditos[18] afirman que la versión estándar de la historia del budismo en Sri Lanka no fue hecha por los habitantes de Sri Lanka, sino por eruditos ingleses de principios o mitad del S. XIX, que leyeron mal las crónicas históricas y no tenían el conocimiento del budismo ni de la historia de Sri Lanka que ahora hay disponible. Al leer los comentarios y las crónicas, estos eruditos dieron por sentado que ellos eran narradores objetivos de los hechos, sin comprender que las explicaciones de la historia del budismo de la tradición mahavihara fueron discutidas por sus contemporáneos en los monasterios abhayagiri y jetavana.

Aunque los documentos históricos sinhaleses han descrito el canon pali como el equivalente al primer budismo, y el budismo theravada como el único sustentante del primer budismo, ahora los eruditos lo cuestionan[19]. El canon pali se presenta habitualmente por los budistas theravada como una colección cerrada de textos que presentan las propias palabras del Buda. Sin embargo, las palabras *pali, tripitaka* y *budavaccana* no se refieren originalmente a un canon cerrado.

Aparte de algunos textos específicos mencionados en las inscripciones de Ashoka, no tenemos una idea clara de qué textos eran recitados –para poder afirmar que existían basándose en ese grupo de recitadores– durante varios concilios y en recitaciones comunitarias. El canon pali no estuvo cerrado y arreglado hasta el S. V de nuestra era, por lo tanto, la colección de escrituras estuvo abierta alrededor de un milenio después del Buda. Aunque los bhanakas tenían unos estándares muy estrictos para lo que ellos consideraban que era la enseñanza de Buda, tenían cierta variabilidad en los contenidos de esta colección por la única razón de las diferencias en la ubicación geográfica.

En resumen: algunos expertos académicos cuestionan ahora tres "hechos" que están presentes en la literatura mahavihara: el theravada se originó en el primer concilio; el theravada de Sri Lanka es y siempre ha sido un descendiente únicamente de este primer budismo; y el

17 "Theravada in History" de Peter Skilling en *Pacific World: Journal of the Institute of Buddhist Studies* 3.11 (Fall 2009): 72.

18 Walters, "Mahayana, Theravada and the Origins of the Mahavihara"

19 Collins, "On the Very Idea of the Pali Canon".

mahavihara fue el sostenedor original y verdadero de esas enseñanzas[20]. Cualquiera que sea la verdad histórica, el theravada es una noble tradición budista que ha inspirado fe en millones de personas, que las lleva a una mejora individual y al progreso de la sociedad, y de la que salieron muchos seres santos altamente realizados.

## *El desarrollo del mahayana*

Los sutras mahayana que enfatizan el sendero del bodhisatva empezaron a aparecer públicamente en la India en el S. I antes de nuestra era. Algunos se propagaron por Asia Central –el budismo empezó a extenderse por Asia Central en el S. III antes de nuestra era y posteriormente floreció durante muchos siglos– y desde allí pasaron a China, donde se tradujeron al chino en la segunda mitad del S. II de nuestra era. Los agamas preservados en el canon chino son sutras muy tempranos que son notablemente similares a los que aparecen en los nikayas del pali. Con los textos del vinaya recientemente descubiertos y otras escrituras que datan de los primeros tiempos, ya no se ve el canon pali como la única literatura del primer budismo, aunque es el único canon preservado en lenguaje índico.

Los eruditos, así como también los practicantes de la tradición pali, han cuestionado la autenticidad de los sutras mahayana, afirmando que no son una trasmisión oral del Buda, sino que fueron escritos posteriormente durante un periodo de varios siglos. Una de las razones principales para esta afirmación es que los suttas pali fueron más conocidos públicamente que los sutras mahayana, y que se extendieron en los primeros siglos. El descubrimiento en Pakistán y Afganistán en las últimas décadas de numerosos manuscritos budistas que datan de finales del S. I antes de nuestra era ha cambiado la visión de los eruditos acerca del mahayana. Los últimos manuscritos encontrados escritos en gandhari prakrit son más antiguos que cualquiera descubierto previamente. Muchos de ellos son de la escuela dharmaguptaka y algunos son sutras mahayana[21]. Aunque algunos de estos textos son

---

20 Walters, "Mahayana Theravada".

21 Uno es un sutra mahayana de Pakistán datado alrededor del S. I ó II de nuestra era. También hay un manuscrito de la Prajñaparamita (la perfección de la sabiduría), de Gandhara, del S. I de nuestra era. El contenido de otro sutra de la Prajñaparamita en prakrit que data del S. I antes de nuestra era confirma que ya había una literatura

denominados como "mahayana primitivo", sus ideas y exposición del sendero del bodhisatva son elaboradas. Tras la revisión de las fechas de la vida del Buda, siendo posteriores a lo que se pensaba, y el descubrimiento de los antiguos textos mahayana, los eruditos modernos están reconsiderando sus ideas acerca de los sutras mahayana.

Cuando los sutras del bodhisatva, desconocidos hasta entonces, aparecieron por primera vez públicamente y durante varios siglos después, el mahayana no se identificaba como una tradición separada dentro del budismo. Inicialmente, el término mahayana se refería al objetivo del camino, la Iluminación, en lugar de la consecución del estado de arhat que era destacado [como objetivo] en los primeros sutras. Conforme pasó el tiempo, el término mahayana empezó a hacer referencia a un corpus literario y, en el S. IV, Asanga[22] lo utilizó para hacer referencia a escrituras que explicaban el sendero del bodhisatva. Alrededor del S. VI, la gente se denominaba a sí misma *mahayana*, dando a entender que se veían como un grupo budista diferente. Sin embargo, debido al gran número de escrituras mahayana y todo lo que se extendieron, parece que sus seguidores no llegaron a ser un solo grupo unificado en la India, ni tampoco se reunió nunca un canon mahayana, que sepamos.

El mahayana no era una religión y no tenía instituciones distintivas. No tenía una localización geográfica específica en la que su jerarquía fuera predominante. Los monjes que seguían el vehículo sravaka y los que seguían el vehículo del bodhisatva vivían juntos y probablemente recitaban el *pratimoksa* (los preceptos monásticos) juntos. Del S. V al XII, las grandes universidades budistas como Nalanda, Vikramasila y Odantapuri eran habitadas tanto por monjes como por practicantes laicos de muchas ramas diferentes, sectas y escuelas de budismo. Estudiaban y debatían las enseñanzas del Buda, aprendiendo unos de otros.

Las enseñanzas mahayana contienen muchas posiciones filosóficas y prácticas. Nunca han sido una doctrina monolítica, aunque los que se autoidentificaban como mahayanistas han compartido creencias,

---

bien desarrollada. Ver también la obra del Dr. Richard Salomon en Early Manuscript Project. Varios manuscritos mahayana escritos en gandhari datan del S. I o II de nuestra era.

22 Algunos historiadores sitúan a Asanga en el S. IV; otros dicen que su vida se extendió desde finales del S. IV hasta el primer cuarto del S. V.

como el sendero y las prácticas del bodhisatva. Las primeras escrituras mahayana no estaban limitadas a una sola lengua: aparecieron en un híbrido del sánscrito budista, en sánscrito budista, en sánscrito clásico y en gandhari. Aunque muchas escrituras mahayana estaban en sánscrito, no todas las enseñanzas en sánscrito son mahayana, algunas enseñaban el vehículo sravaka.

El mahayana no descarta los textos ni las enseñanzas del vehículo sravaka, de hecho, enseña que la práctica del bodhisatva está basada en una profunda comprensión de las cuatro verdades de los aryas, los treinta y siete factores a la Iluminación, los tres adiestramientos superiores, los cuatro inconmensurables, la permanencia apacible y la visión. Muchas ideas son comunes entre el vehículo sravaka y el mahayana, y todos los budistas, sin importar la tradición a la que pertenezcan, toman refugio en las Tres Joyas.

Aunque la mayoría de los sutras públicos mahayana aparecieron después de los suttas en pali, algunos aparecieron antes que algunas escrituras del canon pali. El canon pali contiene textos de muchos periodos que van desde los tiempos del Buda hasta que llegó a ser un canon cerrado diez siglos después. Los comentarios del pali fueron escritos más tarde que algunos tratados y comentarios mahayana como los de Nagarjuna, Vasubandhu y Budhapalita. Las escrituras más antiguas recientemente descubiertas en Pakistán y Afganistán eran tanto del vehículo sravaka como del mahayana. En resumen, se desarrollaron muchas escuelas budistas durante un periodo muy largo. Tenían distintas doctrinas y escrituras superpuestas. El Budadharma era, y todavía lo es, una tradición viva y dinámica.

El mahayana no es un nivel de ordenación o un linaje. No existe algo como "el vinaya mahayana" o "la ordenación de monje mahayana". Desde el principio y hasta ahora, los practicantes mahayana se han ordenado en las tradiciones del vinaya de las dieciocho escuelas: Asanga en la sarvastivadin, Vimuktisena en la sammitiya, Atisha en la mahasamghika, etc. Los peregrinos chinos hablaban de algunos de los monasterios de su época como mahayana-sthavira. Aunque no estamos seguros del significado de ese término, podría referirse a los monjes que se ordenaban en el vinaya sthavira (el linaje de lo que hoy es el theravada) y practicaban el mahayana. Los monjes mahayana viven en monasterios, siguen la conducta ética prescrita en el vinaya y los rituales de la conducta del monje según el vinaya. Practicar el vehículo del bodhisatva no significa ser permisivo éticamente: de hecho, además de los diferentes grupos de votos pratimoksa, como los cinco votos del laico y los votos del monje, los practicantes mahayana también toman los votos del bodhisatva.

Denominar al theravada "la corriente principal del budismo" es incorrecto y confuso. En cada localización y en cada periodo de tiempo, una u otra escuela podría haber estado mejor establecida. Hubo al menos dieciocho escuelas que se vieron a sí mismas como la corriente principal del budismo en sus propios lugares. El mahayana fue bien recibido y floreció por toda la India y Asia Central, y se extendió al Este de Asia, Sri Lanka, el sudeste de Asia e Indonesia. En lugar de ser un movimiento minoritario, fue una corriente principal.

Los vehículos mahayana y sravaka incluyen rituales, cantos, mantras y *dharanis*[23]. Ambos hacen reverencias ante las estupas, estatuas, pinturas y reliquias. Aunque muchos sutras mahayana enfatizan la actividad de copiar dichos sutras, los practicantes de ambos vehículos se implican en dicha actividad.

En la India y a veces en la Sri Lanka previa al S. XII, el vehículo sravaka y el mahayana florecieron juntos. Los practicantes de ambos vehículos a menudo vivían en el mismo monasterio, recibían la ordenación monástica en el mismo linaje y realizaban los rituales del vinaya juntos. Compartían muchos textos comunes y principios, y debatían sobre los que eran propios de cada uno. Ambos desarrollaron tradiciones de comentarios, a pesar de que a veces diferían las interpretaciones. Los dos vehículos también tenían algunas diferencias, en áreas como los sutras principales que estudiaban, la intención para practicar, la visión de la naturaleza última, el sendero y el resultado.

La mayoría de los linajes del vehículo sravaka en la India desaparecieron a lo largo del tiempo debido a una variedad de condiciones, como el ascenso político de los brahmines, los cambios en la estructura del gobierno, la popularidad del hinduismo y la falta de participación de los monjes en la vida de las personas laicas. Más tarde, muchos de estos mismos factores también afectaron a los grupos mahayana. Aunque el budismo desapareció en gran medida en la India

23 Peter Skilling, "Vaidalya, Mahayana y Bodhisatva in India" en "*The Bodhisatva Ideal: Essays on the Emergence of the Mahayana* (Kandy: Buddhist Publication Society, 2013) 151n178.

a principios del S. XIII, tanto la tradición del sánscrito como la del pali se han extendido ampliamente por toda Asia y fuera de ella.

## *El desarrollo del tantra*

La tradición del tantrayana budista se practicó y transmitió de manera prudente y privada hasta el S. VI, que es cuando más se extendió. En el S. IX, los estudios tántricos fueron reconocidos como una disciplina de eruditos. En la Universidad monástica de Nalanda, las enseñanzas de la Prajñaparamita se unieron con la práctica tántrica, indicando que el tantra tiene una fuerte base en el vehículo de la perfección y que no es una enseñanza separada que no tenga relación con otras enseñanzas que dio el Buda.

El tantra budista floreció en el norte de la India y se extendió a Sri Lanka, el sudeste de Asia e Indonesia, donde se han encontrado muchos instrumentos tántricos. Luego se desvaneció en estas zonas, mientras los reyes de Sri Lanka y Tailandia hicieron del theravada la tradición dominante y los musulmanes ocuparon y convirtieron la mayoría de la península de Malasia e Indonesia.

Posteriormente, el tantra pasó a China y al Tíbet, y Kukai lo introdujo en el S. IX en Japón, donde llegó a conocerse como la escuela *shingon.* Puesto que la difusión pública del tantra coincidió con que en aquel momento muchas escrituras budistas fueron llevadas al Tíbet, el tantra se hizo muy popular allí. Sin embargo, el budismo ya se había establecido muy bien en China en aquel momento, por lo que la escuela tántrica china no llegó a extenderse.

El hinduismo y el jainismo también tienen adeptos tántricos, aunque sus sistemas tántricos difieren considerablemente del tantra budista, que está basado en las cuatro verdades, el refugio en las Tres Joyas, la renuncia al samsara, la bodhichita y la sabiduría que comprende la vacuidad.

Desafortunadamente, los conceptos erróneos sobre el tantra existen debido a la ausencia de una información correcta. Estas confusiones serán aclaradas en un futuro volumen de esta serie sobre el tantra.

## *Los cánones budistas*

Considerando la gran variedad de sutras budistas y la complejidad que supone establecer su autenticidad, podemos comprender las razones para crear cánones y las dificultades que implica hacerlos. Actualmente están vigentes tres cánones: el pali, el chino y el tibetano. Cada uno de ellos se ha traducido a diferentes idiomas o se ha realizado en diferentes tipos de escritura a lo largo de los siglos. Por ejemplo, el canon tibetano se ha traducido al mongol[24], el canon pali al inglés y el chino al japonés y al vietnamita. Cada uno de los cánones se divide en tres "cestas" (*pitaka*), o categorías de enseñanzas, de las que se dice que se corresponden con los tres adiestramientos superiores. La cesta del vinaya trata principalmente sobre la disciplina monástica (*shila*), la cesta del sutra enfatiza la concentración meditativa (*samadhi*) y la cesta del abhidharma tiene que ver con la sabiduría (*prajña*).

## EL CANON PALI

El canon pali fue el primero que se codificó, pero como vimos antes no fue un canon cerrado hasta el S. V. Su vinaya pitaka tiene tres libros que no solo contienen el código monástico, sino también historias de los discípulos del Buda. Estos son: (1) el *Suttavibhanga*, que contiene los preceptos pattimokkha; (2) el *Khandhaka*, que consta de dos partes, el Mahavagga y el Culavagga; y (3) el *Parivara*, que es un apéndice. El sutta pitaka tiene cinco nikayas o colecciones de suttas, descritos anteriormente, y el abhidhamma pitaka consiste en siete obras académicas que son exclusivas de la tradición del pali. Las cinco colecciones del sutta pitaka son:

1. *Digha Nikaya* (Discursos largos), que consta de treinta y cuatro de los suttas más extensos.
2. *Majjhima Nikaya* (Discursos medianos), que consta de ciento cincuenta y dos suttas diversos de extensión moderada.
3. *Samyutta Nikaya* (Discursos relacionados), que consta de cincuenta y seis secciones de suttas breves relacionadas temáticamente.
4. *Anguttara Nikaya* (Discursos numéricos), que consta de once secciones, cada colección de suttas con elementos del mismo número.
5. *Khuddaka Nikaya* (Colección de pequeños textos), que consta de quince obras distintas. Además de contener colecciones de suttas como el Suttanipata, el Khuddaka Nikaya también incluye la famosa colección

24 El kangyur fue traducido al mongol en el S. XVII y el tengyur en el S. XVIII.

de dichos[25] como el Dhammapada y el Udana, las colecciones de las historias de las vidas previas del Buda como los cuentos Jataka, versos (gatha) de los primeros monjes y monjas y los primeros comentarios e historias de budas anteriores, como el *Budavamsa*

EL CANON CHINO

El budismo llegó a China en el S. I de nuestra era, alrededor de siete siglos antes de que entrase en el Tíbet. Se extendió primero por Asia Central, a través de la Ruta de la Seda, y posteriormente por mar desde la India a Sri Lanka. Como se ha indicado antes, los textos budistas se empezaron a traducir al chino en el S. II. En muchas de las primeras traducciones se utilizó terminología taoísta, lo que dio lugar a varias interpretaciones erróneas del pensamiento budista. Por el S. V, la traducción de términos se estandarizó más, concretamente con las traducciones literarias del Kumarajiva. El principio del S. V también marcó la traducción de muchos más textos del vinaya, que promovieron el desarrollo de la sangha.

En el año 983 se publicó el primer canon chino, al que siguieron varias reediciones. Actualmente, el *Taisho Shinshu Daizokyo*, publicado en 1920 en Tokio, es el canon comúnmente utilizado en China, Taiwán, Corea, Japón y parte de Vietnam. Consta de cuatro secciones: las tres primeras –sutras, vinaya y sastras (tratados)– se tradujeron del sánscrito y de las lenguas de Asia Central al chino. La cuarta –textos variados– se escribió originalmente en chino.

El canon chino es muy inclusivo y extenso, e incluye una gran colección de escrituras, incluyendo los agamas, que se corresponden con los cuatro primeros de los cinco nikayas del canon pali. Los agamas no fueron traducidos del pali, sino de los sutras sánscritos, principalmente de la escuela sarvastivada, aunque algunos procedían de otras escuelas budistas indias. El canon chino contiene muchos sutras del vehículo fundamental que fueron populares durante este primer periodo y que no se encuentran en el canon tibetano. También contiene gran cantidad de sutras mahayana y comentarios indios, así como algunos tantras. Muchos de estos también se hayan en el canon tibetano. Al principio, muchos de estos sutras indios se tradujeron al

25 Las tres escrituras adicionales se encuentran solo en el canon birmano, incluyendo *Las Preguntas del Rey Milinda* (*Milindapañha*), un diálogo entre el monje Nagasena y el rey Menander de Gandhara

mandarín del gandhari, hasta que, en los S. V y VI, llegaron a China muchos textos sánscritos. El monje Xuanzang, en su famoso viaje a la India y al Monasterio de Nalanda a través de Gandhara, regresó diecisiete años más tarde con cientos de textos, especialmente de la escuela yogachara. Estas traducciones del sánscrito ahora forman parte del canon chino.

Aunque la mayor parte de las traducciones al mandarín se hicieron en estos primeros siglos, siguió habiendo un activo interés en ellas y en la traducción de valiosos textos budistas dentro de las dinastías Song (960-1279) y Ming (1368-1644). A principios del S. XX se hicieron las traducciones de escrituras budistas de otros países, incluido el Tíbet.

## EL CANON TIBETANO

Los tibetanos han estado reuniendo escrituras desde el principio del budismo en el Tíbet, en el S. VII, y el canon tibetano, tal y como lo conocemos hoy en día, tomó forma a principios del S. XIV gracias al esfuerzo editorial de Buton Rimpoché (1290-1364) y otros eruditos. La primera versión completa fue impresa en Pekín en 1411. Se imprimieron las ediciones posteriores en el propio Tíbet, principalmente en Narthang, en 1731-32, y en Derge, en 1733. Aunque hoy en día hay múltiples versiones del canon, el contenido de todas ellas es muy similar.

El canon del budismo tibetano se compone del kangyur –ciento ocho volúmenes con la palabra del Buda– y el tengyur –doscientos veinticinco volúmenes de comentarios indios. El canon de la tradición nyingma difiere en cierto modo de los de las otras tradiciones tibetanas en que contiene tantras de la primera transmisión del budismo en el Tíbet. El sistema tibetano de traducción implicaba habitualmente a un traductor indio y otro tibetano trabajando en equipo, lo que mejoró en gran medida la calidad de las traducciones. Ciertos eruditos modernos que están trabajando en esos textos han observado que las traducciones del indio al tibetano son, en general, muy precisas.

Alrededor de veinticuatro sutras en el canon tibetano corresponden a los sutras de los nikayas del pali, y unos pocos sutras del vehículo del sravaka, ausentes en el canon pali y en el chino, se encuentran en el canon tibetano. Unos cien sutras del canon tibetano no tienen la palabra mahayana en sus títulos y son probablemente sutras del vehículo del sravaka, principalmente de la escuela sarvastivada.

Unos diez o veinte sutras del canon tibetano se tradujeron del chino.[26] Entre estos se encuentra *El Sutra de la luz dorada* (*Suvarnaprabhasottama sutra*), el *Mahaparinirvana sutra* y el *Sutra del descenso a Lanka* (*Lankavatara sutra*), y varios sutras de la colección del Montón de joyas (*Ratnakuta*). Todos ellos son sutras mahayana básicos. Algunos comentarios en el canon tibetano –principalmente el comentario de Kuiji sobre *El Sutra del loto* y el comentario de Wonchuk sobre el *Sutra que desenreda el pensamiento* (*Samdhinirmocana sutra*) – también fueron traducidos del chino.

Se tradujeron más sutras de la Prajñaparamita al chino que al tibetano, y muchos de los primeros sutras del canon pali no están en el tibetano. Para enriquecer la comprensión de los practicantes tibetanos, es importante traducir esas escrituras al tibetano.

Los textos sobre las *Etapas del sendero* correspondientes a autores tibetanos contienen mucho material que también se encuentra en los sutras del pali y en los agamas chinos. Considerando que no fueron muchos los primeros de estos sutras que se tradujeron al tibetano, ¿cómo llegó ese material a encontrar su sitio en los tratados escritos por tibetanos? En *The Principles of exegesis,* de Vasubandhu (*Vyakhyayukti*), en su autocomentario sobre *Tesoro de conocimiento* (*Abhidharmakosabhasya*) y en su obra *One hundred extracts from the sutras on principles of exegesis* (*Vyakhyayuktisutrakhandasata*) hay notas de unos cien de estos primeros sutras de diferentes escuelas, incluyendo la sthavira y la sarvastivada. Además, el comentario de Samathadeva sobre *Tesoro del abhidharma* contiene muchos fragmentos de una variedad de los primeros sutras.[27] Una de las más grandes fuentes de citas de sutras de la literatura de las *Etapas del sendero* es *Compendio de adiestramiento* (*Siksamuccaya*), de Shantideva. *Compendio de sutras* (*Sutrasamuccaya*), atribuido a Nagarjuna, tiene muchos también.

Además, algunos sutras mahayana abordan el mismo material que se trata en los primeros sutras. Por ejemplo, El *Sutra de los diez niveles*

---

26 Nanjio, Bunyiu, *A Catalogue of the Chinese Translation of the Buddhist Tripitaka, the Sacred Canon of the Buddhist in China and Japan* (San Francisco, Chinese Materials Central, Inc., 1975). Este contiene una lista de contenidos del tripitaka chino y especifica si cada título tiene una versión tibetana.

27 La información en los tres apartados anteriores fue proporcionada por el Dr. Lobsang Dorjee Rabling de la Central University of Tibetan Studies en Sarnath, mediante correspondencia personal.

(*Dasabhumika Sutra*) explica los treinta y siete factores que llevan a la Iluminación, y los comentarios y tratados de grandes eruditos indios –Asanga, Shantideva y otros– contienen muchos pasajes de los primeros sutras. *Guirnalda preciosa* (*Ratnavali*) de Nagarjuna, y *Carta a un amigo* (*Suhrllekha*) también comparten mucho material con los sutras sarvastivada, que son similares a los suttas pali. De este modo, muchos pasajes compartidos con los suttas pali y los agamas chinos llegaron al Tíbet mediante los comentarios y tratados de los grandes sabios indios.

Un monarca tibetano emitió un decreto estableciendo una tradición que permitía al lector identificar una escritura e inmediatamente establecer a cuál de las tres cestas pertenecía. Los traductores componían un verso de homenaje que colocaban al principio del texto. Un homenaje al Buda omnisciente indicaba que el texto pertenecía a la cesta del vinaya, que trata del adiestramiento superior de la conducta ética. Un homenaje a los budas y bodhisatvas mostraba que el texto pertenecía a la cesta del sutra y que concernía al adiestramiento superior de la concentración. Un homenaje a Manyushri, la encarnación de la sabiduría, indicaba que el texto era de la cesta del abhidharma, que trata del conocimiento y la sabiduría.

## LA CESTA DEL VINAYA

El canon chino contiene los vinayas de cinco de las primeras escuelas: dharmaguptaka, mahisasaka, mahasamghika, sarvastivada y mulasarvastivada. También contiene el comentario de Budaghosa sobre el vinaya titulado *Totalmente satisfactorio* (*Samantapasadika*). El canon tibetano contiene el vinaya mulasarvastivada, y el canon pali tiene el vinaya theravada.

## LA CESTA DEL SUTRA

Fuera de la India, los sutras que trataban de las prácticas del bodhisatva se trasmitieron principalmente en chino y en tibetano. Los cánones chino y tibetano contienen los sutras de la Prajñaparamita, los sutras del Ratnakuta, el *Sutra del ornamento de flores* (*Avatamsaka sutra*), *Instrucciones de Vimalakirti* (*Vimalakirtinirdesa*) y muchos otros sutras mahayana. Ambos cánones tienen *Tratado del camino medio*, de Nagarjuna, así como muchos de sus otros textos. Puesto que el budismo estuvo enraizado durante muchos siglos en China antes de su resurgimiento en el Tíbet, cuando esto último ocurrió, en el S. VII, implicó la traducción al tibetano de muchos textos indios posteriores al periodo chino, y así, el canon tibetano contiene las obras de Chandrakirti y de posteriores madhyamikas, así como las obras sobre la lógica de Dignaga y Dharmakirti, mientras que el canon chino no las incluía. Sin embargo, muchos de estos textos se tradujeron del tibetano al chino en el S. XX por el gran traductor chino Fazun, que también tradujo muchas de las obras de Tsongkhapa.

Ambos cánones contienen obras de las perspectivas chitamatra y madhyamaka, aunque, en general, el canon chino sigue unos comentarios diferentes chitamatrin y madhyamaka a los que sigue el canon tibetano. *Ornamento de las realizaciones claras* (*Abhisamayalamkara*), de Maitreya, que se estudia ampliamente en la comunidad tibetana, no se encuentra en el canon chino[28], a pesar de que Fazun lo tradujo en el S. XX.

Basándose en el canon chino, el Budadharma se extendió a Japón, Corea y Vietnam. Basándose en el canon tibetano, el budismo se desarrolló en Mongolia, cuatro zonas de Rusia –Tuva, Aginsky, Buryatia y Kalmykia– y en la región del Himalaya. Hoy en día, el chino y el tibetano son las dos lenguas más ricas para trasmitir todas las prácticas y enseñanzas del vehículo del bodhisatva.

## LA CESTA DEL ABHIDHARMA

Los cánones pali, chino y tibetano tienen perspectivas diferentes sobre el origen del abhidharma pitaka y los textos que contiene. Según una fuente theravada, el Buda estuvo una estación de las lluvias –aproximadamente tres meses– enseñando seis de las siete obras del abhidharma en el reino celestial de Los treinta y tres (dioses) a mil *devas* (seres celestiales), incluyendo a su propia madre, Maya, que

28 Las cinco obras atribuidas a Maitreya en el canon chino son: *Tratado sobre las etapas de la práctica yóguica* (*Yogacarabhumi*), que el canon tibetano atribuye a Asanga; *Ornamento de los sutras mahayana (Mahayanasutralamkara)*; *El medio más allá de los extremos* (*Madhyantavibhaga*); un comentario de *El tallador del diamante* (*Varjacchedika sutra*); y el *Yogavibhaga*, que presuntamente se ha perdido. En el canon tibetano, las cinco obras de Maitreya son: *Ornamento de los sutras mahayana*, *El medio más allá de los extremos*, *Distinción entre el fenómeno y su naturaleza* (*Dharmadharmatavibhaga*), *Ornamento de las realizaciones claras* y *Sublime continuo* (*Uttaratantra de Ratnagotravibhaga*). Las últimas dos obras aparecen en la India unos pocos siglos antes de la muerte de Asanga, y Xuanzang nunca las mencionó en su colección de textos indios de la escuela yogachara ni los atribuyó ni a Maitreya ni a Asanga. Los chinos dicen que el autor del *Uttaratantra Sastra* fue Saramati o Sthiramati.

murió una semana después del nacimiento del Buda. Cada día, el Buda regresaba al reino humano y le repetía a su discípulo Sariputta lo que había enseñado en el reino de los dioses ese día. Después, Sariputta organizaba la literatura abhidharma, la cual fue recitada en el primer concilio y se trasmitió oralmente hasta el tercer concilio (alrededor del 250 antes de nuestra era), cuando fue incluida en lo que llegó a ser el canon pali.

Según esta fuente tradicional theravada, seis de estos siete textos abhidharma son la palabra literal del Buda, y el propio Buda también definió *Puntos de controversia* (*Khatavatthu*), el séptimo texto, que Moggaliputta Tissa compuso en un siglo futuro.

No todos los theravadin contemporáneos están de acuerdo en que el abhidhamma pali se originase de esta manera. Algunos dicen que los siete textos abhidhamma fueron dichos de palabra por arhats. Otros están de acuerdo con los expertos intelectuales en que se desarrollaron gradualmente a lo largo de varios siglos y se incorporaron posteriormente al canon pali. La mayoría de las otras escuelas[29] ven el abhidharma pitaka en sus cánones como las obras de generaciones posteriores de eruditos.

Las siete obras abhidhamma en el canon pali[30] difieren de los siete textos abhidharma propagados por la escuela sarvastivada. Casi todas las obras abhidharma de la escuela sarvastivada están incluidas

---

29 Los vaibhasikas dicen que el Buda expuso el abhidharma de palabra en muchos lugares y que fue más tarde recopilado por otras personas.

30 Las siete obras en el canon pali son: (1) Dhammasangani (*Enumeración de factores*), que enumera los diferentes factores, o dhammas, de la existencia. (2) *Vibhanga* (*Análisis*), que explica los agregados, los poderes sensoriales, los elementos, las verdades, las facultades, la relación dependiente, los cuatro fundamentos de la atención, la Iluminación, los *jhanas*, los cuatro inconmensurables, el noble óctuple sendero, los tipos de conocimiento y la cosmología, entre otros temas; (3) *Dhatukatha* (*Explicación de los elementos*), que explica los elementos en relación a los agregados, poderes sensoriales y constituyentes; (4) *Puggalapaññatti* (*Descripciones de los individuos*), que describe los diferentes tipos de personas; (5) *Kathavatthu* (*Puntos de controversia*), que es una explicación de las diferentes perspectivas; (6) *Yamaka* (*Los pares*), que resuelve las concepciones erróneas relacionadas con la terminología técnica; (7) y *Patthana* (*Condiciones fundacionales o relaciones*), que habla de las relaciones de todos los fenómenos. Se dice que el *Kathavatthu* había sido escrito por Moggaliputta Tissa en el S. III antes de nuestra era.

en el canon chino[31], como son *Tratado del abhidharma de Shariputra* (*Shariputrabhidharma Sastra*)[32], el *Mahavibhasa* y otros de los primeros textos abhidharma, incluyendo los de Sanghabhadra y *Sendero a la libertad* (*Vimmuttimagga*).

Aunque los tibetanos son conscientes de las siete obras del abhidharma sarvastivada, no consideran que sean la palabra del Buda. Solo una parte de uno de los siete está incluida en la sección de tengyur del canon tibetano. Pasajes que pertenecen a la cesta del abhidharma están intercalados en otros sutras en la sección del kangyur del canon tibetano. Los dos principales textos abhidharma estudiados por los tibetanos son: *Tesoro de conocimiento,*[33] de Vasubandhu, que resume el *Mahavibhasa,* y *Compendio de conocimiento* (*Abhidharmasamuccaya*), de Asanga, quien lo escribió desde la perspectiva chitamatra[34]. Algunos textos abhidharma de maestros indios posteriores también están presentes en el tengyur. *Tesoro del abhidharma* se encuentra tanto en el canon chino como en el tibetano, pero el *Mahavibhasa* está ausente en el canon tibetano. Fazun lo tradujo del chino al tibetano en el S. XX.

El nivel de importancia que se le otorga al abhidharma difiere entre los practicantes theravadin. En Sri Lanka y Myanmar se considera muy importante, mientras que en Tailandia no se le da tanta importancia.

---

31 Yasomitra enumera los siete tratados sánscritos como *Logro del conocimiento* (*Jñanaprasthana,*) de Katyayaniputra; *Divisiones temáticas* (*Prakaranapada*), de Vasumitra; *Compendio de la consciencia* (*Vijñanakaya*), de Devasarman; *Agregado del Dharma* (*Dharmaskandha*), de Shariputra; *Tratado sobre la designación* (*Prajñaptisastra*), de Maudgalyayana; *Recitación combinada* (*Samgitiparyaya*), de Mahakausthila; y *Compendio de elementos* (*Dhatukaya*), de Purna

32 Este es uno de los textos abhidharma más antiguos, ahora existente solo en chino. Hay diferentes opiniones en cuanto a cuál de las dieciocho escuelas pertenece.

33 *Tesoro de conocimiento* tiene ocho capítulos: exámenes de los elementos; facultades; el mundo (el cosmos y los seres conscientes que lo habitan); karma; contaminaciones; senderos y personas; sublime sabiduría; y absorciones meditativas. El autocomentario de Vasubandhu sobre este texto tiene un noveno capítulo que presenta el punto de vista sautrantika.

34 Los tibetanos consideran que Asanga es madhyamika, pero que explica el Dharma según la visión chittamatra para beneficiar a las personas inclinadas hacia esa visión. Su hermano, Vasubandhu, sostenía la visión chittamatra, pero escribió algunos textos según la vaibhasika y la sautrantika para beneficiar a la gente que apreciaba esas visiones.

TANTRA

Siendo una transmisión oral del propio Buda cuando adoptó el aspecto de Vajradhara, una deidad tántrica, los tantras describen la práctica vajrayana. El canon tibetano contiene la colección más completa de tantras budistas y comentarios tántricos de eruditos indios. Aunque el canon chino contiene algunos yoga tantras como el *Tantra de Vairochana* y el *Tantra de la cima vajra* (*Vajrasekhara Tantra*), no tiene ninguno de los yoga tantras superiores. Parece que estos tantras llegaron a China durante un periodo de agitación social y no fueron incluidos en el canon chino. El canon chino contiene los sutras de Amithabha (*Sukhavativyuha Sutras*), el *Sutra del Buda de la Medicina* (*Bhaisajyaguru Sutra*) y escrituras de otros bodhisatvas que han sido ampliamente leídas y practicadas en la comunidad china durante siglos. Aunque estos son considerados sutras en China, en el Tíbet las prácticas de estos mismos bodhisatvas están incluidas en el tantrayana[35].

Una vez expuesto este resumen de los tres cánones budistas, queda claro que ninguno de ellos contiene todo lo que el Buda enseñó o todos los grandes comentarios. Sin embargo, para nosotros, en cada uno de los cánones hay material más que suficiente para estudiar, contemplar y meditar. Las enseñanzas para alcanzar las realizaciones espirituales están ahí, en los tres cánones. Un respetado maestro tailandés theravada me dijo (a mí, Chodron): "Con el theravada y el mahayana, las enseñanzas del Buda están completas". Y también: "Mahayana es solo un nombre, theravada es solo un nombre. Desde el momento en que vemos la vacuidad, ya no hay nada a lo que aferrarse".

Las diferentes tradiciones budistas tienen muchas enseñanzas y prácticas en común. Aunque cada una tiene sus cualidades exclusivas, no deberíamos pensar que están separadas o no tienen ninguna relación. Los tres cánones contienen las enseñanzas del Buda y deben ser respetados como tales. Todos ellos contienen enseñanzas para que las practiquemos.

## *Sistemas filosóficos*

En los primeros siglos después del parinirvana del Buda, los abhidharmikas cobraron gran prestigio mientras desarrollaban intrincadas taxonomías de los fenómenos, que incluían los fenómenos

---

35 Es muy interesante, en el canon tibetano, que el *Bhaisajyaguru* esté en la sección del tantra del kangyur, mientras que el *Sukhavativyuha* esté en la sección del sutra.

materiales y cosmológicos, e incluso llegaban a las facetas de la mente, como los estados mentales aflictivos y estados de meditación e introspección. Además exploraban la relación entre los distintos fenómenos. Su enfoque estaba más orientado a identificar los ladrillos que construyen la experiencia de los seres conscientes que en construir interpretaciones cohesionadas de la doctrina budista.

Los sistemas filosóficos surgen en los últimos siglos, cuando aparecen cuestiones sobre los temas de las escrituras –que no están aclarados en las mismas– y los expertos comienzan a explicar el significado de las enseñanzas que no era evidente a la mayoría de la gente. Estos comentadores no ven sus enseñanzas como nuevas interpretaciones de las enseñanzas del Buda, sino como explicaciones en profundidad de lo que realmente quería decir el Buda. Se ven a sí mismos como alguien que clarifica de manera extensa lo que el Buda había expresado de una forma abreviada.

Otro factor que provocó los diferentes sistemas de principios filosóficos fue el desafío presentado por lógicos y eruditos no budistas. El debate era una costumbre india muy generalizada, y se esperaba que el perdedor se pasara a la escuela del ganador. Los sabios budistas tenían que desarrollar argumentos lógicos que demostraran la validez de la doctrina budista, y refutar los ataques filosóficos de los eruditos no budistas. Los renombrados debatientes budistas eran también grandes practicantes. No todos los practicantes del budismo estaban interesados en esta propuesta; muchos preferían estudiar los sutras o practicar la meditación como ermitaños.

Desde el punto de vista de la filosofía, los tibetanos categorizaron los principios budistas en cuatro sistemas generales: (1) vaibhasika (los seguidores del mahavibhasa); (2) sautrantika (los seguidores del sutra); (3) yogachara o chitamatra (solo mente); y (4) madhyamaka (camino medio)[36]. Estas cuatro escuelas se mencionan en el *Tantra de Hevajra*, lo que indica que estas cuatro escuelas ya existían en la India antes de que llegaran al Tíbet. Cada escuela tiene subdivisiones adicionales.

Aunque no todos los textos indios se tradujeron al tibetano, muchos de ellos sí. Entre estos, encontramos textos que presentan las visiones filosóficas de todos los sistemas de creencias, textos que presentan los

36 Hay opiniones divergentes entre los eruditos modernos referentes a los sistemas filosóficos: cuándo y dónde florecieron, los detalles de sus posiciones filosóficas y en qué medida fueron sistematizados en la India antes de que llegaran al Tíbet.

senderos de los tres vehículos y textos que presentan tanto las prácticas del sutrayana como las del tantrayana.

# 5 Las enseñanzas del Buda forman un todo cohesionado

Como se ha visto en el capítulo anterior, el Buda proporcionó una amplia variedad de enseñanzas dependiendo de las disposiciones e intereses de las diferentes audiencias. Enseñó a seres humanos, así como a seres celestiales, espíritus y otras formas de vida.

Hay muchas formas de sistematizar estas enseñanzas que revelan cómo forman un todo cohesionado y se complementan, lo que nos lleva a una comprensión cada vez más profunda del Dharma. Una es según las tres capacidades de los practicantes, que se explicará en el capítulo 9. Otra es según los cuatro sistemas de principios filosóficos que hemos mencionado brevemente en el capítulo anterior y que presentaremos de forma más elaborada en un futuro volumen. Los tres giros de la rueda del Dharma serían otra manera. La primera parte de este capítulo se centra en los tres giros de la rueda del Dharma, y después se vuelve hacia el tema de la autenticidad de las escrituras mahayana. En el capítulo anterior lo examinamos desde un acercamiento académico, y ahora lo abordaremos desde la perspectiva de los practicantes budistas.

## *Los tres giros de la rueda del Dharma*

"Girar la rueda del Dharma" se refiere a que el Buda da enseñanzas que dirigen a los seres conscientes a la felicidad temporal dentro de la existencia cíclica, a la elevada bondad de la Liberación y a la Iluminación. Desde la perspectiva de la tradición del sánscrito, como se describe en el *Sutra que desenreda el pensamiento*, el Buda giró la rueda del Dharma tres veces, y cada giro estaba dirigido principalmente a las necesidades de un grupo específico de discípulos.

Las enseñanzas del primer giro forman la base de la práctica budista para los tres vehículos. Al mismo tiempo completan las necesidades específicas de los sravakas, que buscan la liberación personal. El primer giro empieza con el primer discurso del Buda en el Parque de los Ciervos, en Sarnath, India, durante el que describió el marco principal para el adiestramiento de la mente en las cuatro verdades de los aryas. Cuando describió la cuarta verdad, la verdad del sendero, enseñó los treinta y siete factores que llevan a la Iluminación, que establecen el procedimiento para poner en práctica las cuatro verdades. Los treinta y siete factores están relacionados con dos métodos de adiestramiento primordiales. El primero dirige a la serenidad, la permanencia apacible (la mente unipuntualizada); el segundo produce la visión (la comprensión profunda). Para poner estos treinta y siete factores en el contexto de los tres adiestramientos superiores, empezamos practicando el adiestramiento superior de la conducta ética para eliminar negatividades burdas de cuerpo y palabra. Sobre esta base cultivamos la permanencia apacible con el adiestramiento superior de la concentración, y la visión con el adiestramiento superior de la sabiduría.

Los treinta y siete factores se pueden dividir en siete grupos: los cuatro fundamentos de la atención, los cuatro esfuerzos supremos, las cuatro bases del poder espiritual, las cinco facultades, los cinco poderes, los siete factores que llevan a la Iluminación y el noble óctuple sendero, que son las prácticas principales. Vasubandhu en *Tesoro de conocimiento* y Asanga en *Compendio de conocimiento* correlacionan su práctica en toda regla con sucesivos niveles de los cinco senderos. En este contexto, los disponen de manera secuencial. Lo que sigue es la presentación de Vasubandhu.

El primer grupo lo forman los *cuatro fundamentos de la atención:* atención al cuerpo, sensaciones, mente y fenómenos. A medida que profundizamos la práctica de estos cuatro, obtendremos un mayor entusiasmo y vigor para implicarnos en actividades virtuosas. Esto nos dirige a esforzarnos en *los cuatro esfuerzos supremos* abandonar no virtudes ya generadas, impedir acciones destructivas en el futuro, mejorar virtudes que ya han sido generadas, y generar nuevas virtudes en el futuro.

Al implicarse en conductas éticas como evitar las acciones destructivas y mejorar e implicarse en las constructivas, desarrollaremos cierta claridad y concentración unipuntualizada. Esto nos lleva a practicar el tercer grupo, *los cuatro fundamentos del poder espiritual* –aspiración, esfuerzo, intención e investigación–, que son métodos para mejorar nuestra capacidad para estar enfocados unipuntualizadamente sobre el objeto de meditación escogido.

Cuando logramos una concentración unipuntualizada capaz de permanecer durante largos periodos de tiempo, todas las demás facultades espirituales virtuosas mejorarán. Incrementaremos l*os cinco poderes* (fe, esfuerzo, atención, concentración y sabiduría) y *las cinco fuerzas* (el fortalecimiento de esas mismas cinco cualidades). Cuando estas fuerzas están completamente desarrolladas, progresaremos a la práctica de *los siete factores que llevan a la Iluminación* –atención correcta, discriminación de los fenómenos, esfuerzo, gozo, flexibilidad, concentración y ecuanimidad–. Esto nos conduce a seguir completamente el corazón del sendero budista, *el noble óctuple sendero*: recta visión, recta intención, recta palabra, recta acción, recto modo de vida, recto esfuerzo, recta atención y recta concentración. Mediante la práctica de los treinta y siete factores nuestras mentes se transformarán y lograremos la liberación de la existencia cíclica.

El segundo giro de la rueda del Dharma contiene los sutras de la Prajñaparamita, las enseñanzas del Buda sobre la perfección de la sabiduría. Profundizando en el tema de la ausencia de esencia sustancial que el Buda describió brevemente en el primer giro, explica que todos los fenómenos son vacíos de existencia inherente. También clarifica el significado de la verdad de la cesación como la vacuidad de una mente de la cual se han erradicado los engaños. Dando una explicación extensa de las seis perfecciones –generosidad, conducta ética, paciencia, esfuerzo gozoso, estabilidad meditativa y sabiduría–, el segundo giro también profundiza en la verdad del sendero de los bodhisatvas. La audiencia principal y adecuada para los sutras en el segundo giro de la rueda del Dharma son aspirantes espirituales que comprenden las enseñanzas del primer giro y que, además, aspiran al completo despertar de la Budeidad. Aunque no sean la audiencia principal, estas enseñanzas son también para aquellos que buscan la liberación personal, ya que una explicación exhaustiva de la vacuidad es indispensable para todos los practicantes. Muchos de estos sutras se enseñaron en el Pico del Buitre, cerca de Rajagrha, India.

El tercer giro de la rueda del Dharma contiene dos categorías de sutras. La primera proporciona una explicación adicional sobre la verdad del sendero, y presenta una interpretación diferente de la afirmación del sutra de la Prajñaparamita de que todos los fenómenos son vacíos de existencia inherente. Estos sutras del tercer giro fueron enseñados principalmente para beneficiar a aquellos aprendices que, aunque tenían inclinación hacia el sendero del bodhisatva, todavía no eran recipientes adecuados para las enseñanzas sobre la ausencia de existencia inherente. Si hubieran abrazado el sentido literal de los sutras de la Prajñaparamita, hubiesen caído en el nihilismo al pensar erróneamente que la vacuidad significa la absoluta no existencia del fenómeno. Para su beneficio, el Buda habló de la ausencia de naturaleza propia (*nihsvabhava*) en relación a diferentes naturalezas del fenómeno: la naturaleza dependiente, la naturaleza imputada y la naturaleza consumada. En lugar de pensar que todos los fenómenos sin excepción son vacíos de existencia inherente, el Buda enseñó a estos aprendices que diferentes fenómenos son vacíos de diferentes tipos de naturalezas. Esta categoría incluye sutras como el *Sutra que desenreda el pensamiento.*

La segunda categoría de sutras comprende las charlas del tercer giro sobre nuestro potencial para llegar a ser seres completamente iluminados. Estos sutras presentan y desarrollan la naturaleza de la luz clara de la mente y la naturaleza de buda. Esta categoría incluye sutras como el *Sutra de la esencia del Tathagata* (*Tathagatagarbha Sutra*), que es la base para *Sublime continuo*, de Maitreya, y para *Colección de elogios*, de Nagarjuna. El tercer giro de la rueda del Dharma se enseñó en Vaisali y otros lugares de la India; la audiencia principal eran tanto los seres buscaban la Liberación como los que buscaban la Iluminación.

En resumen, el primer giro de la rueda del Dharma dispuso el contexto básico del sendero budista hacia la Iluminación: las cuatro verdades de los aryas. El segundo giro entró en mayor profundidad en la tercera verdad, la verdad de la cesación, que es necesario que sea entendida dentro del contexto de la naturaleza última de la mente, su vacuidad de existencia inherente. Además de tener la visión correcta de la vacuidad de la mente como se presenta en el segundo giro, es necesario un tema profundo, una mente yóguica que ha cesado los engaños. Esto nos lleva a una explicación más profunda en el tercer giro sobre la cuarta verdad: la verdad del sendero, la mente que comprende la naturaleza de la realidad y erradica los engaños. Combinando nuestra comprensión de la sabiduría que percibe la vacuidad (como se presenta en el segundo giro de la rueda del Dharma) con una comprensión de la naturaleza de buda y de la naturaleza de la mente (como se presentan en el tercer giro de la rueda del Dharma), podemos alcanzar una convicción genuina de la posibilidad de lograr la verdadera cesación.

Algunos sutras en el tercer giro de la rueda del Dharma hablan de la naturaleza de buda y de la experiencia subjetiva de la vacuidad, estableciendo de este modo la base para las enseñanzas vajrayana, que enfatizan el empleo de la mente más sutil para comprender la vacuidad. En este sentido, las primeras enseñanzas del Buda establecen los cimientos para los temas que se desarrollan más extensamente en posteriores enseñanzas, y los sutras de los tres giros de la rueda del Dharma se complementan.

Las enseñanzas del primer giro de la rueda del Dharma, que destaca las prácticas del vehículo fundamental, forman el corazón de la tradición pali. En base a estas enseñanzas, el Buda enseñó el segundo y tercer giro de la rueda, que conforman el corazón de la tradición sánscrita. La clase de budismo que floreció en el Tíbet comprende todas estas enseñanzas y, por esta razón, los tibetanos creemos que es una forma completa del Budadharma, ya que incluye todas las enseñanzas esenciales del vehículo fundamental, del mahayana y del vajrayana. En el vehículo fundamental, la ausencia de existencia sustancial o esencial se refiere generalmente a la ausencia de un alma (un yo que es permanente, unitario e independiente), o de una persona sustancialmente existente y que se autosostiene (una persona que es el controlador del cuerpo y la mente). Sobre la base de estas enseñanzas, el mahayana describe el desarrollo de la bodhichita y las extensas prácticas de los bodhisatvas.

Sin una base del corazón de las enseñanzas del vehículo fundamental, proclamarse uno mismo como seguidor del mahayana no tiene ningún sentido. Necesitamos una comprensión amplia y completa de las enseñanzas del Buda para no generar nociones erróneas. Si no lo hacemos así, nos arriesgamos a despreciar las enseñanzas de Buda diciendo que tienen un alcance limitado o que no son auténticas. Es importante comprender que estos vehículos y sus enseñanzas se complementan. Deberíamos encarnar la esencia de todas estas enseñanzas en nuestra práctica personal.

## REFLEXIONES

1. El primer giro de la rueda del Dharma, que se enfoca en las cuatro verdades de los aryas, forma la base de la práctica budista en los tres vehículos. Además, satisface las necesidades de los sravakas, quienes buscan la liberación personal.

2. El segundo giro, que incluye los sutras de la Prajñaparamita, profundiza sobre el significado de las verdaderas cesaciones y los verdaderos senderos y ofrece una extensa explicación sobre las seis perfecciones. Está dirigido principalmente a aspirantes espirituales que comprenden las enseñanzas del primer giro y cuyo objetivo es la Iluminación.

3. El tercer giro contiene dos tipos de enseñanzas. El primero explica la ausencia de naturaleza de cada una de las tres categorías de fenómenos. Se enseñó principalmente para los discípulos que sentían inclinación hacia el sendero del bodhisatva pero que todavía no estaban preparados para las enseñanzas sobre la vacuidad de existencia inherente. El segundo explica la naturaleza de buda y la naturaleza de luz clara de la mente, y conduce a los discípulos al vajrayana.

---

## *La autenticidad de las escrituras mahayana*

En el primer concilio, que tuvo lugar poco después de la muerte del Buda, no se recitaron ni los sutras mahayanas ni los tantras, ni se incluyeron en la colección de sutras. Dado que los sutras mahayana y los tantras vajrayana de la tradición sánscrita no eran ampliamente conocidos al principio, posteriormente aparecieron las dudas acerca de su autenticidad.

Personalmente, estoy completamente convencido de que el propio Buda enseñó esos sutras. Entre los más grandes de estos sutras, los de la Prajñaparamita enseñan explícitamente la vacuidad e implícitamente enseñan los senderos del bodhisatva y las etapas a la Iluminación. Según la fuente tradicional, estos sutras fueron transmitidos oralmente por el Buda y después se guardaron bajo custodia en la tierra de los nagas (seres parecidos a dragones que moran en lagos o cerca de riachuelos) porque las gentes de aquella época no eran todavía recipientes adecuados para comprenderlos completamente. El gran sabio Nagarjuna los recuperó posteriormente de los nagas y los trajo a nuestro mundo, y fueron ampliamente difundidos en la India.

Según esta fuente, Nagarjuna vivió unos seiscientos años. Yo no creo que Nagarjuna viviera todo ese tiempo. Siendo un ser iluminado, Buda Shakyamuni debería tener la habilidad de alargar su tiempo de vida, pero no lo hizo. Así que me parece extraño, por no decir improbable, que Nagarjuna viviera tanto tiempo. Respecto a que fuera a la tierra de los nagas para recuperar los sutras de la Prajñaparamita, no me lo creo del todo, aunque tampoco puedo negarlo. Algunos dicen que los sutras de la Prajñaparamita y otras escrituras mahayanas se compusieron más tarde y se le atribuyeron al Buda. Para mí, estas dos explicaciones son extremas.

Nacido en el sur de la India, Nagarjuna visitó Bodhgaya y vivió en un centro de aprendizaje en Magadha, ambas ciudades situadas en el norte de la India. Durante sus largos viajes, debió entrar en contacto con los sutras de la Prajñaparamita y empezó a reunirlos. Nagarjuna era un erudito en sánscrito además de un honorable monje budista. Como tal, nunca mentiría. Sabía que algunas personas dudaban de la autenticidad de las escrituras mahayana. Usando el razonamiento, investigó si eran auténticas. Puesto que Nagarjuna vivió sólo unos siglos después del Buda, debió de haber sido más fácil para él investigar y establecer la validez de los sutras sánscritos de lo que lo es para nosotros unos veintiséis siglos después. Habiendo hecho un profundo examen estaba completamente convencido de que eran la palabra del Buda.

Los escritos de Nagarjuna contienen muchas notas de los sutras de la Prajñaparamita. Sabiendo que la controversia procedía de la falta de conocimiento, incluyó numerosas citas de esos sutras cuando compuso *Compendio de sutras* (*Sutrasamuccaya*), y en *Guirnalda preciosa* puso especial empeño en demostrar por qué esas escrituras eran auténticas. Si hubiese tenido dudas acerca de su validez, nunca habría hecho eso. Viendo que esas extraordinarias escrituras estaban al borde de la extinción, con gran compasión las propagó porque sabía que la gente de su tiempo y de generaciones futuras se beneficiarían enormemente de la sabiduría que contenían.

El Buda enseñó los sutras de la Prajñaparamita a un grupo selecto de monjes, así como a bodhisatvas y otros seres que supuestamente estaban entre la audiencia. Estas enseñanzas se dieron en La Cima del Buitre, un lugar demasiado pequeño para albergar el gran número de oyentes que supuestamente asistieron. Así que debemos entender la trasmisión de aquellos sutras en un nivel diferente, no en un nivel ordinario. Aunque algunos discípulos humanos estaban presentes, muchos seres que escucharon estas enseñanzas no eran visibles al ojo humano ordinario. Algunos de ellos eran grandes bodhisatvas como Avalokiteshvara, Manyushri y Samantabhadra.

Dado que el grupo de seres humanos que escuchó aquellas enseñanzas era pequeño en comparación y que dichas enseñanzas eran radicales en su presentación de la vacuidad, se trasmitieron de maestro a discípulo en privado y no se hicieron públicas durante muchos siglos. Aunque en general se acepta que las enseñanzas del vinaya y el sutra se trasmitieron oralmente, yo creo que es posible que los sutras de la Prajñaparamita se escribieran desde el principio. A pesar de que la alfabetización no estaba muy extendida, es seguro que alguno de los monjes sabía leer y escribir[37]. Debido a que pocas personas conocían estas enseñanzas, casi cayeron en el olvido. Nagarjuna entró en contacto con ellas, las reprodujo y difundió los sutras de la Prajñaparamita.

La posterior difusión de textos que antes eran poco conocidos ha ocurrido varias veces en la historia del budismo. Durante la revolución cultural se destruyeron muchos textos en el Tíbet. Pero más tarde alguien encontraba una copia de un texto y se hacían muchas copias más. En este sentido las enseñanzas se han preservado. De igual manera, los textos e instrumentos budistas que datan del S. IV hasta el XII y que estuvieron escondidos en las cuevas de Dunhuang fueron descubiertos únicamente a principios del S. XX y trasladados al Museo Británico, donde otros han ido a conocerlos. Las escrituras en gandhari que datan del S. I se encontraron en vasijas y fueron descubiertas hace solo unos años. Me parece que algo similar pudo haber pasado en la antigua India. Los sutras de la Prajñaparamita pudieron haber sido relativamente desconocidos durante siglos y después revivir debido al interés de Nagarjuna en ellos, y a su compasión por nosotros.

El Buda no enseñó los sutras de la Prajñaparamita y otros textos mahayana públicamente porque no hubiera sido adecuado enseñarlos a ciertos discípulos, es decir, a aquellos enfocados en su propia liberación en lugar de en la liberación de todos. Además, las personas que estaban inclinadas a meditar en la ausencia de existencia esencial de una

---

37 Los eruditos no saben cuándo se extendió la escritura por primera vez en la India y tienen diversas teorías al respecto, pero en la época del Rey Ashoka en el S. III antes de nuestra era, se extendió la escritura. La civilización del Valle del Indo utilizaba la escritura desde el año 2000 antes de nuestra era, y algunos eruditos creen que la escritura brahmi, utilizada en la época del Rey Ashoka, desciende de ésta. K.R. Norman, *Buddhist fórum volumen* V: *Philological approach to buddhism* (London: School of Oriental and African Studies, 1997), 78. Norman también comentó (pág. 81) que sería sorprendente que monjes que procedían de castas de gobernantes y mercaderes, que estaban familiarizadas con la escritura desde la época del Rey Ashoka en el S. III antes de nuestra era, no supieran escribir, si no textos completos, al menos notas que pudieran ayudarles en su propia práctica y también para enseñar a otros.

persona que se autosostiene y que es sustancialmente existente podrían no estar interesadas en las enseñanzas acerca de la vacuidad de todos los fenómenos. El Buda nunca forzaría a los demás a lograr el objetivo de la Budeidad ni la visión madhyamaka de la vacuidad. Él respetaba a las personas y, según la disposición de éstas, establecía la visión, el sendero y el resultado adecuados para ellos de modo que pudieran practicar los treinta y siete factores que llevan a la Iluminación, comprender las cuatro verdades y progresar en el sendero hacia el estado de arhat.

Otras personas tenían la capacidad, o el karma, para poder ver a bodhisatvas como Avalokiteshvara, Maitreya, Tara y Manyushri. A ellos, así como a algunos devas, seres no humanos y bodhisatvas, el Buda impartió las enseñanzas mahayana. Para unos pocos seres excepcionales, que eran recipientes espirituales adecuados para recibir las enseñanzas tántricas, el Buda enseñó el tantrayana apareciendo bajo el aspecto de Vajradhara y su mandala, el entorno purificado y las deidades en él.

Si aceptamos que Buda Shakyamuni alcanzó la Iluminación como resultado de haber acumulado mérito y sabiduría durante tres incontables eones, entonces estas cosas tan maravillosas son posibles. Sin embargo, si el Buda nació como un ser humano que no estaba iluminado que, aunque llegara a ser más sabio y compasivo, no era omnisciente y todavía tenía un cuerpo producto de las aflicciones y el karma –tal y como se representa en las escrituras pali–, entonces no creo que hubiera sido posible para él pronunciar tales enseñanzas a esos niveles tan elevados. Aparte de los charvakas, que tenían una visión nihilista o hedonista, todos los practicantes espirituales e intelectuales en la India en ese momento creían en un alma o ser (*atman*). Los dos maestros con los que el Buda estudió antes de alcanzar la Iluminación aceptaban un ser así, y el Buda no encontró otros maestros más sabios que aquellos. En esta situación, hubiera sido extremadamente difícil para una persona ordinaria descubrir por sí mismo la ausencia de existencia esencial del yo, del atman.

Además, en los casi 2.600 años desde que el Buda vivió, millones de personas se han beneficiado de sus enseñanzas. Muchos han visto directamente la vacuidad y han logrado el estado de arhat y la Budeidad. No creo que alguien que empezó su vida como un ser humano que no estaba iluminado pudiera haber tenido esta clase de efecto en el mundo. Igualmente, no creo que los fundadores de las otras grandes religiones fuesen personas ordinarias. Ellos también pudieron ser una manifestación del Buda. Una manifestación del Buda no necesariamente enseña el budismo. Él o ella enseña lo que es más adecuado para la audiencia en ese momento. Lo que los seres humanos ordinarios hacen después con esas enseñanzas cuando muere su fundador es otro asunto. Muchos eruditos ven la sabiduría en la religión como el conocimiento humano –algo que evoluciona a lo largo del tiempo, con cada generación añadiendo lo que ha aprendido de la sabiduría de la generación anterior. Mi perspectiva es diferente. Yo creo que las tradiciones espirituales más grandes que han sido capaces de beneficiar al ser humano durante siglos empezaron todas con alguien con una sabiduría espiritual y una compasión extraordinarias, que enseñó a los demás desde su propia experiencia espiritual.

La visión de la ausencia de existencia esencial o sustancial y del Nirvana, como se presenta en la tradición sánscrita, es muy sofisticada. En las escrituras en pali, el Buda dijo que el Nirvana existe y que se logra superando las aflicciones y el karma contaminado, que producen el renacimiento en la existencia cíclica. No ofreció un análisis profundo del significado preciso de la ausencia de existencia esencial –especialmente de la ausencia de existencia esencial de los fenómenos– ni de las características sutiles del yo que se niega. Este análisis facilita la comprensión del significado preciso de la cesación verdadera y del Nirvana. Para beneficiar a sus discípulos necesitó explicar ampliamente la vacuidad de existencia inherente, y por eso impartió las enseñanzas del segundo giro. Además, puesto que el sendero del bodhisatva fue explicado brevemente en el primer giro de la rueda del Dharma, el Buda expuso las enseñanzas del segundo y tercer giro de la rueda del Dharma.

Alguien podría pensar: "Quizá las enseñanzas profundas sobre la ausencia de existencia esencial, inherente y las enseñanzas más extensas sobre el sendero del bodhisatva y la Budeidad resultante no fueron enseñadas por el Buda, sino que fueron compuestas por sus discípulos posteriormente". Si decimos que el Buda no las enseñó, entonces debió dar unas enseñanzas rudimentarias, y sus seguidores las refinaron y profundizaron sus visiones. ¡Esto significaría que sus seguidores tenían más agudeza y eran más sabios que el propio Buda! Para mí esto es inaceptable. En mi opinión, el Buda enseñó todos los puntos esenciales del sendero cuando estaba vivo. Los comentadores indios y tibetanos en siglos posteriores explicaron el significado y las implicaciones de esos puntos, los desarrollaron ampliamente o los sistematizaron para aclarar el significado a las generaciones futuras.

Si los sutras mahayanas no fueran la palabra del Buda querría decir que las instrucciones completas del sendero del bodhisatva no existen en nuestro mundo. Sin esas enseñanzas, alcanzar la Budeidad sería imposible, y los esfuerzos de millones de personas desde hace 2.600 años para hacer realidad ese camino habrían sido en vano.

Sin embargo, a lo largo de los siglos, la gente ha generado la bodhichita y ha visto directamente la vacuidad de todos los fenómenos. Muchas personas con una elevada capacidad espiritual –algunos practicantes tibetanos y chinos, así como también Ajahn Mun– han experimentado visiones fiables de bodhisatvas y budas. Esas personas son individuos éticos y sabios, y no mienten. Por lo tanto, estos seres santos tienen que existir y las escrituras que explican cómo lograr esas realizaciones tienen que ser la palabra del Buda. Decir que el sendero completo a la Iluminación existe, pero que las enseñanzas sobre cómo hacerlo realidad las pudo crear alguien que no fuera el Buda, ¡sería ciertamente muy extraño![38]

La motivación mahayana –la aspiración a lograr la Iluminación por el beneficio de todos los seres vivos–, el sendero mahayana de las seis perfecciones y el objetivo mahayana de lograr la Budeidad son maravillosos y benefician a todos los seres. ¿Qué hay en todo esto que se pueda criticar? ¿En qué nos podemos apoyar para decir que el Buda no enseñó el mahayana?

Yo no acepto como algo literal todo lo que me encuentro en la literatura del budismo tibetano sobre la historia del Budadharma. Algunas cosas son claramente partidistas. Valoro los esfuerzos de los historiadores occidentales para tratar de analizar imparcialmente los acontecimientos históricos. Sin embargo, creo que mirar la historia del budismo únicamente desde la perspectiva de los eruditos académicos – la mayoría de los cuales acepta únicamente la existencia de esta vida– es ir demasiado lejos. Desde su perspectiva, muchas cosas mencionadas en las escrituras budistas serían imposibles. Sin embargo, con una visión amplia, que incluye la creencia en la continuidad de la consciencia y la cualidad de la mente de ser purificada totalmente y volverse omnisciente,

38 Es de sabios investigar todas las afirmaciones espirituales y no aceptarlas ingenuamente. Algunas personas malinterpretan las experiencias que tienen en meditación.

el alcance de la existencia humana se expande enormemente, y nuestra visión de la historia cambia también. Personalmente prefiero considerar lo que parece más razonable dado la visión que tengo de quién fue el Buda y cuáles fueron sus capacidades.

En resumen: puesto que Buda Shakyamuni era un ser iluminado, conocía las disposiciones de las diferentes audiencias y las guiaba de acuerdo a dichas disposiciones, enseñando lo que para ellos era adecuado. Puesto que los aspirantes espirituales receptivos a las enseñanzas del mahayana eran muy pocos en la época del Buda, dio estas enseñanzas solo a un grupo limitado. Estas enseñanzas permanecieron en grupos de personas muy pequeños y casi desaparecieron. Nagarjuna hizo un gran esfuerzo para reunirlas y enseñarlas, y por esta razón, se le reconoce como un pionero.

Personalmente hablando, yo (Chodron) abordo el tema de la autenticidad desde una perspectiva diferente que las que se han presentado anteriormente. Habiéndome graduado en historia, soy consciente de que las historias escritas son parciales, tanto en el sentido de que la información no está completa como en el de que los escritores las interpretaron desde su propia perspectiva.

A lo largo de los años he tenido la fortuna de estudiar los sutras mahayanas y los comentarios. Aunque mi sabiduría y conocimiento son limitados, estas enseñanzas tienen sentido para mí cuando las examino utilizando la razón. También producen efectos beneficiosos cuando las aplico en mi propia vida. Si estas enseñanzas tan profundas y efectivas no fueron dadas por un ser completamente iluminado como el Buda, ¿quién más podría tener la capacidad para hacerlo? Ciertamente no los limitados seres conscientes. Resumiendo, mi experiencia con estos sutras solo confirma mi convicción de que son la palabra del Buda. Aunque disfruto aprendiendo las diferentes perspectivas de la historia del budismo, mi fe no está basada en ellas.

## *Nagarjuna sobre la autenticidad de los sutras mahayana*

Nagarjuna ofreció un análisis razonado para demostrar la autenticidad de las escrituras mahayana.[39] Argumenta que, si el camino a la Iluminación consiste solo en los treinta y siete factores que llevan

39 Ver Khensur Jampa Tegchok, *Practical Ethics and Profound Emptiness* (Boston: Wisdom, 2017), versos 367-93.

a la Iluminación, sin hablar de la bodhichita ni de las prácticas del bodhisatva, habría pocas diferencias entre el camino que lleva al estado de arhat o de un sravaka o un realizador solitario y el camino que dirige a la Iluminación de un Buda, aparte de la diferencia de tiempo que lleva completarlo. La persona que aspira al estado de arhat podría lograr el objetivo tan solo en unas pocas vidas, mientras que el sendero del bodhisatva a la Iluminación requeriría acumular mérito y sabiduría durante tres incontables grandes eones.

Además, los primeros sutras que comprenden las enseñanzas del vehículo fundamental declaran que, en el momento de lograr el parinirvana cuando muere un arhat, esa persona logra el "Nirvana sin residuos". En ese momento, se dice que cesa el continuo de los agregados mentales y físicos contaminados. Sin embargo, si lo analizamos con cuidado, no hay razón por la que el continuo mental de un arhat cese totalmente en el momento de la muerte. No hay un agente o antídoto que pudiera provocar la cesación de un continuo de consciencia. Según el funcionamiento natural de las cosas, si existe un poderoso antídoto para algo, ese antídoto puede extinguir ese algo, igual que el agua puede extinguir el fuego. Puesto que las aflicciones no residen en la continuidad de la mente innata de la luz clara, cuando la sabiduría que comprende la ausencia de existencia esencial o inherente extingue las aflicciones, la continuidad de la mente innata de la luz clara permanece.

Si el continuo mental de un arhat terminara con la muerte, entonces Buda Shakyamuni, que alcanzó la Iluminación después de haber acumulado mérito y sabiduría durante tres incontables grandes eones, habría podido beneficiar a los seres conscientes sólo durante un corto periodo de tiempo. Dejó su vida en palacio a la edad de veintinueve años, alcanzó la Iluminación a los treinta y cinco, y murió a los ochenta y uno. Así que hubiera podido llevar a cabo su voto de trabajar por el beneficio de los seres conscientes sólo durante cuarenta y cinco años. Teniendo en cuenta que realizó un gran esfuerzo durante tres incontables grandes eones para beneficiar a los seres conscientes, no tiene sentido que dispusiera sólo de cuatro décadas para cumplir el propósito por el que había alcanzado la Iluminación.

En *Guirnalda preciosa* (vv. 386-87), Nagarjuna explica que la *extinción* mencionada en los sutras pali tiene el mismo significado que "no surgido" en los sutras mahayana. Ambos son vacíos. *Extinción* se refiere a la vacuidad primordial de existencia inherente de duhkha y de los agregados contaminados, y *no surgido* quiere decir que el fenómeno no surge inherentemente. El conocimiento de la extinción y el conocimiento de no surgir hacen referencia los dos a la sabiduría que comprende la vacuidad, la causa indispensable de la liberación para los practicantes de los tres vehículos. Puesto que este es el caso, ¿por qué debería nadie despreciar las escrituras que la enseñan?

Nagarjuna se preguntó por qué la gente dudaría de la autenticidad de los sutras mahayana (RA 380-82):

> La naturaleza de lo que sostiene el mahayana es generosidad, conducta ética, paciencia, esfuerzo gozoso, estabilidad meditativa, sabiduría y compasión, ¿cómo podrían contener una afirmación incorrecta?
>
> Los objetivos de los demás se alcanzan mediante la generosidad y la conducta ética. Los propios mediante la paciencia y el esfuerzo gozoso. La estabilidad meditativa y la sabiduría conducen a la Liberación.
>
> Esto resume las enseñanzas mahayana.
>
> En resumen, la enseñanza del Buda incluye lo que beneficia a uno mismo y a los demás, y [el modo de lograr] la Liberación. Estos temas se encuentran en las seis perfecciones, por lo tanto, son también las palabras del Buda.

Las seis perfecciones, que son elementos centrales de las enseñanzas mahayana del sendero del bodhisatva, son todas ellas extensiones de prácticas que se encuentran en el vehículo fundamental, valores y prácticas que benefician al mundo. Habiendo explicado brevemente estos temas en los primeros sutras, el Buda los desarrolló en el mahayana para darles, en base a la disposición del bodhisatva, las instrucciones completas que este necesitaba. Estas personas también necesitaban aprender las magníficas oraciones de aspiración de los bodhisatvas, las prácticas extensas de los bodhisatvas y la dedicación de mérito de los bodhisatvas. Si el Buda no las hubiese enseñado, ¿quién pudo hacerlo? Simplemente como un ser no iluminado no le habría sido posible enseñar las maravillosas enseñanzas del vehículo fundamental, ni tampoco una persona así hubiera podido crear las vastas y profundas enseñanzas del mahayana. Deben ser la palabra del Buda.

Nagarjuna aconsejó a la gente que no se sentía cómoda practicando el sendero del bodhisatva debido al largo tiempo necesario para completarlo o a quienes dudaban de que el Buda pudiera tener las extraordinarias cualidades descritas en los sutras mahayana que se abstuviesen de juzgar y mantuviesen la mente abierta. No se pierde nada por hacerlo, y permanecer neutral le protege a uno de la negatividad que resulta de despreciar las enseñanzas.

En este sentido, Nagarjuna demostró el valor y la autenticidad de los sutras mahayana que muestran el sendero a la Budeidad. Las enseñanzas de la tradición sánscrita no contradicen el corazón de las enseñanzas de la tradición del pali y, de hecho, explican con detalle temas expuestos en ellas. Maitreya en *Ornamento de los sutras mahayana,* Shantideva en *Implicarse en las acciones de los bodhisatvas* (*Bodhisatvacaryavatara*) y Bhavaviveka en *Corazón del camino medio* (*Madhyamakahrdaya*) también establecen la validez de las escrituras mahayana.

REFLEXIONES

1. Puesto que los sutras mahayana que se encuentran en la tradición sánscrita aparecieron públicamente en una fecha posterior a los suttas de la tradición del pali, ha habido dudas acerca de su autenticidad.
2. Contempla las razones que dan Su Santidad y Nagarjuna para confiar en que esas enseñanzas son auténticas y llevan a la Iluminación.
3. Mientras sigues aprendiendo la tradición sánscrita considera que la única persona capaz de trasmitir esas enseñanzas tan vastas y profundas debe ser un buda.

## *¿La palabra del Buda siempre fue dicha por el Buda?*

Los arhats y otros discípulos aryas del Buda trasmitieron algunos de los suttas del canon pali. Además, en algunos sutras el orador principal de las enseñanzas no es el Buda, sino otro buda o bodhisatva. Se dice que en el *Sutra del corazón* el Buda inspiró a Shariputra a hacer una pregunta a Avalokiteshvara para que respondiera. Su respuesta, una síntesis asombrosa de los sutras de la Prajñaparamita, se considera la palabra del Buda, aunque no fuera expresado verbalmente por el propio Buda. El mismo principio se puede usar para decir que los sutras mahayana son la palabra del Buda, incluso aunque no aparecieran públicamente hasta unos pocos siglos después de que viviera el Buda.

La idea de la palabra del Buda expresada en otros momentos por otras personas también se encuentra en la tradición pali. En el *Atthasalini*, Budaghosa dice que *Puntos de controversia* (*Kathavatthu*), que es uno de los siete textos abhidhamma del canon pali, era la palabra del Buda a pesar de que fue compuesto por Moggaliputta Tissa alrededor del año 250 antes de nuestra era. Sobre esto Budaghosa dice:

> Cuando [el Buda] estableció la tabla de contenidos previó que, 218 años después de su muerte, Tissa, el hijo de Moggali, sentado en medio de 1000 bhikkhus, desarrollaría el *Kathavatthu* a la medida [es decir, de acuerdo con] del Digha Nikaya, reuniendo 500 sutras ortodoxos y 500 heterodoxos. Así, Tissa, el hijo de Moggali, expuso el libro no solo por su propio conocimiento, sino de acuerdo con la tabla de contenidos establecida, así como también según el método dado por el maestro. Por tanto, el libro entero se vuelve palabra del Buda[40].

De manera similar, en *Discursos numéricos* (AN 8:8), Bhikkhu Uttara dice para instruir a sus compañeros monjes: "Amigos, es bueno para un bhikkhu revisar de vez en cuando sus propias caídas. Es bueno para un bhikkhu revisar de vez 1358 en cuando las caídas de otros. Es bueno para un bhikkhu revisar de vez en cuando sus propios logros. Es bueno para un bhikkhu revisar de vez en cuando los logros de los demás".

Al oír esto, el rey deva Vessavana le preguntó a Sakka, el gobernante de los devas, al respecto. Sakka se acercó entonces a Bhikkhu Uttara y le preguntó si aquello era su propio discernimiento o era la palabra del Buda. Uttara le replicó con una sonrisa: "Supón que no muy lejos de una aldea o ciudad hubiera un enorme montón de grano, y una gran multitud de gente fuera a coger grano llevando varas de portear, cestas, zurrones y sus propias manos. Si alguien se acercara a esa multitud de gente y preguntara: '¿De dónde has sacado ese grano?', ¿qué le dirían?".

Sakka respondió que ellos le dirían: "Lo hemos cogido del gran montón de grano".

---

40 John Benedict Buescher, *The Buddhist Doctrine of Two Truths in the Vaibhasika and Theravada Schools,* PhD dissertation (University of Virginia,1982), 44. Su nota al pie de la cita acredita una traducción publicada por The Pali Text Society y dice así: "P. Maung Tin, *The Expositor,* pp.5ff. El precedente escrito que Budaghosa dio para esto es un incidente en el Madhupindika Sutta".

Uttara continuó: "Entonces, también, gobernador de los devas, cualquier cosa que esté bien dicha, todo es la palabra del Bendecido, el Arahant, el Perfectamente Iluminado. Mis buenas palabras y las de los demás derivan de Él".

Los discípulos del Buda que han entendido bien el pensamiento del Buda pronuncian la palabra del Buda. Desde esta perspectiva, los sutras mahayana dichos por otros seres santos que no fueran el propio Buda se pueden considerar también la palabra del Buda. Están ciertamente de acuerdo y no contradicen lo que el Buda dijo en los suttas del pali.

## *Las cuatro autenticidades*

La enseñanza del Lamdre (*Sendero y resultado*) que se enseña en la tradición sakya habla de cuatro factores auténticos que nos ayudan a tener confianza en las enseñanzas de Buda y desarrollarlas en el Dharma: sutras del Buda auténticos, comentarios auténticos, maestros auténticos y experiencia auténtica.

En términos de evolución histórica, los auténticos sutras enseñados por el Buda aparecen en primer lugar. En base a ellos, se compusieron muchos comentarios auténticos –tratados escritos por Nagarjuna y otros grandes sabios que explicaron el pensamiento final del Buda. Basándose en el estudio de estos auténticos comentarios, han aparecido maestros auténticos que han logrado el fruto de los temas presentados en los comentarios auténticos. Basándose en las enseñanzas dadas por los auténticos maestros, surgen en los corazones de los practicantes experiencias espirituales auténticas o logros.

Desde el punto de vista del desarrollo de un sentimiento de convicción en estos cuatro factores auténticos, la secuencia se invierte. Empezamos con nuestra propia experiencia y, desde ahí, inferimos la autenticidad de los maestros, la autenticidad de los comentarios y, finalmente, la autenticidad de la palabra del Buda. En mi caso, comprender esto ha sido muy útil a la hora de desarrollar fe y confianza en el Buda y sus enseñanzas.

Mi modesta experiencia con el Dharma, que ha sido valiosa en mi vida y me ha traído paz mental, sucedió gracias a escuchar enseñanzas de mis maestros y, en algunos casos, mientras estudiaba los comentarios, como los de Nagarjuna y Asanga. Si hubiera recibido una educación que no mencionara esos maestros y sus comentarios, estas experiencias nunca hubieran ocurrido. Por eso, de manera natural admiro y venero a estos maestros y sus comentarios y sé por mi propia experiencia que las enseñanzas de Tsongkhapa y los grandes practicantes que lo siguieron son maravillosas. Tsongkhapa sentía un gran respeto y admiración por Nagarjuna y sus escritos, y esto junto con mis propios estudios de las obras de Nagarjuna me inspira a su vez a respetar a Nagarjuna y sus tratados. El propio Nagarjuna alababa al Buda enormemente, así pues, en última instancia, mi respeto y admiración debe ser para el Buda, que es nuestro auténtico maestro. Él es una auténtica y confiable guía en el sendero a la Iluminación, por lo tanto, cuando me encuentro con enseñanzas que él dio sobre temas muy intrincados, confío en ellas.

A pesar de que no hayamos tenido experiencias espirituales extraordinarias, cada uno de nosotros ha tenido algunas experiencias ordinarias. Reflexionar profundamente en las enseñanzas sobre la bodhichita afecta en gran medida a nuestro corazón y a nuestra mente, y contemplar las enseñanzas sobre la vacuidad induce un cambio en nuestra perspectiva. Aunque esto no son logros reales, hay experiencias espirituales que nos hacen intuir el "sabor" de esas realizaciones espirituales.

De acuerdo con estas experiencias preliminares tenemos una idea de las realizaciones espirituales descritas en las biografías de los grandes practicantes y, de este modo, desarrollamos fe en la autenticidad de esos grandes maestros. Esto nos lleva a generar confianza y admiración por los comentarios escritos por los sabios del pasado en los que, a su vez, confiaron estos mismos maestros. La admiración por los comentarios que explican estas enseñanzas nos impulsa a confiar en la validez de las propias escrituras del Buda. En *Tratado del camino medio*, Nagarjuna rinde homenaje al Buda alabándolo como aquel que enseñó la naturaleza de la realidad de todos los fenómenos –su vacuidad de existencia inherente o esencial–, enseñando la relación dependiente. Hacia el final de ese texto, Nagarjuna de nuevo rinde homenaje al Buda como aquel que encarna la compasión hacia todos los seres conscientes y que, por esta razón, revela el camino que nos ayuda a superar las visiones filosóficas erróneas. Reflexionar en estos homenajes nos capacita para utilizar la inferencia en un testimonio con autoridad, un tipo de inferencia que nos permite tener confianza en la validez de enseñanzas difíciles de entender y que no podemos conocer mediante otros medios de cognición fiables. En la epistemología budista, la inferencia debe basarse y finalmente remontarse a la experiencia directa. En este caso, basándonos en nuestras propias experiencias espirituales iniciales inferimos el alcance y la calidad de las experiencias espirituales de los grandes maestros, los comentarios en los que se apoyaron y, finalmente, en la palabra del Buda.

REFLEXIONES

1. Contempla el desarrollo del Dharma en el tiempo, empezando por la transmisión del Buda de auténticos sutras, que llevaron a escribir los auténticos comentarios de los grandes maestros indios. Esto llevó a que aparecieran maestros auténticos, que empezaron a dar enseñanzas, haciendo posible la auténtica experiencia espiritual de sus discípulos.

2. Desarrollar convicción en estos cuatro factores, invierte el proceso. Empieza con cualquier pequeña experiencia del Dharma que hayas tenido e infiere que existen verdaderas experiencias espirituales en los continuos mentales de los grandes maestros espirituales. Esto te llevará a tener confianza en la autenticidad de los comentarios, lo que a su vez te inspirará fe en los sutras del Buda.

## *Los cuatro cuerpos de un buda*

Si tenemos ciertas experiencias espirituales, podremos relacionarlas con los relatos en las biografías de los grandes practicantes. Estos relatos nos dan la sensación de que son posibles niveles más elevados de experiencias espirituales. Esto, a su vez, nos lleva a apreciar las cualidades del Buda. Si pensamos en la Iluminación del Buda en términos puramente ordinarios, es difícil comprender sus maravillosas cualidades. En la visión histórica general, Siddhartha Gautama era un ser no iluminado al nacer. A lo largo de los seis años que transcurrieron desde el momento en que empezó a meditar hasta su Iluminación bajo el árbol bodhi, recorrió el sendero a la Iluminación, desde el sendero de preparación hasta el de no más aprendizaje. Aunque ver al Buda como un ser no iluminado que logró la Iluminación en esa vida es muy inspirador, desde otra perspectiva podría parecer limitado.

Ver la Iluminación del Buda desde el contexto de la doctrina mahayana de los cuatro cuerpos del Buda nos proporciona una perspectiva diferente. En este contexto "cuerpo" no se refiere a un cuerpo físico, sino a un grupo de cualidades. Los cuatro cuerpos son: el cuerpo de emanación (*nirmanakaya*), el (*sambhogakaya*), el cuerpo de sabiduría de la verdad (*jñana dharmakaya*) y el cuerpo de la naturaleza de la verdad (*svabhavika dharmakaya*). Un *cuerpo de emanación* es una apariencia física de un buda como un ser ordinario, que él asume de acuerdo a las disposiciones espirituales y necesidades de unos discípulos en particular. Un cuerpo de emanación se manifiesta desde un cuerpo más sutil, el *cuerpo del deleite*, que es la forma que un buda adopta para enseñar a los arya bodhisatvas en las tierras puras. Un cuerpo del deleite, a su vez, emerge desde la mente omnisciente de un buda, el *cuerpo de sabiduría de la verdad.* El cuerpo de sabiduría de la verdad surge dentro de la naturaleza subyacente de la realidad, el *cuerpo de la naturaleza de la verdad* de un buda. Esta es la vacuidad de la mente de un buda y la verdadera cesación última hecha realidad por ese buda. Tanto la mente de un buda como su vacuidad se denominan cuerpos de la *verdad* porque la sabiduría de un buda es el camino verdadero último y la vacuidad de su mente es la verdadera cesación última.

Viendo esto mismo en orden inverso nos aporta una comprensión más profunda de Buda Shakyamuni. El cuerpo de la naturaleza de la verdad –que, puesto que es vacío y una cesación verdadera, es una verdad última– es no dual con el cuerpo de la sabiduría de la verdad –la mente omnisciente de un buda que clara y directamente conoce todos los fenómenos últimos y convencionales. Motivado por la compasión, desde esta unión de los cuerpos de la naturaleza y de la sabiduría de la verdad, emerge una apariencia sutil, un cuerpo del deleite, una persona que guía a los bodhisatvas altamente realizados. Para guiar a otros seres cuyas mentes están más oscurecidas, se manifiesta una emanación desde el cuerpo del deleite. Esta es la apariencia de un buda que puede comunicarse e interactuar con los seres ordinarios. Buda Shakyamuni fue uno de estos cuerpos de emanación. Debido a que surgió desde el cuerpo del deleite y, en última instancia, desde el cuerpo de la verdad, no dejó de existir cuando murió. La continuidad de su mente iluminada permanece. Esto quiere decir que, si nuestra propia experiencia espiritual interior alcanza cierto nivel, seremos capaces de ver al Buda y hablar con él. Los budas siempre están dispuestos a ayudar, pero debido a nuestra falta de mérito y experiencia espiritual, no podemos verlos. Cuando avancemos espiritualmente, podremos percibir cosas que hasta ahora habían sido inexplicables para nuestro modo limitado de pensar.

Al principio, las experiencias de los grandes maestros descritas en sus biografías, como recibir enseñanzas del Buda percibido en una visión, parecen estar más allá de nuestra imaginación. Aunque son inexplicables para nuestra ordinaria mente racional, estas experiencias espirituales excepcionales suceden, yo mismo he experimentado algunas en mi vida. El gran practicante Taklung Shabdrung Rimpoché (1918-94) me contó una vez que cuando estaba dándole las iniciaciones de las prácticas del linaje Taklung Kagyu a Dilgo Khyentse Rimpoché, tuvo una visión directa de los grandes maestros del linaje de esa práctica en particular, que aparecieron en las vigas de la habitación cuando estaba confiriendo la iniciación. Taklung Shabdrung Rimpoché era un lama anciano cuando me lo contó. Habiendo padecido en las cárceles chinas durante muchos años no querría impresionarme mintiendo o inflando su experiencia.

Hace algunos años, conocí a estudiantes y compañeros de Khenpo Acho (1918-98), un practicante de la región Nyarong del Tíbet. Era un practicante nyingma que estudió en Sera, un monasterio geluk, y que más tarde vivió como ermitaño. Su práctica principal era recitar el mantra de Avalokiteshvara, *Om mani padme hum*, aunque también practicaba Vajrayoguini y Vajrakilaya. Sus estudiantes cercanos y compañeros me contaron que antes de morir les pidió que no tocasen su cuerpo y que dejaran la habitación cerrada después de que muriera. Tras una semana, cuando abrieron la puerta, descubrieron que su cuerpo se había disuelto en luz de arcoíris. Sólo sus hábitos de monje habían quedado atrás.

Aunque muchos maestros tibetanos e indios no mostraran sus poderes sobrenaturales a lo largo de sus vidas, algunos lo hacían en el momento de morir. Después de morir mi maestro Yongzin Ling Rimpoché en 1983, permaneció durante trece días en el estado de luz clara sin el menor rastro de putrefacción. Algunos años más tarde, un abad de la tradición sakya permaneció en el estado de luz clara durante diecisiete días. Estas experiencias extraordinarias no solo se recogen en las biografías de los maestros del pasado, sino que también ocurren en el presente.

Ajahn Mun (1870-1949), un monje muy respetado y un meditador consumado de la tradición del bosque en Tailandia, tuvo visiones de Buda Shakyamuni y de arhats. Aunque muchas personas que siguen la tradición pali dicen que Buda Shakyamuni dejó de existir en el momento de su parinirvana, Ajahn Mun lo vio claramente rodeado por muchos arhats. Estas experiencias se hacen posibles cuando se purifica nuestra mente de engaños.

Las diferentes explicaciones del Buda presentadas anteriormente no tienen que ser necesariamente puntos de confusión para nosotros. No tenemos que elegir una visión y abandonar las otras. Más bien, en un momento en particular, una u otra perspectiva puede servir particularmente de ayuda. Cuando nos sentimos desanimados y pensamos que la Budeidad es demasiado elevada, que el camino es demasiado difícil o que somos incompetentes, ayuda pensar en el Buda como alguien que nació como un ser ordinario que experimentó los problemas implicados en su trayectoria y la vida de familia. Eligió practicar el Dharma diligentemente y alcanzó la Budeidad. Vemos que somos el mismo tipo de ser consciente que él y que tenemos el mismo potencial para lograr la Iluminación.

En otras ocasiones, ver a Buda Shakyamuni como un ser que logró la Iluminación eones atrás y que apareció en nuestro mundo como un cuerpo de emanación es más útil. Esta perspectiva nos aporta un sentimiento de ser cuidados y apoyados por muchos budas y bodhisatvas que se manifiestan en innumerables mundos por el beneficio de los seres conscientes. Estos seres realizados han consumado lo que nosotros aspiramos a lograr y pueden guiarnos en ese camino.

También podemos pensar en el Buda como la encarnación física de todas las excelentes cualidades. Puesto que como seres limitados no podemos percibir directamente las inconcebibles cualidades de la Iluminación, éstas aparecen bajo el aspecto del Buda para que entremos en contacto con ellas.

## *El budismo en el Tíbet*

Para comprender el budismo en el Tíbet, debemos rastrear sus raíces hasta el Buda a través de los maestros de Nalanda. Cuando el mahayana llegó a extenderse considerablemente en la India, se construyeron grandes universidades monásticas como Nalanda. Estas universidades atrajeron a brillantes eruditos de todos los sistemas filosóficos y también a reputados practicantes. Aunque Nagarjuna y su estudiante Aryadeva pudieron haber precedido el establecimiento del Monasterio de Nalanda, sus enseñanzas se estudiaron y debatieron allí. De ellos surgió el *linaje profundo* que explica ampliamente las enseñanzas sobre la naturaleza última. Estas incluyen las obras de Budhapalita, Bhavaviveka, Chandrakirti, Shantideva, Santaraksita y Kamalasila. El *linaje vasto,* que enfatiza las prácticas del bodhisatva, también floreció aquí, incluyendo las enseñanzas de Maitreya, Asanga, Vimuktisena, y Haribhadra. Dignaga y Dharmakirti, cuyas enseñanzas sobre la lógica y el razonamiento permitieron a los budistas refutar las visiones erróneas de los no budistas, también crecieron en Nalanda, como lo hizo también el estudio del vinaya –el código de disciplina monástico– como lo expusieron Gunaprabha y Sakyaprabha. Vasubandhu y Sthiramati elaboraron el abhidharma.

El Budadharma llegó por primera vez al Tíbet durante el reinado de Songtsen Gampo (D.C. 649). Entre sus esposas estaban Bhrkuti, una princesa nepalí, y Wencheng, una princesa china. Ambas traían consigo estatuas del Buda. Bhrkuti traía además escrituras budistas de la tradición sánscrita, y Wencheng trajo escrituras budistas en chino.

El budismo floreció durante el reinado de Trisong Detsen (r.775-800). Teniendo una visión de futuro sobre el desarrollo del Dharma, Trisong Detsen invitó al gran monje Santaraksita, filósofo madhyamaka y lógico de la universidad de Nalanda, a ir al Tíbet. A pesar de que ya rondaba los setenta años cuando llegó, Santaraksita asumió toda la responsabilidad para establecer el vinaya y el sistema monástico en el Tíbet. Ordenó a siete hombres para ver si podían mantener correctamente los preceptos pratimoksa. Este experimento tuvo éxito y, en el año 779, se fundó el Monasterio de Samye. Además de enseñar el madhyamaka, Santaraksita animó al rey tibetano a que ordenara traducir textos del sánscrito al tibetano para que la gente pudiera estudiar el Dharma en su propia lengua. Trisong Detsen también invitó al Tíbet al gran yogui tántrico Padmasambhava, que confirió iniciaciones tántricas y enseñanzas, y subyugó las interferencias para la expansión del Dharma. Me siento muy conmovido cuando pienso en las dificultades que afrontaron estos maestros para llevar el budismo al Tíbet. Deberíamos sentir una profunda gratitud hacia los maestros del pasado que establecieron nuestro actual sistema de estudio.

Al principio del S. IX, se tradujeron muchos textos budistas al tibetano, y una comisión de eruditos tibetanos e indios estandarizaron muchos de los términos técnicos y crearon un glosario sánscrito-tibetano. Sin embargo, el budismo sufrió una drástica persecución bajo el reinado de Langdarma (r.838-42). Durante este periodo las instituciones monásticas, que eran los centros neurálgicos del aprendizaje y la práctica del budismo, fueron casi completamente diezmadas. Como los monjes ya no podían vivir juntos, la trasmisión del Dharma de maestro a discípulo se interrumpió, las enseñanzas fueron diseminadas y la práctica se fragmentó, con un grupo en un lugar practicando las enseñanzas del sutra y otro grupo en otro sitio practicando el tantra. De este modo, la gente ya no sabía cómo practicar la totalidad de las diferentes enseñanzas de una manera unificada y libre de contradicciones.

El rey Yeshe Ö invitó al gran sabio Atisha (982-1054) al Tíbet para remediar esta difícil situación. Llegó en el año 1042, enseñó extensamente y rectificó las concepciones erróneas de que las enseñanzas del sutra y del tantra eran contradictorias. Atisha escribió *Una lámpara para el sendero* (*Bodhipathapradipa*), mostrando cómo una persona podía practicar tanto el sutra como el tantra de una manera sistemática y no contradictoria. Como resultado, la gente empezó a darse cuenta que la disciplina monástica del vinaya, los ideales del bodhisatva del vehículo de la perfección y las prácticas transformadoras del vajrayana se podían practicar de manera complementaria. Se construyeron de nuevo los monasterios y el Dharma floreció en el Tíbet.

Las enseñanzas budistas que se establecieron en el Tíbet antes de Atisha se conocieron como nyingma, o la escuela de la *antigua traducción*. Los nuevos linajes de enseñanzas que llegaron al Tíbet y empezaron en el S. XI se llamaron las escuelas de la *nueva traducción*, y estas, lentamente, cristalizaron formando las tradiciones kadam (que posteriormente evolucionó en la gueluk), la kagyu y la sakya. Estas cuatro tradiciones se remontan a Nalanda. La nyingma proviene de Santaraksita y Padmasambhava. La tradición kagyu viene de Naropa, un gran yogui que previamente fue un sagaz erudito de Nalanda. El traductor tibetano Marpa fue a la India y trajo su linaje al Tíbet. La tradición sakya llegó al Tíbet a través de Virupa, que empezó como un erudito en Nalanda especializado en la filosofía chitamatra. Tenía muchas experiencias místicas, y una noche, el encargado de la disciplina del monasterio oyó voces de mujeres en su habitación. Cuando abrió la puerta se encontró allí con un grupo de practicantes tántricas femeninas. Eran en realidad las dieciséis *dakinis* (practicantes tántricas femeninas altamente realizadas) del tantra de Hevajra, pero, debido a que había transgredido las reglas monásticas, el monje Dharmapala fue expulsado y se convirtió en el yogui Virupa. Atisha era del Monasterio de Vikramasila en la India, pero se consideraba parte de Nalanda porque el currículo de los dos monasterios era el mismo.

Las cuatro tradiciones tibetanas presentan las etapas de la práctica en el vehículo de la perfección de manera similar, como se puede ver en sus principales tratados sobre el tema. En la tradición nyingma, la obra *Mente en paz*, de Longchenpa (1308-64), y su comentario *Gran carro* se parecen a *Una lámpara para el sendero* especialmente en términos de esquema y estructura de los textos. El maestro nyingma Dza Patrul Rimpoché (1808-87) escribió *Las palabras de mi maestro perfecto*; el maestro kagyu Gampopa (1079-1153) fue el autor de *Ornamento de la preciosa liberación*; el maestro sakya Sakya Pandita (1182-1251) fue el autor de *Clarificar la intención de los sabios:* y el maestro gueluk Tsongkhapa (1357-1419) compuso *Gran tratado sobre las etapas del sendero*[41]. Había una rica tradición de debate entre las diferentes ramas del budismo tibetano. Por ejemplo, algunas personas pensaban que los escritos de Tsongkhapa sobre la vacuidad eran una invención propia. Pero, de hecho, están firmemente basados en los textos de Nagarjuna. Se basa en Nagarjuna para su explicación de cada tema importante. He encontrado que algunas explicaciones son ligeramente distintas de las de los maestros sakya, kagyu y nyingma, pero las diferencias no son de gran importancia.

La principal diferencia entre las tradiciones gueluk, sakya, nyingma y kagyu son las deidades principales en las que confían en sus prácticas tántricas. La nyingma principalmente confía en Vajrakilaya, la sakya en Hevajra, la kagyu en Chakrasamvara, la gueluk en Guhyasamaja y la jonang en Kalachakra. Sus explicaciones sobre los preliminares a la práctica tántrica son muy similares. Todos se basan en el linaje de Maitreya y Asanga para los métodos de desarrollar amor, compasión, bodhichita y las seis perfecciones. Sus explicaciones sobre la vacuidad están todas enraizadas en las obras de Nagarjuna y de sus seguidores.

Como gran erudito y lógico, Santaraksita introdujo a sus estudiantes en el proceso de utilizar el razonamiento para examinar las enseñanzas y, desde entonces hasta ahora, los tibetanos se han implicado en un

41 Los títulos tibetanos de estos textos son respectivamente: *Sems nyid ngal gso, Shing rta chen po, Kun bzang bla ma'i zhal lung, Thar pa rin po che'i rgyan, Thub pa'i dgongs gsal, y Lam rim chen mo.*

riguroso estudio y debate además de la meditación. Con los practicantes eruditos tibetanos estudiando, contemplando y meditando en las palabras del Buda y los grandes tratados y comentarios indios, el Tíbet se convirtió en el sostenedor de toda la tradición de Nalanda.

Tengo dos propósitos para denominar al budismo tibetano como la tradición de Nalanda. Primero, esto demuestra que no es *lamaísmo*, un término que acuñaron los primeros visitantes del Tíbet para nuestra forma de budismo. Lamaísmo implica que las enseñanzas fueron creadas por lamas que pretendían ser el Buda y que la gente adoraba a estos lamas. Este término creó muchos malentendidos. En segundo lugar, muchos tibetanos no saben cuál es el origen de sus propias enseñanzas y prácticas y simplemente siguen a su propio lama o los textos escritos por los maestros de su propio monasterio. Carecen de un conocimiento más completo y de una perspectiva más amplia. En Nalanda, además de estudiar los diferentes sistemas filosóficos budistas, también estudiaban el pensamiento no budista. De este modo desarrollaban su propio pensamiento crítico y tenían un conocimiento real. Leer un solo texto o estudiar un solo sistema no te aporta esto. Al haber estudiado numerosos textos e implicarse en la meditación seriamente, los maestros más excelentes son capaces de dar extensas explicaciones.

Debido al contexto social de la época en la India, Nalanda y las demás universidades monásticas florecieron y sus eruditos practicantes se enfocaban en refutar ideas no budistas erróneas. Sin embargo, una vez que la mayoría de los tibetanos fueron budistas, los practicantes eruditos tibetanos dieron por sentado que su audiencia era budista. Por esta razón, a pesar de que los sabios indios escribieron textos empleando el razonamiento para refutar visiones erróneas, Atisha enfatizó la integración del conocimiento de las prácticas budistas en la vida cotidiana. Hoy en día la audiencia es más diversa que nunca, y se hace necesario enfatizar tanto el razonamiento que refuta ideas erróneas como practicar las técnicas que subyugan la mente.

Algunas personas piensan erróneamente que la práctica tibetana, especialmente la del vajrayana, es una práctica en sí misma, separada del resto del budismo. Cuando visité Tailandia por primera vez, hace ya muchos años, algunas personas parecían pensar que el budismo tibetano era una religión diferente. Sin embargo, cuando nos sentábamos a comentar el vinaya, el abhidharma y otros temas como las cuatro verdades de los aryas, los treinta y siete factores que llevan a la Iluminación y los cuatro inconmensurables (amor, compasión, alegría y ecuanimidad), veíamos que nuestras tradiciones, theravada y budismo tibetano, tienen muchas prácticas y enseñanzas en común.

Con los chinos, coreanos y muchos budistas vietnamitas, los tibetanos comparten la tradición monástica, el código ético del bodhisatva, las escrituras sánscritas y las prácticas de Amitabha, Avalokiteshvara, Samantabhadra y el Buda de la Medicina. Cuando los budistas tibetanos nos reunimos con budistas japoneses, hablamos acerca del código ético del bodhisatva, del método para generar permanencia apacible y de sutras como el *Sutra del loto* (*Saddharmapundarika Sutra*). La secta shingon japonesa practica el tantrayana, y con ellos compartimos la práctica del yoga tantra del mandala de Vajradhatu y la presentación de la práctica tántrica de Vairochanabhisambodhi. Así, vemos que los practicantes del budismo tibetano tienen muchos puntos en común de los que pueden hablar con todos los demás budistas. Por este motivo, podemos decir que el budismo tibetano es una forma completa de budismo.

# 6 Investigando las enseñanzas

ANTES DE COMPRAR ALGO NECESARIO pero caro, una persona sabia investiga en profundidad las cualidades del producto. Igualmente, si vamos a invertir nuestro tiempo y energía en practicar un sendero es importante investigar las enseñanzas que explican ese sendero y cómo practicarlo. En este capítulo examinaremos los factores que hacen fiable una enseñanza. Poder rastrear una enseñanza hasta el Buda es un elemento clave en el proceso, así que debemos conocer el criterio para hacerlo, especialmente con las enseñanzas que aparecieron muchos siglos después del Buda.

Una vez hemos encontrado enseñanzas fiables, nuestra labor es entenderlas correctamente. Algunos tomamos de manera literal las afirmaciones e historias que leemos en las escrituras o que escuchamos en las enseñanzas orales y las encontramos confusas. Es importante comprender las intenciones o el propósito de ciertas afirmaciones y los objetivos de historias concretas para evitar llegar a conclusiones erróneas. Hacerlo entraña tener en cuenta los factores culturales.

Puesto que las enseñanzas del Buda se han extendido ahora en nuevas localizaciones y han llegado a culturas que no están familiarizadas con ellas, surge la pregunta, "¿es conveniente o posible cambiar las enseñanzas del Dharma?". Para resolverla, es esencial distinguir el Dharma real de sus formas y expresiones culturales. Si cambiamos las enseñanzas del camino no alcanzaremos el objetivo del camino: el Nirvana. Si no cambiamos las formas externas, pasaremos la mayor parte del tiempo tratando de imitar a gente de otra cultura sin transformar nuestras mentes de manera significativa.

Una vez que tenemos claro el sendero y el objetivo, tenemos que ponernos a crear las causas necesarias para lograr la Iluminación practicando el sendero. Sin crear las causas capaces de producir cierto resultado, dicho resultado no tendrá lugar, así que debemos ser prácticos y realistas. Si esperamos hasta que cada una de nuestras cuestiones haya sido resuelta a nuestro gusto, nos perderemos la oportunidad de implicarnos en una práctica espiritual genuina.

## *La experiencia de los kalamas*

El Sutta de Kalama en el canon pali cuenta la historia de la gente de Kalama, de Kesaputta, que estaban confundidos debido a la corriente de maestros religiosos que visitaban el lugar. Cada uno exponía su propia doctrina y despreciaba las de los demás. Al principio del sutta, los kalamas no eran discípulos del Buda y, oyendo acerca de sus cualidades, buscaron su orientación sobre cómo determinar qué maestros estaban en lo cierto y cuáles estaban equivocados. El Buda les recomendó (AN 3.65):

> Es normal para vosotros, kalamas, dudar, estar inseguros. La incertidumbre ha surgido en vosotros acerca de lo que es dudoso. ¡Vamos kalamas!, no confiéis en lo que se ha aprendido por oírlo repetidas veces, ni en la tradición, ni en los rumores, ni tampoco en lo que pone en las escrituras, ni en conjeturas, ni en un axioma, ni en el razonamiento aparentemente plausible, ni en lo que es un prejuicio con respecto a una noción en la que se ha reflexionado, ni en la habilidad aparente de otros, ni en la consideración "El monje es nuestro maestro". Kalamas, cuando conozcáis por vosotros mismos: "Esto es malo, esto es censurable, esto lo desaprueba El Sabio; llevadas a cabo y observadas, estas cosas conducen al dolor y al infortunio", abandonad todo esto... Cuando conozcáis por vosotros mismos: "Esto es bueno, esto no es censurable, esto lo alaba El Sabio; llevadas a cabo y observadas, estas cosas conducen al beneficio y la felicidad", realizadlas y morad en ellas.

Sabiendo que los kalamas eran gente razonable y sensible, el Buda los animó a investigar las diferentes enseñanzas que habían oído y a no aceptarlas basándose en razones poco consistentes que la gente daba demasiado a menudo debido a sus creencias. El Buda no recomendó a los kalamas rechazar declaraciones porque no las comprendieran. Más bien, los alentó a comprobar las afirmaciones y ver si estas sostenían lo que los kalamas sabían que era cierto y beneficioso desde su propia experiencia.

Aceptar una creencia simplemente porque se ha dado hace mucho tiempo y forma parte de una larga tradición no es sabio. Sin embargo, rechazar antiguas creencias únicamente porque no están de acuerdo con nuestras opiniones actuales, tampoco lo es. Permanecer abierto y continuar examinándolas es juicioso. Es nuestra responsabilidad utilizar la inteligencia para cuestionar y comprobar una enseñanza antes de aceptarla. Haciéndolo, nuestro conocimiento será firme porque estará basado en una experiencia de primera mano o en el razonamiento correcto.

## *Enseñanzas fiables*

Cualquier enseñanza budista que escuchemos, estudiemos o practiquemos debería ser auténtica. Durante siglos, personas como nosotros han estudiado y practicado las enseñanzas del budismo y, de ese modo, han transformado sus mentes y sus corazones y han logrado niveles espirituales elevados, incluyendo la Iluminación misma. Podemos confiar en que, si aprendemos y practicamos estas enseñanzas correctamente, también lograremos los mismos resultados que obtuvieron los grandes maestros del pasado. Para asegurarnos de que una enseñanza es efectiva y fiable –no una invención reciente y sin comprobar de una persona no iluminada–, deberíamos poder rastrear su origen hasta el propio Buda. Tres criterios nos ayudarán a evaluar una enseñanza y a obtener una idea más clara de si es auténtica.

Primero: las enseñanzas impartidas por el Buda se pueden aceptar como fiables. Para validar los comentarios y enseñanzas de los maestros de generaciones subsiguientes, investigamos si su significado concuerda con lo que enseñó el Buda.

Segundo: una enseñanza que ha estado sujeta a un escrutinio lógico y avalada por dicho escrutinio realizado por los grandes sabios budistas se puede aceptar como auténtica. Estos sabios no eran intelectuales que simplemente analizaban las enseñanzas sin practicarlas ellos mismos. Aunque grandes sabios como Aryadeva, Chandrakirti y Shantideva se describen en general como personas que debatían activamente, eran también practicantes consumados que con gran sinceridad ponían en práctica las enseñanzas y transformaron sus mentes.

Tercero: una enseñanza que se ha practicado y de la que han alcanzado su objetivo los grandes *mahasidhas* –yoguis y yoguinis altamente consumados– es auténtica. Estos grandes practicantes se han adiestrado sinceramente en las enseñanzas del Buda, han integrado su significado y han obtenido valiosas realizaciones espirituales. Esto demuestra que las enseñanzas que han practicado son fiables.

Algunas personas suponen erróneamente que los monjes en la India y el Tíbet solo estudian y debaten, mientras que los tantrikas, cuya apariencia y comportamiento no se correspondía con la disciplina monástica, no estudiaban y, aun así, eran los auténticos practicantes. Antes de llegar a ser un practicante tántrico, Naropa fue un respetado y docto practicante, además de ser el abad de Nalanda. No llegó a ser un practicante tántrico como principiante en el budismo, sino solo después de muchos años de estudio tras los que alcanzó una excelente comprensión conceptual del Dharma. Aunque se dio cuenta de que únicamente eso no era suficiente para lograr la Budeidad, su amplio conocimiento de las escrituras fue la base necesaria para actualizar con éxito el camino del tantra siendo un yogui.

Muchos de los diecisiete grandes eruditos de Nalanda[42] no fueron solamente expertos en el debate y maestros, sino que se encontraban entre los ochenta mahasidhas. En tibetano, el término *khedrup nyenten* –que se aplica tanto a los sabios eruditos de las universidades monásticas como a los mahasidhas– indica un practicante provisto de un gran adiestramiento, así como de las realizaciones derivadas de la práctica. Sin estudiar no sabremos cómo meditar correctamente. Sin meditación, nuestros estudios permanecen estériles. Ambas tareas son necesarias.

Podemos comparar una enseñanza con los textos que se aceptan normalmente por todo el mundo tanto en la tradición theravada como en la mahayana y, si su significado coincide, podemos aceptarla como correcta. Por ejemplo, en la tradición mahayana, los textos de Nagarjuna, Arya Asanga, Shantideva, Chandrakirti y Dharmakirti se aceptan normalmente como explicaciones precisas de la palabra del Buda. Se ha constatado ya que estas obras de los grandes maestros son fiables porque las han investigado los sabios, y los mahasidhas han obtenido realizaciones basándose en ellas.

---

42 Estos diecisiete eruditos de Nalanda son: Nagarjuna, Aryadeva, Budhapalita, Bhavaviveka, Chandrakirti, Shantideva, Santaraksita, Kamalashila, Asanga, Vasubandhu, Dignaga, Dharmakirti, Vimuktisena, Haribhadra, Gunaprabha, Sakyaprabha y Atisha.

Este análisis no se puede hacer apoyándose únicamente en las palabras, debe incluir los significados. Por ejemplo, la terminología en diferentes comentarios tántricos puede diferir considerablemente de la de los textos raíz. Sin embargo, si su significado concuerda con el de los textos raíz, los comentarios pueden ser aceptados como fiables.

Deberíamos evitar denigrar las enseñanzas con las que no estamos de acuerdo o no comprendemos del todo diciendo: "El Buda no enseñó eso". Pensemos: ¿qué ganamos con decir "El Buda no enseñó la reencarnación" simplemente porque la idea de la reencarnación nos produce incomodidad o no tiene sentido ahora mismo para nosotros? Es mejor permanecer neutral hacia estas enseñanzas y dejarlas a un lado por el momento.

Tampoco deberíamos ignorar las enseñanzas porque no tengan una utilidad inmediata para nosotros. Por ejemplo, algunas personas tienen un profundo respeto por el Buda y sus enseñanzas y les preocupa llegar a ser más compasivos. En estos momentos no se sienten muy atraídos por la investigación de la vacuidad a través de un análisis lógico. Es correcto para esas personas enfocarse en las enseñanzas que son más relevantes para sus objetivos. No necesitan estudiar las complejas obras en las que profundizan los monjes. Sin embargo, esto no quiere decir que los textos que son más complejos sean irrelevantes, innecesarios o no sean auténticos.

El Buda dio algunas enseñanzas provisionales para beneficiar a un individuo o grupo en particular. La escritura es auténtica, pero su significado requiere interpretación, no es definitivo. Por ejemplo, un sutra dice: "El padre y la madre deben ser asesinados". Está claro que esto no debe tomarse literalmente y que se debe interpretar su significado. El Buda dijo esto para consolar a un rey que había quitado la vida a su padre y a su madre y estaba abrumado por los remordimientos. En la mente del Buda, "padre y madre" hacen referencia al ansia y a la existencia, dos de los doce vínculos de relación dependiente, que describen cómo renacemos en la existencia cíclica. Una vez el rey se había repuesto de su remordimiento y su mente estaba abierta a escuchar nuevas enseñanzas, el Buda le enseñó el verdadero significado del Dharma.

En los sutras diseñados para los principiantes que se beneficiarían de la presentación chitamatra, el Buda enseñó las tres naturalezas, diciendo que la naturaleza imputada no existe por sus propias características, pero que la naturaleza impulsada por otros y la naturaleza consumada existen ambas por sus propias características. Aunque el texto está hecho para ser comprendido, tal como se ha mencionado anteriormente, por aquellos con la disposición chitamatra, la enseñanza es provisional porque no presenta el modo último de existencia. El Buda tenía en mente otro significado más profundo cuando dijo esto.

Otro ejemplo de enseñanza provisional es aquel en el que un mentor instruye a un discípulo concreto: "Para meditar en la vacuidad, simplemente impide que tu mente se enfoque en cualquier objeto, sea el que sea". Oyendo este consejo y aplicándose en su meditación, el discípulo alcanzó la visión correcta de la vacuidad. Sin embargo, esta instrucción no es del todo correcta, ya que incluso la vacuidad es un objeto sobre el que enfocarse. La meditación en la vacuidad no es vaciar la mente de todos los pensamientos. Si estas enseñanzas se dieran a una audiencia general, mucha gente podría malinterpretarlas y meditar para dejar la mente en blanco, como ocurría con lo que enseñaba el monje chino Hashang Mahayana en el Tíbet en el S. VIII. La comprensión de la vacuidad en la mente de las personas en general podría, de hecho, verse obstaculizada porque podrían confundir el no enfocarse en ningún objeto en absoluto con la meditación en la vacuidad. Estas dos meditaciones son bien distintas.

¿Por qué se le dio entonces esta instrucción a este discípulo? Debido a sus circunstancias particulares, este individuo era maduro y estaba preparado para beneficiarse al oírla. En lugar de generar la visión errónea confundiendo el dejar la mente en blanco con la meditación en la vacuidad, el estado mental único de esta persona le hizo un pupilo apropiado para escuchar esa explicación y comprender la visión correcta.

Puesto que este punto de vista puede ser peligroso si se enseña públicamente, Kamalasila fue al Monasterio de Samye desde la India para debatir con Hashang Mahayana y refutar su perspectiva. Me pregunto si Hashang Mahayana había dado en un principio esta instrucción a un discípulo en particular para quien era adecuada y más tarde empezó a enseñarla al público en general. Santaraksita, el gurú de Kamalasila, estaba en Samye por aquel entonces, y le pidió a Hashang que expusiera su punto de vista en el Tíbet desde el principio: Santaraksita con toda seguridad hablaría y lo rechazaría, especialmente porque Hashang decía que estudiar y contemplar las enseñanzas no era necesario.

El gran maestro nyingma Longchenpa comentó una vez que, debido al poco mérito de los tibetanos, el punto de vista de Hashang no llegó a ser dominante en el Tíbet. Otro lama dijo después que había ocurrido lo mismo con Longchenpa, ya que su propio punto de vista era el mismo que el de Hashang. Personalmente, soy seguidor tanto de Kamalasila como de Longchenpa y tengo fe en ambos. Como explicaba anteriormente, una afirmación como "Impide que tu mente se enfoque en cualquier objeto" puede ser adecuada para un individuo específico con un karma particular y cierto estado mental. Kamalasila lo refutaba cuando enseñaba públicamente debido al daño que podía hacer en caso de interpretarse literalmente. Sin embargo, Longchenpa lo aceptaba como aplicable a ciertos individuos específicos. Por lo tanto, sus posiciones no son contradictorias.

Algunas declaraciones de los sutras o tratados indios están explicadas de manera distinta en cada una de las escuelas filosóficas, y existen niveles de profundidad dentro de los sistemas del sutra y del tantra. El Buda explicó ciertos puntos mediante medios hábiles para beneficiar a un tipo particular de discípulo y gradualmente llevarlos al punto de vista correcto y último. Así, aceptamos diferentes afirmaciones en las escrituras y diferentes interpretaciones de algunas afirmaciones como una indicación de los medios hábiles del Buda. ¡Pero no deberíamos llevarlo al extremo y pensar que el Buda era tan poco preciso al hablar que cualquiera puede interpretar sus palabras como le plazca! Más bien, una enseñanza puede tener muchos significados implícitos y explícitos que se pueden extraer de varias maneras. En el más elevado yoga tantra específicamente, una frase puede interpretarse de cuatro maneras: según su significado literal, según su significado general, según su significado oculto y según su significado último. También se puede interpretar su significado de seis modos: interpretativo y definitivo; significado implícito y no implícito (directo) o literal y no literal. Aquí, interpretable y definitivo no significan lo mismo que en el contexto del sutra.

## REFLEXIONES

Tres criterios pueden permitirnos discernir si una enseñanza en particular es fiable:

1. Fue impartida por el propio Buda plenamente iluminado.

2. Debe estar sujeta al escrutinio lógico de los grandes sabios budistas y ratificada por el mismo.

3. Se ha practicado y los grandes mahasidhas han logrado el objetivo de dicha enseñanza.

---

## *Enseñanzas tesoro y enseñanzas de la visión pura*

En el budismo tibetano, además de las enseñanzas expuestas por el mismo Buda recogidas en los sutras y las de los grandes maestros expuestas en sus propios escritos, hay enseñanzas *tesoro* (*terma o tercho*) y otras enseñanzas que surgen de visiones puras. ¿Cómo se rastrean hasta el Buda estas enseñanzas y cuál es el proceso para garantizar su validez?

Las *termas* son enseñanzas descubiertas siglos después de ser compuestas, ya porque estuvieran escondidas en algún lugar físico del entorno o porque saliesen a la luz en una enseñanza visionaria. Se ocultaron como termas porque no eran adecuadas para los practicantes de la época del guru inicial, pero podrían beneficiar a los practicantes de la época del *terton,* el posterior practicante que las descubre. Cuando se esconde una terma, el guru que la oculta profetiza a menudo dónde, cuándo y por quién será descubierta más tarde.

Hay dos clases principales de termas: tesoros de la tierra y tesoros de la mente. *Tesoros de la tierra* son objetos como textos e instrumentos rituales que se descubren en la naturaleza –en rocas, montañas o árboles–, en un templo o en una estupa. Las termas de la tierra no son libros ordinarios, sino que, a menudo, están escritos con otros caracteres o en otros lenguajes. A veces, contienen símbolos que provocan que el terton recuerde una enseñanza, que entonces escribe. Los *tesoros de la mente* se encuentran en el espacio, es decir, aparecen en la mente del terton. Guru Padmasambhava, el creador de termas más prolífico, u otro guru, las coloca en el continuo mental del terton, quien las experimenta en meditación y seguidamente las escribe de memoria. A veces, el propio terton mantiene la enseñanza en su continuo mental y la revela en una vida futura.

Una enseñanza tesoro realza las enseñanzas que el Buda ya dio. En cuanto a contenido y propósito está en línea con las enseñanzas de Buda Shakyamuni, contenidas en los sutras y los tantras. En este sentido, es rastreable hasta el mismo Buda.

En la comunidad budista tibetana, algunos tesoros descubiertos se consideran falsos y otros auténticos, lo que indica que algunos pueden estar falsificados o sencillamente ser erróneos. No hay un comité o una persona designada para comprobar la veracidad de las termas, sino que un maestro destacado y autorizado que sea muy conocido en la comunidad tibetana normalmente hace un comentario sobre la terma. Él y otros tienen en cuenta tres factores: si el terton y/o la terma fueron profetizados por el Buda o por otro maestro del linaje, principalmente Padmasambhava; el resultado de la comparación de la enseñanza tesoro con otras reconocidas como auténticas termas descubiertas en el pasado; y las características de la persona que dice ser el descubridor de la terma.

En la mayoría de los casos, un verdadero descubridor de termas oculta una nueva enseñanza tesoro durante algunos años mientras él o ella la practican para comprobar si es fiable. El maestro de esa persona también practica y evalúa la enseñanza. A veces, se dice en la propia terma que el terton encontrará un estudiante específico y fiable a quien debe darle en primer lugar la enseñanza. Este estudiante se denomina "el dueño de la enseñanza", y el descubridor puede esperar para ver si aparece este estudiante. Tal como yo lo entiendo, cuando Dilgo Khyentse Rimpoché experimentó algo parecido a una intuición en la que aparecía una enseñanza en su mente, se lo explicó a su maestro Khyentse Choki Lodro. Entonces, los dos habrían practicado esa enseñanza, y si ambos obtuvieron alguna experiencia profunda, entonces la considerarían auténtica.

Hay otras enseñanzas que derivan de una visión pura que aparecen en profunda meditación en la mente de un maestro realizado. A diferencia de las termas, estas no son transmitidas por la mente de Padmasambhava. Más bien, la visión pura de la deidad aparece directamente al practicante. Aquí, la deidad que aparece es un buda. Al igual que con las termas, las enseñanzas dadas en una visión pura deben concordar con las enseñanzas originales rastreadas hasta el Buda. ¡Si la deidad que aparece en la visión pura enseña que hay un alma inherentemente existente, con toda seguridad esto no sería una enseñanza de una auténtica visión pura!

El Quinto Dalai Lama tenía visiones de varias deidades, y así, ciertos linajes se remontan hasta él. Practicó las enseñanzas de sus visiones puras y obtuvo buenos resultados. Posteriores maestros también lo hicieron con resultados similares. El Quinto Dalai Lama era un buen monje, un excelente erudito y un practicante espectacular. No tenía razón alguna para mentir.

Recibí de mi maestro Takdrak Rimpoché algunas de las iniciaciones que proceden de la visión pura del Quinto Dalai Lama, cuando yo tenía unos diez u once años. En aquel momento no estaba muy interesado en ellas, aunque tuve algunos sueños auspiciosos durante aquel tiempo. Ahora, cuando hago retiros aquí en Dharamsala de las visiones puras del Quinto Dalai Lama, aparecen algunas indicaciones de éxito en cada retiro. Pueden no ser signos evidentes, pero aun así aparecen, así que esto sumado a mi propia experiencia al practicar estas enseñanzas, me lleva a creer que son auténticas. El Segundo Dalai Lama también tenía muchas visiones puras (igual que el Primer Dalai Lama), aunque las mantenía en secreto.

Cada tradición del budismo tibetano tiene meditaciones del gurú yoga, centradas en los sostenedores principales de ese linaje. Para la nyingma el sostenedor principal es Padmasambhava; para la kagyu, Milarepa; para la gueluk, Tsongkhapa; y para la sakya, los cinco fundadores de la orden sakya (Sachen Kunga Nyingpo, Sonam Tsemo, Jetsun Drakpa Gyaltsen, Sakya Pandita y Chogyal Phakpa). Nos podemos preguntar: "Dado que estos maestros fueron figuras históricas posteriores, las prácticas de gurú yoga centradas en ellos fueron escritas mucho después de que el Buda viviera. ¿Cómo podemos saber que son válidas?".

Al examinarlas, vemos que estas *sadhanas* (textos rituales) de gurú yoga contienen los elementos importantes de cualquier práctica tántrica: tomar refugio y la generación de la bodhichita, la oración de las siete ramas, suplicar inspiración, la disolución del gurú en el meditador y la meditación en la vacuidad. Aunque la figura central varíe –en lugar de ser una deidad, ahora es un lama del linaje–, la práctica es auténtica porque sigue el método meditativo básico de este tipo de práctica.

## *¿Afirmaciones exageradas?*

A veces encontramos expresiones en los sutras o en los comentarios que parecen exageradas y tenemos dudas sobre si deberíamos tomarlas literalmente. Utilizando el criterio citado anteriormente, además de nuestro sentido común, podemos evaluar si son precisas si las entendemos al pie de la letra.

Por ejemplo, en algunas escrituras se dice que, recitando un determinado mantra una vez, uno ya no renacerá en un reino desafortunado nunca más o que uno alcanzará la Iluminación fácilmente. Si tales afirmaciones fueran literalmente ciertas, no habría sido necesario para el Buda enseñarnos cómo evitar las acciones destructivas y cómo crear las constructivas. Si pudiéramos renacer en una tierra pura recitando unos pocos mantras, ¿por qué pasaría tanto tiempo el Buda enseñando la importancia de neutralizar la ignorancia y las aflicciones aplicando los antídotos para ese fin? Si pudiésemos lograr realizaciones simplemente recitando mantras, el Buda no hubiera enseñado los tres adiestramientos superiores ni el desarrollo del método y la sabiduría. Podemos ver que tales afirmaciones no son consecuentes con las enseñanzas del Buda en otras escrituras. Por lo tanto, no podemos tomar literalmente estas afirmaciones. Recitar mantras debe hacerse junto con otras prácticas virtuosas para obtener los resultados deseados. Así que, ¿por qué dice esto la escritura? En parte, los beneficios de recitar los mantras se elogian para inspirar a ciertas personas a implicarse en la práctica.

Además, los resultados de recitar un mantra son diferentes según la persona que lo hace y cómo se hace. Una acción constructiva hecha por una persona acogida a los preceptos budistas es mucho más poderosa que la misma acción hecha por otra que no vive con dichos preceptos. El poder de la recitación del mantra dicho por una persona que está contemplando la vacuidad del mantra, recitado con la motivación de la bodhichita o visualizando que se envían emanaciones que benefician a los seres conscientes es mucho más grande que el del mismo mantra recitado por alguien con la mente distraída. El poder del mantra no opera al margen de esas otras condiciones.

Por otro lado, algunas escrituras dicen, por ejemplo, que renaceremos en el reino de los infiernos durante el mismo número de eones que el número de instantes que nos enfademos con nuestro maestro espiritual, o que un momento de ira destruye el mérito de la generosidad y otras prácticas que hayamos podido acumular durante un eón, o que la ira hacia un bodhisatva lleva a experimentar renacimientos desafortunados y un gran sufrimiento durante eones.

Algunas personas podrían pensar que el Buda dijo estas cosas para inculcarnos miedo para que nos comportemos éticamente. No es el caso. El Buda no tenía ninguna razón para asustarnos con un castigo: la ley del karma y sus efectos no es un sistema de castigo y recompensa. Más bien, con su compasión, el Buda estaba recordándonos que cualquier pequeño acto puede traer un resultado considerable, igual que en el mundo físico una diminuta semilla puede dar lugar a un árbol extremadamente grande. Estas afirmaciones, aparentemente exageradas, no son solo para los malos efectos de las pequeñas acciones dañinas, sino que también se encuentran en el lado positivo. Grandes resultados beneficiosos pueden derivar de realizar pequeñas acciones constructivas. Por ejemplo, se dice que, si una persona lanza una siniestra mirada a un bodhisatva, el impacto kármico es como si les arrancara los ojos a todos los seres vivos. Sin embargo, también se dice que si rendimos respeto o veneramos a un bodhisatva incluso por un instante, acumulamos un mérito tan vasto como el universo. Un texto dice que si una persona enfurecida mira una imagen del Buda, acumula mérito por el hecho de entrar en contacto con una imagen que representa la Iluminación. Como resultado, podremos ver diez millones de budas en el futuro. Pero recuerda, solo mirar una estatua de Buda no producirá el resultado de ver diez millones de budas. También necesitamos purificar nuestras mentes, crear mérito, generar la bodhichita y comprender la vacuidad.

En afirmaciones sobre los efectos de nuestras interacciones con los budas, bodhisatvas y sus imágenes, que haya referencias a un karma más o menos poderoso se debe sobre todo a lo que se denomina “el poder del objeto”. Es decir, los budas y los bodhisatvas son seres extraordinarios que han acumulado mérito durante incontables eones y están dedicados continuamente a beneficiar a los seres conscientes. Venerar a dichos seres, hacerles ofrecimientos y ayudarles en sus diferentes trabajos crea un karma poderoso porque, al tener tanta virtud, los seres sagrados son objetos poderosos. Igualmente, interferir en sus buenas acciones o despreciarlos deja potenciales muy dañinos en nuestra mente.

El que nuestras acciones con respecto a los objetos sagrados tengan el potencial para traernos fuertes o débiles resultados depende también del contexto de la acción. Digamos que una persona que no es un bodhisatva se enfada con un bodhisatva al que normalmente le tiene una gran admiración. Su enfado no es rabia. Más bien pierde los estribos por una nadería. Si, inmediatamente, retoma la conciencia y se arrepiente de su ira, no creo que su experiencia sea la de experimentar sufrimiento durante incontables eones. Sin embargo, si otra persona a la que no le importan los bodhisatvas en general y es hostil con uno en particular se enfada mucho con este bodhisatva, se pueden aplicar las severas consecuencias mencionadas anteriormente.

Los resultados surgen según una multiplicidad de causas y condiciones, así que las afirmaciones en las escrituras deben entenderse en este contexto. La intensidad de nuestra intención, ya sea para generar ira o compasión, marca una gran diferencia en la fuerza del resultado. También, si una persona hace una acción repetidamente –sea constructiva o destructiva– el resultado será más poderoso. Otro factor que afecta a su fuerza es si utilizamos un antídoto: si purificamos las acciones destructivas, sus efectos serán más ligeros, mientras que generar ira o visiones erróneas dificulta la maduración de nuestros karmas constructivos. La fuerza del arrepentimiento y la fuerza de las visiones erróneas también influirán en el poder del karma. En resumen, muchos factores están implicados en las dimensiones del karma. En *Fulgor del razonamiento* (*Tarkajvala*), de Bhavaviveka, y en *Gran tratado de las etapas del sendero*, de Tsongkhapa, se dice que las complejidades del karma son muy profundas. El modo en que los actos específicos dan lugar a sus resultados específicos es un fenómeno muy oculto que solo los budas omniscientes pueden conocer con absoluta precisión. Sin embargo, aun así, podemos evaluar las afirmaciones de las escrituras con respecto a la causa y el resultado basados en nuestro limitado conocimiento comparando citas sobre un tema parecido para ver si son coherentes. En el caso de la eficacia de recitar un mantra una vez, otras escrituras dan una visión diferente y enfatizan la necesidad de purificar el karma negativo y practicar tanto la sabiduría como el método durante eones. Pero en el ejemplo de un pequeño instante de rabia que derivará en un resultado grande, encontramos declaraciones complementarias de que las pequeñas acciones positivas pueden madurar produciendo resultados significativos. En este caso, las afirmaciones están de acuerdo unas con otras.

Si no nos sentimos cómodos creyéndonos algunas de las afirmaciones de las escrituras sobre el karma y sus resultados, podemos dejarlas a un lado. Nadie nos obliga a creer lo que dijo el Buda o a ser budistas. En asuntos religiosos es natural que haya una gran diversidad de creencias. Mientras que todo el mundo –los seres humanos y animales por igual– está de acuerdo en que beber agua es necesario, discrepamos sobre qué comida es deliciosa. Igualmente, aunque la búsqueda del sentido de la vida es común, podemos diferir en cuanto a creencias religiosas. Hay sitio para diferentes visiones.

REFLEXIONES

1. ¿Hay afirmaciones en las escrituras con las que te sientes incómodo o hacia las que sientes dudas? Si es así, ¿cuáles son?

2. ¿Hay otras escrituras que refuerzan, contradicen o dan otra explicación del significado de dichas afirmaciones? ¿Cómo cambia esto tu manera de pensar?

3. ¿Se utilizaba la religión como instrumento para coaccionar o intimidar cuando eras niño? Si era así, ¿puede afectar esto ahora a tu perspectiva de la escritura budista?

## *Entendiendo el significado correctamente*

El significado de ciertas historias que se encuentran en los textos del Dharma no siempre es obvio, especialmente porque fueron contadas para un público específico y fueron relatadas en el contexto cultural del autor. Lo ilustraré con unos cuantos ejemplos.

Hay una historia del Buda en su vida previa en la que abandona a su esposa y a su hijo como un acto de generosidad. Esto parece contradecir no solo los valores modernos de igualdad de género, sino también el antiguo principio de cuidar de la propia familia.

Podemos sentirnos confundidos e incluso indignados ante los valores y suposiciones que subyacen en semejante historia. Nos ayudará dar un paso atrás y preguntarnos qué significado del Dharma se está expresando en la historia. La mayoría de las personas aman a su familia más que a nada. El apego a nuestros seres queridos es a menudo tan fuerte que separarnos de ellos nos supone una gran angustia. Que alguien esté dispuesto a ofrecer lo que más quiere en la vida atestigua la profunda confianza y veneración de esa persona hacia las Tres Joyas. Está dispuesto a separarse de sus objetos más queridos para crear mérito. Esta historia ilustra además que, cuando se vence el apego, la mente no se apega ni siquiera a aquellos que más amas. La mente es tan libre que ya no se ve abrumada por la angustia cuando se separa de sus seres queridos.

No tenemos que estar de acuerdo con los valores sociales de una cultura antigua para aprender algo importante de una historia antigua. Aunque en la antigüedad –y hasta cierto punto incluso hoy– que la esposa y el hijo fueran propiedad del hombre era aceptable ante las sensibilidades indias, claramente no es aceptable ahora en otros países. Podemos mantener nuestros valores sociales contemporáneos y aun así apreciar el significado del Dharma en una historia.

Ashvaghosa, un gran sabio indio del S. I, escribió *Actos del Buda* (*Budacarita*) en los que relata las acciones del Buda cuando era un bodhisatva. Uno de estos relatos era la famosa historia en la que el Buda ofreció su propio cuerpo a una tigresa hambrienta para que pudiera alimentar a sus cachorros. Después de escribir esto, Ashvaghosa sintió una fuerte aspiración a practicar tal y como lo hizo el Buda, y así, cuando un día encontró a una tigresa hambrienta, en un acto de pura generosidad, sin esperar nada a cambio, le dio su cuerpo a la tigresa. En el momento en que lo hizo, compuso una oración de setenta versos sobre la práctica del bodhisatva utilizando su propia sangre como tinta. Esta oración es realmente maravillosa, pero parece que no había nadie cuando la escribió, así que no estoy seguro de cuál es la procedencia real de la transmisión oral de dicha oración.

Algunas personas se pueden horrorizar al principio con la idea de alimentar con su cuerpo a un tigre y se preguntan por qué los budistas glorificarían semejante acto de suicidio. "¿No es mejor seguir vivo y trabajar por el beneficio de los seres humanos que alimentar con nuestro cuerpo a un animal?", se podrían preguntar. El propósito de esta historia es resaltar la profunda compasión de los bodhisatvas. Están dispuestos a dar su propio cuerpo y su vida sin ningún aferramiento para beneficiar a los demás. Ilustra la fuerza de la compasión que queremos desarrollar como aspirantes a bodhisatvas. Aunque no tener ningún apego por nuestro cuerpo puede parecer casi imposible en nuestro nivel actual, adiestrando nuestra mente en el desapego y la compasión seremos capaces gradualmente de desarrollar una actitud que nos permita entregar nuestro cuerpo y nuestra vida tan fácilmente como le daríamos una manzana a alguien.

En otra historia, una persona no creyente le pidió a Aryadeva uno de sus ojos y Aryadeva felizmente se lo ofreció. Esta persona le arrancó un ojo. Podríamos preguntarnos: "¿La generosidad demostrada por este ser santo indica que deberíamos dar cualquier cosa sin discriminación, incluso a alguien que no valora el regalo?".

Se necesitan algunos antecedentes sobre esta historia. En aquel entonces, los eruditos no budistas estaban desafiando los puntos de vista budistas y se desarrollaba un gran debate para determinar qué puntos de vista eran los correctos. Aryadeva era el representante del punto de vista budista y, para adiestrarlo, su mentor, Nagarjuna, adoptó la posición de los no budistas y debatió con Aryadeva. Nagarjuna lo hizo tan bien que Aryadeva empezó a pensar: "¡Mi maestro no es realmente budista!", y lo despreció durante el debate. Esta falta de respeto hacia su mentor fue un acto destructivo, pero, debido a que Aryadeva tenía logros espirituales elevados, la semilla kármica de injuriar a su maestro no se enquistó en su continuo mental, sino que maduró rápidamente. De camino al lugar del debate, se encontró con alguien que le pidió uno de sus ojos. En un acto de consumada generosidad, sin expectativas de recibir nada a cambio, Aryadeva felizmente consintió y siguió su camino. Sin embargo, mientras iba caminando, miró hacia atrás y vio a esa persona que aplastaba el ojo que Aryadeva le había entregado, lo que le hizo arrepentirse de su generosidad. Por esta razón, su vista no se restauró, cosa que hubiera sucedido de no ser por dicho arrepentimiento.

Hay muchas lecciones en esta historia. La importancia de mantener siempre una actitud respetuosa hacia nuestro maestro espiritual, la posibilidad de dar nuestro cuerpo compasivamente sin expectativas de obtener nada y las desventajas de arrepentirse de un acto de generosidad.

De esta historia no deberíamos sacar la conclusión de que debemos sacrificar nuestro cuerpo o recursos materiales sin asegurarnos de que serán utilizados adecuadamente. La perfección de la generosidad entraña dar un objeto apropiado a la persona adecuada en el momento preciso. El buen juicio es indispensable. Dar una botella de licor a un alcohólico no es un acto de generosidad. En su texto *Niveles del bodhisatva* (*Bodhisatvabhumi*), Asanga da una explicación detallada sobre la práctica de la generosidad y describe los momentos adecuados e inadecuados, los objetos, recipientes, lugares y motivaciones para dar.

Desde otra perspectiva, Nagarjuna y Aryadeva eran arya bodhisatvas altamente realizados. Así que esta historia parece extraña porque, en apariencia, olvida la maestría de Aryadeva. Seguramente, alguien con sus realizaciones nunca debería haberse comportado así hacia su mentor espiritual. Ni tampoco le hubiera dado uno de sus ojos a alguien que no iba a obtener ningún beneficio por ello. De manera similar, no se hubiera arrepentido de su generosidad posteriormente. Debido a que en esta historia Aryadeva parece un tanto imprudente, me cuestiono si debería ser tomada de manera literal.

Esta es la historia de una mujer anciana cuyo hijo estaba haciendo una peregrinación a un lugar sagrado. Ella le pidió por favor que le trajera una reliquia del Buda. Él se acordó cuando ya volvía hacia casa y, como no quería decepcionar a su madre, cogió un diente del cuerpo de un perro muerto que se encontró en el camino y se lo dio a su madre, diciéndole que era la reliquia del Buda. Ella tenía mucha fe y veneró aquel diente con gran devoción. Como resultado, el diente produjo muchas reliquias y ella experimentó sucesos milagrosos.

Es fácil concluir que la fe ciega es necesaria en el sendero. Esto es claramente contrario al énfasis del Buda en el desarrollo de la sabiduría discriminativa. No veo mucho sentido a esta historia y propongo reemplazarla con la historia siguiente, que es más adecuada para ilustrar el beneficio de tener confianza en las Tres Joyas.

Hace dos o tres siglos, un gran maestro y sincero practicante llamado Togyen Lama Rimpoché vivió en el Tíbet. Tenía una estatua de arcilla de Tsongkhapa en su bien dispuesto altar. Un día, debido a su práctica genuina y a sus oraciones de aspiración sinceras, la estatua de Tsongkhapa le habló realmente y le dio enseñanzas. Esto no vino del lado de la estatua, sino principalmente debido a la excelente práctica de Togyen Lama. Gracias a sus experiencias espirituales y a su confianza en Tsongkhapa, esta imagen de arcilla se transformó en el Tsongkhapa real y le habló. Sin embargo, para las personas ordinarias que no tenían este tipo de experiencia espiritual y fe, la estatua simplemente era de arcilla.

Estos son solo unos pocos ejemplos. Cuando leemos historias en los textos es útil reflexionar sobre ellos para discernir el sentido que pretendía trasmitir el autor. Podemos ignorar los valores sociales u otros elementos de la historia que no tienen sentido para la gente de nuestra época, de nuestra edad o de nuestra cultura. También es bueno recordar que no todos los aspectos de una analogía se aplican al punto que se trata de establecer. Muchas historias y analogías son útiles en ciertas áreas, pero no se pueden extrapolar a todas las situaciones. Si continúan las dudas, es útil discutir el significado con amigos del Dharma, o preguntarle a nuestro maestro para que podamos entender la verdadera intención de las enseñanzas, las historias y las analogías.

REFLEXIONES

1. Recuerda alguna historia que hayas oído o leído en una enseñanza de Dharma que te haya hecho sentir confuso, agitado o enfadado.
2. Comprendiendo que esta historia proviene de otra cultura que tenía otros valores sociales diferentes de los que tienes tú ahora, deja a un lado los detalles de la historia y pregúntate: "¿Cuál es el propósito de esta historia?".
3. Considera ahora cómo este propósito se relaciona con tu práctica de Dharma.

---

## *¿Puede cambiar el Dharma?*

Algunas personas preguntan si las enseñanzas del Buda se pueden cambiar para hacerlas más relevantes en nuestro periodo histórico. Aunque desean hacer el Dharma más comprensible a los demás, les preocupa que alterar las enseñanzas pudiera tener impacto en su autenticidad y eficacia. Esta cuestión requiere pensar con mucho más cuidado.

Es importante distinguir entre la esencia de las enseñanzas del Buda –la determinación de liberarse, la bodhichita y la visión correcta de la realidad– y las formas externas del budismo, como el color y el estilo de los hábitos de monje, el diseño del altar, los tipos de ofrecimientos que se hacen y los lenguajes y melodías de los cantos. Las formas externas han cambiado cada vez que el budismo se ha extendido a un lugar diferente, y esto no afecta la esencia del mensaje del Buda. Sin embargo, cambiar las enseñanzas del Buda que describen duhkha, su origen, su cesación y el sendero al Nirvana alteraría la perspectiva fundamental y los principios del Budadharma, haciendo que ya no fuesen las enseñanzas del Buda.

Respecto al desarrollo del pensamiento budista en la antigua India y en el periodo clásico en el Tíbet, muchos de los debates en los textos se centran en cuestiones de epistemología, procesos cognitivos y la relación entre cuerpo y mente, que eran importantes para las personas de aquellos tiempos y lugares. En la antigua India, los pensadores budistas tenían que responder a las afirmaciones que hacían los eruditos indios no budistas. A pesar de que a primera vista podría parecer que estos debates no son importantes para nosotros, si los observamos más de cerca podremos ver que algunas versiones de aquellos puntos de vista pueden existir hoy en día. En ese caso, estudiar la manera de refutarlos nos podría ayudar cuando hablamos con nuestros coetáneos que afirman la existencia de una mente universal, un creador absoluto, la predestinación, etc. Entender las razones que desmienten las tesis de los no budistas nos podría ayudar a disipar tipos de creencias similares que pudiéramos tener.

En el Tíbet, muchos de los debates se centran en las dos verdades, cuáles son y cómo se relacionan entre sí. Aquí los budistas debaten entre ellos –no con no budistas– para distinguir la perspectiva del camino medio de enfoques nihilistas o absolutistas. Algunos de estos puntos de vista expresados por los primeros budistas tibetanos los comparten personas de hoy en día, así que, estudiar los pros y los contras de las diferentes perspectivas puede ser relevante en nuestra práctica.

En la antigüedad, la gente no tenía una comprensión sofisticada del cerebro y los procesos neuronales y su papel en la percepción, en las emociones y en otros procesos cognitivos. Dado que ahora tenemos una comprensión científica mucho mejor del cerebro y su función en nuestras experiencias, sería útil trasladar ese conocimiento al pensamiento budista. El diálogo del budismo con la ciencia hace surgir una serie de asuntos que necesitan deliberarse y debatirse, temas que no se le hubieran ocurrido a la gente en la antigua India o en el Tíbet clásico. Anteriormente la gente aceptaba de manera natural que la mente y el cuerpo eran entidades diferentes. Pero ahora no, así que los budistas necesitan probar la existencia de la mente, sus diferencias con el cerebro y la relación entre los dos. Los antiguos expertos budistas del debate no estaban preocupados por el tema de la predestinación y el libre albedrío, pero cuando el budismo entró en culturas influidas por religiones teístas, estos temas se hicieron cruciales. En estas y otras áreas similares, los budistas necesitan aprender y contemplar los puntos de vista de los científicos y de la gente de otras religiones y saber cómo aplicar los principios budistas a dichas perspectivas para responder con sabiduría. Hay mucho espacio en el que podemos crecer en esos campos.

Sin embargo, con respecto a las enseñanzas sobre las aflicciones y cómo producen sufrimiento, los seres conscientes tienen las mismas aflicciones que tenían hace mil años. Los objetos de apego y de ira pueden cambiar en las diferentes épocas; antiguamente los seres humanos no estaban aferrados a sus smartphones y no se enfadaban cuando sus ordenadores o sus coches se estropeaban. Aun así, los objetos generales del apego y del enfado son todavía muy parecidos: cualquier cosa que nos dé felicidad o que interfiera en nuestra felicidad. Es más, los procesos de enfadarse al exagerar el aspecto negativo de alguien y de subyugar la ira aplicando los antídotos son los mismos que antes. Los antídotos para las aflicciones particulares como la aversión y el apego siguen siendo tan relevantes como lo eran entonces.

Es factible que después de varios cientos de miles de años nuestro cerebro pueda cambiar a través de un proceso de evolución hasta el punto en el que la forma de nuestra cabeza o el funcionamiento de nuestro sistema nervioso sean radicalmente distintos. En estos casos, puede ocurrir que las preocupaciones de los seres conscientes y la forma de pensar de estos pueda cambiar. Pero, por lo que respecta al problema del aferramiento a un yo con existencia esencial, creo que no cambiará. Puesto que esta raíz de nuestro sufrimiento no cambiará, tampoco lo hará su antídoto –la sabiduría que comprende la vacuidad. Por lo que a la visión de la vacuidad se refiere, sigue siendo relevante al principio, a mitad y al final de nuestra práctica, en todos los periodos históricos, en todos los lugares y para todos los seres conscientes.

Cuando adoptamos nuevas formas culturales, debemos asegurarnos de que, ni intencionadamente ni de manera involuntaria, descartamos o cambiamos enseñanzas vitales. Si esto ocurriera, la Liberación y la Iluminación de las generaciones futuras se haría imposible. Un cambio meditado, cuidadoso y lento es preferible a las prisas para hacer más atractivo el budismo al público actual.

## *Ser prácticos*

Investigar a los maestros y las enseñanzas antes de comprometerse es una buena idea. Pero, a veces, vamos demasiado lejos al pensar que todas nuestras dudas deben ser resueltas y todas nuestras preguntas contestadas antes de que podamos implicarnos en practicar el sendero hacia la libertad. Un sutra (MN 63) cuenta la historia de Bhikkhu Malunkyaputta, a quien le surgieron muchas dudas porque el Buda no le contestó a las preguntas: "¿El mundo es eterno o no eterno?". "¿El mundo es finito o infinito?". "¿El alma es lo mismo que el cuerpo o son diferentes?". "Tras su muerte, ¿un tathagata existe, no existe, ambas posibilidades o ninguna?". En su confusión, Malunkyaputta pensó que no podía seguir practicando el Dharma a menos que esas cuestiones urgentes fueran resueltas, y por ello se acercó al Buda.

Para instruir a su discípulo, el Buda utilizo el símil de un hombre al que habían herido con una flecha. "Supón que alguien es herido por una flecha envenenada y lo llevan al médico. El hombre herido llega a la clínica dolorido y sangrando abundantemente, pero en lugar de dejar que el médico lo cure, insiste primero en saber la clase social de quien le había disparado la flecha; el nombre y el clan de dicha persona; su peso y complexión; dónde vive; y el tipo de arco, su empuñadura, la cuerda y la flecha que utilizó. Claramente, estaría muerto antes de que se resolvieran esas cuestiones. E incluso, aunque llegara a obtener toda esa información, esto no impediría que siguiera sangrando ni alargaría su vida". De modo similar, si seguimos pensando: "No practicaré el Dharma hasta que se respondan todas mis preguntas y se resuelvan todas mis dudas", esta vida terminará y no habremos practicado nada.

Por eso, el Buda le dijo a Malunkyaputta lo que él enseñaba: "Esto es dukkha, este es el origen de dukkha, esta es la cesación de dukkha y este es el camino que dirige a la cesación de dukkha". El Buda le enseñó las cuatro verdades porque es beneficioso conocerlas, ayudan a vivir a la gente una vida sagrada y conducen al desencanto por la existencia cíclica, al abandono del ansia sensual, a la cesación de dukkha, a la paz mental, al conocimiento directo de cómo son las cosas y al nibbana. Dejó de lado otros temas porque aprenderlos no es necesario o beneficioso para este propósito. Que el mundo sea o no eterno no es relevante para la importante tarea de eliminar las aflicciones y cesar el samsara. El Buda le recomendó a Malunkyaputta que dejara a un lado aquellas cuestiones y se centrara en el camino que dirige a la Liberación. De este modo, Malunkyaputta no perdería tiempo en dudas sin sentido.

Igualmente, deberíamos centrarnos en lo que es importante y no distraernos con especulaciones sin sentido. Si no comprendemos un tema del Dharma instantáneamente, podemos dejarlo a un lado temporalmente y centrarnos en aquellos temas que nos ayudan aquí y ahora. Más tarde podemos retomar estos otros temas. No todas nuestras cuestiones pueden o van a resolverse a la vez. Seamos prácticos y extraigamos la flecha envenenada de las aflicciones antes de que acabe con nuestra vida.

En este capítulo, hemos aprendido el criterio para discernir enseñanzas fiables. Ahora debemos estudiar estas enseñanzas para entenderlas como deben ser entendidas. Esto implica ir más allá de los adornos culturales y detectar el propósito de la analogía o de la historia. Para conseguir los objetivos de la Liberación o la Iluminación, debemos seguir el camino como el Buda lo enseñó, sin alterarlo para adaptarlo a nuestros gustos y sueños. Aunque el "envoltorio" externo de las enseñanzas –las formas culturales en las que existen– se pueda cambiar, debemos tener cuidado de no cambiar las enseñanzas esenciales simplemente porque no concuerdan con nuestras opiniones. El reto es distinguir entre el envoltorio y la esencia. Se necesita una gran habilidad para hacerlo.

Llegado el punto en el que estamos preparados para implicarnos en un estudio y práctica serios de las enseñanzas del Buda, no dejemos que nos afecten las dudas. Mejor, acerquémonos a las enseñanzas con curiosidad, sinceridad e inteligencia.

# 7 La importancia de la amabilidad y la compasión

## *Una mente pacífica*

CUIDAR DE NUESTRO CUERPO y desear su bienestar físico pero descuidar nuestro estado mental y nuestro corazón no es sabio. Igual que alimentamos nuestro cuerpo y cuidamos de su salud cada día, deberíamos invertir tiempo y esfuerzo en desarrollar nuestra mente y asegurar su salud espiritual. Hacerlo nos traerá paz y felicidad tanto ahora como en el futuro.

Tanto si aceptas las vidas futuras como si no, neutralizar las emociones perturbadoras y desarrollar nuestras buenas cualidades es, aun así, extremadamente importante. Todos estamos sujetos a la frustración, a la decepción y a la pérdida en la vida, así como a la vejez, la enfermedad y la muerte. Tales condiciones nos atormentan simplemente porque somos humanos. No existe ningún método externo para eliminarlas. El único modo de encarar estas pruebas con dignidad y minimizar el sufrimiento que las acompaña es prepararse para ellas transformando nuestra mente. Después, cuando estos sufrimientos inevitables sucedan, podremos manejarlos más fácilmente, con menos ansiedad y miedo, e incluso con cierto gozo por las oportunidades especiales que proporcionan para nuestro desarrollo espiritual.

Los investigadores del campo de la medicina están despertando más interés en el estudio de las emociones porque ven que hay una relación entre las emociones positivas y la buena salud. Tener una actitud positiva nos mantiene saludables al mismo tiempo que aumenta nuestra capacidad para curarnos después de la enfermedad y la cirugía. Las emociones destructivas, como la ira, el miedo y la ansiedad, pueden devorar no solo nuestro bienestar emocional, sino también nuestra salud. El vínculo entre estas emociones y las úlceras, la tensión alta, etc. hace tiempo que se conoce. Algunos estudios científicos han descubierto que las emociones destructivas debilitan nuestro sistema inmunitario, mientras que las emociones constructivas lo potencian.

Las emociones constructivas ayudan a las personas a soportar mejor el proceso natural del envejecimiento del cuerpo y el eventual fallecimiento. Las personas con una actitud positiva son capaces de afrontar estos acontecimientos con un equilibrio interior y con aceptación. Esto ilustra que, a pesar de que el cuerpo pueda estar enfermo o dolorido, la mente puede permanecer en paz y la gente todavía puede disfrutar de un sentimiento de propósito en la vida. Mi madre fue un buen ejemplo de ello. Padeció muchas dificultades, incluso tuvo que salir huyendo de su hogar y convertirse en refugiada, pero mantuvo una actitud positiva y amable de principio a fin. Por eso, todos la querían y la apreciaban.

Desde que nacemos, las emociones constructivas afectan nuestro desarrollo físico, social y emocional. Diversos estudios han demostrado que cuando los niños reciben un cuidado compasivo de sus padres, se facilita el desarrollo adecuado de su cerebro. Todos sabemos por nuestra propia experiencia que un niño al que se le trata con amabilidad y compasión tiene más confianza en sí mismo y una mejor relación con los demás.

A veces pensamos que los animales y los insectos pueden ser más felices que nosotros. No tienen miedo a los despidos del trabajo, a los problemas económicos o a relaciones rotas. Esto puede ser cierto, pero su falta de ansiedad no es debida a su práctica espiritual ni a la transformación mental, sino a las nubes de ignorancia y confusión que oscurecen sus mentes. No hay nada que admirar en ese estado. Contrariamente a lo que se dice, la ignorancia no es gozo. Afortunadamente, nosotros los seres humanos, utilizando la inteligencia y la razón, tenemos la capacidad de desarrollar conscientemente estados mentales constructivos y el camino a la paz y la felicidad. Tenemos la capacidad de actualizar nuestro potencial único al máximo.

Desde el principio hasta el final del sendero budista, cada práctica está dirigida a desarrollar las cualidades virtuosas de la mente. Las cualidades que logramos mediante la disciplina y el refinamiento de nuestra mente son vastas y extensas, como lo ponen de manifiesto los practicantes sinceros y los seres altamente realizados.

Para que nuestra práctica espiritual nos aporte buenos resultados, la amabilidad, son esenciales la tolerancia y la compasión por otros seres conscientes. Practicar cualquier sendero espiritual motivado por el habitual enfrascamiento en uno mismo no traerá buenos resultados porque esa actitud es la causa principal de nuestra infelicidad. Buscar la riqueza, el estatus social o la fama difícilmente es una motivación espiritual, así como la arrogancia, los celos o la competición. Para progresar en el sendero a la Iluminación necesitamos empezar con una actitud sincera y continuada de apreciar a los demás profundamente y de cuidar de nosotros mismos de un modo saludable, sin ser autoindulgentes ni menospreciarnos. Este estado mental es necesario tanto para ser felices en esta vida como para que nuestra práctica espiritual sea efectiva. Esto es así porque nuestra motivación es el factor principal que determinará el resultado a largo plazo de nuestras acciones. En este capítulo aprenderemos contemplaciones que nos llevan a una actitud compasiva y a tener intenciones altruistas y después explicaremos el adiestramiento mental, un habilidoso método para ayudarnos a mantener una perspectiva compasiva incluso ante la adversidad.

## *La importancia de la motivación*

El Budadharma es un método para adiestrar nuestra mente, cuyo objetivo es eliminar las aflicciones –emociones perturbadoras y puntos de vista incorrectos–. El Nirvana es la libertad auténtica –la eliminación o cesación de las aflicciones. Nuestros esfuerzos físicos, verbales y mentales dirigidos hacia este objetivo están incluidos en la práctica del Dharma.

Qué es y qué no es Dharma viene determinado por nuestra motivación. Una motivación espiritual debe ser diferente de nuestro deseo ordinario de buscar el bienestar a través de las posesiones, el dinero, la reputación y las palabras dulces de nuestros seres queridos. Resumiendo: una motivación espiritual debe ir más allá de buscar la felicidad solo para esta vida. Hay tres niveles de motivación en el Dharma que corresponden a las tres capacidades de los practicantes: El primero busca un renacimiento favorable, el segundo anhela la Liberación de la existencia cíclica y el tercero aspira a la Iluminación para beneficiar a todos los seres conscientes.

Nos podemos preguntar: “¿Y qué pasa con la felicidad de esta vida? Todo el mundo la quiere”. Esto es cierto, pero a menudo empleamos medios equivocados en nuestro intento de ser felices y en lugar de eso conseguimos crear más causas de sufrimiento. Para obtener lo que queremos podemos mentir o engañar. Cuando se frustran nuestros deseos de conseguir lo que queremos, nos enfadamos y le echamos la culpa a la gente a nuestro alrededor. Hablamos a sus espaldas, los enfrentamos entre sí y les hablamos con dureza. Así empiezan las guerras, ya sean nuestras guerras personales contra un compañero, la agresividad hacia un grupo racial, étnico o religioso, o las guerras entre países. En resumen: el apego a la felicidad de esta vida conlleva más problemas en el presente, crea las causas para futuros problemas al transgredir nuestros valores éticos e impide nuestros objetivos espirituales.

Por estas razones, la línea que separa una acción dhármica de una no dhármica es si nuestra principal motivación es únicamente la felicidad en esta vida. Una actividad realizada exclusivamente con un fuerte apego por la felicidad de esta vida es de una perspectiva limitada, una motivación centrada en mi felicidad de este momento no puede actuar como causa de buenos renacimientos, la Liberación o la Iluminación. De hecho, es éticamente contraria a las aspiraciones espirituales. Por el contrario, las acciones impulsadas por la amabilidad y la compasión, los actos hechos con la motivación de dejar de dañar a los demás y los actos hechos con el deseo de lograr un buen renacimiento, la Liberación o la Iluminación, nos permiten transformar incluso las acciones más simples de nuestra vida cotidiana en práctica de Dharma.

Aunque la felicidad en esta vida no es el objetivo principal, surge como un subproducto de la práctica del Dharma. Al contenernos de cometer acciones perjudiciales nos llevamos bien con los demás. Cuando actuamos con amabilidad y compasión nos sentimos a gusto con nosotros mismos y nuestra autoestima aumenta. Los demás nos devuelven nuestra amabilidad. Es interesante ver que la gente que renuncia a la preocupación solo por la felicidad de esta vida experimenta más felicidad en esta vida.

Una motivación que busca un buen renacimiento, la Liberación o la Iluminación nos ayuda a superar el apego y el aferramiento, la hostilidad, la confusión, los celos y la arrogancia, que son la causa de tanta infelicidad. Experimentamos una gran sensación de propósito en nuestras vidas, y nuestras mentes se vuelven más pacíficas ahora, a pesar de que estemos creando las causas de nuestros objetivos espirituales a largo plazo.

No podemos evaluar el valor espiritual que tiene una acción por su aspecto externo, porque la misma actividad se puede hacer con diferentes motivaciones. Donar millones de dólares como caridad con el propósito de aumentar nuestra fama o riqueza en esta vida no es práctica de Dharma, sin importar las alabanzas que recibamos, mientras que hacer una pequeña donación con un buen corazón lo es. Meditar con la motivación de reducir el estrés nos traerá dicho resultado, pero no es práctica de Dharma porque nuestra motivación se enfoca únicamente en nuestra felicidad de esta vida. Para estar seguros de que nuestra práctica de Dharma nos trae los resultados espirituales que buscamos a largo plazo, generamos conscientemente una motivación dhármica antes de implicarnos en cualquier actividad, especialmente antes de meditar o de impartir o recibir enseñanzas de Dharma.

Antes de ir a trabajar dedica un tiempo a generar la motivación de ayudar a los demás. Por ejemplo, piensa: "Que el trabajo que voy a hacer pueda ser útil a los clientes y les aporte felicidad en sus vidas. Que pueda contribuir a un sentimiento de armonía entre mis compañeros". Cambiando nuestra motivación cambiamos nuestras acciones, y a su vez cambiamos las dinámicas en nuestras familias y en nuestros lugares de trabajo. Una persona que cultiva la amabilidad ejerce un fuerte efecto en un grupo.

Es importante observar nuestra mente y asegurarnos de que nuestra amabilidad es sincera. Cuando yo era niño, en Lhasa, tenía un loro que le picaba a cualquiera que pusiera el dedo en su jaula. Mi profesor de caligrafía le daba nueces al loro y este siempre se alborotaba cuando lo veía. Él podía poner la mano en la jaula, acariciar al loro y darle de comer las nueces en su propia mano. Yo estaba celoso y quería gustarle al loro tanto como mi profesor, así que le di unas nueces. El loro se las llevó al otro lado de la jaula y me ignoró. Él sabía que mi motivación no era buena. Un día, estaba tan enfadado porque no me respondía que le pegué. Después, cada vez que yo me acercaba, lloraba de miedo. Incluso los animales saben si somos hipócritas o sinceros.

La atención y la vigilancia son indispensables para mantener una motivación compasiva o una motivación que mira más allá de nuestra ganancia inmediata. Puesto que tenemos hábitos arraigados y pensamos: "Quiero lo que yo quiero y cuando yo lo quiero", necesitamos fortalecer constantemente la atención sobre nuestros valores de manera que actuemos éticamente. Con una consciencia introspectiva, monitorizamos nuestras acciones físicas, verbales y mentales para asegurarnos de que están en consonancia con nuestra motivación. De este modo, atesoramos, protegemos y potenciamos nuestras motivaciones nobles, de manera que se manifiesten como acciones constructivas.

Una buena comprensión intelectual del sendero del Dharma nos ayuda a refinar y a mejorar nuestra motivación. Aunque el conocimiento intelectual no es el objetivo final del sendero, nos da las herramientas para empezar a contrarrestar las motivaciones corruptas. Cuando nos sentimos perezosos, sabemos que la meditación en la impermanencia y en la naturaleza insatisfactoria de la existencia cíclica hace surgir en nosotros la urgencia de practicar. Si estamos enfadados o molestos, meditamos en el amor o en la paciencia para calmarnos y centrarnos.

REFLEXIONES

1. Nuestra motivación es el factor principal que determina el valor de nuestras acciones.

2. Para que una acción sea Dharma, la motivación debe ir más allá de buscar nuestra felicidad inmediata en esta vida.

3. No somos "malos" por buscar la felicidad en esta vida, pero si buscamos únicamente esto, a menudo creamos las causas para nuestro sufrimiento ahora y en el futuro.

4. Expandir nuestros corazones para cuidar de los demás y adiestrar la mente en motivaciones a largo plazo –como buscar un renacimiento afortunado, la Liberación y la Iluminación– nos aporta un sentimiento de plenitud interna.

## *Desarrollar una intención compasiva*

El desarrollo de una actitud compasiva auténtica está basado en ser conscientes del duhkha de los demás, así como de su amabilidad. Para ser conscientes del sufrimiento de los demás, primero debemos ser conscientes de la nuestra, y para desarrollar la compasión que desea que nosotros mismos y los demás nos liberemos de duhkha, debemos identificar las causas de duhkha y saber cómo se pueden erradicar. La ignorancia –un estado de desconocimiento que aprehende erróneamente cómo existen los fenómenos– es la causa raíz de duhkha. *Desconocimiento* implica la existencia de su opuesto –un estado de conocimiento o sabiduría–. Esto nos da la confianza de que es posible eliminar la ignorancia y eliminar duhkha. Si comprendemos esto, desearemos de manera natural aprender el camino que lo hace posible. Una vez más, vemos las enseñanzas del Buda sobre las cuatro verdades de los aryas: la infraestructura del sendero budista. Las dos primeras de las cuatro verdades conciernen a la causa y el resultado de nacer en la existencia cíclica –la ignorancia y el sufrimiento–. Las dos últimas verdades, atañen a la causa y al resultado para liberarse de duhkha –el sendero y el logro del Nirvana–.

Como explicamos antes, hay tres niveles de duhkha. El *duhkha del dolor* es el dolor físico y mental que todos los seres detestan. El *duhkha del cambio* se refiere a las experiencias y sensaciones que normalmente consideramos como placenteras. Estas son más difíciles de identificar como desagradables para las personas ordinarias pero, cuando pensamos en ellas con mayor profundidad, vemos que no nos pueden aportar una felicidad duradera, una satisfacción última o seguridad. De hecho, a menudo nos dejan desilusionados o abatidos.

La condición insatisfactoria más profunda es el duhkha *de lo condicionado* que lo impregna todo, el hecho de que nuestra propia existencia está condicionada por la ignorancia y el karma contaminado. Cuando el Buda hablaba de las desventajas de *duhkha,* se refería principalmente a esta forma de *duhkha.* Cuando podamos reconocer la naturaleza de la existencia cíclica en estos términos, podremos desarrollar la aspiración genuina de intentar liberarnos de ella.

Desarrollar la sabiduría que contrarresta la ignorancia es el camino a la libertad. La sabiduría que conoce la realidad se debe desarrollar con el nivel más sutil de consciencia, un estado mental que está más allá de nuestros procesos mentales burdos cotidianos. El más elevado yoga tantra hace referencia a ochenta concepciones que son indicativas del nivel burdo de los procesos mentales. Cuando estos niveles mentales se disuelven gradualmente experimentamos tres niveles de consciencia cada vez más sutiles denominados "la apariencia blanca", "el rojo creciente" y "la oscuridad cercana al logro". Cuando estos también se han disuelto, amanece la mente innata de la luz clara.

Por lo tanto, la demarcación entre estar completamente iluminado o estar atrapado en la existencia cíclica es una función de esta mente fundamental de la luz clara. Si la mente innata fundamental de la luz clara está oscurecida por las aflicciones, estamos en el estado de la existencia cíclica. Cuando las aflicciones, así como sus semillas y latencias se han eliminado de la mente fundamental de la luz clara, alcanzamos la Liberación y, cuando la mente fundamental de la luz clara se ha liberado incluso de las latencias de la aflicciones alcanzamos la Iluminación, logramos la Budeidad. Por consiguiente, podemos ver que tanto la Liberación como la Iluminación son en realidad funciones o estados de la mente innata fundamental de la luz clara.

Al principio entendemos el samsara y la Iluminación en términos de nuestro propio *duhkha* y nuestras propias mentes, lo que nos inspira la renuncia al *duhkha* samsárico. Cuando ampliamos esta perspectiva para ver a todos los demás seres conscientes bajo esta misma luz, surge la compasión. Aunque ahora no somos siempre conscientes de ello, estamos íntimamente conectados a todos estos seres. Dado que hemos estado renaciendo durante infinitas vidas, ellos han sido nuestros padres y nos han educado con amabilidad en vidas previas. También en esta vida, si somos capaces de mantenernos vivos es gracias a ellos. Cultivaron nuestra comida, nos hicieron la ropa, construyeron nuestras casas, nos cuidaron en la enfermedad y nos enseñaron todo cuanto sabemos. Cuando lo observamos profundamente, vemos que su amabilidad hacia nosotros no tiene límites. Automáticamente, la compasión y un sentido de preocupación por su bienestar surge en nuestro interior.

Igual que dependen de otros seres conscientes todas nuestras experiencias de felicidad mundana –la prosperidad, la seguridad, nuestras amistades o sencillamente, tener suficiente para comer–, las experiencias espirituales también dependen de otros seres. Desarrollar la compasión, practicar la generosidad, vivir con una conducta ética y desarrollar paciencia, todo ello se hace en relación a otros seres conscientes. Cuando desarrollamos la concentración unipuntualizada o la sabiduría, nuestra motivación subyacente tiene que ver con otros seres conscientes. Del mismo modo, que logremos la Budeidad depende de otros seres: solo puede darse cuando nos dedicamos verdaderamente a su beneficio. Sin los seres conscientes sirviendo como objetos de nuestra compasión y cuidado, no hay modo de que creemos las causas de la Iluminación. Por lo tanto, podemos ver que, ya que intervienen en nuestra propia felicidad –ya sea esta mundana o trascendental– la presencia de otros seres conscientes es indispensable. Entendiendo esto, Shantideva se pregunta en *Implicarse en las acciones de los bodhisatvas* por qué veneramos a los budas, pero no a los seres conscientes. ¿No deberíamos tratar de abandonar la preocupación por nosotros mismos y desarrollar un sentimiento de afecto y compasión hacia ellos?

Una línea en *Adiestramiento de la mente en siete puntos* (*blo sbyong don bdun ma*), de Gueshe Chekawa (1101-75), dice que la vacuidad es la protección suprema. La idea es que, cuando nos enfrentamos a un obstáculo, deberíamos reflexionar en la vacuidad de la persona que nos hace daño, del acto de dañarnos y de nosotros mismos como receptores del daño. Contemplando que ninguno de estos tiene una naturaleza independiente, pero existe dependiendo de las otras dos, podemos contrarrestar el obstáculo. De modo similar, meditar en la compasión hacia el causante del daño es un poderoso método para cortar la intensidad de nuestro sentimiento de perjuicio. En lugar de albergar rencor hacia esa persona, desarrollar un sentimiento de interés, de empatía y compasión hacia ella es la protección más poderosa.

Los tremendos beneficios del altruismo son evidentes tanto en nuestra vida cotidiana como en la espiritual. Cuando desarrollamos una actitud altruista hacia nuestros compañeros, hacia los miembros de nuestra familia, o incluso hacia las personas cuyas acciones nos repugnan, inmediatamente disminuyen el miedo, la inseguridad y la ansiedad. Esto se debe a que por debajo del miedo y la inseguridad hay una actitud de sospecha que ve a los demás como una amenaza. Cuando vemos que los demás son iguales a nosotros –seres vivos que aspiran a la felicidad y no desean el sufrimiento– y sobre esta base desarrollamos interés por ellos, esto tiene el efecto inmediato de liberarnos del grillete de la tensión, la desconfianza y la envidia.

Aquí es evidente que el altruismo crea de inmediato alivio y gozo en nuestro interior. Podemos relajarnos mentalmente, dormir profundamente e incluso es mejor el sabor de nuestra comida. En cierto sentido, como un subproducto de desarrollar una actitud altruista y llevar a cabo acciones altruistas nuestros propios intereses están servidos, todos, desde la felicidad temporal hasta el deleite a largo plazo de la Iluminación. Todos ellos son una función y un resultado del altruismo. Si pensamos y actuamos con compasión ahora, un día, como budas, podremos beneficiar a otros seres conscientes del modo más efectivo posible.

Aunque la sabiduría que comprende el vacío es muy importante en el camino, es la bodhichita lo que hace de esta comprensión una causa para que logremos la mente de un buda. Sin la gran compasión y la bodhichita, la sabiduría que comprende el vacío no puede, por sí sola, llevarnos a la Budeidad.

REFLEXIONES

1. La intención altruista de la bodhichita incluye a todos los seres conscientes. Generarla eleva nuestros corazones y da sentido a nuestra vida.

2. Generar la bodhichita empieza por querer liberarnos de los tres tipos de duhkha o condiciones insatisfactorias: el duhkha del dolor, el duhkha del cambio y el duhkha de lo condicionado que lo impregna todo.

3. Como nosotros, otros seres están afligidos por los tres tipos de duhkha. Quieren ser felices y evitar el dolor. Además, han sido y son amables con nosotros. Genera compasión deseando que se liberen de todos los duhkhas.

4. De acuerdo con esta compasión, genera la intención altruista de llegar a la Iluminación de modo que puedas conseguirlo realmente.

---

## *El adiestramiento mental*

Una de las prácticas que más aprecio y más disfruto es el adiestramiento mental. Se han escrito muchos textos al respecto y, a veces, yo mismo enseño sobre el tema. El adiestramiento mental presenta técnicas para transformar las circunstancias adversas en el sendero. Desde la perspectiva budista, todas las desgracias que nos ocurren se pueden rastrear hacia atrás hasta nuestras acciones destructivas (el karma negativo), que estuvieron motivadas por nuestro pensamiento egoísta y por la ignorancia que se aferra a la existencia esencial. El pensamiento egoísta cree que nuestra propia felicidad –incluyendo nuestra propia liberación– es más importante que la de los demás, y la ignorancia que se aferra a la existencia esencial aprehende erróneamente el modo real en que existen las personas y los fenómenos.

Por el momento, nuestra idea de éxito es que todos los acontecimientos externos se desplieguen según nuestros deseos y que todas las personas se comporten de acuerdo a nuestras ideas. Somos felices cuando nuestros deseos y necesidades se ven satisfechos, pero cuando nos encontramos con la adversidad nos desmoronamos y volvemos a nuestros viejos hábitos de enfadarnos, enfurruñarnos o atacar a quienes interfieren en nuestros deseos.

Sin embargo, si nuestra felicidad depende del comportamiento de los demás, no tenemos recursos y disponemos de muy poco control cuando las cosas no van como desearíamos. Pero si nuestra felicidad está basada en nuestros propios pensamientos y acciones, tenemos los medios para determinar la naturaleza de nuestras experiencias futuras. Recordando esto, resolvemos nuestro sometimiento al egoísmo y a la ignorancia que se aferra a la existencia esencial y a las acciones que estos impulsan. En resumen, no solo es contraproducente e inútil echar la culpa a los demás por nuestros problemas e infelicidad, además es irreal. Ellos no son la verdadera causa de nuestro dolor. Aceptando nuestra responsabilidad respecto a nuestras expectativas irreales y a nuestras acciones perjudiciales anteriores, podemos transformar sus resultados indeseables en factores que nos ayuden a progresar en el sendero a la Iluminación. No buscamos deliberadamente el sufrimiento pero, cuando este aparece, podemos sacar provecho de él practicando el adiestramiento mental.

Un método para transformar la adversidad en el camino a la Iluminación es contemplar la causa y el efecto comprendiendo que nuestras experiencias difíciles son el resultado de nuestras acciones pasadas perjudiciales, que estaban impulsadas por las aflicciones. En esta técnica meditativa, reflexionamos en que las semillas kármicas creadas por estas acciones podrían haber madurado como un sufrimiento horrible en un renacimiento desafortunado, pero que ahora han madurado como un sufrimiento que actualmente podemos manejar. Esto produce un sentimiento de ralajación: "Esto no es nada comparado con lo que podría haber sido". Entonces nos damos cuenta de que si no nos gusta ese sufrimiento debemos dejar de sembrar las causas para ello. Renovamos nuestra determinación de vivir de una manera ética y de evitar las acciones dañinas, porque sabemos que dañan a los demás y que también suponen sufrimiento para nosotros.

La práctica de transformar la adversidad en el camino ve las dificultades como oportunidades para aprender y crecer. Si alguien nos critica injustamente o si padecemos una enfermedad física dolorosa contemplamos los beneficios de esta situación problemática. Las dificultades fortalecen nuestra renuncia porque vemos que no se puede encontrar una felicidad duradera en la existencia cíclica. Nuestra convicción respecto a la ley del karma y sus efectos se hace más fuerte porque vemos que las dificultades surgen de causas que nosotros mismos hemos creado. Nuestra compasión aumenta porque podemos empatizar con el sufrimiento de los demás. Los bodhisatvas incluso anhelan los problemas porque están enfocados en los beneficios que se pueden extraer de experimentarlos con una actitud virtuosa. Que esto pueda suceder ilustra la relación dependiente: cuando exhibimos nuevos modos de pensar, nuestro estado mental resultante cambia de la infelicidad al aprecio. Ya no estamos limitados en nuestra elección de respuestas emocionales como el miedo, el enojo o los remordimientos ante situaciones difíciles.

La práctica del adiestramiento mental nos instruye en el desarrollo y la puesta en práctica de las dos bodhichitas. La *bodhichita convencional* es la intención altruista de lograr la Iluminación por el beneficio de todos los seres conscientes; y la *bodhichita última* es la sabiduría que comprende directamente la naturaleza última, y que se basa en el método extraordinario de la bodhichita convencional. Los practicantes del adiestramiento mental generan compasión y la bodhichita convencional, tanto si las cosas les van bien en la vida como si no. Desarrollan la bodhichita última meditando en la vacuidad. Cuando lo hacen, además de utilizar el razonamiento, hacen hincapié en la práctica de ver todos los fenómenos como ilusiones y como un medio para aproximarse a la visión correcta de la vacuidad y de lidiar de manera efectiva con las adversidades. Cuando vemos una situación difícil como ilusoria y recordamos que es solo una apariencia en la mente (no un problema que existe de manera inherente o esencial) nuestra mente está más relajada. Recordar la impermanencia también tranquiliza la mente. Cuando recordamos que todo está en un estado de flujo constante, vemos que incluso las sensaciones dolorosas están cambiando a cada instante y que no durarán para siempre.

Puesto que vivimos en un mundo en el que abundan la aversión, las visiones erróneas y la violencia, las técnicas del adiestramiento mental son especialmente valiosas. A veces tenemos dificultades para conseguir las cosas materiales necesarias para vivir –comida, refugio, ropa y medicinas. Otras veces nos asaltan los abusos y los insultos de otros. Debido a las situaciones políticas o económicas nos vemos afectados, en contra de nuestros deseos, por conflictos o por la corrupción. Podemos experimentar prejuicios y opresión y, en una situación extrema, incluso una guerra o un genocidio. Por supuesto, si podemos hacer algo para escapar de esas situaciones tan horribles sin dañar a los demás, definitivamente debemos hacerlo. Pero, cuando no podemos cambiar nuestro entorno o las personas que hay en él, practicar el adiestramiento mental puede disminuir nuestra tristeza y ayudarnos a descubrir una fuerza interior que no sabíamos que teníamos. Si no practicamos el adiestramiento mental y nos quedamos atascados en nuestros viejos puntos de vista y hábitos emocionales, estas situaciones nos atormentan. Corremos el peligro incluso de abandonar por completo el Dharma debido al desánimo.

El adiestramiento mental nos permite darle la vuelta a todas esas situaciones para que podamos beneficiarnos de ellas. Si somos capaces de cambiar nuestro modo de pensar para que esté más en sintonía con la realidad, la mayoría de nuestra infelicidad mental se disipará. El miedo surge de una actitud centrada en uno mismo que fabrica miles de las peores situaciones hipotéticas. Darse cuenta de que estas situaciones son ficciones de nuestra mente y que es muy poco probable que se den, afloja el estrés. Incluso si acontecen estos escenarios, tendremos fuerza interior para hacerles frente y sabremos que también hay recursos en la comunidad para ayudarnos. Por supuesto, tomar las precauciones adecuadas para evitar el dolor o el desastre es sabio, pero quedar paralizados por miedos irreales no nos ayuda a prepararnos para el futuro.

Muchos tibetanos practicaron el adiestramiento mental cuando estuvieron presos o fueron torturados por los comunistas chinos después de 1959, y por eso muy pocos padecieron de desorden de estrés postraumático. Desarrollar las dos bodhichitas mediante el adiestramiento mental fue la práctica principal en la que confiaba cuando me convertí en refugiado en 1959 a la edad de veinticuatro años, y es la práctica en la que confío desde entonces para mantener una mente pacífica a pesar de no poder volver a mi tierra natal y de ver el sufrimiento de mi gente, la destrucción de nuestra cultura y la degradación del inmaculado medioambiente del Tíbet.

El adiestramiento mental también es muy útil para abordar problemas psicológicos, ya que nos ofrece perspectivas alternativas a las situaciones, de manera que podemos romper los patrones mentales y emocionales ya oxidados que perpetúan nuestra infelicidad. Para comprender estas técnicas correctamente, es importante recibir enseñanzas sobre ellas y, posteriormente, aplicar estas instrucciones a nuestra propia situación.

REFLEXIONES

1. Puesto que no podemos escapar de los problemas en la existencia cíclica, transformar la adversidad en el sendero a la Iluminación es una técnica hábil y útil para hacer de cada situación con la que nos encontremos un recurso para nuestra práctica espiritual.

2. ¿Cómo aprendemos de las desgracias? Practicamos pensando que las situaciones desagradables surgen de nuestras propias acciones perjudiciales y tomamos la fuerte determinación de no volver a cometer esas acciones en el futuro.

3. Considera otros beneficios que se pueden derivar de aceptar una situación desagradable: aumentar nuestra determinación de liberarnos del samsara, mejorar nuestra compasión y bodhichita, y desarrollar la sabiduría que comprende la realidad.

---

## *Los Ocho Versos*

Yo recito los *Ocho versos del adiestramiento mental*, de Langri Tangpa (1054-1123), cada día y los aplico a mi vida regularmente. Cuando estoy esperando en un aeropuerto, reflexiono en estos versos y, antes de entrar en situaciones potencialmente difíciles, también los contemplo. Explicaré brevemente este poema y te animo a leerlo a diario. Más allá de simplemente leer o recitar los ocho versos intenta practicar lo que dicen transformando tus pensamientos y emociones.

> 1. Con el deseo de lograr la Iluminación
> para beneficiar a todos los seres,
> que son más preciosos que una joya que concede los deseos,
> practicaré constantemente considerándolos como lo más querido.

Imagina mirar a los seres conscientes –amigos, enemigos, extraños, a los humanos, los animales, los enfermos, los sanos, los jóvenes y los ancianos– y verlos a todos exactamente preciosos por igual. Lleva tiempo desarrollar esta actitud, pero es muy realista y beneficiosa porque los demás seres conscientes son nuestra mayor fuente de felicidad y prosperidad. Acuérdate, como exploramos anteriormente, de que todas las experiencias que valoramos y buscamos dependen de la cooperación e interacción con los demás. Dependemos de sus esfuerzos: cultivan la comida que comemos, fabrican la ropa que vestimos, construyen los edificios y carreteras que utilizamos, y recogen la basura que ya no queremos. Nuestros sentimientos de confort y seguridad se deben a la ayuda y el apoyo de los seres conscientes. Lo que sabemos viene de aquellos que nos enseñan. Nuestro talento proviene de quienes nos animan y nos brindan oportunidades. Incluso nuestro progreso en el sendero y nuestras realizaciones en el Dharma dependen de los demás porque sin desarrollar la aspiración de alcanzar la Iluminación para beneficiarlos, no podemos progresar en el sendero del bodhisatva. En la Budeidad también, las actividades compasivas de los budas se dan espontáneamente y sin esfuerzo en relación a todos los seres conscientes, que son los beneficiarios de su influencia iluminada. Sin seres conscientes, no habría razón para que los bodhisatvas trabajasen tan intensamente para llegar a ser budas.

Nuestro bienestar interno también depende de los demás. A medida que adiestramos nuestra mente para ver a los demás de una manera más positiva, surgen en nosotros sentimientos de cercanía y de cuidar de los otros, lo que nos permite relajarnos. Por el contrario, si vivimos pendientes de los defectos de los demás y los despreciamos, somos infelices. Un sentimiento de buena voluntad hacia los demás nos aporta fortaleza interior en nuestra vida cotidiana, incluso frente a dificultades.

Cuando experimentamos dolor, casi siempre resulta en debilidad mental, nos sentimos enfadados o agobiados debido a que carecemos de control sobre una situación que no hemos elegido. Sin embargo, a pesar de que cuando empatizamos con el dolor de los demás o sentimos compasión podemos sentir cierta incomodidad, esta va acompañada de cierta estabilidad interior y confianza, porque hemos aceptado el dolor voluntariamente. Es interesante comprobar que si imaginamos tomar sobre nosotros el sufrimiento de los demás cuando nos sentimos desdichados, se mitiga nuestro sentimiento de desdicha.

Las enseñanzas budistas sobre la compasión y el altruismo contienen instrucciones como "ignórate a ti mismo y aprecia a los demás". Comprender este consejo adecuadamente es crucial, ya que se da dentro del contexto del adiestramiento mental en la compasión y se utiliza como antídoto a la obsesión por uno mismo. La compasión por los demás se debe cultivar sobre la base del respeto hacia uno mismo y no por sentimientos de culpa o de indignidad. Nosotros y los demás somos iguales en el hecho de que buscamos la felicidad y deseamos evitar el sufrimiento. De acuerdo con esto, es adecuado cuidar y beneficiar a todo el mundo.

La preocupación por uno mismo nos trae la desdicha. Verlo todo –ya sea algo de envergadura o algo sin consecuencias– en términos de nosotros mismos, nos convierte en alguien demasiado sensible, muy fácil de ofender, irritable, y en alguien con quien es difícil estar. El pensamiento egocéntrico nos nubla el juicio y nos vuelve unos idiotas. Si la gente es amable con nosotros –incluso si tienen la intención de manipularnos o engañarnos– nos gusta. Pero si las personas que cuidan de nosotros nos señalan uno de nuestros defectos o intentan impedir que tomemos una mala decisión, nos enfadamos. Al distorsionar nuestras interpretaciones sobre las situaciones o las personas, el pensamiento egocéntrico es la causa de muchos errores y malas elecciones. Ampliar nuestro ámbito para cuidar de los otros aligera esta autopreocupación tan insana y nos permite conectar mejor con los demás. Como animales sociales, la interacción saludable con los demás nos aporta significado y propósito a nuestras vidas.

Para ser felices nosotros nos tiene que importar el bienestar ajeno. Vivimos relacionados con los demás y, si están angustiados u oprimidos, estaremos rodeados de personas infelices, lo que ciertamente no es agradable para nosotros. Si cuidamos del bienestar de los demás, serán felices, ¡y vivir entre personas que están contentas también es mucho más agradable para nosotros! En resumen: nuestra propia felicidad procede de cuidar sinceramente de los demás. Por esta razón, cuidar de la felicidad de los demás es una manera sabia de cuidar de nosotros mismos.

> 2. Siempre que esté con otros,
> practicaré viéndome por debajo de ellos,
> y, desde lo más profundo de mi corazón,
> respetuosamente, los tendré como lo más querido.

Sobre las instrucciones del primer verso para ver a los demás como algo precioso, el segundo verso señala que nuestra arrogancia es un obstáculo para hacerlo. El amor y la compasión se basan en ver a los demás como seres dignos y respetarlos. Estas virtudes son imparciales y van más allá de nuestras actitudes ordinarias de querer a aquellos que nos ayudan y sentir lástima por los que son menos afortunados. La base de este amor y compasión imparciales es saber que nosotros y los demás somos iguales en desear la felicidad y en no querer sufrir.

Para solucionar nuestra arrogancia y parcialidad, practicamos viéndonos a nosotros mismos por debajo de todos los demás. Esto se tiene que entender en el contexto adecuado. No significa que tenemos que denigrarnos hasta sucumbir presas de la baja autoestima. Pensar que somos despreciables, ciertamente, no puede llevarnos a tener compasión por los demás.

Vernos a nosotros mismos como inferiores se hace en términos relativos. En general, los seres humanos se consideran superiores a los animales porque tienen la capacidad de distinguir entre la virtud y la no virtud y comprenden los resultados a largo plazo de sus acciones, mientras que la capacidad de los animales para hacerlo es limitada. Sin embargo, desde otra perspectiva, podemos decir que los animales son superiores a los humanos porque solo matan cuando tienen hambre o para defenderse cuando se ven personalmente amenazados, mientras que los humanos matan por deporte y placer o cuando se aferran a una ideología o visiones erróneas.

Este verso nos anima a apreciar a los demás y a apreciar sus buenas cualidades. Cuando tenemos invitados en casa, respetuosamente los consideramos superiores, preparamos una comida deliciosa para ellos y les servimos primero. En nuestro lugar de trabajo y en nuestra vida familiar, respetamos a los que ocupan una posición de líder. Igualmente, aquí también consideramos "supremos" a los demás sin importar su estatus social ni el nuestro.

Cuando la avaricia, el odio o la arrogancia nos abruman, normalmente actuamos sin freno, a menudo de un modo del que después nos arrepentimos. Sin embargo, desarrollar el pensamiento de que los demás son valiosos y de que nosotros somos uno más entre mucha gente, nos permite darle un giro a nuestro comportamiento.

3. En todas las acciones examinaré mi mente
y en el momento en que surjan las aflicciones,
poniéndome en peligro a mí y a los demás,
me enfrentaré a ellas con firmeza y las evitaré.

La esencia del Dharma es la Liberación, el estado liberado del duhkha y de las aflicciones que lo causan. Las aflicciones son el verdadero enemigo que destruye nuestra felicidad, y el trabajo de un practicante budista es derrotar a este enemigo interno. Enfrentarnos a las aflicciones y evitarlas no quiere decir suprimirlas o pretender que no existan, lo que psicológicamente puede ser perjudicial. Más bien, debemos advertir las aflicciones y aplicar un antídoto para que cesen, igual que se arroja agua al fuego para que se apague.

Desarrollar una *consciencia introspectiva* o vigilancia identifica las aflicciones en el momento en que surgen, y la *atención*, que recuerda sus desventajas, nos ayuda a practicar el control, disminuyendo así la influencia dañina de las aflicciones. Sin aplicar la atención y la vigilancia, nos arriesgamos a que las aflicciones campen a sus anchas causando estragos en nuestras vidas. Seguirán cogiendo fuerza hasta el punto en que destrozarán el sentido común y la razón, y nos encontraremos en peligro, desconcertados, o en situaciones dolorosas.

Este verso describe cómo aplicar los antídotos a las aflicciones en el momento de su manifestación. Puesto que solo los practicantes muy avanzados pueden cortar las aflicciones desde su raíz meditando en la vacuidad, nosotros debemos adiestrarnos en la técnica más sencilla de aplicar el antídoto que contrarresta una aflicción determinada. Para contrarrestar la aversión, contemplamos en el amor y la compasión. Como oponente al apego fuerte, reflexionamos en los aspectos desagradables o indeseables del objeto. Para disolver la arrogancia, reflexionamos sobre nuestras deficiencias y sobre todo lo que no sabemos o no comprendemos, para fomentar la humildad. Siempre que tengo un estremecedor sentimiento de arrogancia pienso en los ordenadores, sobre los que no sé casi nada. ¡Es un antídoto excelente a ser engreído!

REFLEXIONES

1. Contempla las desventajas de las aflicciones.
2. Toma la fuerte determinación de detectar las aflicciones y contrarrestarlas.
3. Dedica tiempo a familiarizarte con el antídoto de cada aflicción, de manera que puedas recordarlo y aplicarlo fácilmente siempre que la aflicción empiece a aparecer.

4. Siempre que me encuentre con una persona malvada, que está oprimida por su energía negativa y un intenso sufrimiento, lo consideraré algo tan raro y querido como si hubiera encontrado un precioso tesoro.

La gente difícil desafía nuestra habilidad para mantener la compasión y la paz mental. Cuando nos encontramos con este tipo de personas, la tentación es reaccionar con una fuerte ira o incluso con violencia. Algunas personas pueden aparecer simplemente ante nosotros como dañinas u ofensivas, y necesitamos estar especialmente atentos en su presencia para contrarrestar las aflicciones que surgen en nuestra mente. No solamente deberíamos evitar despreciar a estas personas: este verso nos advierte de que tendríamos que considerarlas como algo querido.

Se puede aplicar este verso a numerosos temas sociales. Podemos tener prejuicios acerca de ciertos grupos de personas –por ejemplo, las personas catalogadas como criminales– y no querer incluirlos dentro del ámbito de nuestra compasión. En el caso de los presos, es importante para nosotros que minimicemos nuestra antipatía partidista y hagamos un esfuerzo mayor para darles una segunda oportunidad para ser miembros aceptados y productivos de la sociedad y recuperar su autoestima.

Igualmente, podemos ignorar o evitar a personas con discapacidad o enfermedades terminales. Quizá tengamos miedo de contraer la enfermedad aunque no sea contagiosa o aunque las posibilidades de contagio sean mínimas, o que nos sintamos incómodos siendo testigos de su sufrimiento. En estos casos también necesitamos desarrollar conscientemente la empatía y la compasión, recordando que un día nos encontraremos en circunstancias parecidas y necesitaremos la amabilidad de los demás.

Puesto que únicamente tenemos la oportunidad de superar nuestros bien arraigados partidismos cuando nos encontramos con gente que está oprimida por una energía negativa y un intenso sufrimiento, para nosotros son como preciosos tesoros, dándonos la oportunidad de mejorar nuestra paciencia, empatía y compasión. Podemos incluso sorprendernos de cuánto somos capaces de aprender si abrimos nuestros corazones y nuestras mentes a las experiencias.

5. Cuando otros, debido a la envidia,
me maltraten y abusen de mí, con calumnias, etc.,
practicaré la aceptación de la derrota
y a ellos les ofreceré la victoria.

Desde el punto de vista de la legalidad convencional, si somos injustamente acusados, sentimos que tenemos toda la justificación para reaccionar con indignación. Sin embargo, la indignación vehemente no es lo mejor para nuestros intereses –simplemente agita una ya contenciosa situación obligando a las personas a formar facciones haciendo imposible una comunicación genuina.

Aceptar la derrota no significa ser el felpudo del mundo o aceptar la responsabilidad de los delitos de los demás. En algunos conflictos, capitular podría dañar a los demás y a nosotros mismos. Aquí, ofrecer la victoria a los demás significa no querer tener la última palabra en una discusión o corregir continuamente cada error que cometan los demás. Nos volvemos más abiertos y tolerantes y menos vengativos. Cuando estemos calmados, podemos intentar aclarar la situación y llegar a una solución adecuada para todos.

A algunas personas les gusta pelear y disfrutan metiéndose en peleas. En tal situación, lo mejor es no morder el anzuelo. Cuando rehusamos discutir, la riña no puede continuar. Ofrecer la victoria a los demás quiere decir detenerse cuando queremos dominar a los otros física o verbalmente. Buscar controlar o tener poder sobre los demás no nos traerá la felicidad ni a nosotros ni a los demás a largo plazo.

Esto no sugiere que los practicantes simplemente cedan ante cualquier daño o injusticia que les inflijan. De hecho, según los preceptos del bodhisatva, deberíamos responder a la injusticia con una fuerte defensa, especialmente si existe el peligro de que el infractor continúe actuando de manera destructiva en el futuro o si los demás pueden verse afectados negativamente. Necesitamos sensibilidad ante la situación y saber cuándo dejar que una situación pase o cuando enfrentarnos a ella. Pero, tanto si le decimos algo a la persona como si la dejamos ir, es vital que nuestra mente no albergue resentimiento. Esto es lo que estamos diciendo cuando ofrecemos la victoria.

6. Cuando alguien a quien he beneficiado
y en quien he depositado mucha confianza
me hace un daño terrible,
veré a esta persona como mi maestro supremo.

Después de ayudar a alguien, normalmente esperamos un *gracias* al menos, cuando no su ayuda posterior. Especialmente cuando nos sentimos cerca de alguien tendemos a esperar mucho de esa persona. Cuando, en lugar de respondernos del modo que nos gustaría, la otra persona es desconsiderada o nos hace daño, a menudo reaccionamos perjudicando y con enfado. Nuestro sentido del desacuerdo y la traición es tan profundo que podríamos estar rumiando sobre la situación mucho tiempo y planear nuestras represalias, deseando dañar tanto como podamos a esa persona. Semejante pensamiento puede ser devorador porque estamos alternando sentimientos de lástima por nosotros mismos y de indignación hacia la otra persona. Sin embargo, vengarse no eliminará nuestro dolor, simplemente lo enmascarará temporalmente dándonos un falso sentimiento de poder. El único medio de liberarnos del dolor y la ira es mediante el perdón.

El perdón no quiere decir que aprobemos el acto de la otra persona, sino, simplemente, que estamos cansados de que nos hagan daño y de enfadarnos, y que estamos librándonos de esas emociones, porque nos están haciendo miserables. Para llevarlo a cabo, practicamos el ver a la otra persona como nuestro maestro de paciencia. Es como una rara joya, porque las personas que nos brindan la oportunidad de practicar la paciencia y el perdón son escasas.

También es útil, cuando nos sentimos dañados porque han traicionado nuestra confianza, recordar que en el pasado nos hemos comportado así con los demás. Aunque es desagradable admitirlo, es cierto que no siempre hemos sido ejemplares cuando se trata de ser justos con los demás o de mantener nuestras promesas y compromisos. Puesto que hemos actuado de manera hiriente hacia los demás, ¿por qué nos sorprendemos, nos enfurecemos o nos venimos abajo cuando otros tienen ese comportamiento con nosotros? Es sabio aceptar la situación, perdonar a la otra persona y trabajar para ser en el futuro personas más fiables y en quien se pueda confiar, de modo que evitemos crear la causa kármica para que recibamos semejante trato.

En el futuro, en lugar de tratar a todo el mundo con desconfianza para protegernos, deberíamos ir despacio y evaluar en qué áreas y en qué medida se puede confiar en cada individuo. Confiamos nuestra vida al piloto –que es un extraño– cuando viajamos en avión, pero no nos fiamos de él para que nos lleve la contabilidad. Podemos confiar en un amigo para que nos hable con franqueza, pero no para que nos arregle el coche.

Una razón por la que experimentamos dolor cuando se traiciona nuestra confianza es porque confiamos erróneamente en la gente en áreas donde no podemos confiar en ellos, o porque quizá teníamos expectativas que ellos no podían o nunca accedieron a satisfacer. En adelante, es más sabio conocer mejor a los demás y no albergar suposiciones infundadas sobre cómo pensarán o actuarán. Además, incluso cuando la gente hace promesas, las circunstancias cambian y no pueden mantenerlas o ya no quieren hacerlo. Los seres humanos cometen errores y cambian de parecer. Nuestras expectativas también deben incluir espacio para esas posibilidades.

REFLEXIONES

1. Reconoce tu sufrimiento cuando se ha traicionado tu confianza.
2. Contempla que en el pasado has actuado de maneras que los demás han visto como una ruptura de tu compromiso.
3. Haz extensivo el perdón a ti mismo por dicho comportamiento.
4. Haz extensiva la gratitud a aquellos que han traicionado tu confianza, por darte la oportunidad de practicar la paciencia y el perdón.

---

7. En resumen: ofreceré directa e indirectamente
todo beneficio y felicidad a todos los seres, mis madres.
Practicaré en secreto tomar sobre mí
todas sus acciones dañinas y sufrimientos.

Este verso describe la meditación de tomar y dar, en la que, con el pensamiento, desarrollamos una compasión tan poderosa que imaginamos que tomamos sobre nosotros mismos todo el sufrimiento de los demás, así como las aflicciones y el karma negativo que las produce. Al tomarlas, pensamos que destruyen nuestra propia ignorancia y nuestros pensamientos egoístas. A continuación, con un corazón amoroso, imaginamos que transformamos nuestro cuerpo, nuestras posesiones y nuestro mérito en cualquier cosa que los demás necesiten y se la damos. Esta meditación también se puede practicar conjuntamente con la respiración. Tomando al inhalar todo el sufrimiento de los demás y dándoles con amor mientras exhalamos todo lo que necesitan para ser felices.

Parafraseando al sabio de Cachemira Panchen Sakyasri: "Cuando soy feliz, dedico este bienestar para que todos los seres conscientes, tan extensos como el espacio, se vean colmados de felicidad y su causa: el mérito. Cuando me sienta miserable, pueda mi sufrimiento desecar el sufrimiento de todos los seres conscientes. Al experimentar yo dificultades, que puedan los demás verse libres de estas". Estos son los pensamientos que tiene un auténtico practicante del adiestramiento mental, alguien que está en paz consigo mismo y con los demás.

Practicar "en secreto" se puede entender de dos maneras. Sugiere que esta práctica de amor y compasión puede no ser apta para principiantes y que se debería enseñar solo cuando alguien tiene cierta profundidad en su coraje y un compromiso en la práctica del adiestramiento mental.

"En secreto" también se refiere a cómo debería hacerse esta práctica –de manera discreta, con humildad e integridad, sin llamar la atención. Gueshe Chekawa advierte que transformemos radicalmente nuestros pensamientos y emociones, pero que actuemos con normalidad. Cuando una persona con poco conocimiento sucumbe a la tentación de demostrar y se da un aire de importancia, degrada su propia experiencia y engaña a los demás. Deberíamos evitarlo.

> 8. Sin que estas prácticas sean contaminadas por las manchas de las ocho preocupaciones mundanas, percibiendo que todos los fenómenos son ilusorios, practicaré sin aferramiento para liberar a todos los seres de la esclavitud de una mente perturbada y sin subyugar y del karma.

Las ocho preocupaciones mundanas constan de cuatro pares:

1. Deleitarse cuando recibimos dinero y posesiones y desanimarse cuando no las recibimos o las perdemos.
2. Deleitarse cuando recibimos alabanzas y aprobación y desanimarse cuando recibimos críticas y desaprobación.

3. Deleitarse con la fama y la buena reputación y desanimarse cuando no somos reconocidos o no somos famosos.
4. Deleitarse cuando vemos, oímos, olemos, saboreamos o tocamos objetos placenteros y desanimarse con aquellos objetos que producen sensaciones desagradables.

Estas ocho preocupaciones mundanas contaminan nuestras actividades virtuosas. Por ejemplo, cuando me siento en el trono del Dharma, si en la parte de atrás de mi mente aparece el pensamiento: "¿Di una buena charla de Dharma? ¿La gente me halagará o me criticará?", mi mente está contaminada por las ocho preocupaciones mundanas.

Percibir todos los fenómenos como ilusorios es un método para evitar que las ocho preocupaciones mundanas contaminen nuestra mente. Antes de que podamos ver todos los fenómenos como si fueran ilusiones, tenemos que comprender que son vacíos de existencia inherente. La comprensión de la vacuidad no surge de repetir este verso en nuestra mente o de cantar "vacío, vacío" mientras imaginamos la nada. Para desarrollar una percepción auténtica de la vacuidad debemos emplear el razonamiento para investigar cómo existen los fenómenos.

Uno de los métodos más efectivos y convincentes para comprender que todo es vacío de existencia inherente es contemplar la relación dependiente y la interdependencia. Una cualidad exclusiva de este acercamiento es que nos permite encontrar el camino medio entre la inexistencia total y la existencia independiente o inherente. Puesto que la existencia independiente y la existencia inherente son sinónimos, sabemos entonces que los fenómenos carecen de existencia inherente. Sin embargo, no son completamente inexistentes porque existen de modo dependiente. Contemplando de este modo, no nos perderemos ni en el absolutismo ni en el nihilismo, y generaremos el punto de vista correcto.

Una vez que logremos la percepción de la vacuidad en nuestra meditación, hay una cualidad nueva en nuestras interacciones con el mundo y con las personas. Esto se debe a nuestro conocimiento de la naturaleza ilusoria escondida en los objetos que nos encontramos en nuestra vida cotidiana. Con una comprensión tanto de la vacuidad como de la naturaleza ilusoria de las personas y de los fenómenos, podemos trabajar con compasión para dirigir hábilmente a otros en el camino de modo que también ellos se liberen de una mente sin subyugar –debido a las aflicciones– y del karma, y que experimenten el gozo y la paz de la Iluminación.

# 8 Un enfoque sistemático

La Iluminación se refiere a las cualidades últimas de la mente. El sendero a la Iluminación elimina los obstáculos y potencia las cualidades que dirigen a ese estado. Los tibetanos traducen *bodhi*, la palabra sánscrita para Iluminación, como *jangchup*. *Jang* significa *limpiar* y, en este caso, hace referencia a la verdadera cesación, la limpieza o eliminación de las aflicciones, sus semillas y sus rastros. *Chup* se refiere a haber desarrollado todas las buenas cualidades. *Jang* ilustra el abandono de los budas de todas las faltas, mientras que *chup* denota sus cualidades y logros espirituales. La Iluminación no la concede ningún ser externo, sino que se logra mediante el proceso de limpiar y desarrollar nuestra mente. El potencial para lograrlo ya reside en nosotros: la naturaleza de la mente es claridad y cognición, por lo tanto, la capacidad para percibir todos los fenómenos ya está ahí. Necesitamos eliminar los obstáculos que lo impiden, comprendiendo la naturaleza vacía de todos los fenómenos.

Los recién llegados al budismo me preguntan algunas veces cómo se siente alguien que está iluminado. Yo no lo sé, pero pienso que debe ser una sensación de satisfacción profunda y de enorme plenitud, por el hecho de conocer la realidad. Utilizaré una analogía. Cuando somos ignorantes acerca de algo, nos sentimos incómodos e intentamos entenderlo. Una vez que lo hemos entendido y ese obstáculo se ha eliminado, sentimos un tremendo alivio. Nos sentimos satisfechos porque tenemos plena confianza en que nuestra comprensión es correcta.

Cuando nos iluminemos, comprenderemos directamente todo lo que existe, de modo que puedes imaginarte la satisfacción tan profunda que experimentaremos en ese momento. Esto nos puede llegar a dar una idea del enorme gozo mental que experimenta un buda.

## *Senderos de desarrollo espiritual*

Para conseguir las cualidades de un buda, necesitamos desarrollar numerosos y diversos aspectos de nuestro cuerpo, palabra y mente. A lo largo del tiempo, los maestros budistas han utilizado diversos paradigmas que establecen un camino progresivo para hacerlo y, en este capítulo, exploraremos algunos de estos. Estas presentaciones "paso a paso" describen un sendero sistemático que permite a cada persona practicar a su propio nivel y progresar de manera cómoda y gradual.

Empezaremos con la presentación de Aryadeva de las etapas del sendero (CS 190):

> Primero evita el demérito.
> Después evita la existencia esencial.
> Después, evita los puntos de vista de todo tipo.
> Cualquiera que sepa esto, es un sabio.

Este verso se puede entender de dos maneras. En la primera, "primero evita el demérito" indica la necesidad de abandonar los diez senderos de no virtud y practicar los diez senderos de virtud para evitar un renacimiento desafortunado y lograr uno afortunado. "Después evita la existencia esencial" quiere decir abandonar el aferramiento al yo burdo de las personas, una persona que se autosostiene y que es sustancialmente existente. Aunque abandonar este aferramiento no nos lleva al estado de arhat ni a la Budeidad, detiene las aflicciones burdas, lo que ya es beneficioso. "Después evita los puntos de vista de todo tipo" indica comprender la vacuidad de existencia verdadera y utilizar esta sabiduría para erradicar las aflicciones desde su raíz.

El segundo modo de entender este verso es empezar desde el objetivo final e ir trabajando hacia atrás. Para alcanzar la Iluminación, se deben erradicar todos los oscurecimientos cognitivos, como indica la línea "después, evita los puntos de vista de todo tipo". Para eliminarlos no es suficiente con contemplar la *luz clara objetiva* –la naturaleza última, la vacuidad– que se basa en la relación dependiente. Desde el punto de vista del yoga tantra más elevado, debemos manifestar la *luz clara subjetiva* –la mente más sutil que aparece después de que las ocho concepciones y las tres apariencias se han disuelto– y la utilizamos para comprender la talidad. Previo a esto, debemos comprender la vacuidad y eliminar los oscurecimientos aflictivos, como se indica en la línea "después evita la existencia esencial". Para hacerlo necesitamos una sucesión de buenos renacimientos en los que podamos practicar el Dharma. El modo de hacerlo es "primero evita el demérito", los diez senderos de no virtud.

En *Una lámpara para el sendero*, Atisha establece tres etapas del sendero según los tres niveles de los practicantes: mayor, medio e inicial. El sendero de la persona de gran desarrollo espiritual elimina los oscurecimientos cognitivos para que él o ella pueda llegar a ser un buda para poder beneficiar a todos los seres conscientes de la manera más efectiva. Este individuo aspira a lo más elevado, a la dicha y a la paz más duraderas para él y para los demás –la Iluminación–, y por eso quiere extinguir duhkha y sus causas tanto para él como para los demás. Los oscurecimientos cognitivos que impiden la Iluminación son los rastros sutiles de la ignorancia y la apariencia de existencia inherente que estos crean. Para eliminarlos, una persona debe desarrollar la bodhichita, practicar las seis perfecciones y unir la serenidad o permanencia apacible y la visión de la vacuidad sutil. Este es el sendero del practicante de capacidad superior.

El sendero de la persona de desarrollo espiritual medio elimina los oscurecimientos aflictivos –las aflicciones, sus semillas y el karma contaminado que produce el renacimiento en la existencia cíclica–. Esta persona busca la Liberación –la paz del Nirvana que está libre del ciclo de renacimientos sin control–. Para hacerlo, él o ella practica los tres adiestramientos superiores motivado por la determinación de liberarse de la existencia cíclica y alcanzar la Liberación.

El sendero de la persona de desarrollo espiritual inicial elimina las negatividades burdas, como los diez senderos de no virtud: matar, robar, la conducta sexual imprudente o que dañe a los demás, mentir, las palabras que dividen, las palabras duras, la charla vana, la codicia, las intenciones maliciosas y los puntos de vista erróneos. Estos diez producen renacimientos desafortunados en el futuro, así como problemas constantes en esta vida. El practicante principiante busca la felicidad en la existencia cíclica, que surge de pacificar sus pensamientos, palabras y actos erróneos burdos.

Para expresar este sendero en una secuencia directa, un practicante debe en primer lugar y de modo más urgente reducir sus aflicciones burdas y sus actos dañinos y practicar el sendero de las diez acciones virtuosas. Aunque su objetivo último pueda ser el Nirvana o la

Iluminación, primero tiene que trabajar con los obstáculos más evidentes que impiden la felicidad adoptando una postura de defensa frente a ellos. Debe evitar primordialmente tener un renacimiento desafortunado que le impida poder practicar el sendero durante mucho tiempo.

| Nivel del practicante | Aspiración directa | ¿Qué practica? | ¿Qué elimina? |
|---|---|---|---|
| Inicial | Renacimiento afortunado | Pacificar sus pensamientos, palabras y actos dañinos burdos y practicar las diez virtudes | Las diez no virtudes |
| Medio | Liberación (el estado de arhat) | Los tres adiestramientos superiores | Los oscurecimientos aflictivos: las aflicciones, sus semillas y el karma contaminado que produce el renacer en samsara |
| Avanzado | Iluminación (la Budeidad) | Las seis perfecciones, los cuatro modos de reunir discípulos y el vajrayana | Los oscurecimientos cognitivos: las impresiones o rastros de las aflicciones y la apariencia de existencia inherente |

El segundo nivel es el combate real, ir al ataque para destruir las aflicciones. El practicante que las vence alcanza el Nirvana. El tercer paso es eliminar los rastros o manchas dejadas por las aflicciones en el continuo mental. Cuando esto se elimina, el practicante se transforma en un buda.

El tercer paso es eliminar las latencias o contaminantes que han dejado las aflicciones en el continuo metal. Una vez que se han eliminado, el practicante se transforma en un buda completamente iluminado.

Estos tres niveles de capacidad de los practicantes conforman el boceto para la presentación de las enseñanzas de este libro. Ciertas meditaciones están prescritas para desarrollar la motivación de cada nivel y otras para actualizar el resultado deseado de dicha motivación. Las meditaciones en la preciosa vida humana, la muerte y la impermanencia burda y la posibilidad de lograr un renacimiento desafortunado nos ayudan a generar la aspiración de lograr un renacimiento afortunado. Alcanzamos este renacimiento tomando refugio en las Tres Joyas y respetando la ley del karma.

Las meditaciones en las dos primeras de las cuatro verdades inspiran en nosotros el deseo por la Liberación. Generar los senderos verdaderos practicando los tres adiestramientos superiores producirá las cesaciones verdaderas y la Liberación.

| Nivel del practicante | Meditaciones que guían la motivación de este nivel | Motivación | Prácticas que se hacen para actualizar el resultado de esta motivación |
|---|---|---|---|
| Inicial | La preciosa vida humana, la muerte y la impermanencia, el renacimiento desafortunado | Tener un renacimiento afortunado | Tomar refugio en las Tres Joyas, respetar la ley del karma y sus efectos |
| Medio | Las dos primeras verdades: el duhkha verdadero y los orígenes verdaderos | Lograr la cesación verdadera: el Nirvana | Senderos verdaderos: los adiestramientos superiores en la conducta ética, concentración y sabiduría |
| Avanzado | Ecuanimidad, la instrucción de los siete puntos de causa y efecto, igualarnos y cambiarnos por los demás | La bodhichita | Las seis perfecciones, los cuatro modos de reunir discípulos y el vajrayana |

La meditación en la instrucción de los siete puntos de causa y efecto y la meditación de igualarse y cambiarse uno mismo por los demás son los métodos para generar la bodhichita, la aspiración de lograr la Iluminación para beneficiar a todos los seres conscientes. El método que dirige a la Iluminación es la práctica de las seis perfecciones, los cuatro modos para reunir discípulos[43] y el vajrayana.

43 Estos son ser generosos y proporcionar ayuda material, hablar agradablemente enseñando el Dharma a los demás según sus disposiciones, animarlos a practicar y vivir las enseñanzas siendo un ejemplo de ellas.

La meditación en la instrucción de los siete puntos de causa y efecto y la meditación de igualarse y cambiarse por los demás son los métodos para generar la bodhichita, la aspiración de lograr la Iluminación para beneficiar a todos los seres conscientes. El método que dirige a la Iluminación es la práctica de las seis perfecciones, los cuatro modos para reunir discípulos[44] y el vajrayana.

Hay dos tipos de practicantes de capacidad inicial, uno superior y otro inferior. Los practicantes de capacidad inicial superiores buscan un renacimiento elevado como humanos o como dioses. Aunque también buscan mejorar en esta vida, están concentrados en crear las causas para las vidas futuras afortunadas. Los individuos del tipo inicial piensan solo en mejorar en esta vida y no se preparan para las vidas futuras, aunque crean karma virtuoso siendo generosos, viviendo de modo ético, etc.

Los que habéis crecido en culturas donde la creencia en las vidas futuras no es predominante, podéis llegar al budismo en un principio simplemente con la motivación de mejorar la calidad de esta vida. Por el momento, sois individuos del nivel inicial a quien les gustaría experimentar menos estrés y menos ira, tener mejores relaciones, mejorar la salud y tener una mayor calma mental en esta vida, y buscáis las enseñanzas del Buda como el medio para ese fin. Utilizando el Dharma para ser una persona más equilibrada te implicarás menos en acciones destructivas y más en las positivas. Conforme pase el tiempo, aprenderás sobre la existencia de vidas futuras, la existencia cíclica, la Liberación, la Iluminación y los senderos que llevan a estas dos últimas. Mientras vas pensando en estos temas y vas ganando convicción, se ampliará tu perspectiva y querrás crear las causas para tener una muerte pacífica y un buen renacimiento. Serás consciente de los peligros de la existencia cíclica y aspirarás a liberarte de ella. Cuando tu corazón se abra más y más hacia los demás, el pensamiento de alcanzar la Iluminación para beneficiar a todos los seres crecerá en tu interior. De esta manera progresarás en el sendero de manera orgánica.

Aunque el budismo habla de la importancia de prepararse para las vidas futuras, no significa que debamos despreciar esta vida. Si queremos tener unas vidas futuras favorables, es importante cuidar

44 Estos son ser generosos y proporcionar ayuda material, hablar agradablemente enseñando el Dharma a los demás según sus disposiciones, animarlos a practicar y vivir las enseñanzas siendo un ejemplo de ellas.

de esta vida adecuadamente siendo una persona honesta que evita perjudicar o engañar a los demás. Manteniendo una buena conducta ética tendremos menos problemas en esta vida y crearemos las causas para tener vidas futuras afortunadas.

Los senderos practicados por estos tres niveles de practicantes no son senderos separados. Una persona pasa por las tres etapas mientras progresa. Para eliminar los oscurecimientos cognitivos que impiden la Iluminación, primero debemos eliminar los oscurecimientos aflictivos y liberarnos nosotros mismos de los sufrimientos de la existencia cíclica. Para lograr la Liberación arrancando de raíz las aflicciones, primero tenemos que controlar el aferramiento a la felicidad de esta vida que nos estimula para implicarnos en los diez senderos destructivos de acción. De este modo, los practicantes de capacidad inicial, media y superior se refieren a una misma persona en tres momentos diferentes de su viaje espiritual. Este practicante desarrolla gradualmente y secuencialmente los tres niveles diferentes, cada uno de ellos indispensable para los que vienen después.

Por otro lado, la práctica para cada uno de estos tres por separado es completa. Si en el presente deseamos solo un renacimiento afortunado, encontraremos un método completo para llevar a término nuestra aspiración en el sendero del practicante de capacidad inicial. Basándose en este nivel inicial de práctica, los practicantes de nivel medio encontrarán un camino completo para culminar su aspiración por la liberación en la práctica del nivel medio. Si buscamos la Iluminación proseguiremos a través de las tres etapas practicando antes las dos primeras, lo que nos conducirá a practicar el sendero avanzado. Para los practicantes avanzados se dice que los dos primeros senderos son "*senderos en común con* los practicantes de los niveles de capacidad inicial y media" porque no son exclusivamente para los practicantes de los niveles de capacidad inicial y media.

"En común con" también indica que los practicantes avanzados que aspiran a la Iluminación no practican los senderos inicial y medio del mismo modo en que lo hacen los practicantes del nivel inicial y medio. Aunque los practicantes del nivel inicial están satisfechos con aspirar a mejorar la calidad de sus vidas en la existencia cíclica, los practicantes que desean la Iluminación tienen una motivación más amplia ya desde el principio. Aunque no tienen la realización experiencial de la bodhichita, hacen las prácticas del nivel inicial y medio con cierto grado de bodhichita[45].

Como un comentario a *Una lámpara para el sendero,* Tsongkhapa en el *Lam Rim Chenmo* sigue la presentación de Atisha. La tradición sakya sigue también la secuencia de Atisha cuando presenta el abandono de los cuatro apegos. El primer patriarca sakya, Sachen Kunga Nyingpo, en *Separarse de los cuatro apegos,* dice:

> Si estás apegado a esta vida, no eres un practicante de Dharma.
> Si está apegado a los tres reinos, no tienes la renuncia.
> Si estás apegado a tu propio interés, no eres un bodhisatva.
> Si surge el aferramiento, no tienes la visión[46].

Empezamos por liberarnos nosotros mismos de las ocho preocupaciones mundanas que se enfocan únicamente en la felicidad de nuestra vida presente. Cuando las abandonemos nos convertiremos en un practicante de Dharma real. Después desarrollamos la renuncia al samsara y la determinación de liberarnos de nacer en los tres reinos samsáricos. Contemplando que todos los demás seres conscientes sufren en el samsara exactamente igual que nosotros, ampliamos nuestra perspectiva y generamos la motivación altruista de la bodhichita. Para consumar la aspiración de la bodhichita de alcanzar la Iluminación, debemos obtener la visión correcta de las dos verdades y abandonar todo aferramiento a los dos extremos –el de la existencia inherente y el de la completa no existencia– comprendiendo la vacuidad. En este sentido, este breve verso de los sakyapas refleja el mismo patrón ascendente de los tres niveles de motivación en la práctica del Dharma que el presentado por Atisha.

El maestro theravadin Budaghosa pensó en las mismas líneas cuando describió el nivel inferior, medio y superior del comportamiento ético (Vism 1.33):

---

45 La descripción anterior de los temas que pertenecen a cada nivel de desarrollo espiritual puede diferir ligeramente según la presentación. Por ejemplo, en el Lam Rim, la meditación en la ley del karma y sus efectos está incluida en el sendero común con el sendero inicial de desarrollo espiritual, pero en los *Tres aspectos del sendero* está incluida en la práctica en común con la persona de nivel medio de desarrollo espiritual.

46 *Adiestrar la mente,* traducido por Thupten Jinpa (Ediciones Dharma, 2004).

> ...esta (la conducta ética) motivada por el ansia, cuyo propósito es disfrutar la existencia continuada, es inferior. Esta, practicada con el propósito de la propia liberación, es medio. La virtud de las perfecciones practicadas para la liberación de todos los seres conscientes es superior.

La conducta ética y otras prácticas del Dharma motivadas por el deseo de un buen renacimiento en la existencia cíclica, aunque virtuosas, son inferiores. Las prácticas hechas con el deseo de liberarnos nosotros mismos de la existencia cíclica son excelentes, pero no supremas. Las perfecciones que se desarrollan con el deseo de liberar a todos los seres conscientes son superiores. Aunque al principio nuestra motivación pueda ser limitada, conforme nuestra sabiduría y compasión se amplían, también lo hace nuestra motivación.

## *Las cuatro verdades y los tres niveles de practicantes*

Describir las cuatro verdades desde la perspectiva de los tres niveles de practicantes nos ayuda a comprender la motivación, la intención y la práctica de cada nivel.

Para una persona de nivel inicial, que aspira a obtener un buen renacimiento dentro de la existencia cíclica, el duhkha verdadero se refiere al sufrimiento burdo, especialmente a las miserias implícitas de los renacimientos desafortunados. Los orígenes verdaderos de este duhkha son las diez no virtudes y las aflicciones burdas que las motivan, como la codicia, la malicia y los puntos de vista erróneos. La cesación verdadera es la liberación temporal de un renacimiento desafortunado, y el sendero verdadero que lograr es abandonar las diez no virtudes e implicarse en las diez virtudes.

Para una persona de capacidad media, que aspira a la Liberación, el duhkha verdadero son los cinco agregados de los que se apropia, debido a la influencia de las aflicciones y el karma contaminado, un ser samsárico. Los orígenes verdaderos son los oscurecimientos aflictivos que producen renacer en la existencia cíclica. La cesación verdadera es liberarse de todos estos renacimientos o, siendo más precisos, la naturaleza última de la mente que ha abandonado todos los oscurecimientos aflictivos aplicando los senderos verdaderos. Los senderos verdaderos son las realizaciones de los aryas sostenidas por la sabiduría que comprende directamente la vacuidad.

Para una persona de capacidad avanzada, que aspira a la Iluminación, el duhkha verdadero es la propia carencia de Omnisciencia y el duhkha de todos los seres conscientes. Los orígenes verdaderos son los oscurecimientos cognitivos y la actitud egocéntrica. La cesación verdadera es la cesación de los oscurecimientos cognitivos en la Budeidad, o más exactamente, la naturaleza de la mente que ha abandonado todos los oscurecimientos cognitivos aplicando el sendero verdadero. Los senderos verdaderos son las realizaciones de los aryas sostenidas por la sabiduría que comprende directamente la vacuidad y la bodhichita.

## *Más de un enfoque*

Nuestro objetivo último es alcanzar la Budeidad y llegar a ser las Tres Joyas nosotros mismos. La Joya del Dharma consiste en las dos últimas de las cuatro verdades –los senderos verdaderos y las cesaciones verdaderas–. Nuestra mente se transforma en la Joya del Dharma cuando logramos los senderos verdaderos y hacemos reales las cesaciones verdaderas. En ese momento nos volvemos la Joya de la Sangha. Cuando, motivados por la bodhichita, hacemos reales todas las cesaciones verdaderas, nos convertimos en la Joya del Buda. Así, para comprender el significado del refugio en las Tres Joyas necesitamos una profunda comprensión de la Joya del Dharma, y esta comprensión está basada en las cuatro verdades. La comprensión completa de los aspectos sutiles de las cesaciones verdaderas depende de la comprensión de las dos verdades –la engañosa o velada y la última–, especialmente la verdad última, la vacuidad de existencia inherente.

Mientras que *Una lámpara para el sendero*, de Atisha, presenta una secuencia de etapas para convertirnos en las Tres Joyas, los sutras de la Prajñaparamita presentan otra diferente. *Ornamento de las realizaciones claras*, de Maitreya, un tratado sobre los sutras de la Prajñaparamita, muestra esta secuencia mediante ocho realizaciones claras[47] que se caracterizan por setenta temas. La primera realización clara –el sublime conocedor de todos los aspectos (Omnisciencia)– tiene diez

47 Las ocho realizaciones claras son conocedores sublimes de todos los aspectos (de la mente omnisciente), conocedor de los senderos, conocedor de las bases, completa aplicación de todos los aspectos, la aplicación cumbre, la aplicación en serie, la aplicación momentánea y el cuerpo de la verdad resultante (dharmakaya).

características principales que definen la mente de un buda: bodhichita, instrucciones, etc.[48] El tema de las instrucciones comienza con las dos verdades que abarcan todos los fenómenos. Tras esto, se explican las cuatro verdades, que son los objetos de la práctica. Después se explica la toma de refugio en las Tres Joyas, seguido del desapego, el esfuerzo entusiasta, etc.

Haribhadra escribió *Elucidaciones claras* (*Sphutartha*), el comentario más utilizado de *Ornamento de las realizaciones claras.* En él habla de dos tipos de practicantes: los de facultades brillantes, que son muy inteligentes y analizan profundamente el significado de las enseñanzas, y los de facultades más modestas, que siguen debido a la fe en el Buda y las escrituras. La audiencia principal del comentario de Haribhadra son los practicantes de facultades brillantes, y la secuencia anterior es especialmente útil para ellos.

La audiencia de *Una lámpara para el sendero*, de Atisha, es diferente. Él escribió este texto por mandato del príncipe Jangchup Ö, quien le pidió una enseñanza que fuera adecuada para los tibetanos –budistas en su mayoría–. Quería unas instrucciones que pudieran ponerse en práctica fácilmente y que permitieran que el budismo floreciera otra vez en el Tíbet. En respuesta, Atisha esbozó la secuencia de los tres niveles de practicantes.

Cuando doy instrucciones generales sobre el Budadharma a personas educadas que son nuevas en el budismo, prefiero utilizar las instrucciones de *Ornamento de las realizaciones claras* para presentar en general la estructura del sendero budista, empezando con la motivación de la compasiva bodhichita y siguiendo las instrucciones. Esto les ayuda a ver cómo encajan los diversos puntos dentro de todo contexto. Aunque no puedo entrar en profundidad en esos puntos con los principiantes, todos aprecian el concepto de la compasión, así que hablo de ello primero. Después introduzco brevemente las dos verdades para que la gente sea consciente de que el modo en que aparecen las

---

48 Los diez puntos que caracterizan el sublime conocedor de todos los aspectos son: generación de la mente (bodhichita), instrucciones espirituales, las cuatro ramas de la discriminación precisa, el linaje natural que perdura que es la base de los logros mahayana (la naturaleza de buda), el objeto observado del logro mahayana, el objetivo de la práctica, el logro mediante la práctica que es como una armadura, el logro mediante el compromiso, el logro mediante la acumulación y la emergencia definitiva.

cosas y el modo en que éstas realmente existen es diferente. Desde aquí paso a las cuatro verdades de los aryas, que establecen el marco para el sendero a la Liberación. En este contexto, tiene sentido dirigirse hacia el refugio en las Tres Joyas y cómo estas nos guían. Por este motivo, en esta serie tomar refugio en las Tres Joyas se presentará junto con las cuatro verdades en lugar de hacerlo en el contexto del practicante de nivel inicial, como en la presentación en el Lam Rim.

Yo os animo a los que habéis completado los estudios filosóficos y valoráis la secuencia de instrucciones en los sutras de la Prajñaparamita y en *Ornamento de las realizaciones claras* a integrar esta secuencia en vuestras enseñanzas de Lam Rim. Esto beneficiará a vuestros estudiantes. También os sugiero enseñar los sistemas de creencias filosóficas. El Lam Rim es más práctico, mientras que los sistemas de creencias filosóficas son algo más intelectual. Si vuestros discípulos estudian ambos, desarrollarán un claro sentido del propósito de la práctica del Dharma y una profunda comprensión de la vacuidad.

Un maestro varía su enfoque dependiendo de la audiencia. Cuando Nagarjuna enseñó *Guirnalda preciosa* su audiencia era un rey –una persona que estaba interesada en el Dharma, pero que solo tenía preocupaciones mundanas. Así, primero le presentó el método para asegurarse renacimientos afortunados, seguido del método para alcanzar la Liberación. Por otro lado, cuando enseñó *Comentario sobre la bodhichita* (*Bodhichitavivarana*), que explica un verso del *Tantra raíz de Guhyasamaja*, la audiencia era de una capacidad avanzada –específicamente, practicantes del más elevado yoga tantra– y adecuó su enfoque a ellos.

Cuando se enseña a un grupo numeroso, los mentores espirituales dan enseñanzas diseñadas para el público. En este caso siguen un texto concreto y dan una presentación general del sendero dirigida a las necesidades del público en general. Cuando enseñan a un grupo reducido o a una persona, estos mentores dan instrucciones acordes a las necesidades de estos individuos en particular. Es importante no confundir estas dos situaciones y pensar que porque nuestro maestro espiritual dio una instrucción a una persona en concreto todo el mundo debe practicarla.

El orden para presentar los temas puede variar también. *Ornamento de las realizaciones claras* menciona brevemente la sabiduría que comprende la vacuidad y después prosigue con la bodhichita. *Comentario sobre la bodhichita* presenta la vacuidad primero, seguida del desarrollo de la bodhichita y de las prácticas del bodhisatva. Este es el enfoque para discípulos inteligentes. Aunque la bodhichita viene después en la secuencia del Lam Rim, Shantideva la enseña primero en *Implicarse en las acciones de los bodhisatvas* para que todas las meditaciones y prácticas que vienen a continuación vayan dirigidas hacia la Iluminación.

No importa el orden en que aprendamos la bodhichita y la vacuidad, es útil desarrollar y comprender las dos a pesar de que hagamos hincapié en las prácticas de los niveles inicial y medio en nuestra práctica personal. En este sentido, nuestra meditación en la preciosa vida humana, la muerte y la impermanencia, etc. se basarán en cierto grado de bodhichita y de la sabiduría que comprende la vacuidad. Además, nuestras meditaciones en los temas de los niveles medio e inicial harán que aumente nuestro aprecio por la bodhichita y por la práctica de las seis perfecciones y la urgencia por desarrollar ambas.

## *Enseñanzas para el público contemporáneo*

Atisha compuso *Una lámpara para el sendero* con las necesidades de los tibetanos del S. XI en mente. No entró en detallados debates filosóficos o en razonamientos extensos cuando compuso este texto porque su audiencia ya creía en las enseñanzas del Buda. Simplemente requirió una enseñanza concisa y directa explicando cómo practicar desde el principio del sendero hasta la Iluminación.

Ahora, el budismo se extiende internacionalmente y la audiencia es muy diferente. Estas personas necesitan escuchar los argumentos racionales que demuestran el renacimiento, la liberación, la existencia de las Tres Joyas y el karma y sus efectos, que se encuentran en los tratados de los grandes sabios indios. Sin una clara comprensión de estos temas, su comprensión del sendero a la Iluminación no será completa.

Leí algunas notas sobre el Lam Rim, del respetado maestro gueluk Tseten Shabdrung (1910-85). Comentó que cuando contemplamos un tema del Lam Rim, deberíamos integrar en nuestras reflexiones los puntos de los grandes tratados sobre la perfección de la sabiduría y del camino medio. De este modo, nuestro estudio de los grandes tratados filosóficos y nuestra práctica del Lam Rim se complementarán mutuamente. Este es el método utilizado por los kadam shungpawa –la tradición kadam del "gran texto" encabezada por Gueshe Potowa[49].

Una comprensión de los temas principales que se estudiaban en las grandes universidades monásticas –la perfección de la sabiduría, el camino medio, razonamiento y epistemología, abhidharma y vinaya– es muy útil para facilitar nuestra práctica de Lam Rim. Cuando los tibetanos empezaron a enseñar al principio a los occidentales, se habían traducido muy pocos textos filosóficos a sus idiomas. Hoy en día están disponibles muchas traducciones y guías de estudio, haciendo posible el estudio de estos textos clásicos.

Algunas personas pueden haber oído que, puesto que el Lam Rim abarca todas las enseñanzas del Buda, es suficiente con confiar solo en él. Esto es cierto en el sentido de que el Lam Rim resume el significado de los grandes tratados para que alguien que ha pasado años estudiándolos pueda fácilmente identificar los puntos importantes para la meditación. Quienes no han estudiado estos importantes textos se beneficiarán de leer algo sobre ellos.

Los discípulos de facultades modestas se apoyan más en la fe, viendo al Buda como un maestro espiritual perfecto y al linaje de maestros, desde Nagarjuna hasta su propio maestro, como mentores espirituales de confianza. Estas personas no están interesadas en un estudio profundo, mientras que aquellas con facultades brillantes, son curiosos y quieren aprender más. Estas cuestionan el significado de las enseñanzas que oyen y que leen, quieren saber por qué un sabio en particular explicó el Dharma del modo en que lo hizo. El budismo nos anima a investigar y explorar. Las personas curiosas con un deseo

49 La tradición kadam del gran texto (*gzhung*) estudia principalmente seis textos indios: *Guirnalda de los cuentos Jataka,* de Aryasura (*Jatakamala*), y *Colección de aforismos* (*Udanavarga*) para desarrollar devoción y desarrollar el refugio; *Niveles del bodhisatva* (*Bodhisatvabhumi*), de Asanga, y *Ornamento de los sutras mahayana,* de Maitreya, para aprender la meditación y los senderos y etapas del bodhisatva; e *Implicarse en las acciones de los bodhisatvas,* de Shantideva, y *Compendio de instrucciones* (*Siksasamuccaya*), para aprender las prácticas del bodhisatva. Desde otra perspectiva, los dos primeros textos se estudian para aprender y observar el karma y sus efectos, los dos segundos para desarrollar la bodhichita, y los dos últimos para entender la visión correcta y comprender la vacuidad. Además de la tradición del gran texto de Potowa, hay otras dos tradiciones kadam: la tradición de las etapas del sendero y la tradición de las instrucciones esenciales. La primera estudia principalmente los textos del Lam Rim, mientras que la segunda se basa fuertemente en los manuales de práctica y en las instrucciones directas de su maestro.

genuino por investigar el Dharma son los verdaderos seguidores del Buda. Para estos estudiantes solo el Lam Rim no es suficiente, deben apoyarse en los grandes tratados.

Si carecemos de la comprensión adecuada del significado exacto de la vacuidad, de las cesaciones verdaderas, del Nirvana y de la Iluminación, ¿cuál es la base de nuestra devoción? Si comprendemos cómo es posible eliminar la ignorancia y las aflicciones completamente, nuestra convicción en el Buda y la confianza en sus enseñanzas será firme. Sin aprender y contemplar las enseñanzas del Buda, es difícil distinguir con claridad el sendero budista de otros senderos expuestos por otros maestros y, como resultado, nuestra fe en las Tres Joyas no será firme. Vemos gente que cambia de creencias de un día para otro. Aunque puedan atribuir su variabilidad a la apertura mental, me parece que se debe más a la confusión. Si aprenden y contemplan las enseñanzas del Buda, especialmente los tratados filosóficos que describen la vacuidad y la relación dependiente, esta confusión dará paso a la claridad.

El Lam Rim nos enseña cómo tomar refugio en las Tres Joyas comprendiendo sus cualidades únicas, de las que carecen otras guías espirituales. Cuando tenemos dicha comprensión, tomamos refugio en las Tres Joyas de modo natural: no necesitamos que nadie nos anime a hacerlo, y nadie nos puede disuadir de tomar refugio en ellas.

Podemos haber oído hablar acerca de instrucciones esenciales y enseñanzas "susurradas al oído" que se transmiten oralmente de maestro a discípulo. No pensemos que estas instrucciones son algo independiente de los textos de Nagarjuna y de otros tratados clásicos[50]. Cualquier cosa que esté en las enseñanzas "susurradas al oído" y en las instrucciones esenciales también está en estos textos. No hay enseñanzas secretas fuera de lo que estudiamos en los textos clásicos. Si no sabemos cómo integrar las enseñanzas de los grandes tratados en nuestra práctica, la culpa es nuestra, y somos nosotros los que debemos rectificar.

---

50 Las instrucciones esenciales (*man ngag*) y las enseñanzas "susurradas al oído" son tipos de enseñanzas orales trasmitidas directamente de maestro a discípulo, aunque este estilo de enseñanza ahora forme su propio género de textos. Estas enseñanzas tienden a ser concisas y prácticas, apuntando al corazón de la práctica y a la naturaleza de la mente. Estas enseñanzas se presentan en todos los linajes del budismo tibetano, pero son más explícitamente fundamentales en las escuelas nyingma y kagyu.

## *El valor de las Etapas del sendero*

El acercamiento gradual y sistemático del Lam Rim tiene muchas ventajas.

**Veremos que las enseñanzas del Buda no son contradictorias.** Si comparamos los consejos del Buda a diferentes discípulos, podemos pensar que se contradice a sí mismo. En algunos sutras del Buda se dice que hay un yo, en otros habló de la ausencia de un yo con existencia inherente. En algunas enseñanzas habló de la necesidad de abandonar el alcohol, en otras lo permitió en algunas y raras circunstancias.

Hay diferencias porque el Buda guiaba por diferentes niveles del sendero a seres conscientes que tenían unas disposiciones y tendencias muy variadas. Su motivación era la misma en todas las ocasiones: beneficiar a la persona y gradualmente guiarla a la Iluminación. Para llevar a cabo este propósito, adaptó sus instrucciones para adecuarlas a la capacidad que en ese momento tenía cada discípulo. Decir que existe un yo fue un modo hábil para guiar a las personas que les daba miedo la ausencia de un yo con existencia inherente. Más adelante, cuando estuvieron más maduros espiritualmente, les aclaró que no hay un yo que exista de modo esencial o inherente. Para la amplia mayoría de las personas, el consumo de intoxicantes daña su práctica espiritual y deberían abandonarlos.

Para los practicantes tántricos que tienen grandes logros, que tienen renuncia, bodhichita y la sabiduría que comprende la vacuidad, consumir una pequeña cantidad de alcohol puede beneficiar su meditación en circunstancias particulares.

Este consejo no es contradictorio puesto que la motivación del Buda es la misma en todos los casos. Si una persona va andando por un camino estrecho con precipicios a ambos lados y está demasiado cerca del precipicio de la izquierda, un guía hábil le gritará: "¡A la derecha!". Pero si está demasiado cerca del precipicio de la derecha, el guía le gritará: "¡A la izquierda!". Separadas, estas instrucciones pueden parecer instrucciones contradictorias. Sin embargo, cuando comprendemos el contexto y la intención a largo plazo, vemos que no hay contradicción sino únicamente beneficio.

No solo el Buda dio diferentes enseñanzas a diferentes individuos: sus consejos a una persona pueden ser diferentes en diferentes momentos, dependiendo de las distorsiones que sean más prominentes en la mente de esa persona. Al principio, alguien puede concebir el yo como permanente, unitario, como un alma independiente. En este caso, el Buda le enseñará cómo refutar ese tipo de yo. Si en otro momento de su práctica, esta persona concibe el mundo externo como algo externo a la percepción, el Buda le enseñará el punto de vista chitamatra de que no hay un mundo externo que sea diferente de la mente, para ayudarle a disolver este falso aferramiento.

**Tomaremos todas las enseñanzas del Buda como instrucciones personales**. Algunas personas creen erróneamente que unas escrituras son para estudiar y otras para meditar y practicar. Cuando comprendemos el acercamiento "paso a paso" del Lam Rim, vemos que todas las enseñanzas se relacionan de un modo u otro para subyugar los engaños y desarrollar las buenas cualidades, y por eso son relevantes para nuestra práctica. Nuestra mente es tan compleja y las aflicciones son tan poderosas que una sola enseñanza no puede eliminar todos los estados mentales aflictivos a la vez. Las etapas del sendero son una estrategia sistemática para superar gradualmente las actitudes y las emociones destructivas, instruyéndonos en una diversidad de temas y técnicas de meditación para desarrollar muchos aspectos distintos de nuestra mente.

Aunque la comprensión de la vacuidad es el antídoto último para todas las aflicciones, al principio del sendero nuestra comprensión de la vacuidad es demasiado débil para ser un remedio efectivo. Aplicar alguna de las técnicas que son específicas para cada aflicción –como las que se encuentran en las enseñanzas del adiestramiento mental– nos permite subyugar nuestra aversión, apego y confusión burdas. Este estado mental más calmado, a su vez, es más propicio para meditar en la vacuidad.

El amplio diseño del Lam Rim nos permite entender cómo las diferentes enseñanzas encajan en un todo cohesionado diseñado para que una persona lo practique. Esto nos ayuda a evitar trampas y desvíos y a saber cómo integrar, de manera equilibrada, todos los puntos clave del sendero en nuestra práctica, para que podamos consumar nuestra aspiración espiritual.

**Descubriremos la intención del Buda**. La intención última del Buda era satisfacer las aspiraciones de todos los seres, desde un renacimiento afortunado hasta la Liberación y la Iluminación. La estructura de las etapas del sendero ilustra con claridad cómo hacer realidad estas aspiraciones.

**Evitaremos el gran error de rechazar las enseñanzas del Buda.** Puesto que todos los budas y bodhisatvas enseñan todos los aspectos del sendero para dirigir a todos los seres conscientes a la completa Iluminación, deberíamos respetar la totalidad de las enseñanzas del Buda. Hoy en día, desafortunadamente, me encuentro con personas que critican no solo otras religiones, sino también a otras tradiciones budistas. A pesar de que el debate es una herramienta que nos permite incrementar nuestra comprensión de las enseñanzas, no es beneficioso en absoluto despreciarlas. Si nos consideramos budistas y decimos que respetamos al Buda y que queremos lo mejor para los demás, ¿cómo podemos despreciar enseñanzas que van dirigidas a discípulos cuyas disposiciones e intereses son diferentes de los nuestros?

La comprensión de las etapas del sendero nos permite entender y respetar las prácticas de otras tradiciones budistas, así como también a las personas que las practican. Conociendo las tres aspiraciones espirituales de los seres conscientes –renacimiento afortunado, Liberación e Iluminación–, así como las meditaciones para desarrollar estas aspiraciones y las meditaciones para hacerlas realidad, sabremos a qué parte de este esquema pertenece una enseñanza específica.

## *Dos objetivos y cuatro confianzas*

En este capítulo nos enfocamos en la amplia perspectiva del Lam Rim y en cómo dirige gradualmente a una persona a la Iluminación. Ahora, sintetizaremos el sendero en dos objetivos, y después examinaremos las cuatro confianzas, que son importantes para consumar el propósito último del Lam Rim, el logro de la Iluminación. Nagarjuna dice (RA 5-6):

> Al tener fe, uno confía en las prácticas;
> al tener sabiduría, uno las entiende verdaderamente.
> De estas dos, la sabiduría es la principal,
> pero la fe debe venir primero.

Alguien que no descuida las prácticas
por el apego, la ira, el miedo o la confusión
es conocido como alguien con fe,
un recipiente superior para la más elevada virtud.

Estos versos expresan los dos objetivos del Budadharma: el logro de un renacimiento superior y el de la virtud más elevada (la Liberación y la Iluminación). Alcanzar un renacimiento superior corresponde al nivel inicial de motivación del Lam Rim, mientras que lograr la virtud más elevada satisface la motivación de los niveles medio y superior. Como procedimiento para conseguir estos dos objetivos, el Buda enseñó dos métodos: la fe y la sabiduría respectivamente. Las obstrucciones para estos dos métodos son los dos tipos de ignorancia: la ignorancia que desconoce la ley del karma y sus efectos y la ignorancia que desconoce la naturaleza última de la realidad. Para eliminarlas, el Buda nos instruyó para comprender los dos tipos de relación dependiente: la comprensión de la dependencia causal y la comprensión de la designación dependiente.

Meditando en la dependencia causal, entendemos que nuestra felicidad y nuestro sufrimiento surgen de la virtud y la no virtud respectivamente. Se requiere fe para aceptar los aspectos sutiles del karma y sus efectos, que es un fenómeno oculto que no puede ser conocido directamente por nuestros sentidos. Con confianza en la ley del karma y sus efectos, controlaremos el aferramiento, la ira, el miedo y la confusión burdos y, así, cesaremos las acciones no virtuosas y nos implicaremos en las virtuosas. De este modo, lograremos un renacimiento afortunado en el futuro.

La comprensión de la designación dependiente nos dirige a la consecución de la vacuidad. Esta sabiduría es el antídoto a la ignorancia de la naturaleza última, y erradicará por completo todos los oscurecimientos. Desarrollando nuestra comprensión de la naturaleza complementaria de la designación dependiente y la vacuidad, podremos alcanzar la Liberación y la Iluminación.

| Objetivo | Medios | Obstáculos pacificados | Meditación en la relación dependiente |
|---|---|---|---|
| Renacimiento elevado | Fe | La ignorancia del karma y sus efectos y las emociones burdas | La dependencia causal que lleva a la conducta ética |
| La virtud más elevada | Sabiduría | La ignorancia de la naturaleza última de la realidad y todos los oscurecimientos | La designación dependiente complementando la comprensión de la vacuidad |

Hay mucho que contemplar en estos breves versos de Nagarjuna. Cuando los examinamos cuidadosamente, encontramos que contienen todo el sendero a la Iluminación.

De los dos propósitos para involucrarse en el sendero budista, la virtud más elevada es el principal. Para lograrlo, la sabiduría que comprende la naturaleza vacía de los fenómenos es esencial. Esta sabiduría no se obtiene mediante la creencia ciega o a través de oraciones, sino por el razonamiento. Las cuatro confianzas –que se encuentran en el *Sutra de las cuatro confianzas* (*Catuhpratisharana sutra*) y en el *Sutra que desenreda el pensamiento*– nos guían para hacerlo.

1. No confíes principalmente en la persona, sino en la enseñanza.
2. Respecto a la enseñanza, no confíes en las meras palabras, sino en su significado.
3. Respecto al significado, no confíes en el significado interpretativo, sino en el significado definitivo.
4. Respecto al significado definitivo, no confíes ni en las consciencias sensoriales ni en la consciencia conceptual, sino en la sabiduría no dual que comprende la vacuidad directamente y de modo no conceptual.

Las cuatro confianzas ilustran una progresión gradual en el desarrollo de un practicante. Aquí *confiar* quiere decir confiar mentalmente en una fuente de conocimiento fiable, no engañosa y razonable para confiar. A lo largo del sendero, debemos confiar en un maestro, aprender en primer lugar las palabras de las enseñanzas y después comprender su significado. En cuanto al significado, confiamos primero en las enseñanzas interpretativas, que describen las etapas del sendero y las visiones burdas de la ausencia de existencia esencial, y después en el significado de las enseñanzas definitivas, que describen la visión completa de la vacuidad. Cuando meditamos en la vacuidad, nuestra comprensión inicial es una consciencia conceptual. Mediante la familiaridad con la vacuidad rasgamos el velo del concepto y logramos una percepción directa, no conceptual y no dual, de la vacuidad.

Exploremos esto en mayor profundidad:

**1. No confíes principalmente en la persona, sino en la enseñanza.** Aquí *persona* se refiere básicamente a los seres ordinarios que enseñan muchos caminos distintos que han escuchado de otros, que han malinterpretado o que han creado. En lugar de depender de las personas cuya mente está bajo la influencia de la ignorancia, es más sabio depender de las enseñanzas del Buda, que explican los métodos no engañosos para alcanzar la Iluminación. En lugar de utilizar "la persona que lo enseña es excepcional" como el motivo para seguir una enseñanza, deberíamos aplicar la razón para examinar las palabras y el significado de la enseñanza.

Incluso respecto al Buda, no se debería entender literalmente todo lo que dijo. A veces enseñaba puntos de vista provisionales como un medio hábil para dirigir a un individuo o a un grupo en particular hacia el final del sendero. Para algunas personas, enseñaba la teoría del Tathagatagarbha, que, tomada literalmente, parece afirmar la existencia de un yo permanente. Sin embargo, el significado en la mente del Buda era la naturaleza última de la mente –su vacuidad de existencia inherente–, que es permanente o estática. Aunque tales enseñanzas no se tomen en sentido literal, se consideran no engañosas porque el significado en la mente del Buda es cierto y confiable. Igualmente, cuando el Buda enseñó a los nihilistas que había una persona autosuficiente y sustancialmente existente, sus palabras no deben tomarse literalmente. Enseñó esto para que no negaran el karma y sus efectos, y pudieran entender que había un yo que se llevaba el karma a las vidas futuras y experimentaría sus efectos.

**2. Respecto a la enseñanza, no confíes en las meras palabras, sino en su significado.** Si estamos atentos únicamente a las palabras de una enseñanza, podemos caer fácilmente en el error de ignorar su significado. Esto inhibe su capacidad para guiarnos en el sendero correcto. En lugar de pensar que ya entendemos un tema solo porque somos capaces de utilizar un lenguaje y una compleja terminología académica, deberíamos utilizar nuestra inteligencia para comprender el significado de la enseñanza. Deberíamos también enfocarnos en la intención en la mente del Buda, no en las palabras, que se pueden malinterpretar cuando se toman de modo literal.

Cuando queremos comprender el modo de existencia no engañoso de todos los fenómenos, en lugar de basarnos en las enseñanzas sobre la bodhichita y las cualidades del Buda, deberíamos apoyarnos en las enseñanzas sobre la vacuidad de existencia inherente, que es el objeto de la sublime sabiduría. Esta sabiduría tiene la capacidad de cortar la raíz del samsara. Además, deberíamos basarnos en el razonamiento y desarrollar conocedores confiables –mentes no engañosas que conocen sus objetos correctamente.

Mientras que las cuatro confianzas se explican específicamente para comprender la vacuidad, las dos primeras se aplican al tema del Dharma. En lugar de quedarnos fascinados por el carisma de una persona ordinaria, debemos escuchar lo que él o ella enseña. También, en vez de quedarnos encantados con la sonoridad de las palabras elevadas, debemos observar su significado y tratar de entenderlas también.

**3. Respecto al significado, no confíes en el significado interpretativo, sino en el significado definitivo.** "Significado interpretativo" se refiere a las verdades ocultas –que incluyen todos los objetos que existen y funcionan en el mundo. Para entender las liberadoras enseñanzas sobre la vacuidad, no debemos basarnos en textos que hablan sobre las verdades ocultas, como los defectos de la existencia cíclica o los beneficios de la bodhichita. A pesar de que estas enseñanzas son importantes y necesarias para hacer real el sendero a la Iluminación, no expresan la naturaleza última. Deberíamos evitar también considerar las verdades ocultas o engañosas, como los múltiples objetos de los sentidos, como el verdadero modo de existencia, sino comprender que estos objetos aparecen de modo erróneo como inherente o esencialmente a pesar de que no existen de ese modo. El significado fiable es el modo de existencia más sutil de los fenómenos: su mera ausencia de existencia inherente. Puesto que todos los fenómenos carecen de existencia inherente, su vacuidad se denomina el "único sabor" de todos los fenómenos.

**4. Respecto al significado definitivo, no confíes ni en las consciencias sensoriales ni en la consciencia conceptual, sino en la sabiduría no dual que comprende la vacuidad directamente y de modo no conceptual.** Cuando progresamos por el sendero a la Iluminación de acuerdo con el Budadharma, no deberíamos sentirnos satisfechos con la comprensión conceptual de la vacuidad, sino seguir meditando hasta lograr una consciencia de sabiduría inmaculada que comprende la vacuidad directamente y de modo no conceptual. Desde la perspectiva de esta sabiduría, no hay una apariencia dual entre el sujeto conocedor (la persona o la consciencia) y el objeto conocido (en este caso, la vacuidad). Aunque conseguir la comprensión correcta inferencial de la vacuidad es esencial, no es la culminación del proceso de comprensión de la naturaleza última. Los seres ordinarios, así como los aryas, pueden tener profundas comprensiones conceptuales, pero debemos desear alcanzar la sabiduría no conceptual de un arya, que surge al salir de la meditación analítica sobre la vacuidad.

Para lograr este objetivo, debemos buscar más allá de las apariencias de nuestras consciencias sensoriales y nuestras consciencias mentales conceptuales de los agregados y demás, que son el sustrato de la vacuidad –es decir, los objetos cuya naturaleza última es la vacuidad de existencia inherente. En lugar de basarnos en aquellas, debemos desarrollar un conocedor yóguico directo fiable de la vacuidad –una mente que percibe la vacuidad, libre de las apariencias conceptuales. Esta mente conoce su propia naturaleza última. La vacuidad aparece directamente a esta mente, y la mente la verifica de manera no conceptual. En ese momento, la apariencia del sujeto y el objeto cesa, y la mente y la vacuidad se vuelven indiferenciables, como agua vertida en agua.

La progresión ilustrada por las cuatro confianzas indica que no debemos quedarnos satisfechos con un nivel de comprensión, sino continuar hasta que obtengamos la experiencia directa del sendero y realmente liberemos nuestra mente de los engaños.

# 9 | Herramientas para el sendero

PARA PRACTICAR EL DHARMA CON ÉXITO se requiere algo más que información y un cojín de meditación. Necesitamos buenos consejos prácticos que nos ayuden a vencer las dificultades. Este capítulo habla de las herramientas mentales que necesitamos para progresar en el sendero, como la fe y la sabiduría. También exploraremos el papel de las oraciones y los rituales –de purificación y de acumulación de mérito– y de la memorización y el debate para desarrollar las tres sabidurías: la sabiduría que surge de estudiar, la que surge de contemplar y la que aparece de meditar en las enseñanzas.

## *Un consejo general*

Aprender el Dharma es diferente de aprender los temas en el colegio. No solo es diferente nuestra motivación –buscamos un método para conseguir renacimientos afortunados, la Liberación o la Iluminación–, sino que también es diferente la metodología. Nuestros maestros espirituales presentan en una misma enseñanza de Dharma temas que son comparativamente fáciles de entender y otros que son más desafiantes. A veces, sus respuestas a nuestras preguntas nos llevan a una mayor confusión. Nuestros mentores nos dan instrucciones para pensar acerca de los temas y discutirlos con los demás, pero queremos que nos den la respuesta correcta. A diferencia de los estudios académicos en occidente, donde se espera que recordemos y comprendamos todo lo que nuestro maestro dice para que podamos pasar el examen, esto no es necesario en la educación en el Dharma. Aunque podríamos recordar y reflexionar en los puntos más sobresalientes de una lectura, no se espera que entendamos todas las complejidades de un tema a la vez. Los maestros explican un tema para sembrar semillas en nuestro continuo mental de manera que nos familiaricemos con el vocabulario.

Habiendo escuchado el tema una vez, la próxima vez que lo oigamos podremos enfocarnos en los conceptos que se están presentando. Oyendo una enseñanza y reflexionando repetidamente en ella, nuestra comprensión y habilidad para integrar su significado en nuestras vidas se incrementa gradualmente.

Comprender el Dharma no depende de la inteligencia mundana. Algunas personas que son brillantes en los estudios académicos o en los asuntos mundanos tienen dificultad para comprender los principios del Dharma. Por otro lado, hay personas que no van muy bien en la escuela y que captan rápidamente la intención del Buda y practican con diligencia. Por esta razón, no debemos ser arrogantes porque tengamos inteligencia mundana ni tampoco deprimirnos si carecemos de ella.

Necesitamos ser pacientes con nosotros mismos y dejar de lado las expectativas poco realistas de logros rápidos. También deberíamos evitar compararnos con los demás o sentirnos orgullosos porque estamos más avanzados que nuestros amigos, o lamentarnos porque nos quedamos detrás de ellos. Cada persona tiene predisposiciones diferentes de sus vidas anteriores, por eso dos personas no progresan a la misma velocidad por el mismo sendero. Comparaciones de este tipo solo generan celos, arrogancia y competitividad, cualidades que hacen perder el tiempo y no nos llevan a la transformación de nuestra mente.

Igualmente, debido a las conexiones kármicas en vidas previas, nuestros amigos pueden sentirse atraídos por un maestro particular que a nosotros no nos inspira y viceversa. En lugar de sentirnos influidos por la presión de grupo, debemos elegir nuestros maestros basándonos en la calidad de la orientación que recibimos de ellos y en la profundidad de la conexión que sentimos con ellos. Tendríamos que dejar de comparar las prácticas que nos han dado a nosotros con las que les han dado a nuestros amigos. Puesto que dos seres conscientes no son idénticos, el Buda enseñó una amplia variedad de prácticas para que la gente pudiera encontrar aquellas adecuadas para ellos. Esto no hace una práctica mejor y otra peor, simplemente quiere decir que una práctica es mejor para una persona y una diferente lo es para otra. En una cena de buffet, a una persona podría gustarle el arroz y a otra los tallarines. Debatir sobre qué es mejor, tratar de convertir a nuestros amigos a nuestras preferencias o sentirnos fuera de lugar porque no nos atrae lo que le gusta a uno de ellos es del todo inútil. El punto es que cada persona coma la comida que nutre su cuerpo. Debemos estudiar con los maestros que nos inspiren a nosotros y practicar de la manera que mejor funcione para nosotros.

Las experiencias espirituales fuertes, continuas y estables son más fiables que las que son poderosas pero fugaces. Algunos principiantes tienen un fuerte sentimiento emocional de que deben renunciar a todo y meditar en soledad el resto de su vida. En lugar de salir a buscar inmediatamente una choza de retiro aislada, deberían seguir practicando y ver si, después de un año, ese sentimiento tiene la misma intensidad. Si es así, deberían consultar a su maestro para que les guíe.

Para la mayoría de las personas, meditar durante años en retiro en soledad no es la mejor opción, ni siquiera es una prioridad. La extensa mayoría de nosotros necesitamos un estudio equilibrado del Dharma y sentarnos a meditar dentro de nuestras actividades cotidianas. Sentarse diariamente a practicar de manera formal nos permite profundizar e integrar nuestra comprensión del Dharma de manera concentrada, pero el verdadero factor que determina la efectividad de nuestra práctica es nuestro comportamiento. Hay una historia de alguien que meditó en una cueva aislada durante años y pensaba que su práctica iba progresando bien. Pero cuando bajó al pueblo para comprar víveres, alguien le criticó. Se encendió su ira inmediatamente y empezó a gritarle a la otra persona. Incidentes parecidos en nuestra vida nos dicen cuáles son las emociones perturbadoras en las que debemos invertir más energía para subyugarlas en nuestra práctica sentada.

La gente pregunta a menudo cómo equilibrar la práctica formal del Dharma con la realización de proyectos que benefician a los demás. Si eres el cabeza de familia, la mitad para cada actividad es equilibrado. Pero recuerda que el modo en que este equilibrio se manifieste cambiará según las circunstancias, así que sé flexible. Estabiliza la compasión mediante la práctica formal y exprésala a través del servicio activo a los demás. Trabaja para transformar tu motivación, y así haz de tus actividades cotidianas parte de tu sendero del Dharma.

Si te sientes estresado con tu servicio a los demás o te enfadas, o estás decepcionado con las personas a las que intentas ayudar, da un paso atrás, descansa y dedica más tiempo a la práctica personal. Durante tu práctica de meditación, enfócate en desarrollar una motivación compasiva, paciencia y esfuerzo gozoso. Aprende a aceptar los límites del cambio que quieres promulgar en un mundo bajo la influencia de las aflicciones y el karma contaminado.

A veces vamos demasiado lejos en otra dirección, nos volvemos complacientes en nuestros estudios del Dharma o nuestra práctica de meditación está estancada. En estos casos, contemplar la impermanencia y la muerte, así como el sufrimiento de los seres conscientes, revitaliza tu compasión.

REFLEXIONES

1. Una vida equilibrada implica repartir nuestro tiempo entre muchas actividades: práctica del Dharma, implicación en proyectos sociales que benefician a los demás, trabajar, cuidar de los amigos y la familia, hacer ejercicio y otras actividades.
2. ¿Cuál es el modo práctico para priorizar estas actividades en tu vida?
3. Dada tu capacidad y tus limitaciones, piensa en un modo realista de repartir tu tiempo y energía que te aporte satisfacción y no estrés.

## *Sabiduría y fe*

La sabiduría y la fe se complementan y se refuerzan mutuamente en el sendero. Mientras que la fe nos permite estar inspirados y receptivos, la sabiduría nos aporta una mente clara que comprende tanto la existencia convencional como la realidad última.

La sabiduría es una mente analítica que comprende profundamente su objeto, como por ejemplo la impermanencia o la ausencia de existencia esencial. El análisis no es una gimnasia intelectual utilizada para impresionar a los demás: implica una profunda investigación acerca de la naturaleza de los objetos y lleva a la comprensión y al conocimiento.

La palabra *fe* en castellano no tiene la misma connotación que la palabra sánscrita *sraddha*. Para entender lo que es la fe debemos mirar más allá de nuestras asociaciones previas a la palabra e ir a su significado. *Fe* es esperanza y confianza en las Tres Joyas. No es una creencia ciega. Es un factor mental virtuoso y gozoso, enriquece nuestra práctica espiritual y aparece cuando admiramos las Tres Joyas y aspiramos a ser como ellas, o cuando comprendemos profundamente las enseñanzas. En consecuencia, los textos sobre la mente y la consciencia hablan de tres tipos de fe o confianza: la fe de la admiración, la fe de la aspiración y la fe de la creencia.

La *fe de la admiración* aparece cuando aprendemos las cualidades de las Tres Joyas o somos testigos de las buenas cualidades de nuestros maestros espirituales y los admiramos. Puede surgir también al leer las biografías de practicantes anteriores, contemplando su diligencia y determinación, y reflexionando en las dificultades que superaron para practicar el Dharma. Esta fe elimina el estrés mental y hace que la mente sea gozosa. En casos extremos, la fe de la admiración podría degenerar en una fe ciega, que tiene menos valor y puede ser peligrosa. Pero la auténtica fe de la admiración es una ayuda vital en el sendero que sirve para orientar nuestros esfuerzos hacia una dirección positiva.

La *fe de la aspiración* aparece cuando desarrollamos el deseo de alcanzar las excelentes cualidades de las Tres Joyas. También surge reflexionando en la posibilidad de eliminar los engaños y de lograr la liberación, y nos aporta propósito y energía en nuestra práctica. Cuando conocemos los beneficios de la permanencia apacible y la concentración, tenemos fe en ellos y aspiramos a alcanzarlos.

La *fe de la creencia* es de dos clases. La primera cree en la verdad de las enseñanzas del Buda porque fueron enseñadas por el Buda y por nuestros maestros espirituales, y confiamos en ellos. Esta fe puede aparecer debido a razonamientos que hemos verificado solo parcialmente o sin aplicar el razonamiento.

El segundo tipo de fe de la creencia se basa en la convicción que surge al haber examinado y comprendido una enseñanza. Ya que a menudo implica utilizar un razonamiento para verificar el tema, esta fe es estable. Habiendo contemplado las cuatro verdades durante largo tiempo, llegamos a la conclusión de que describen con precisión nuestro dilema y cómo remediarlo. Después de estudiar y utilizar el razonamiento para investigar la naturaleza última de los fenómenos, experimentamos una serena convicción de que todas las personas y todos los fenómenos son vacíos de existencia inherente. Tenemos la confianza de que al comprender esto directamente seremos capaces de desenraizar la ignorancia que se aferra a la existencia esencial o inherente, que es la fuente de todo el duhkha. En estos ejemplos, la fe de la creencia va dirigida hacia la Joya del Dharma –los senderos verdaderos y las cesaciones verdaderas. Desde aquí, la confianza firme en el Buda y en la Joya de la Sangha vienen con facilidad. Esta fe nacida de la convicción estabiliza nuestra práctica, lo que nos permite dedicarnos al Dharma en profundidad.

Tsongkhapa ilustra este segundo tipo de fe de la creencia que surge de la razón en *Alabanza a la relación dependiente.*

Habiendo visto la verdad, la enseñaste.
Los que te siguen dejarán todos los problemas atrás, a lo lejos,
ya que cortarán la raíz de toda falta.
Sin embargo, los que están fuera de tus enseñanzas,
aunque practiquen largo tiempo y firmemente,
son aquellos que atraerán las faltas,
ya que están unidos a los puntos de vista de la existencia esencial

¡Ah!, cuando el sabio ve la diferencia,
¿cómo podría no venerarte
desde lo más profundo de su corazón?[51]

El segundo tipo de la fe de la creencia surge de una gran convicción que nace de conocer claramente y analizar las diferencias entre las enseñanzas del Buda y las de aquellos maestros que se aferran a puntos de vista con existencia inherente. Una vez que hemos examinado ambas enseñanzas con la sabiduría del discernimiento y vemos claramente la verdad en las enseñanzas del Buda, la persona sabia no tiene más elección que sentir una gran fe, confianza y respeto por el Buda. Tsongkhapa lo expresa con estas conmovedoras palabras:

¡Qué lástima! Mi mente está engañada por la ignorancia.
Aunque he buscado refugio durante mucho tiempo
en tal encarnación de la excelencia,
no poseo ni una fracción de sus cualidades.

Sin embargo, antes de que el continuo de esta vida
que va fluyendo hacia la muerte haya llegado a cesar,
haber encontrado una ligera fe en ti,
incluso esto, es afortunado[52].

En el primer verso, *cualidades* se refiere principalmente a la profunda percepción de la vacuidad. Tsongkhapa reconoce que durante largo tiempo la ignorancia ha oscurecido su mente. Aun así, debido a que

51 Traducción de Gavin Kilty, *Splendor o fan Autumn Moon: The Devotional Verse of Tsongkhapa* (Boston: Wisdom Publications, 2001), 231-33.

52 Traducción de Thupten Jinpa, http://www.tibetanclassics.org/html-assets/In%20Praise%20of%20Dependent%20Origination.pdf

ha conseguido cierta comprensión de la vacuidad, ha experimentado fe basada en la convicción en la doctrina de la vacuidad enseñada por el Buda con gran compasión. Teniendo en cuenta que pocas personas encuentran enseñanzas sobre la vacuidad y que, entre estos, muy pocos logran una modesta comprensión de ella, Tsongkhapa se siente afortunado por confiar en la verdad de la ausencia de existencia inherente. Considerar esto incrementará nuestra fe que aspira y nos motivará a practicar como lo hizo el Buda y a lograr realizaciones tan profundas como las suyas.

Aprende las enseñanzas correctamente y utiliza el razonamiento para reflexionar en su significado. Si, después de utilizar la lógica, no encuentras ninguna falacia o contradicción en las enseñanzas, tendrás la fe de la creencia en el sendero y de la posibilidad de lograrlo. Esta fe, a su vez, te ayudará a incrementar tu confianza en aquellos temas que no puedes entender completamente mediante la inferencia basada en los hechos, como las complejidades del karma y sus efectos.

El hecho de creer que todas las acciones producen resultados concordantes es suficiente para ayudarnos a contener las acciones destructivas y a actuar de manera constructiva. De este modo, acumulamos mérito, lo que ayuda a incrementar la sabiduría. En el budismo, la sabiduría y la fe no son contradictorias y cuando se desarrollan correctamente, se incrementan mutuamente.

Haribhadra, en un comentario sobre *Ornamento de las realizaciones claras*, habla de tener fe no solo en las Tres Joyas, sino también en los tratados que tienen las Tres Joyas como su tema de estudio. A pesar de que muchas personas desarrollan fe en las Tres Joyas, no muchas tienen fe en los tratados que las explican. La fe en los tratados y en sus autores nos dirige al estudio de los textos, lo que incrementa nuestro conocimiento sobre las Tres Joyas. Esto, a su vez, fomenta la contemplación y la meditación sobre el significado que hemos aprendido y, de esta manera, hacemos más profundas nuestra sabiduría y nuestra fe de la creencia, que son factores esenciales para nuestra Iluminación.

No hay un orden fijo en el que surjan la sabiduría y la fe. Según las tendencias individuales, la fe puede surgir de la sabiduría, la sabiduría puede surgir de la fe o pueden darse de modo simultáneo.

Estabilizar nuestra fe aumenta nuestra resiliencia. Una fe estable no se ve afectada por las opiniones del resto, y evita el desánimo cuando vemos las acciones erróneas de los demás. Nuestra fe en las enseñanzas del Buda no flaqueará, aunque encontremos una afirmación en las escrituras o algo que ha dicho nuestro maestro con lo que inicialmente no estamos de acuerdo. Es más, seguiremos investigando.

REFLEXIONES

1. Encuentra ejemplos en tu propia experiencia de los tres tipos de fe.
2. ¿Cómo contribuye cada una de ellas a tu propia felicidad interior?
3. ¿Cómo puedes aumentar gradualmente tu fe en el Buda, el Dharma y la Sangha?

## *Práctica adecuada*

Me preocupa ver que hoy en día la gente confía demasiado en la fe de la admiración, incluso cuando ni la entienden ni la cultivan adecuadamente. Algunas personas tienen una gran devoción, pero un mínimo interés en el estudio. Hace muchos años fui a Singapur, y allí los budistas me saludaban con una gran devoción. Algunos me tocaban la ropa o me tocaban a mí creyendo que recibían algunas bendiciones, pero cuando explicaba el Budadharma, muy pocos estaban interesados. Me gusta más cuando la gente está atenta a las enseñanzas y quieren aprender, toman notas, graban las enseñanzas y vuelven a ellas más tarde.

El budismo es un camino de confianza en uno mismo, no se trata de aplacar a un dios externo o a una deidad que nos da bienes materiales, reputación o realizaciones espirituales. Los tibetanos, a menudo tienen estatuas de deidades protectoras en sus altares y guardan sus objetos de valor en los armarios de abajo. Me hace gracia esto, ¡porque parece que están rezando a los protectores que tienen encima del armario para que protejan los bienes materiales que están guardados debajo! Esto no es práctica de budismo.

Esperar que un ser santo externo elimine nuestro sufrimiento y nos convierta en un buda es una idea errónea. La comprensión incorrecta de las oraciones en la liturgia tibetana puede llevarnos a esta idea. Solicitamos a la asamblea de seres sagrados: "Por favor, concededme vuestras bendiciones para generar compasión". Esto es un medio hábil para enfocar nuestra energía e identificar lo que es importante. Sin embargo, ¡no podemos simplemente hacer ofrecimientos a nuestros gurus y deidades, pedirles que nos concedan sus bendiciones y después sentarnos a tomar una taza de té pensando que ellos harán todo el trabajo!

Los budas tienen tal compasión por los seres conscientes que, si pudieran eliminar nuestro sufrimiento y darnos las realizaciones espirituales, ya lo habrían hecho a estas alturas. Pero nuestro progreso a lo largo del sendero depende de que nosotros creemos las causas apropiadas. Nuestro propio esfuerzo es crucial. Del mismo modo que nadie puede dormir por nosotros para que nos sintamos descansados, nadie puede transformar nuestra mente en nuestro lugar. Sin embargo, innumerables seres santos están tratando de asistirnos y guiarnos en el camino. Pero, ¿prestamos atención a su guía, a las enseñanzas que nos dan?

Si nos autodenominamos budistas y buscamos protección del sufrimiento, deberíamos confiar en las enseñanzas del Buda. El modo principal en que nos protege el Buda es enseñándonos el Dharma. Poner en práctica las enseñanzas hace que abandonemos las acciones perjudiciales, purificar las que cometimos en el pasado e implicarnos en acciones constructivas es la mejor de las protecciones. Si no observamos la ley del karma y sus efectos, aunque podamos hacer ofrecimientos extensos a los protectores, cantar innumerables *pujas* con voces profundas y melodiosas, tocar tambores o hacer sonar la campana, aun así, la miseria caerá sobre nosotros porque hemos creado las causas para ello. Por otro lado, si actuamos éticamente, aunque otros intenten hacernos daño no lo conseguirán, porque hemos eliminado las causas que nos hacen vulnerables a los demás.

El término tibetano *byin rlabs* que se traduce como *bendición* o *inspiración*, significa literalmente "transformado por la magnificencia". No recibimos una bendición a través de un poder externo que nos hace tener una experiencia extraordinaria, sino mediante la combinación de las enseñanzas de los seres sagrados y nuestra práctica. El sentido real de *bendición* es una transformación de la mente desde un estado moralmente insano a uno saludable. Un indicativo de que nuestra mente ha sido inspirada y transformada es que nuestros miedos disminuyen, nuestro temperamento se calma y nuestra tolerancia y respeto por los demás aumenta.

Como budistas sinceros, no perseguimos experiencias místicas magníficas de las que jactarnos con nuestros amigos, sino tratar de ser un ser humano mejor. Si lo hacemos, automáticamente beneficiamos a los demás y mejoramos el mundo.

## *La purificación y la acumulación de mérito*

El *mérito* es el karma virtuoso o la bondad creada al refrenarnos de las acciones perjudiciales y desarrollar las beneficiosas. Esto conduce a buenos resultados en la existencia cíclica y enriquece nuestras mentes con energía positiva que facilita las realizaciones espirituales. El mérito no se puede ver con los ojos o medirse con instrumentos científicos, pero, aun así, actúa como base para que crezcan la sabiduría y la fe en nuestras mentes y hace que nuestra práctica tenga éxito.

Si carecemos de mérito, nuestros esfuerzos resultarán en una inteligencia corrupta que llega a conclusiones erróneas. Algunas personas son extremadamente inteligentes pero, puesto que son excesivamente escépticos y críticos, instintivamente critican teorías razonables y prácticas beneficiosas. Los nihilistas y los escépticos actúan de una manera que les perjudica a ellos y a los demás.

Carecer de mérito también impide que podamos integrar el Dharma en nuestras vidas. Algunos budistas estudian las escrituras extensamente y son excelentes en el debate y grandes lógicos. Pueden explicar el significado de muchas escrituras, pero su sabiduría no ha transformado su mente y su conducta cotidiana carece de disciplina. Esto señala la corrupción de la inteligencia y la ausencia de mérito y de la fe adecuada. Para desarrollar la sabiduría que es capaz de transformar nuestra mente, debemos acumular mérito y generar una fe basada en la comprensión del significado de las enseñanzas.

En la antigua India, los grandes maestros no budistas que debatían temas complejos con los budistas, debían tener un conocimiento bien desarrollado de los puntos de vista budistas sobre esos temas, de otro modo no hubieran sido capaces de debatir sobre ellos. Sin embargo, no tenían la convicción en la veracidad de los puntos de vista budistas. El conocimiento no siempre lleva a la convicción. Conseguir una comprensión profunda de las enseñanzas budistas que vaya más allá de la comprensión intelectual depende de haber acumulado mérito.

Purificar nuestras negatividades –acciones negativas y pensamientos dañinos– también es importante. Hacerlo mediante los cuatro poderes oponentes –arrepentimiento, tomar refugio y generar la bodhichita, decidir no volver a hacer esa acción de nuevo e implicarse en el comportamiento compensatorio– limpia los impedimentos en la mente. La mente es como un campo: igual que eliminamos los escombros y añadimos fertilizante para que las semillas que sembramos puedan crecer, llevamos a cabo la purificación y acumulamos mérito para que las semillas del Dharma plantadas en nuestra mente durante las enseñanzas puedan dar lugar a una vasta cosecha de logros del Dharma. Para hacerlo, los grandes maestros aconsejan llevar a cabo unas prácticas preliminares, como la oración de las siete ramas, al principio de las sesiones de meditación para purificar y acumular mérito.

Estas siete ramas son: (1) hacer postraciones, (2) hacer ofrecimientos, (3) confesar las faltas, (4) regocijarse de nuestra virtud y de la de los demás, (5) pedir a nuestros maestros que enseñen el Dharma, (6) implorar a los budas que permanezcan en el mundo y (7) dedicar el mérito para la Iluminación de todos los seres. Además, algunos practicantes se implican en prácticas preliminares específicas, previas a un retiro tántrico, para acumular mérito. Por ejemplo, hay personas que hacen los cien mil ofrecimientos de mandala o las cien mil recitaciones del mantra de Vajrasatva. Si hacemos estas prácticas devocionales conscientes de que los factores que las componen –el sujeto, el objeto y la acción– surgen de manera dependiente y aun así son vacíos de existencia inherente, cultivamos además la sabiduría, que es el agente purificador último.

A veces nos sentimos atascados en nuestros estudios y en nuestra práctica. La mente está aburrida, no responde y está hundida, y tenemos dificultades para comprender los temas del Dharma y para enfocar la mente en la virtud. En tales ocasiones, dedicarse a purificar y a acumular mérito es muy efectivo para abrir la mente y hacerla receptiva al Dharma.

Esto se ilustra en la biografía de Tsongkhapa. Después de practicar durante muchos años, tuvo una visión meditativa de Manyushri, el buda de la sabiduría, y era capaz de conversar con él. Le preguntó a Manyushri acerca de algunos aspectos difíciles sobre la vacuidad. Manyushri le contestó, pero, aun así, Tsongkhapa no los podía entender. Manyushri le dijo:

> "No existe una manera en la que pueda explicártelo para que lo puedas entender fácilmente. Solo lo entenderás si mejoras tu meditación

> con tres factores. Primero, haz súplicas desde el corazón a tu gurú, a quien mantienes inseparable de tu deidad de meditación. Segundo, implícate en prácticas de purificación y de acumulación de mérito. Tercero, estudia los tratados escritos por los grandes maestros indios y contempla y medita en ellos. Con la ayuda de estos tres factores, tendrás una comprensión profunda y verdadera de la vacuidad antes de lo que piensas".

Tsongkhapa se fue entonces de retiro a una ermita cerca de Ölka. Allí hizo tres millones y medio de postraciones –cien mil a cada uno de los treinta y cinco budas de la purificación– y muchos miles de ofrecimientos de mandala. Además, hizo súplicas a su gurú, a quien veía indistinguible de su deidad de meditación, y siguió estudiando y contemplando los grandes tratados que le aconsejó Manyushri. Los obstáculos a su comprensión de la vacuidad se disiparon, y obtuvo la visión correcta. También, estos tres factores pueden rejuvenecer nuestra práctica de Dharma siempre que sintamos que nuestra mente está *árida* u oscura.

## *Oraciones y rituales*

Mucha gente me pide que rece por ellos. Miles de budas y gurus ya han rezado por nosotros, pero debido a que no practicamos sinceramente, no ocurre nada. Nuestro progreso depende de nuestro propio esfuerzo, y siempre me pongo contento cuando los estudiantes practican de forma sincera para transformar sus mentes. Este es el mejor ofrecimiento.

Los bodhisatvas hacen una inmensa variedad de aspiraciones y de oraciones y, a continuación, se esfuerzan para cumplir sus aspiraciones. Por el contrario, las personas ordinarias rezan para tener una vida feliz, pero ignoran la práctica del Dharma, que, precisamente, es la fuente de la felicidad. Dicen: "Que pueda estar sano", pero comen comida basura. Aspiran a tener buenas relaciones con los demás, pero son descuidados con sus palabras. Las buenas relaciones nos eludirán mientras hablemos de manera que separe a los demás, les echemos la culpa o los critiquemos. Deberíamos ser como los bodhisatvas y pensar acerca de las causas que harán que se cumplan nuestras oraciones. Si sembramos dichas causas, nuestras oraciones darán fruto y estaremos receptivos a la inspiración de las Tres Joyas.

Cuando pedimos a nuestros mentores espirituales o a los monjes que recen por nosotros, deberíamos refrenarnos del comportamiento no virtuoso y actuar de manera constructiva. De este modo, sus oraciones podrán ser efectivas. Que se hagan realidad las oraciones virtuosas y las aspiraciones se debe a un esfuerzo cooperativo: se hacen las oraciones, nos implicamos en acciones virtuosas y las Tres Joyas nos envían su inspiración. En los comentarios de la Prajñaparamita sobre el *Udanavarga,* el Buda dice:

> Los budas no eliminan las negatividades con agua,
> ni extraen el duhkha de los seres con sus propias manos
> o transfieren sus realizaciones a otros seres.
> Ellos liberan enseñando la verdad acerca de la realidad.

Los budas no pueden hacer por arte de magia que todo vaya bien en nuestras vidas y en el mundo. Su manera principal de ayudar a los seres conscientes es enseñando cómo crear las causas para la felicidad y cómo abandonar las causas del sufrimiento. Crear nuestras acciones de acuerdo con sus instrucciones –especialmente las que tienen que ver con la conducta ética– es esencial para paliar el duhkha. Podemos recitar miles de oraciones y mantras, pero si no hacemos uso de las herramientas del Dharma para transformar nuestra mente estamos perdiendo el tiempo. Como dijo Dza Patrul Rimpoché llanamente (AKC 15):

> Sesiones rituales cuatro veces al día sin las etapas de generación y consumación, aporrear tambores y hacer sonar los platillos sin recordar la percepción pura de nosotros mismos, musitar mantras sin concentración alguna: todo eso no nos lleva muy lejos en el sendero de la Liberación.

El propósito principal de los rituales que implican la práctica del yoga de la deidad es generar la unión del método y la sabiduría. No es buscar bendiciones, como si el Nirvana fuera algo externo a nosotros que el mentor espiritual o el yoga de la deidad pudieran transferir a nuestro continuo mental. Las prácticas tántricas son muy profundas, pero para extraer los grandes beneficios que conllevan debemos tener una buena base de las enseñanzas budistas generales y aprender cómo meditar mientras realizamos estos rituales. Aunque hacer ofrecimientos a la Sangha y pedir que hagan pujas para nuestro beneficio crea mérito debido a nuestra motivación sincera, no deberíamos pensar que podemos *alquilar* a alguien para crear mérito ¡mientras nosotros seguimos engañando a los clientes en el trabajo o nos emborrachamos con los amigos!

La gente cree fácilmente que la realización de un ritual, y no la transformación mental que se supone invocan los participantes, es un fin en sí mismo. Esta es precisamente la actitud a la que se opuso el Buda durante toda su vida y que le llevó a desaprobar los ritos y rituales que se hacían simplemente por el beneficio propio. Hoy en día parece que algunas personas están yendo hacia atrás, hacia un modo de pensar supersticioso, y no hacia delante, hacia una práctica más profunda y genuina.

Después de una enseñanza larga en occidente hace unos años, los estudiantes querían ofrecerme una puja de larga vida. Aunque yo aprecié sus amables intenciones y sus buenos deseos, les expliqué que es su propia práctica de Dharma lo que mantiene vivos a sus gurus y asegura la presencia de budas y bodhisatvas en el mundo. Si no practican, no es necesaria la presencia de budas y bodhisatvas en el mundo, o que los maestros vivan mucho. Sin embargo, si los estudiantes practican, aunque sea un poco de lo que enseño de manera que cuando volvamos a encontrarnos tengan menos ira, envidia y apego seré extremadamente feliz, y se dará la causa para que sus maestros espirituales tengan vidas largas.

Me pidieron una vez que exorcizara un espíritu. Ya que no conocía ningún ritual para este propósito, medité en la compasión y la bodhichita. Más tarde me dijeron que el problema se había resuelto, así que sentí que quizá había hecho algo de ayuda. En otra ocasión, los clientes de un hotel habían tenido malas experiencias en una de las habitaciones. Sin decírmelo antes, el personal me puso en aquella habitación, en la que hice mi práctica diaria, que incluye la meditación en la compasión y en la vacuidad. Después me dijeron que la habitación se había vuelto pacífica y que los clientes podían estar de nuevo en ella. Aunque no tengo el logro de la bodhichita ni de la vacuidad, esto atestigua el poder de meditar en ellas. Por favor, recuérdalo cuando te enfrentes a dificultades.

En la comunidad tibetana es habitual pedirle a un maestro espiritual que haga una adivinación cuando se encuentran con dificultades o empiezan un proyecto nuevo. Los textos sobre adivinación atribuyen a menudo el problema a un espíritu dañino, y el adivino, normalmente, aconseja hacer una puja en particular para eliminar los obstáculos producidos por los espíritus. Sin embargo, como budistas, no deberíamos atribuir nuestros problemas a seres externos, sino a nuestro propio karma. Prefiero que, en lugar de prescribir pujas, los adivinos le digan a la gente que mediten en la bodhichita y en la vacuidad, que profundicen su refugio en las Tres Joyas o que reflexionen acerca de la ley del karma y sus efectos y se impliquen en prácticas de purificación. Esto cura definitivamente las causas del sufrimiento al transformar la mente de las personas.

No es necesario consultar el horóscopo antes de empezar un proyecto o decidir dónde ubicar un altar. No tengo mucha fe en los horóscopos ni en la astrología. Mi tutor Ling Rimpoché (1903-1983) me dijo que él había nacido en un día de nueve malos signos. No esperamos una fecha auspiciosa para las dos actividades más significativas de nuestra vida: nuestro nacimiento y nuestra muerte. Sin embargo, es importante que continúe la astrología tibetana como una antigua tradición que es parte de su cultura y de su patrimonio.

## *Estudio, contemplación y meditación*

Los sutras hablan de la triple práctica de estudiar, contemplación crítica y meditar, y de la comprensión o sabiduría que se desarrollan en cada una. Juntas e individualmente, estas tres prácticas nos permiten practicar con habilidad, evitar trampas y desvíos y conseguir realizaciones liberadoras.

**Estudio**. En la antigüedad las enseñanzas del Buda se trasmitían oralmente, así que el primer paso para aprender era escuchar las enseñanzas. El significado amplio de *escuchar* (*sruti*) abarca todas las formas de estudio, incluye la lectura y las nuevas formas de aprendizaje. Estudiar los sutras y tantras, así como también los antiguos tratados de los sabios anteriores, nos da la información necesaria para saber cómo debemos practicar. Sin este primer paso crucial corremos el riesgo de crearnos nuestro propio sendero o de practicar incorrectamente.

Muchas personas están ansiosas por meditar, lo cual es recomendable, pero sin un estudio apropiado corren el riesgo de ir por mal camino. No saben cómo meditar correctamente, incluso aunque tengan una fuerte aspiración a hacerlo. Estudiando las enseñanzas sobre la vacuidad aprendemos los razonamientos que demuestran que los fenómenos son vacíos de existencia inherente. El estudio revela las diferentes perspectivas de un tema, por lo tanto, incrementa nuestra flexibilidad mental y agudeza. Después, cuando contemplamos y meditamos, podemos observar el tema desde varios ángulos y ver conexiones entre los diversos puntos. Conocer los caminos y las etapas del sendero a la Iluminación nos permite evaluar nuestro propio progreso espiritual cuando ya no podamos consultar a nuestro maestro espiritual. Escuchar no es un ejercicio árido o intelectual. Es dinámico y desencadena la transformación de nuestra mente.

Un lama dijo que es mejor estudiar las escrituras un mes que hacer un retiro de un mes meditando y recitando el mantra de Manyushri. Esto da a entender la importancia del estudio para lograr la sabiduría. El Dharma es vasto y deberíamos continuar aprendiendo sus diferentes aspectos toda nuestra vida. Nuestros cuerpos pueden envejecer, pero nuestra mente puede seguir joven y llena de entusiasmo por aprender. Siempre que tengo tiempo en mi ajetreada agenda, leo uno de los grandes tratados. Incluso aunque lo haya estudiado muchas veces antes, aparecen nuevos aspectos relevantes cada vez que lo leo. A veces tengo en cuenta cuando estudio el Dharma que muchas palabras tienen distintos significados que difieren según el contexto. La palabra tibetana *rig pa*, por ejemplo, se traduce como *consciencia* o *cognición* en el contexto de las enseñanzas de la mente y la consciencia, pero en el dzogchen se refiere a la mente más sutil. El g*ozo* tiene un significado diferente si se utiliza en el contexto de la meditación de la permanencia apacible o en el del más elevado yoga tantra.

**Contemplar**. Una vez hemos estudiado, debemos reflexionar sobre lo que hemos aprendido. Esto implica la investigación y el análisis crítico para verificar el significado correcto, que suscitará una profunda convicción en la veracidad del Dharma. La contemplación se puede hacer en quietud estando nosotros solos o junto con los demás, discutiendo y/o debatiendo las enseñanzas. Por esta razón, los monjes tibetanos se implican en rigurosos debates que a menudo son tanto una diversión como algo educativo. A veces creemos que conocemos bien un tema, pero descubrimos que no porque cuando alguien nos hace una pregunta o desafía nuestra afirmación, ¡no sabemos cómo responder! El *Sutra que desenreda el pensamiento* explica los cuatro principios útiles para entender un fenómeno como la mente desde diferentes perspectivas.

El *principio de naturaleza* o *realidad* implica examinar las realidades comúnmente conocidas en el mundo –como, por ejemplo, la humedad del agua–, las realidades inconcebibles –como las habilidades de un Buda– y la realidad perdurable –la vacuidad–. Para comprender la mente, examinamos su naturaleza de claridad y cognición y su naturaleza impermanente. Debido a la naturaleza de la mente, dos emociones o pensamientos contradictorios –por ejemplo, la aversión y el amor– no se pueden manifestar simultáneamente.

Investigar el *principio de dependencia* entraña examinar la causalidad, la aparición de resultados a partir de sus causas. Esto nos permite entender que, debido a que un fenómeno no tiene ciertas cualidades o capacidades de su propio lado, cuando interactúa con otros fenómenos aparecen nuevas propiedades. Respecto a la mente, las aflicciones dependen de la ignorancia, cesan cuando la ignorancia cesa. Los factores mentales virtuosos no están arraigados en la ignorancia, y no cesan cuando esta lo hace. Dependen de otras causas que se pueden desarrollar sin límites.

Algunos resultados son materiales, mientras que otros son consciencias o compuestos abstractos –fenómenos impermanentes que no son ni materiales ni consciencia, como la persona o las semillas kármicas. La diversidad de resultados se debe a la diversidad de causas. Hay dos clases de proceso causal. Uno implica el karma; el otro es la causalidad, que es diferente del karma. El proceso causal kármico implica la experiencia de felicidad y sufrimiento de los seres conscientes y depende de las intenciones de éstos. El proceso causal que es diferente del karma implica las leyes de la naturaleza físicas, químicas y biológicas.

El *principio de función* nos muestra que cada fenómeno tiene su propia función. Comprendiendo la función de la mente vemos que la sabiduría elimina la ignorancia y las aflicciones, y reflexionando en la amabilidad de los demás, así como su sufrimiento, estimulamos la compasión. Las aflicciones alteran la mente, mientras que la sabiduría la pacifica y la calma. Sujeto, objeto y acción funcionan juntos en cualquier acontecimiento.

El *principio de la evidencia* o del *razonamiento lógico* conlleva examinar si algo puede ser aprehendido por cualquiera de los tres conocedores fiables o válidos –los percibidores directos como las consciencias sensoriales fiables–, la consciencia inferencial –que utiliza el razonamiento para conocer su objeto– y el testimonio fiable autorizado de los expertos. Comprendiendo los tres primeros principios, podemos aplicar el razonamiento: Por ejemplo, debido a que *x* existe, *y* debe ocurrir. Podemos establecer una conclusión que no la puede contradecir ninguno de los tres conocedores fiables. En base a la comprensión de los tres principios anteriores con respecto a la mente, podemos concluir que la liberación es posible y que hay un sendero que nos lleva a ella.

Estos cuatro principios se construyen uno sobre el otro. Podemos utilizar la evidencia y el razonamiento para desarrollar la comprensión porque presuponen que el fenómeno tiene funciones particulares. Podemos comprender su función porque por debajo de ellos hay fenómenos relacionados dependientemente. ¿Por qué hay una relación entre la causa y el efecto? Porque la naturaleza de los efectos es surgir después de sus causas. Este es el modo en que son las cosas. Cuando preguntamos por qué la materia tiene la cualidad obstructora y la consciencia tiene el aspecto de la experiencia subjetiva, la única respuesta es "porque es su naturaleza".

Explicaré ahora estos cuatro principios en su secuencia lógica. El principio de la naturaleza permite que ocurran las relaciones dependientes, y estas relaciones dependientes entre los fenómenos proporcionan la base para la función específica de cada fenómeno. En base a la naturaleza dependiente de los fenómenos y a sus funciones, podemos emplear el principio del razonamiento para comprender las cosas que no son evidentes inmediatamente. "Puesto que hay humo, hay fuego" implica saber que la naturaleza del fuego es caliente y ardiente, que el fuego produce humo y que la naturaleza del humo funciona como una prueba de que hay fuego.

Aplicamos esto mismo a los cuatro principios cuando practicamos los cuatro fundamentos de la atención. La mayoría de las meditaciones en el cuerpo, las sensaciones, la mente y los fenómenos conllevan la comprensión de su naturaleza, sus causas y sus funciones o efectos. Así, podemos utilizarlos como razones para saber que el cuerpo, la mente y los fenómenos son impermanentes, duhkha por naturaleza, vacíos y carentes de una entidad esencial.

La manera de proceder en una investigación científica es similar a estos cuatro principios. Los científicos primero se esfuerzan por comprender las diferentes propiedades de los objetos de estudio –su naturaleza– y después examinan de lo que dependen esos objetos.

Con esto, investigan sus propiedades emergentes y sus funciones y después aplican la razón para comprender las características que no son evidentes.

**Meditar**. Basándonos en el aprendizaje y en la reflexión crítica sobre las enseñanzas nuestra meditación será efectiva. El propósito de la meditación es integrar el significado de las enseñanzas en nuestro continuo mental mediante la práctica repetida. Teniendo una comprensión intelectual correcta y estable debido a que hemos aplicado los cuatro principios, nos involucramos ahora en la absorción meditativa para familiarizar la mente con el tema y transformar la comprensión intelectual en una experiencia directa. Aquí, nuestra meditación principalmente, pero no exclusivamente, implica la estabilidad meditativa de acceso o concentración completa, aunque la meditación analítica se puede utilizar a veces[53]. Esto provoca la comprensión que surge de la meditación, que tiene la poderosa capacidad de transformar nuestra mente.

Aprender, la reflexión crítica y la meditación se complementan. Algunas personas piensan incorrectamente: "Estos tres se aplican en la práctica del sutra, pero en el tantra se hace mediante la devoción y la fe, así que no es necesario estudiar y analizar". Los gueshes kadam, que practicaban sutra y tantra, solían decir: "Cuando escucho enseñanzas, también contemplo y medito. Cuando contemplo, también escucho y medito. Cuando medito, escucho y reflexiono de manera crítica".

Aprender nos aporta un conocimiento general del tema que nos ocupa y reduce un nivel de confusión y de duda. Pensar en las enseñanzas y analizarlas nos proporciona una comprensión más refinada basada en la razón. La meditación es lo que integra esta comprensión en nuestro ser. En el caso de que nuestra intención sea comprender la naturaleza de la realidad, escuchar y estudiar las enseñanzas nos aporta un conocimiento general del objeto de negación, los argumentos racionales que demuestran que todos los fenómenos son vacíos de existencia inherente y un conocimiento de las etapas de la comprensión del vacío. Contemplando posteriormente y confrontando lo que hemos estudiado, llegamos a comprender que el yo no posee una existencia inherente –que es como nos aparece–, sino que existe

53 La concentración de acceso es el nivel de concentración alcanzado por la permanencia apacible. La concentración completa es más profunda.

de manera dependiente. El yo es vacío de existencia inherente porque depende de los cinco agregados psicofísicos y de la mente que imputa *yo*. La vacuidad, que hemos verificado mediante la reflexión, se convierte ahora en nuestro objeto de meditación. Ahora, sentados en meditación, desarrollamos la unión de la permanencia apacible y de la visión superior en la vacuidad.

REFLEXIONES

1. ¿Por qué son importantes para lograr realizaciones el estudio, el examen crítico y la meditación?

2. Escoge una cosa en particular y contempla los cuatro principios –la naturaleza, la dependencia, su función y la evidencia o razonamiento– en relación con ella.

3. Observa cómo los cuatro principios funcionan juntos para producir la comprensión.

## *Memorización y debate*

En las universidades monásticas tradicionales, el programa cotidiano incluye momentos en grupo para el canto, las enseñanzas, la memorización y el debate. Los estudios personales y la meditación en silencio los determina el propio monje. Desde la época del Buda, la memorización ha sido el método principal de preservar y transmitir las enseñanzas de maestro espiritual a discípulo. La memorización tiene muchos beneficios: los estudiantes ya están familiarizados con los contenidos de un texto cuando reciben enseñanzas sobre él. Después de estudiar un texto, podrán recordar fácilmente los puntos clave; al acceder rápidamente a las citas, los estudiantes pueden centrar su atención en estos fragmentos cuando debaten y contemplan. Cuando enseñan, son capaces de citar fragmentos relacionados con un tema concreto de diferentes textos, realzando la amplitud y profundidad de su explicación. En situaciones difíciles pueden recordar fácilmente los consejos del Dharma. Muchos monjes tibetanos que fueron encarcelados por los comunistas chinos después de 1959 recitaban en silencio los textos en sus celdas. No solo pasaron ese tiempo familiarizándose con el pensamiento del Buda, sino que también pudieron recordar con facilidad consejos sobre cómo practicar en tiempos difíciles. Alguien que mantiene una riqueza de textos en la memoria es como un cocinero que tiene en las manos todos los ingredientes para elaborar una comida deliciosa.

Memorizar también es un medio para adiestrar la mente. Los estudiantes se deben adiestrar para concentrar la mente en el material que van a memorizar y recordarlo instantáneamente. En un monasterio tibetano esto requiere de una concentración especial, puesto que uno está rodeado por muchos otros monjes que recitan en alto los párrafos que están memorizando. Desarrollan la habilidad de no distraerse con los sonidos externos, lo que supone una gran ayuda cuando meditan.

El debate es un proceso animado que ayuda a los estudiantes a aprender el material, reflexionar sobre él y recordar lo que han estado aprendiendo. La estructura de un debate está formalizada, y ambos participantes –el que responde sentado y el que pregunta de pie– deben estar familiarizados con la estructura de los silogismos. Este formato enseña a las personas cómo pensar con claridad. El que pregunta no puede irse por las ramas, y espera que su compañero de debate entienda lo que trata de decirle. Ambas partes deben ser concisas e ir al grano.

Un debate empieza con una pregunta a quien responde. Una vez que el que pregunta tiene una idea de la visión que mantiene quien responde (la tesis), le preguntará qué razonamientos tiene para mantenerla. Si observa un error en la lógica del que responde tratará de refutarla, bien haciendo que quien responde se contradiga a sí mismo o bien estableciendo la visión correcta.

En *Suplemento al camino medio* (*Madhyamakavatara*), Chandrakirti afirma que el propósito de estos debates no es generar hostilidad hacia la otra persona y su visión o establecer de forma arrogante nuestra propia visión para tener buena reputación. El propósito es eliminar la ignorancia que oscurece a ambas partes para obtener realizaciones espirituales del Dharma, y establecerse uno mismo y a los demás en el sendero a la Iluminación. Tener esto en mente ayuda a los participantes en el debate a mantener una buena motivación, y también a contrarrestar la suposición de que el debate es simplemente una competición intelectual.

Durante la época del Buda, dos monjes, Bhanda y Abhiñjika, estaban debatiendo sobre las enseñanzas para determinar quién hablaba mejor y quién tenía la última palabra. Cuando las noticias de sus actividades llegaron a oídos del Buda, los llamó y aconteció el siguiente diálogo (SN 16.6):

> *El Buda*: ¿Es cierto, bhikkhus, que habéis estado compitiendo entre los dos respecto a vuestro adiestramiento, para ver quién podía decir más cosas, quién hablaba mejor y quién podía hablar más?
> *Los monjes*: Si, Venerable Señor.
>
> *El Buda*: ¿Me habéis oído a mí alguna vez enseñar el Dhamma así: "Vamos bhikkhus, competid unos con otros respecto a vuestro adiestramiento para ver quién puede decir más cosas, quién puede hablar mejor y quién puede hablar más"?
>
> *Los monjes*: No, Venerable Señor.
>
> *El Buda*: Entonces, si nunca me habéis visto enseñar el Dhamma así, ¿qué sabéis y véis vosotros, insensatos, que, después de haber estado presentes en una enseñanza de Dhamma y vinaya tan bien expuesta, competís el uno con el otro respecto a vuestro adiestramiento, para ver quién puede decir más cosas, quién puede hablar mejor y quién puede hablar más?

Viendo su error, los bhikkhus se postraron inmediatamente ante el Buda y le suplicaron su perdón. Nosotros también debemos ser cuidadosos para mantener una motivación saludable para que nuestros debates y discusiones sobre el Dharma no se transformen en una actividad puramente intelectual y dirigida por el ego.

Una vez un lógico famoso se acercó al gran meditador Milarepa, y con la intención de avergonzarlo le preguntó: "¿Cuál es la definición de un silogismo de impregnación y de un silogismo de contradicción?"

A esto Milarepa replicó: "Que tu mente esté impregnada por las aflicciones, es un silogismo de impregnación, y que tu mente sea contraria al Dharma es un silogismo de contradicción". De esta manera hábil y compasiva, hizo estallar la burbuja de arrogancia de este lógico, quien ejercía el debate con una motivación distorsionada. En otra ocasión, cuando un lógico se acercó a Milarepa y le pidió que le diera la definición de *percepción directa que no verifica,* Milarepa le respondió: "Una persona que externamente adopta la apariencia de un practicante de Dharma pero que interiormente no está verificado como practicante de Dharma, esto es una percepción directa que no verifica". Aryadeva dice (CS 185):

> Mientras estés aferrado a tu posición
> y desprecies la posición de los demás,
> no te acercarás al Nirvana.
> Tampoco esta conducta traerá la paz.

Alguien que no está realmente interesado en la práctica del Dharma puede utilizar el debate para aumentar su arrogancia y animosidad. He oído la historia de un monje que era incapaz de establecer su propia posición ante el monje al que respondía durante el debate. Llegó a estar tan enfurecido que se trastornó, cogió una piedra y golpeó al que respondía.

En otro caso, oí hablar de dos expertos estudiantes cuyos debates eran tan profundos como competitivos. El que preguntaba y el que respondía estaban siempre ansiosos por vencer al otro. Este sentimiento de competición siguió incluso después de que fueran al colegio tántrico, de sentarse para su examen de gueshe y de que les otorgaran el grado de gueshe. Parece ser que durante el resto de sus vidas permanecieron hostiles, debatiendo continuamente con el pensamiento de "tengo que vencerlo".

En el otro lado, están aquellos como el respetado maestro Dondrup Tsondru, bien conocido por su habilidad en el debate, que hizo que sus estudiantes se sintieran orgullosos de tenerlo a él como maestro. Una vez, un monje mongol, un instruido y nuevo gueshe, estaba debatiendo en el Gran Festival de Oraciones, y Dondrup Tsondru era el que preguntaba. Durante el debate no sucedió nada extraordinario. No había un riguroso intercambio ni ningún tema importante. Después los estudiantes le preguntaron a Dondrup Tsondru: "¿Qué ha pasado maestro? Con esta persona respondiendo, no has podido llevar a cabo un debate poderoso".

Dondrup Tsondru respondió: "Quien respondía era muy hábil y docto. Cualquier cosa que decía concordaba con el razonamiento y la escritura, así que, no había nada sobre lo que debatir". El monje mongol había utilizado el debate para lo que está diseñado: para eliminar la ignorancia. Dondrup Tsondru respetaba este hecho y no suscitó un falso debate para demostrar su habilidad y salir victorioso.

Entre los nuevos estudiantes que están aprendiendo a debatir, existe el dicho: "Si puedes convencer a quien responde de que algo que es correcto es incorrecto o de que algo que es incorrecto es correcto, entonces eres un experto y alguien hábil en el tema". Chandrakirti disuadía de esta actitud diciendo que es erróneo refutar la idea de alguien por el mero hecho de hacerlo y salir victorioso. Tener la reputación de ser bueno en el debate no te acerca a la Iluminación. En la tradición de los expertos practicantes de Nalanda, deberíamos ser objetivos, honestos y veraces. Un psicólogo me dijo que un científico debe ser imparcial y objetivo cuando investiga. Estar aferrado a su propia hipótesis o a los resultados de su propia investigación no es la perspectiva adecuada.

Algunas personas tienen la impresión equivocada de que los guelukpas solo se implican en un estudio y debate intelectual, sin demasiada meditación, y de que los nyingmapas y kagyupas no estudian demasiado, pero meditan mucho. Estos estereotipos son desafortunados, porque en cada tradición tibetana encontramos personas que se enfocan en el estudio, otras que enfatizan la meditación y otras que ofrecen servicio en los monasterios. Cuando hablo en cualquiera de los tres grandes monasterios guelukpas –Gaden, Sera y Drepung– animo a los monjes a dedicarse al estudio filosófico y al debate con entusiasmo, y a relacionar después lo que han aprendido con los textos orientados a la práctica, como los del Lam Rim. Deberían meditar en esas enseñanzas e integrar su significado en sus corazones y en sus vidas. Igualmente, cuando enseño en los monasterios de las tradiciones nyingma, kagyu o sakya, también los animo a estudiar los grandes clásicos de la India, así como los textos de su propia tradición, y después a reflexionar y a meditar sobre lo que han aprendido.

Sin embargo, vi la tendencia de algunas personas –maestros y estudiantes– que estaban tan acostumbradas a debatir que el modo en que se relacionaban con el Dharma era desequilibrado. Por ejemplo, *Suplemento al camino medio*, de Chandrakirti, es un texto clave en el currículo de un monasterio. La oración inicial de la compasión y los cinco primeros capítulos están llenos de material para la práctica –compasión, bodhichita, generosidad, conducta ética, paciencia, esfuerzo gozoso y estabilidad meditativa. Pero, puesto que no hay mucho material para el debate, lo van pasando muy deprisa para llegar al capítulo seis, que trata de la vacuidad, donde pasan al debate con mucha fuerza. No sé si meditan en el capítulo seis mientras lo estudian. Solo aprender los términos –objeto de negación, vacuidad de existencia inherente, dos verdades, etc.– no traerá las realizaciones espirituales. Necesitamos identificar el objeto de negación en nosotros mismos y, entonces, ver que no existe.

Algo parecido puede pasar cuando la gente estudia *Tratado del camino medio*, de Nagarjuna. Pasan mucho tiempo en los primeros capítulos donde hay mucho debate, pero descuidan los capítulos dieciocho y veintiséis, que hablan sobre la relación dependiente y el significado de alcanzar la liberación. Me gusta enseñar los capítulos dieciocho, veinticuatro y veintiséis de este texto porque comprender cómo renacemos en la existencia cíclica y cómo invertir el proceso y lograr la liberación son temas esenciales para la práctica.

Un profesor occidental me comentó una vez que los monjes debaten, pero, que al final, regresan a las citas de las escrituras para "probar" su posición. Está en lo cierto. He sugerido muchas veces que las personas solo utilicen la razón cuando estén debatiendo temas ligeramente ocultos. La autoridad de las escrituras se debería utilizar solo en relación con los fenómenos muy ocultos, e, incluso entonces, debes demostrar por qué la escritura que estás citando es fiable. En resumen: deberíamos intentar practicar con sabiduría.

Mi deseo sincero es que la gente imite a los grandes expertos practicantes del pasado y que desarrollen las tres sabidurías de estudiar, contemplar y meditar. Señalar a otros con el dedo y apremiarlos a que estudien y mediten es inútil: debemos evaluar nuestras propias actividades y examinar si incorporamos estas tres sabidurías en nuestra práctica de una manera equilibrada.

Si deseamos investigar las enseñanzas del Buda de manera beneficiosa, es esencial tener las cualidades de un estudiante receptivo –una buena disposición para estudiar, inteligencia, una mente abierta y sinceridad. A medida que vayamos incrementando estas cualidades nuestra comprensión del Dharma será más profunda, y este hecho despertará el interés por las enseñanzas. Esta convicción en la veracidad del Dharma nos hará llegar a tener fe en el Buda, que es quien lo enseñó, y en la Sangha, aquellos que han tenido la realización espiritual correcta del Dharma. Esta secuencia ilustra la interconexión que existe entre los estudios filosóficos y la fe en las Tres Joyas.

## *Modelos a seguir*

Cuando comenzamos una nueva actividad, naturalmente buscamos modelos a seguir para tener una guía e inspiración. La práctica espiritual no es una excepción. En la tradición budista tibetana, los dos modelos más importantes a seguir que encontramos son el del erudito comentador (como Asanga y Chandrakirti) y del asceta meditador (como Saraha o Milarepa). Ocasionalmente encontramos personas que son ambos, como Naropa, Dza Patrul Rimpoché o Tsongkhapa. Puesto que están representados en un rol o en el otro, normalmente nos olvidamos de que la mayoría de los grandes eruditos fueron también grandes yoguis. Y de que los grandes meditadores lo fueron también tras años de estudio y debate en esta vida o en sus vidas previas.

Escuchando información acerca de estas figuras históricas, podemos recibir el mensaje tácito de que para tener éxito en el Dharma tenemos que llegar a ser o un gran meditador o un gran erudito. Pero, ¿dónde queda la gente que no está representada por ninguno de estos? ¿Qué hay del practicante corriente que hace todo lo que puede según su propia disposición? Todos nosotros queremos sentir que tenemos éxito en nuestro propio camino.

Debemos recordar que el éxito en la práctica del Dharma no depende del reconocimiento social. La ley del karma y sus efectos no es engañada por la hipocresía. Dejar esta vida con una gran acumulación de mérito, pocas negatividades y las impresiones de haber oído y practicado muchas enseñanzas es un signo de éxito en la práctica del Dharma. La fama no lo es.

Buscando modelos a seguir yo (Chodron) me fijo en el propio Buda. En los pasajes de los sutras y en las obras de arte se le representa en varias situaciones: sentado en meditación pacíficamente; hablando sin temor a una multitud de no budistas; atendiendo a las necesidades de un monje enfermo; hablando a los comerciantes, a las cortesanas, a la realeza y a los pobres. Se dirige a una persona suavemente y regaña a un monje con puntos de vista erróneos. Indica que la comida que se guardaba para ofrecerla a la Sangha se les dé a los pobres. En una ocasión, alabó el mérito de un mendigo que ofreció mentalmente la comida con una buena motivación por encima del de un rico patrón que también dio la comida, pero que carecía de la motivación generosa. Consoló a una mujer cuyo hijo había muerto, y a aquellos que temían perder a sus padres. El Buda se sentó bajo los árboles del bosque, y anduvo por las ciudades. Pasó tiempo con los demás y también estuvo solo. Habló con hombres y mujeres, monjes y laicos. Sabía cómo dirigirse a los intelectuales, a los ascetas errantes, a los no creyentes, a los afligidos, a los empobrecidos y a los criminales El Buda es cada una de estas manifestaciones. No encaja en un estereotipo.

El Buda se implicó en muchas y diversas actividades que pueden servir como modelo a seguir para muchos tipos de personas con diversos intereses. Podemos abandonar el juicio y la crítica hacia nosotros mismos que puede aparecer por no estar entre los mejores en la práctica del debate o entre los yoguis más realizados. Es importante para cada uno de nosotros encontrar nuestro propio modo de vivir una vida con el Dharma mientras internamente desarrollamos las mismas cualidades de sabiduría, bodhichita, etc.

Pensando en la diversidad de seguidores tibetanos, me vienen a la mente los tres linajes de practicantes kadam. Un grupo practicaba principalmente el Lam Rim, seguido de *Una lámpara para el sendero*, de Atisha, y otros textos, sin estudiar la filosofía extensamente o debatir mucho. El segundo grupo enfatizaba el estudio filosófico y el debate, integrándolo en su meditación en el Lam Rim. El tercer grupo se basaba mayoritariamente en las instrucciones personales que recibían de sus maestros espirituales y meditaban en ellas.

Algunos practicantes kadam mostraban una gran devoción a sus maestros y los servían asiduamente. Otros permanecían en soledad y practicaban con un pequeño grupo de compañeros. Algunos eran maestros y otros no. Sus biografías nos muestran que tenían muchas personalidades diferentes. No se reducían a un rol predeterminado o a un tipo de persona para tener éxito como practicantes.

A menudo comento la importancia de que los budistas se impliquen en proyectos sociales o de beneficio para los demás, y para algunas personas esta es la expresión natural de su práctica de Dharma. La maestra Cheng Yen, la bhiksuni china que fundó la Fundación Tzu Chi, es un buen ejemplo. Monja budista, practicó en una cabaña en Taiwán durante años postrándose ante cada sílaba del *Sutra del loto*. Los aldeanos recuerdan una luz especial que emanaba de su cabaña. Posteriormente, vio una persona pobre a la que echaban de un centro médico, y así empezó a construir hospitales para los pobres. Ahora dirige una organización internacional muy beneficiosa cuyos voluntarios viajan por todo el mundo y ofrecen su ayuda cuando hay desastres y emergencias. La maestra Chen Yen sigue teniendo un comportamiento humilde y pacífico, aunque su firme determinación de beneficiar a los demás ha inspirado a miles de personas. ¡Hay lista de espera en sus centros de ayuda en Taiwán!

Como budistas, deberíamos apoyar a aquellos que desean vivir como meditadores renunciantes cuando terminan sus estudios. Deberíamos también apoyar a los que ponen su talento en el estudio y la enseñanza, en el servicio compasivo o en la dedicación social. Cada uno de nosotros debe encontrar un medio adecuado que combine el estudio, la meditación y el servicio en nuestras propias vidas.

Los practicantes del Dharma tienen muchas personalidades diferentes. Entre los primeros encontramos a Mahakasyapa, que se embarcó en prácticas ascéticas aconsejado por el Buda. Aparece austero, distante y, quizá, un poco rígido también. Ananda, el asistente personal del Buda, es sociable y parece que con amabilidad cuida de los demás. Observar una amplia variedad de modelos para seguir amplía nuestra perspectiva.

Los bodhisatvas están representados de muchas maneras en las escrituras. Algunos viven en sociedad, ayudando a quien se encuentran. Otros son de la realeza, que afectan a los demás promulgando políticas justas y compartiendo sus riquezas. Algunos son mercaderes que apoyan a la sangha y son generosos con quien lo necesita. Otros viven con los más necesitados de la sociedad, aportando sustento material y el Dharma. Algunos bodhisatvas viven en tierras puras donde hacen elaborados ofrecimientos y aprenden directamente del Buda de dicha tierra pura. Unos bodhisatvas enseñan el Dharma a multitudes, otros enseñan a unos pocos con su propio ejemplo. Todas estas maneras de vivir la bodhichita se aplican ahora también.

Los expertos tántricos también se representan viviendo vidas excéntricas y, a veces, viviendo de manera extravagante, transgrediendo las costumbres sociales de su época. Aunque muchos de nosotros admiramos a alguien que no está constreñido por las convenciones, esta imagen del experto tántrico se puede malinterpretar, especialmente si los emulamos: alimentará nuestra ansia por ser el centro de atención, nuestro desprecio por la sociedad o estados psicológicos insanos. Hoy en día, es mejor practicar como aconsejan las enseñanzas del adiestramiento mental: externamente, una apariencia sencilla;

internamente vivir con amor, compasión y bodhichita y, discretamente, practicar el tantra.

En resumen: no seamos rígidos en nuestro concepto de una vida de Dharma exitosa. Ten en cuenta también que, debido al karma, la gente tiene mentalidades, intereses y oportunidades diferentes. Animarte tú mismo y animar a los demás a abandonar la negatividad crea virtud y desarrolla la sabiduría y la compasión. Respeta a todos los practicantes y regocíjate de cualquier virtud que ellos creen.

# 10 Progresando

TODOS QUEREMOS QUE nuestra práctica del Dharma dé fruto, pero, incluso con buena intención, es fácil desviarse del camino. Podemos desviarnos de varios modos. Ser conscientes de los riesgos potenciales por adelantado nos ayuda a evitarlos, y conocer los signos de progreso en el sendero nos permite evaluar nuestra práctica.

## *Expectativas realistas*

Tenemos un sentido útil y uno inútil del yo. El sentido irreal del yo opera sin un razonamiento, simplemente al nivel de "quiero esto o lo otro". Este sentido del yo es la raíz de nuestro duhkha y es eliminado por la comprensión de la vacuidad. El sentido positivo del yo opera sobre la base de la razón. Es la base para la gran confianza en sí mismos de los bodhisatvas, sin la que serían incapaces de enfrentarse a la actitud egocéntrica y subyugarla.

Las aflicciones se superan por etapas y no a la vez. La primera vez que una capa de ellas se erradica es cuando obtienes una percepción directa no conceptual de la vacuidad. Antes de esto, cuando nos encontramos con circunstancias que generan nuestras aflicciones, debemos practicar la conducta ética y aplicar los antídotos específicos a cada aflicción para evitar el comportamiento dañino. Para desarrollar este autocontrol, hay dos factores que son cruciales: un sentimiento de integridad personal o consideración hacia uno mismo y la consideración por los demás. La integridad personal nos permite abandonar las negatividades porque respetamos nuestros valores y nuestros preceptos. La consideración por los demás hace lo mismo porque nos importan los efectos de nuestro mal comportamiento hacia los demás.

Algunas personas creen erróneamente que, si hacemos alguna práctica espiritual durante un breve periodo de tiempo, seguiremos progresando incluso aunque no haya una práctica activa. Si practicamos consecuentemente, habrá un progreso auténtico, pero, si no lo hacemos así, aflorarán nuestras aflicciones sin ningún esfuerzo y nos llevarán a cometer acciones perjudiciales, trayéndonos más sufrimiento.

El vajrayana habla de la Iluminación en esta misma vida. Algunas tradiciones de maestros hablan de un camino directo y rápido a la Iluminación. Al oír esto, algunas personas desarrollan expectativas irreales, y piensan que van a obtener rápidamente los resultados simplemente haciendo una pequeña práctica. Personalmente ¡todas estas afirmaciones me recuerdan a la propaganda comunista!

¿Cómo deberíamos entonces entender las afirmaciones que aparecen en algunos textos tántricos que dicen: "Uno obtiene la Iluminación en un momento"? Si este es el caso, ¿por qué necesitamos practicar paso a paso como se dice en otras escrituras? Para entenderlo correctamente, debemos conocer el contexto en el que se hacen estas afirmaciones. El significado de "un momento" y de "un breve instante", varía en diferentes situaciones. La duración de un fenómeno se entiende en base a otro fenómeno. Comparada con el sin principio de la existencia cíclica, la era en la que vivimos es como un momento. Del mismo modo, cuando uno alcanza una gran concentración, cientos de eones pueden parecerle a esa persona como un instante, y un instante puede parecer como un eón. Si una persona ha acumulado mucho mérito en vidas previas, puede alcanzar realizaciones espirituales o lograr la Iluminación en esta vida. En este caso, una única vida es el significado de "un momento".

Pero esto no quiere decir que esta persona haya completado todo el sendero en una única y corta vida. Esta persona debe haber acumulado un extenso mérito y sabiduría durante muchas vidas, de tal manera que, cuando se encuentra con una situación externa particular en esta vida, las realizaciones o la Iluminación surgen rápidamente. Hace eones, empezó el sendero como un practicante del nivel inicial e hizo realidad las etapas a la Iluminación gradualmente, vida tras vida. Los rápidos resultados de la vida presente son el producto del duro trabajo de sus vidas previas.

Los occidentales son prácticos y quieren resultados inmediatos. Su afán por ver resultados les impulsa a la práctica. Sin embargo, si se van de retiro y vuelven a casa igual que cuando se fueron, pueden pensar que la práctica del Dharma no funciona y la abandonan. Los tibetanos van al otro extremo. Creen en los cinco senderos y en las diez niveles de los bodhisatvas[54], pero tienden a ser complacientes y piensan que estas cosas pueden desarrollarse después. Carecen del sentido de la urgencia y no invierten mucho esfuerzo.

Parece que un practicante híbrido sería lo mejor: los que tienen motivación, entusiasmo y practican lo que han aprendido, pero que también se relajan y son pacientes. Estos practicantes buscan la Iluminación rápidamente para beneficiar a los seres conscientes, pero aceptan que llevará mucho tiempo llegar a ser budas y están dispuestos a practicar sin importar el tiempo que lleve.

Para ilustrar la necesidad de un adiestramiento gradual, el Buda utilizó el símil de un potro pura sangre (MN 65). Al principio el potro es completamente salvaje, así que el domador debe sujetarlo utilizando un bocado. Puesto que el potro nunca ha hecho esto antes, obviamente se siente incómodo, pero con la repetición constante y la práctica gradual, se acostumbra y está tranquilo cuando le ponen el bocado. Entonces el domador introduce el arnés, que es algo nuevo para el potro. De nuevo trata de quitárselo, pero con la repetición y la práctica, un día se acostumbra y lo lleva tan contento. Ahora el domador lo adiestra progresivamente en mantener el paso, correr en círculos, dar saltos, galopar, cargar, etc. El potro al principio se resiste a cada nuevo paso, pero luego se familiariza con cada tarea y la domina. Cuando el potro está completamente adiestrado y es capaz de hacer muchas cosas que antes no podía, está listo para el rey.

Igualmente, cuando nos adiestramos como practicantes del Dharma, podemos revelarnos en contra de muchas cosas que no nos son familiares. Quizá somos incapaces de hacerlas en este momento o tenemos miedo de ellas o carecemos de la confianza para probarlas. Pero si tenemos un maestro espiritual sabio e, igual que al potro, nos permite adiestrarnos y sigue adiestrándonos aun cuando inicialmente nos sentimos incómodos, llegarán los buenos resultados. Un día reuniremos todas las causas y condiciones para lograr la Iluminación.

---

54 Los cinco senderos y los diez niveles de los bodhisatvas son etapas que demarcan paso a paso el sendero de los bodhisatvas a la Iluminación. En los dos primeros senderos –el "sendero de acumulación" y el de "preparación"– uno crea las causas para comprender la vacuidad directamente en el tercer sendero, el "sendero de la visión". Los diez niveles empiezan en el sendero de la visión, y suceden simultáneamente con el siguiente sendero –el "sendero de la meditación"– hasta el logro del sendero de "no más aprendizaje", la Budeidad.

En el presente somos seres ordinarios cuyas mentes están completamente bajo el poder de las tres actitudes venenosas de la ignorancia, la ira y el apego. Día sí y día no, estas emociones perturbadoras y conceptos erróneos, tan difíciles de controlar y desagradables, aparecen en nuestra mente. Puesto que este es el caso, ¿es razonable pensar que podremos eliminar rápidamente la nube de aflicciones de una vez por todas? Si lo intentamos, será difícil. ¡De hecho es difícil tener la mente en paz más de unos minutos!

No importa qué campo del conocimiento queramos dominar, no lo aprenderemos todo a la vez. Debemos progresar paso a paso, gradualmente. Esto también es aplicable a las realizaciones trascendentales, que están más allá de nuestra concepción ordinaria.

Eliminar las aflicciones depende de generar fuertes medidas que las contrarresten, y esto requiere tiempo. Estas medidas son las cualidades virtuosas, que se van desarrollando gradualmente. Cada etapa depende de sus propias causas y condiciones. Es algo infructuoso esperar un resultado sin crear las causas que lo producen.

En el sendero a la Iluminación, nos corresponde a nosotros estudiar bien las enseñanzas, para que podamos saber cómo crear las causas y condiciones específicas para nuestros objetivos espirituales y el orden en el que hacer las diferentes prácticas. Entonces podremos practicar con deleite y entusiasmo, sabiendo que los logros llegarán cuando las causas y las condiciones se hayan reunido. Dar la bienvenida a cada nuevo día pensando "¿vendrán hoy por fin las realizaciones?" solo nos traerá más agitación. Esta impaciencia es lo contrario a la actitud necesaria para que nuestra práctica sea efectiva.

Para que crezcan guisantes, aramos la tierra, luego la fertilizamos, sembramos las semillas de guisantes en primavera y las regamos. Cuando hemos hecho todo esto, nos relajamos y le damos tiempo a las semillas para que crezcan. ¡No cavamos cada día para ver si ya han brotado! Por el contrario, permanecemos contentos sabiendo que crecerán en su momento.

Una vez, en una gran enseñanza pública, alguien me preguntó cuál era el camino más rápido y fácil para llegar a la Iluminación. Empecé a llorar porque sabía que esta persona quería lograr un objetivo muy elevado sin implicarse en el proceso para obtenerlo. Pensamientos sobre los grandes practicantes, como Milarepa, inundaron mi mente. Ellos practicaron con gozo incluso bajo condiciones difíciles porque querían conseguir la Iluminación para poder beneficiar a todos los seres conscientes. Estaban dispuestos a soportar lo que fuera necesario para crear las causas para la Iluminación, porque estaban convencidos en lo más profundo de su corazón de que era lo mejor que podían hacer. Para obtener los resultados como lo hicieron estos grandes practicantes, debemos desarrollar la misma motivación compasiva y el esfuerzo entusiasta.

Cuando desarrollo entusiasmo para alcanzar la Budeidad en esta vida, en el fondo de mi mente subyace la idea de numerosas vidas y muchos eones. Así que mis oraciones comienzas así: "Para servir a todos los seres vivos pueda alcanzar la Budeidad, si es posible en esta misma vida, pero es más probable que sea en incontables vidas". Si pensamos en lograr la Iluminación en esta vida, pero carecemos de la perspectiva de muchas vidas, nuestro deseo es irreal, y nos puede llevar a la desesperación cuando no progresamos tan rápido como nos gustaría. Un punto de vista que acepte las vidas futuras es crucial para mantener una motivación gozosa a largo plazo, tan libre del idealismo como de la desesperación.

Algunos occidentales tienen un interés genuino en el budismo, pero tienen dificultades para aceptar las múltiples vidas y eones de existencia. Al pensar que esta vida es todo lo que existe, quieren ver un progreso inmediato: ¡comida rápida e Iluminación rápida! Pero esto último no es posible. No sé cómo ayudarles a mantener una motivación gozosa dado lo difícil que es lograr la Iluminación en esta misma vida.

Personas familiarizadas con estos objetivos piensan en el Nirvana y la Iluminación como en cosas que alcanzar, pero aun así no quieren hacer lo que es necesario para alcanzarlas. Buscan experiencias trascendentales en la meditación, pero son reacios a cambiar sus hábitos como las palabras duras, mentir o tomar alcohol, etc. En este punto también es difícil guiarlos.

Transformar nuestra mente es un proceso. Ser conscientes de ello trae nuestra atención al momento presente, ya que el momento de practicar es ahora. Un enfoque orientado al proceso nos incita a examinar nuestras actividades diarias a la luz del Dharma y ver que el progreso se lleva a cabo transformando nuestros pensamientos, emociones, palabras y comportamiento.

Algunos de mis estudiantes occidentales me comentan que las escrituras hablan de algunas personas con engaños que, en consecuencia, crearon karma destructivo; o de bodhisatvas cuya motivación y conducta eran puras. Se preguntan cómo practicar puesto que ellos están en medio de estos dos extremos.

Las maravillosas acciones de los bodhisatvas son acciones para emular y nos inspiran a practicar. Las escrituras presentan siempre el ideal. Si no lo hicieran, no podríamos saber cuál es el objetivo que hay que lograr, y podríamos pensar que los logros mediocres son lo más elevado. Pero nadie –excepto nosotros, quizá– tenía en mente dominar las prácticas de los bodhisatvas instantáneamente. Aunque admiro las habilidades de los grandes bodhisatvas y de los maestros espirituales, no mantengo expectativas de practicar como ellos lo hicieron, dada mi situación actual. Esforzándome en pensar y actuar como ellos lo hicieron, tengo confianza en que, gradualmente, estas habilidades se arraigarán y crecerán en mí.

Pensar que el Buda estuvo siempre iluminado crea obstáculos innecesarios en nuestra mente. El Buda no es un ser iluminado inherentemente existente. Él fue una vez un ser ordinario y confundido como nosotros y, a través de una práctica gradual y coherente, transformó su mente y alcanzó la Budeidad. Nosotros no somos diferentes de él. Si perseveramos con alegría creando las causas, también nosotros nos convertiremos en budas.

## *Prácticas avanzadas en el momento adecuado*

En su entusiasmo por el Dharma, algunos principiantes entran en prácticas avanzadas sin la suficiente preparación. Pueden hacer de la permanencia apacible y la meditación en la vacuidad el centro de su práctica, recibir iniciaciones tántricas y entrar en un retiro de tres años para, más tarde, desanimarse por su falta de progreso.

Aunque la unión de la permanencia apacible con la visión profunda de la vacuidad es el verdadero camino que nos libera de la existencia cíclica, aun así, debemos practicar las meditaciones iniciales. Sin hacerlo, intentar obtener una concentración profunda mientras vivimos en la ciudad solo hará que nos frustremos, porque nuestras mentes no están familiarizadas con los antídotos a las aflicciones, y las situaciones externas no son conductivas para el progreso. Tsongkhapa nos da un consejo excelente a este respecto:

> Algunos dicen que solo inviertas tu energía en estabilizar la mente y en comprender la visión, ignorando los temas previos. Pero esto crea muchas dificultades para lograr los puntos cruciales. Por lo tanto, debes desarrollar certeza de todo el curso del sendero[55].

En otras palabras: nuestro sendero a la Iluminación tendrá éxito si empezamos por el principio del sendero. Cuando estamos preparados para desarrollar la permanencia apacible y la visión profunda de la vacuidad, es imperativo recibir instrucciones acerca de los métodos para lograrlo y practicarlos correctamente. Lograr la visión correcta no es fácil. La vacuidad no es la nada, y la meditación en la vacuidad no es simplemente dejar la mente en un estado vago y no conceptual. Debemos ser capaces de negar todos los modos de existencia ilusorios y, aun así, establecer el funcionamiento convencional del karma y sus efectos, que es la base para la conducta ética. También, nuestra concentración debe ser vívida, sin que esté nublada por el hundimiento sutil o la excitación.

El tantra es una práctica avanzada que requiere de una extensa preparación. En su entusiasmo por entrar en el tantra, algunos encuentran tediosa la contemplación de las desventajas de la existencia cíclica, y la meditación en la muerte y la impermanencia como algo sin interés, y las enseñanzas sobre la conducta ética inconvenientes. Se saltan las enseñanzas para generar renuncia y bodhichita y toman muchas iniciaciones que entrañan asumir preceptos y compromisos tántricos. Después de algún tiempo, se sienten confundidos y encuentran algo oneroso mantener los preceptos y compromisos tántricos. No avanzan tan rápidamente como les hubiera gustado, se desaniman y abandonan sus compromisos tántricos o abandonan la práctica del Dharma al mismo tiempo.

Deberíamos preguntarnos por qué los maestros tibetanos conceden iniciaciones del más elevado yoga tantra a practicantes relativamente inexpertos. ¡Yo también me lo pregunto! Puede ser para complacer a los estudiantes que se las piden o para sembrar impresiones en los continuos mentales de estos para que en el futuro se encuentren con el tantra. Quizá entre la audiencia haya unas pocas personas capaces de practicar a este nivel. Sin embargo, es triste cuando esto acaba con alguien abandonando el Dharma.

---

55 Guy Newland, *Introducción a la vacuidad* (Ediciones Dharma, 2012)

Recorrer todo el sendero que lleva a la Iluminación es como construir una casa. Se necesitan unos cimientos sólidos antes de levantar las paredes, y hay que colocar unos muros estables para poner sobre ellos el tejado. Igualmente, los principiantes harían bien en obtener una perspectiva general de todo el sendero contemplando las cuatro verdades, meditando en las prácticas en común con los seres de capacidad inicial y media, y practicando las seis perfecciones según el vehículo del sutra. Además, hacer mucha purificación y acumulación de mérito eliminará obstáculos. Si entonces reciben una iniciación, su práctica tántrica les traerá los resultados deseados.

Algunos principiantes oyen hablar de los retiros tántricos de tres años y están ansiosos por hacer uno. Sin embargo, debido a que no están bien preparados, cuando han terminado el retiro, sus mayores logros se reducen a ser expertos en tocar los instrumentos musicales rituales, a cantar y recitar pujas en tibetano y hacer tormas (pasteles rituales). No ha tenido lugar mucha transformación interior, y sus emociones perturbadoras permanecen prácticamente igual. Unos pocos que han hecho muchas visualizaciones del tantra y han recitado millones de mantras pueden jactarse de ser consumados practicantes tántricos. Algunos adoptan el título de "lama" después del retiro, pero, personalmente hablando, creo que hacer un retiro de tres años no es suficiente para ganarse ese título. Una vez le comenté a un discípulo cercano del anterior karmapa que la gente entraba demasiado rápido en el vajrayana, y estuvo totalmente de acuerdo. El gran lama nyingma del S. XIX Dza Patrul Rimpoché dijo (AKC 12):

> Cualquier Dharma que no beneficie a la propia mente
> es simple mojigatería, no un Dharma significativo.
> A menos que marque alguna diferencia en tu mente,
> incluso hacer un retiro de cien años solo será sufrimiento.

Estos relativamente recién llegados al Dharma que hacen un retiro de tres años tienen una tremenda determinación y autodisciplina. Yo encontraría difícil dormir sentado y después meditar al día siguiente. Tienen mi respeto y admiración por ello. Sin embargo, las disciplinas físicas rigurosas no transforman la mente *per se*. Pueden ser simplemente una prueba de la fuerza de voluntad. Algunos pueden tener disciplina física y verbal, pero una mente indisciplinada. Dza Patrul Rimpoché dijo (AKC 14):

> Aunque hayamos completado nuestro cupo de años y meses en retiro y recitado millones y millones de mantras, a menos que el apego, la hostilidad y la ignorancia se hayan reducido en nuestra mente, considero ese Dharma como algo sin sentido.

Estas personas han empezado la casa por el tejado. Deberían hacerlo construyendo primero una base adecuada, aprendiendo las cuatro verdades y practicando las acciones del bodhisatva.

## *Comprobar nuestras experiencias meditativas*

Algunos estudiantes hablan de tener extraordinarias experiencias meditativas, pero cuando sucede algo terrible en la vida, no están preparados y no saben cómo manejarlo. Esto sucede normalmente porque han sobrestimado sus experiencias meditativas. Experiencias inusuales como apariencias visuales, sueños especiales o sentimientos de gozo no son necesariamente indicativos de realizaciones espirituales. Pueden acontecer debido al desequilibrio de los aires (*pranas*) en el cuerpo, por interferencias externas o por una imaginación hiperactiva. Por eso, es importante consultar a nuestros maestros espirituales, que nos ayudarán a evaluar estas experiencias.

Algunas experiencias, como tener premoniciones de acontecimientos futuros, aparecen debido al karma. No son siempre precisas, ¡y no todo el mundo dará la bienvenida a la predicción de una enfermedad futura cuando no se nos ha pedido consejo!

Pueden aparecer formas exóticas e infrecuentes cuando estamos meditando, o podemos experimentar sensaciones extrañas en el cuerpo. La mayoría son distracciones y se deben ignorar.

Una vez me encontré con un occidental que se consideraba a sí mismo un practicante tántrico. En un tono esperanzado, me contó un sueño en el que veía muchas deidades y lo relacionó con el párrafo de *Suplemento al camino medio*, de Chandrakirti, que dice: "En ese momento verás cien budas" y que hace referencia a un bodhisatva que está en el sendero de la visión y que tiene la experiencia directa de la vacuidad. Esta persona pensaba que porque había visto en un sueño muchas deidades debía de ser un arya bodhisatva, y esperaba que yo se lo confirmara. Le contesté: "Ver cien budas no es la única cualidad de un bodhisatva que está en el sendero de la visión. Tienen muchas otras cualidades: pueden vivir cien eones y emanar cien manifestaciones. Así que, comprueba que puedes hacer eso también".

Ser humilde es una cualidad esencial de los auténticos practicantes espirituales. Una persona hipócrita puede alabarse a sí mismo y despreciar a los demás debido al aferramiento por recibir ofrecimientos, fama o estatus. No deberíamos perdernos en estas cosas. El Buda describe varias maneras para distinguir una persona auténtica de una falsa (MN 113):

> Pero una persona auténtica considera esto: "No se destruyen el ansia, el odio o la confusión con el estatus. Incluso aunque alguien no sea muy conocido o famoso, aun así, si ha entrado en el sendero que está de acuerdo con el Dharma de un modo adecuado y se comporta conforme al Dharma, debería ser venerado por ello, debería ser alabado por ello". Así, poniendo la práctica del sendero en primer lugar, tampoco se elogia a sí mismo ni desprecia a los demás a causa de su renombre.

El Buda habló de modo parecido refiriéndose a personas que no se alaban a sí mismas ni desprecian a los demás debido al estatus socioeconómico de su familia, los ofrecimientos que reciben, lo ascéticos que son, lo estrictamente que guardan sus preceptos o los niveles de samadhi que han alcanzado. Los textos mahayana sobre el adiestramiento mental enfatizan los mismos puntos: "No ser vanidoso", y "no convertir un dios en un diablo" utilizando la práctica del Dharma para incrementar nuestra actitud egocéntrica y la ignorancia que se aferra a la existencia inherente[56].

Un meditador tibetano tuvo una visión de Tara en retiro. Su estudiante se emocionó mucho al oírlo, pero el meditador se quedó perplejo. Desconcertado, el estudiante le preguntó por qué, a lo que el meditador respondió: "Tanto si Tara se me aparece realmente como si no, necesito seguir practicando. Comprender directamente la vacuidad con la mente sutil es lo que realmente me liberará".

Los sueños son ilusorios, aunque algunas veces puedan indicar futuros acontecimientos. He conocido a tibetanos que han tenido sueños de Dharamsala antes de que llegaran aquí, y otras personas han soñado con templos antes de haber estado allí. Sin embargo, el apego

---

56 Ver *Los siete puntos del adiestramiento mental*, de Gueshe Chekawa, y *Adiestramiento mental como los rayos del sol*, de Nam-kha Pel.

a los sueños incrementa nuestro aferramiento a la existencia verdadera, que conduce a los obstáculos, así que es importante recordar que los sueños son vacíos de existencia verdadera. Cuando nos enfrentamos a obstáculos producidos por seres conscientes, la meditación en la compasión es lo mejor. Cuando nos encontramos con otros obstáculos, la meditación en la vacuidad es el mejor antídoto.

A veces conocemos a gente que ha practicado durante años y parecen tener profundas experiencias meditativas, pero actúan de maneras que parecen cuestionables éticamente. Cuando hay contradicción entre la aparentemente elevada realización de alguien y su conducta ética, esa realización puede que no sea tan elevada como parece. Aunque la habilidad de permanecer en concentración unipuntualizada o en un estado no conceptual sea un logro, no es un logro muy profundo. No es una comprensión directa de la vacuidad, y la persona está todavía afligida por la ignorancia y el karma.

Una realización espiritual auténtica debería producir un cambio en tu vida. Lo que indica que se ha logrado la sabiduría de estudiar el Dharma es que nuestro comportamiento exterior se ha vuelto calmado. Lo que nos indica que hemos comprendido de manera experiencial las enseñanzas del nivel medio es que ha disminuido la fuerza de nuestras aflicciones burdas. Si meditamos adecuadamente en la bodhichita, nos volveremos seres humanos más amables que son valientes practicando el Dharma. En la adversidad, los yoguis meditadores permanecen imparciales, abiertos y compasivos. De este comportamiento podemos inferir que han subyugado sus mentes a través de profundas experiencias meditativas. Sin embargo, esto por sí mismo no indica que hayan realizado directamente la vacuidad.

## REFLEXIONES

1. ¿Has caído sin ser consciente en cualquiera de los obstáculos anteriores?
2. ¿Cuáles fueron los factores que te llevaron a ello?
3. ¿Qué deberías hacer ahora para volver al sendero?

## *Indicadores de progreso*

Si dedicamos nuestras vidas a familiarizarnos con el Dharma, definitivamente observaremos un cambio en nuestra mente. Como predice una máxima budista: "Podrás ver a todo el mundo y todas las cosas como instrucciones de Dharma". Esto sucede cuando, mediante la práctica diaria, nuestra mente se familiariza con las enseñanzas del Buda y podemos practicar en la mayoría de las situaciones en las que nos encontramos. Cuando hemos obtenido alguna experiencia de la impermanencia somos conscientes de que las cosas cambian, surgen y cesan a cada instante. Con esta comprensión destacando en nuestra mente, nuestro apego a las personas y las cosas, que no pueden proporcionarnos la felicidad última, decrece. Automáticamente, nuestra mente está más relajada y a gusto.

Cuando hacemos meditación analítica sobre las etapas del sendero, contemplamos cada punto considerándolo a la luz de la lógica y lo relacionamos con nuestra propia experiencia. Mientras reflexionamos sobre estos puntos, no dejamos que la mente se vaya a objetos de apego o se quede adormilada o hundida. Intenta que tu mente esté clara y concentrada y que permanezca estable en los puntos que estás contemplando y sea capaz de penetrar en su significado.

Ciertos indicadores a lo largo del sendero nos ayudan a evaluar si nuestras meditaciones están progresando en la dirección correcta y dando fruto. Si meditamos constantemente sobre la manera de confiar en un guía espiritual y llegamos a un punto en el que no encontramos faltas en nuestros maestros espirituales y sentimos un respeto genuino por sus cualidades y gratitud por su amabilidad con nosotros, hemos logrado un buen resultado en nuestra meditación en este tema. Si meditamos en la preciosa vida humana y sentimos de manera continuada "mi vida presente, con tanta libertad y la oportunidad de practicar el Dharma, es difícil de obtener y es muy valiosa. No quiero desperdiciarla, sino dedicarla a familiarizar mi mente con la bodhichita y la vacuidad", hemos ido en la dirección correcta. Si prestamos menos atención a la felicidad de esta vida y nos preparamos para las vidas futuras, estamos experimentando el resultado de la meditación en la impermanencia. Si nos repugna actuar de manera destructiva y queremos evitarlo como si se tratase de un veneno, nos hemos beneficiado de meditar en los sufrimientos de los renacimientos desafortunados. La señal de haber obtenido experiencia en la meditación sobre el refugio es que comprendemos las cualidades de las Tres Joyas y tenemos una profunda confianza en su habilidad para guiarnos en el sendero. Esta sensación puede surgir durante una sesión de meditación, pero el signo de un progreso real es cuando sucede reiteradamente.

¿Cómo sabemos que hemos generado la renuncia auténtica a la existencia cíclica? Tsongkhapa dijo que cuando, por medio de la familiaridad, ni de día ni de noche deseamos los placeres de la existencia cíclica y anhelamos la liberación, hemos desarrollado la verdadera determinación de ser libres. Esta actitud tiene ramificaciones en nuestra vida. Dejamos de estar obsesionados con los placeres de la existencia cíclica y las cosas que nos irritaban dejan de hacerlo. Sin embargo, esto no quiere decir que en el sueño profundo aspiremos a la liberación, porque esto no es posible. Tampoco se manifiesta nuestra determinación de liberarnos cuando estamos en una concentración profunda comprendiendo la vacuidad. Aun así, no se ha perdido. Está presente, pero de modo latente, cuando nuestra mente se enfoca en otros objetos.

Hemos realizado la bodhichita cuando, a través de la familiaridad y la práctica, la gran compasión y la aspiración de lograr la Iluminación surgen espontáneamente en nuestra mente cuando oímos o vemos a cualquier ser vivo o pensamos en él. Como se explica en *Tres aspectos principales del sendero* (*Lam gtso rnam gsum*), de Tsongkhapa, lo que indica que se ha establecido la correcta comprensión de la vacuidad es ver que la relación dependiente y la vacuidad no son contradictorios, sino que se refuerzan mutuamente, de modo que el mero hecho de recordar la relación dependiente nos trae la comprensión del vacío, y viceversa.

Generar cualidades virtuosas y realizaciones implica tanto el enfoque sin distracciones como el discernimiento analítico. Tsongkhapa dice (LC 1:272):

> Por lo tanto, el Buda dice que cualquier logro de una cualidad virtuosa en los tres vehículos requiere un estado mental que es tanto (1) la permanencia apacible real, o algo parecido a ella, que reposa unipuntualizadamente sobre su objeto virtuoso de meditación sin desviarse de él, como (2) una verdadera percepción profunda, o algo parecido a ella, que analiza cuidadosamente un objeto de meditación

virtuoso y que distingue tanto la naturaleza verdadera como la diversidad del fenómeno.

Si asumimos que "buenas cualidades" y *realizaciones* tienen un significado similar, para conseguirlas son necesarias la permanencia apacible y la visión superior o estados mentales parecidos. Esto es del todo cierto respecto al logro de la ausencia de existencia esencial, que puede ser conceptual o inferencial (en el sendero de preparación) o directa y no conceptual (en el sendero de la visión y de la meditación). Para conseguir definitivamente las buenas cualidades como la renuncia, la compasión o la bodhichita, necesitamos la permanencia apacible o un estado unipuntualizado similar. Para realizar la ausencia de existencia esencial –ya sea el logro inferencial conceptual en el sendero de preparación o el logro directo no conceptual en el sendero de la visión– son necesarias tanto la permanencia apacible completa como la visión superior. Antes de esto, para realizar la ausencia de existencia esencial se requieren una permanencia apacible y una visión superior similares. Para aquellos de nosotros a quienes les gustaría obtener los logros rápidamente esto es poner el listón muy alto. Sin embargo, esta descripción deja claro que una realización o experiencia no es un destello de comprensión que viene y se va. Es un estado mental estable sostenido por un enfoque sin distracciones. A diferencia de los destellos, que son difíciles de repetir, las experiencias de un desarrollo gradual se pueden generar repetidamente y mejorar con la concentración unipuntualizada.

## REFLEXIONES

1. ¿Cuáles son las expectativas realistas para ti en el sendero?
2. ¿Qué puedes hacer para alcanzarlas?
3. ¿Cómo puedes mantener un estado mental feliz y desarrollar la paciencia mientras vas creando las causas?

# 11 Reflexiones personales en el sendero

## *Mi día a día*

La gente me pregunta a menudo sobre mi agenda y mi práctica de Dharma. Soy muy pobre como practicante, pero trato de mantenerla porque estoy convencido de que la práctica del Dharma es el camino hacia la paz y la felicidad. En Dharamsala, India, donde vivo, me despierto a las tres y media de la mañana e, inmediatamente, visualizo al Buda y recito un verso de homenaje compuesto por Nagarjuna (MMK 27.30):

> Entusiasmado por la gran compasión,
> enseñaste el sublime Dharma
> para disipar todas las visiones [erróneas].
> Ante ti, Gautama, yo me postro.

A veces, cambio la última línea del verso y digo: "Pueda verme inspirado por el Buda Gautama". Este verso es especialmente significativo para mí porque señala la motivación compasiva del Buda, que le llevó a identificar la ignorancia como la causa de duhkha y, después, a alcanzar la sabiduría que comprende la naturaleza última que disipa la ignorancia. La ignorancia no es una mera ausencia de conocimiento, es una aprehensión distorsionada que toma como existente lo que no existe –la existencia inherente o esencial–. Después, la bodhichita lo motivó para acumular mérito, purificar su mente y escuchar, contemplar y meditar en el Dharma. De este modo, se convirtió en un maestro iluminado con la habilidad para liberar a los seres conscientes dándoles enseñanzas inmaculadas.

Reflexionando así, aumento mi confianza en el Buda y en el sendero que practico para transformar mi mente. También me ayuda apreciar mi preciosa vida humana con tantas cualidades afortunadas:

vivo en un lugar y en un momento en el que ha aparecido un Buda cuyas enseñanzas todavía perduran y tengo fe en cosas nobles como la conducta ética, la concentración y la sabiduría. Recordar esto a diario me mantiene con una actitud alegre, inmune a la depresión y al desánimo.

Después de recitar este verso tres veces, visualizo al Buda Vajradhara disolviéndose en mí e inspirando mi mente. Esto me aporta un sentimiento de valor y de disposición para perseverar en mi práctica. Después, genero la bodhichita y me recuerdo que con toda seguridad puedo ver que la transformación sucede en mi interior, aunque pueda ser pequeña. Esto me anima a regocijarme en mi virtud y a seguir practicando.

Para aclarar el espesor del sueño en mi mente, recito el mantra de Manyushri, *Om a ra pa cha na dhih*,[57] y después recito *dhih* tantas veces como pueda en una sola exhalación, imaginando que la sabiduría de Manyushri bajo el aspecto de la sílaba *dhih* se absorbe en una *dhih* en la parte de atrás de mi lengua. Mientras medito en Manyushri de esta manera, reflexiono en las cuatro verdades de los aryas, especialmente en el poder liberador de los senderos verdaderos y la paz que surge de hacer realidad las cesaciones verdaderas.

Después empiezo las postraciones y las recitaciones diarias, seguidas por una rápida meditación en la que recito y contemplo secuencialmente los versos que ofrecen un esquema completo de las etapas del sendero a la Iluminación. Después, hago una meditación formal, principalmente una meditación analítica para aumentar mi comprensión de las enseñanzas del Buda. Aquí, mis esfuerzos van dirigidos fundamentalmente a la meditación sobre la relación dependiente, así como a la compasión y a la bodhichita. También hago una práctica tántrica del yoga de una deidad, que implica transformar la muerte, el estado intermedio entre una vida y la siguiente y el renacimiento en los tres cuerpos de un buda.

Continúo meditando, haciendo breves descansos, incluyendo el desayuno y ejercicio, hasta las ocho y media de la mañana. Si no hay trabajo en la oficina, entonces estudio textos de Dharma. Me encanta leer los tratados y comentarios indios y tibetanos muchas veces, y cada vez descubro algo nuevo en ellos. Hay un proverbio tibetano que dice:

---

57 Los tibetanos lo pronuncian *Om ah ra pa tsa na dhi.*

"Si lees un libro nueve veces, tendrás nueve comprensiones". Puesto que esta ha sido mi experiencia, seguiré haciéndolo hasta el final de mi vida y recomendando a los demás que hagan lo mismo.

A menudo mi estudio es interrumpido porque se me necesita en la oficina. El almuerzo es justo antes del mediodía y después me voy a la oficina a trabajar. Las tardes están repletas de citas, una detrás de otra. Como monje budista, no ceno, y alrededor de las ocho y media de la tarde me voy a dormir. Duermo muy profundamente, sin tomar pastillas, y disfruto de una meditación muy calmada.

Una enseñanza de los maestros kadam denominada "las cuatro confianzas" toca de manera especial mi corazón.

> Confía tu mente a la práctica del Dharma.
> Confía tu práctica de Dharma a la vida de pobreza.
> Confía tu vida de pobreza a la muerte.
> Y confía tu muerte a una cueva vacía[58].

Estas líneas hablan de entregarnos completamente al desarrollo de las dos bodhichitas, la convencional y la última, haciendo de ellas la actividad más importante de nuestras vidas, de tal manera que estemos dispuestos a entregar toda la energía de nuestra vida a este propósito, desde ahora hasta que muramos. Renunciando al aferramiento a las ocho preocupaciones mundanas, nuestra mente experimenta mucho gozo y satisfacción. Con la libertad que supone, el Dharma hace que el dinero y la reputación no nos preocupen. Cuando reflexiono en este verso, se me saltan las lágrimas porque es mi más elevada aspiración. También refleja los grandes desafíos de mi vida –equilibrar el desarrollo de la meditación y beneficiar directamente a los demás en esta vida. Ambos son aspectos de la práctica del Dharma y de nuestro desarrollo interior. Las necesidades apremiantes de la gente ahora mismo son muy importantes, pero la práctica meditativa me atrae, y la necesidad de profundizar en mi propia práctica para poder beneficiar más a los demás es también esencial. Quizá algunos de vosotros vivís con esta tensión en vuestra vida también.

Algunas veces, puedo hacer un retiro. Entonces practico la visualización de deidades y mandalas y la recitación de mantras, pero, principalmente, leo y contemplo los grandes textos indios. Poder

---

58 Traducción de Thupten Jinpa, *Wisdom of the kadam masters* (Boston: Wisdom, 2013)

estudiar y reflexionar en el significado de estos magníficos textos es un gran regalo para mí.

*Progreso gradual*

Igual que el Buda pudo de modo gradual transformar su mente, nosotros podemos también. En mi propia vida, veo el progreso desde que era un niño hasta ahora. Dado que he crecido en una familia budista y en un país budista donde todo el mundo repetía "Tomo refugio en el Buda", tengo fe en el Buda desde que era joven. Aunque en aquella época no tenía mucha comprensión de las enseñanzas del Dharma, sabía que el Buda era un ser humano extraordinario.

Llegué al Palacio del Potala, en Lhasa, cuando tenía cinco años, y empecé mis estudios cuando tenía siete. Mi hermano mayor y yo estudiábamos juntos bajo la supervisión de nuestro tutor, pero, como todo chico joven, me gustaba jugar. El tutor tenía un látigo, así que estudiaba por miedo. En realidad, el tutor tenía dos látigos: un látigo normal y un látigo de oro para golpear a una persona santa. ¡Pero allí no había dolor santo!

Cuando fui un poco más mayor, empecé a estudiar el Lam Rim, las etapas del sendero. Esto me suscitó un tremendo interés por el Budadharma y aumentó mi confianza en las Tres Joyas como refugios auténticos. Cuando tenía quince o dieciséis años, creció mi entusiasmo por la práctica del Dharma. Algunas veces, cuando recibía enseñanzas o meditaba me sentía muy conmovido por el Dharma.

Mi educación implicaba memorizar textos raíz y escuchar las explicaciones "palabra por palabra" de mis maestros. Fui adiestrado por siete maestros del debate de diferentes colegios monásticos. Mi maestro mongol de debate estaba especialmente interesado en el tema de la vacuidad, así que, como preparación para mis exámenes de gueshe entre 1958 y 1959, estudié muchos textos sobre ese tema. Planeaba visitar el sur del Tíbet en una peregrinación tras mis exámenes, en marzo de 1959, y quería estudiar *Esencia de la elocuencia* (*Drang nges legs bshad snying po*), de Tsongkhapa. Sin embargo, el diez de marzo todo cambió: huimos del Tíbet y nos convertimos en refugiados de la India. Llevé varios textos conmigo –*Implicarse en las acciones de los bodhisatvas*, de Shantideva; *Gran tratado sobre las etapas del sendero*, y *Esencia de la elocuencia*, de Tsongkhapa, entre otros textos, y los estudiaba siempre que me era posible.

En mis últimos veinte años en el Tíbet y en mis primeros treinta años en Dharamsala, estudié, contemplé y medité en la vacuidad más seriamente. Llegué a estar más convencido de la posibilidad de alcanzar el Nirvana, y mi confianza en las Tres Joyas –las cesaciones verdaderas y los senderos verdaderos– se hizo más profunda. Esto me llevó a ver la Sangha –los seres que han realizado este Dharma directamente– como algo magnífico, y se incrementó mi admiración por ellos. Este giro me ayudó a desarrollar una fe más profunda y genuina en el Buda como nuestro maestro. En aquel momento surgió en mi mente el pensamiento de que, si podía hacer realidad el Nirvana, ¡podría tener un largo y gozoso descanso!

Aunque tengo un gran respeto por la bodhichita y este no es un tema difícil de entender, generarla de verdad parece desafiante. Mi experiencia me confirma lo que dicen los grandes maestros: "La vacuidad es difícil de entender, es especialmente difícil mantener el punto entre la apariencia y la vacuidad y establecer la eficacia de causa y efecto en un mundo que es meramente imputado, y que carece de cualquier existencia por su propio lado. Sin embargo, cuando pensamos en la vacuidad y en la relación dependiente durante cierto tiempo, se vuelven más claras, y obtenemos cierta sensibilidad y confianza hacia ellas. La bodhichita, por otro lado, es fácil de comprender, pero difícil de experimentar. Sin embargo, no hay más opción, tenemos que esforzarnos".

Nosotros, los tibetanos, tenemos la tradición del "ofrecimiento de las realizaciones de los estudiantes al maestro", en el que compartimos nuestra comprensión del Dharma con nuestros mentores espirituales. A finales de los setenta y principios de los ochenta, tuve varias oportunidades de encontrarme con mi tutor principal, Ling Rimpoché, en las que conversamos concretamente acerca de mi comprensión de la vacuidad. En un momento dado, escuchaba con mucho cuidado, y, a continuación, dijo: "Pronto llegarás a ser un yogui del espacio", que significa alguien que ha comprendido y experimentado la vacuidad.

Incluso durante mis sueños a menudo debatía con alguien sobre el Dharma, o meditaba en la vacuidad o la bodhichita. En los últimos años he tenido más interés y entusiasmo en comprender la vacuidad, y esto me ha traído una mayor convicción y experiencia. Una vez leí en un texto: "La persona es mera designación", y me sacudió una sensación como de electricidad. Pensé que a lo mejor esto era la ausencia de existencia esencial o inherente. Cuando me enfocaba en el yo, podía comprobar que era meramente designado, pero cuando me enfocaba en los agregados, la experiencia no era la misma. Esto indicaba que mi experiencia era la ausencia de una persona autosuficiente y sustancialmente existente, y no la de la vacuidad de existencia inherente.

Hoy mi comprensión de la ausencia de la existencia inherente o esencial ha mejorado, y esto me ha ayudado en gran medida a reducir la intensidad y la frecuencia de las aflicciones, especialmente del apego y de la ira. Comprender la vacuidad no tiene efectos adversos en la práctica del auténtico amor y compasión, porque estos no están dirigidos por la ignorancia. De hecho, comprender la vacuidad impulsa nuestro altruismo permitiéndonos reconocer el sufrimiento de los seres conscientes con más claridad. La contemplación del vacío y la compasión son el eje central de mi práctica diaria.

No tengo expectativas de que una comprensión o una experiencia más profunda surjan de un periodo de tiempo breve. Se necesitan cuanto menos diez, veinte, treinta o más años de práctica, pero el cambio definitivo sucederá cuando llevemos a cabo un esfuerzo constante. Alguno de vosotros puede no llegar a vivir otros veinte o treinta años más, pero si pones atención y te familiarizas con la vacuidad y la bodhichita, dejarás muchas impresiones positivas sobre este tema en tu consciencia sutil. He visto esto en mi propia experiencia. Algunos temas del budismo son fáciles de entender para mí, pero cuando los discuto con algunos ancianos eruditos, estos mismos temas pueden parecerles difíciles a ellos. Esto indica cierta familiaridad con estos temas en mis vidas previas. Así que, incluso si eres viejo ahora, cualquier impresión positiva de estudiar y contemplar que coloques en tu continuo mental, aunque solo sea durante unos pocos meses o años, te la llevarás a tu próxima vida y te beneficiará.

Todas las acciones virtuosas que lleves a cabo ahora ciertamente te permitirán tener un renacimiento humano y vivir en un ambiente ético en el que hay más oportunidades para aprender y practicar las enseñanzas del Buda. Los que sois viejos como yo, no deberíais poneros excusas pensando que ahora ya sois muy mayores y ya no se puede hacer nada. El resultado de pensar así será que no lograréis nada. Así que, por favor, poned tanto esfuerzo como podáis mientras tengáis esta preciosa vida.

Los que sois jóvenes tenéis más tiempo para estudiar y practicar. Pensad seriamente acerca de lo que es verdaderamente importante en vuestra vida y esforzaros en el Dharma. Por supuesto, si practicáis o no depende de vosotros. Si tenéis un interés genuino, la práctica es muy provechosa. Por favor, pensadlo seriamente.

Aquellas personas que son seguidores de otras religiones o de otras tradiciones espirituales pueden leer este libro por mera curiosidad. Por favor, seguid con vuestra práctica actual. El Buda nunca impuso sus creencias a nadie. Cada individuo debe tener la completa libertad para seguir cualquier religión que él o ella desee, o también para no seguir ninguna fe en absoluto. Pero sea del modo que sea, sé un ser humano amable.

En Montserrat, en España, me encontré en una ocasión con un monje católico que había pasado cinco años meditando en las montañas que se encuentran detrás del monasterio. Me dijo que su práctica principal era meditar en el amor. Cuando le miraba a los ojos, podía distinguir claramente en ellos un sentimiento especial. Lo admiro y lo respeto profundamente. Su vida nos enseña que, si meditamos durante cinco años, con toda seguridad se producirán resultados. Del mismo modo, si nos esforzamos cada día en adiestrar nuestra mente, sin duda alguna subyugaremos el mono salvaje de nuestra mente[59].

## *Desarrollar la bodhichita*

En 1959 Khunu Lama Rimpoché me vino a visitar. En aquel momento, me dijo que su práctica se centraba en la bodhichita, especialmente en el texto *Implicarse en las acciones de los bodhisatvas*, de Shantideva. Por aquel tiempo, yo también había aprendido de un breve texto que había escrito Khunu Lama Rimpoché[60], *Lámpara preciosa:*

---

59 Thupten Chodron: En 1984 o 1985 visité Monserrat y, junto con dos o tres monjas, fuimos a visitar a este monje a su ermita detrás de la montaña. Nos presentamos sin avisar y nos invitó a pasar. En su altar tenía una larga y blanca *khatak* (un pañuelo ceremonial tibetano) y una imagen de Avalokiteshvara que Su Santidad el Dalai Lama le había dado. Mientras la luz del sol entraba iluminando su altar, nos invitó a meditar con él. Lo hicimos y, después de un rato, nos fuimos tranquilamente. La misma mirada excepcional que había advertido Su Santidad aún estaba allí.

60 Khunu Lama Rimpoché Tenzin Gyaltsen (1894/95-1977) nació en Kinnaur, en la India. Estudió en el Tíbet, y al final de 1950 se fue a Varanasi, donde permaneció el resto de sus días. La siguiente historia ilustra la profundidad de su práctica. A mediados

*Una oración de la bodhichita* (*Byang chub sems kyi bstod pa rin chen sgron ma*), y sabiendo que mi guru, Ling Rimpoché, también había recibido enseñanzas suyas, en 1967 le pedí que me diera la transmisión oral de ese texto. Mientras él estaba leyendo *Lámpara preciosa,* yo estaba abrumado por las lágrimas.

A los veinte años valoraba la bodhichita, pero parecía muy lejana. En 1967, con el permiso de Ling Rimpoché, le pedí a Khunu Lama Rimpoché que me diera instrucciones sobre *Implicarse en las acciones de los bodhisatvas*. Después de aquello, sentí la bodhichita más cercana, y se hizo evidente que el egoísmo es la base del miedo y de la desconfianza. Por el contrario, si cuidamos de los demás sinceramente, incluso los fantasmas y los espíritus nos mostrarán gratitud. Cuando nuestra actitud básica es altruista, incluso si aparece la ira, se marcha enseguida. Es como si nuestra mente tuviera un sistema inmunológico fuerte que la protege de la enfermedad de las aflicciones.

Por aquel entonces también estaba estudiando otro texto maravilloso, *Guirnalda preciosa*, de Nagarjuna, y unos cuantos textos complementarios, y cada día pensaba en ellos y meditaba. Dado que ya sentía una fuerte admiración por Nagarjuna, al haber contemplado sus enseñanzas sobre la vacuidad, incluso leer un breve pasaje de sus enseñanzas tiene un profundo impacto en mí.

De los treinta y tres grandes textos clásicos, he recibido la transmisión oral de *Ornamento de las realizaciones claras*, de Maitreya, y de *Suplemento al camino medio*, de Chandrakirti, de Ling Rimpoché[61]. Recibí la transmisión oral de los otros once tratados de Khunu Lama Rimpoché. Además de ser un gran practicante, al tiempo que humilde, era un erudito y un destacado maestro. Sus enseñanzas eran muy precisas y podía recitar fácilmente muchos fragmentos de las escrituras. Cuando le pregunté cómo había recibido su adiestramiento, me dijo que, cuando estaba en Kham, Tíbet, pensaba que los textos debían

---

de 1970 algunos occidentales fueron a conocerlo y le preguntaron si necesitaba algo. Él les dijo: "No, tengo todo cuanto necesito, porque tengo bodhichita". Al día siguiente les hizo una ofrenda de una rupia a cada uno de los occidentales.

61 Los treinta y tres grandes textos clásicos son el *Sutra pratimoksa* y el *Vinayasutra,* de Gunaprabha; *Tesoro de conocimiento,* de Vasubandhu; *Compendio de conocimiento,* de Asanga; *Tratado del camino medio*, de Nagarjuna; Los *Cuatrocientos*, de Aryadeva; *Suplemento al camino medio*, de Chandrakirti; *Implicarse en las acciones de los bodhisatvas*, de Shantideva; y los *Cinco tratados,* de Maitreya.

"dejarse atrás", en el sentido de no aferrarse a los libros físicos, aunque él estaba indudablemente inmerso en su significado y había tocado su corazón. Sus traducciones tanto del tibetano como del sánscrito eran impecables. Cuando recibí de él enseñanzas sobre la obra de Shantideva, decía a menudo: "Aquí, la traducción tibetana es errónea. En el original sánscrito dice...". He hecho aquellas correcciones en mi propio texto y las incorporo ahora cuando enseño esta obra.

Mi maestro Ling Rimpoché era muy amable conmigo. Me animaba en mi práctica diciéndome que, si me esforzaba, obtendría realizaciones. Pero si fuera a ver a Ling Rimpoché ahora, le tendría que confesar que aún no he alcanzado aquellos logros, a pesar de que han pasado muchos años.

Hacia 1970, mi sentimiento de la bodhichita se hizo más íntimo. Después de algún tiempo, me convencí de que, si tenía suficiente tiempo para meditar, llegaría a ser un bodhisatva en esta misma vida. Sin embargo, no tengo suficiente tiempo. Esta es mi excusa. Pero para aquellos con tiempo suficiente, ¡no hay excusa!

Sigo recibiendo enseñanzas sobre la bodhichita y haciendo meditación analítica en ella. A veces, cuando medito sobre la bodhichita en mi habitación, estoy tan profundamente conmovido que se me saltan las lágrimas. Durante un periodo de mi vida, podía hacer sesiones largas de meditación sobre la bodhichita y la vacuidad y casi todo el día tenía fuertes experiencias y estaba muy emocionado. Al final de *Esencia de la elocuencia*, Tsongkhapa dice que, cuando reflexiona profundamente en lo que ha aprendido, su fe en el Buda aumenta mucho más. A veces, recordar la amabilidad de los maestros de Nalanda lo abruma, y lo lleva a sentir un gran aprecio por las enseñanzas sobre la vacuidad. Otras veces, reflexionar sobre el sufrimiento de los seres conscientes lo abruma con una fuerte compasión. Comenta que es como si estos dos sentimientos estuvieran compitiendo uno con otro. Aunque yo no tengo las cualidades de Tsongkhapa, también a veces me siento afectado como él cuando reflexiono en la vacuidad y la bodhichita.

Ahora, cuando enseño sobre la bodhichita, me siento muy conmovido. Esto significa que mi mente está más receptiva y que se ha hecho más cercana a la bodhichita. En comparación con cuando tenía quince años, mi comprensión acerca de esos temas ha cambiado considerablemente. Esto confirma que existe la posibilidad de alcanzar la Iluminación. Debido al conocimiento, el análisis y alguna experiencia, mi fe en las Tres Joyas es firme y profunda. Las maravillosas enseñanzas del Buda sobre el altruismo infinito y la sabiduría de la realidad son, de hecho, una tradición viva. Sin embargo, mi experiencia del tantrayana es insuficiente.

Durante un tiempo, cuando meditaba en las prácticas tántricas como Guhyasamaja, me enfocaba en el estado de generación, que implica disolverse uno mismo en la vacuidad y resurgir como la deidad. Trataba de mantener una continuidad estable de esta visualización y desarrollar concentración unipuntualizada en ella. Cuando reflexiono en el yo, me adiestro en pensar inmediatamente en mí mismo como si fuese la deidad, sin ningún pensamiento o apariencia del yo ordinario. Esta es la práctica de desarrollar la apariencia divina y la identidad divina.

Pero, a finales de 1970, pasé a estar muy ocupado con mis responsabilidades hacia mis estudiantes y la comunidad tibetana. Debido a la falta de tiempo, tuve que suspender mis largas sesiones de meditación, y ahora he vuelto atrás, a mi nivel de experiencia anterior. Nací en 1935, ya soy viejo. Quizá es demasiado tarde para practicar mucho más. La comunidad tibetana en el exilio ha elegido un gobierno, y quiero que ellos lleven todas las responsabilidades gubernamentales y administrativas. Finalmente, en el 2011, pude renunciar a mi cargo en el gobierno con la esperanza de tener más tiempo para la práctica.

Pero, aun así, tengo muchos visitantes y citas. No me puedo negar a reunirme con los tibetanos que han soportado tantas dificultades para venir desde el Tíbet a verme. No puedo ignorarlos y decir: "Estoy de retiro", cuando han arriesgado sus vidas durante todo el viaje para venir a verme. El propósito de hacer retiros es beneficiar a los demás. Reunirme con estas personas les aporta algún beneficio, así que es parte de mi práctica. Pienso que el resto de mi vida va a seguir así. Aunque me siento triste por no tener la oportunidad de hacer más retiros, mi gran fuente de inspiración es el verso de Shantideva (BCA 10.55):

> Mientras el espacio perdure,
> y mientras permanezcan los seres conscientes,
> que pueda yo también permanecer
> para eliminar el sufrimiento del mundo.

Si alcanzo o no alcanzo la Iluminación en esta misma vida no es importante. Al menos debo beneficiar a los demás, especialmente cuando tienen problemas. La bodhichita me impulsa a hacerlo.

El Primer Dalai Lama, Gendun Drup, pasó mucho tiempo en retiro. Durante ese tiempo, tenía visiones de Tara Blanca y Tara Verde, y les escribió muchas alabanzas conmovedoras y significativas. Tras el retiro empezó a hacer muchos trabajos. Algunos de ellos eran difíciles y requerían mucho tiempo: dio enseñanzas a diario sobre distintos textos a sus estudiantes y estableció el Monasterio de Tashi Lhunpo, en Shigatse. En aquella época, ya era un anciano monje con el pelo blanco y un bastón, pero él fue el arquitecto y el responsable de supervisar la construcción del monasterio. También envió a personas para que recolectaran donaciones para poder construir el monasterio. Después, a pesar de su edad, como director del monasterio, dio instrucciones para el funcionamiento diario del monasterio y la disciplina de los monjes.

Naturalmente, algunos de sus estudiantes crearon problemas. En una ocasión, Gendun Drup se exasperó con ellos y les dijo: "Si me hubiera quedado en el Monasterio de Kangchen ya habría desarrollado algunas realizaciones espirituales elevadas. Pero he sacrificado eso para venir a este lugar a ayudaros, a ayudar a la gran comunidad budista y a un gran número de personas". Aunque esto pueda parecer presuntuoso, advirtió a sus estudiantes de que fueran cuidadosos, tuvieran una perspectiva global y apreciaran que la oportunidad de practicar el Dharma depende de los demás. Un día, hacia el final de su vida, Gendun Drup dijo: "Ahora soy muy viejo". Lo dijo así mismo. Uno de sus discípulos principales le recordó entonces: "¿Es una profecía de que irás directamente a una tierra pura? ¿Harás eso?" Gendun Drup le respondió: "No tengo ningún deseo de ir a esos lugares elevados. Mi único deseo es ir a zonas problemáticas donde pueda servir". ¡Esto es tan maravilloso! ¡Verdaderamente me inspira!

La tradición del Buda es una tradición viva. Si practicamos, podemos transformarnos. Esto no sucede mediante la mera oración, sino a través de meditar, principalmente haciendo meditación analítica. Las prácticas budistas utilizan la inteligencia humana del mejor modo para desarrollar el máximo potencial de un buen corazón.

## *Estar dispuestos a soportar dificultades*

Cuando miro la vida de nuestro maestro, Buda Shakyamuni, advierto que pasó por un proceso de desarrollo espiritual. Nació como un príncipe, después abandonó todas las comodidades de la vida de la realeza y se hizo monje para seguir su práctica espiritual. Soportó la desaprobación de su padre y las pobres condiciones de vida que implicaba su vida errante. También hizo seis años de severa práctica espiritual ascética. Después de esto, llevó a cabo el acto de alcanzar la Iluminación.

Su vida ejemplifica la necesidad de poder soportar las dificultades en la búsqueda espiritual. Esto es cierto también en las vidas de los maestros de muchas otras tradiciones espirituales. El mensaje que nos llega a través de los ejemplos de sus propias vidas es que nosotros, como seguidores de estos maestros, debemos estar dispuestos a pasar por dificultades y perseverar para hacer realidad nuestras aspiraciones espirituales.

A veces, este pensamiento se queda en el fondo de nuestra mente: "Si, el Buda pasó por muchas dificultades para alcanzar la Iluminación, pero yo no necesito hacer eso. De alguna manera, podré lograr la Iluminación sin tener que abandonar las comodidades y el lujo a los que estoy aferrado". Aunque no lo digamos, pensar así indica que creemos que somos más afortunados que el Buda. Aunque tengamos que pasar por muchas adversidades, sentimos que podemos lograr las mismas realizaciones espirituales sin tener que vivir como ascetas ni padecer las privaciones como hizo él. Esto es un error.

El Buda enseñó el camino medio, un sendero que evita los extremos del ascetismo severo y de la indulgencia descuidada. Sin embargo, debemos estar dispuestos a abandonar los placeres a los que estamos aferrados si vamos a penetrar la naturaleza de la realidad y abrir nuestros corazones con bodhichita hacia todos los seres. Nuestras prioridades deben estar claras: ¿Qué valoramos más, nuestra comodidad y seguridad presentes o la liberación espiritual? ¿Estamos dispuestos a soportar las dificultades físicas y emocionales de renunciar a nuestros apegos para practicar el sendero espiritual? Estas son cuestiones en las que debemos reflexionar en profundidad.

Cada uno de nosotros pasará por diferentes contrariedades a lo largo del sendero. Para algunas personas, el desafío no será llevar un modo de vida sencillo, sino soportar las críticas de la familia y la sociedad. Otros tendrán que afrontar el practicar a pesar de los problemas de salud, mientras que otros tendrán que lidiar con fuertes apegos sexuales. Debemos desarrollar la fortaleza interior para perseverar en nuestra práctica sin importar el sufrimiento físico, emocional o mental que aparezca en nuestro camino.

## *Mantener un estado mental alegre*

Es importante mantener una mente feliz cuando practicamos el Dharma. El optimismo, el entusiasmo y el gozo son necesarios para mantener nuestra práctica. Estos no existen en una mente agobiada por la depresión. La gente me pregunta cómo mantengo la mente feliz y una conducta relajada a pesar de haber sido un refugiado durante cincuenta años. Una vez una reportera de un periódico me estaba entrevistando y me preguntó por qué no me enfadaba, dado el hecho de que había presenciado tanta destrucción en mi tierra natal y de mi gente. La miré y le contesté: "¿Pasaría algo bueno si me enfadara? No podría dormir bien ni hacer bien la digestión. Además, ¡mi ira no cambiaría la situación en absoluto!". Supongo que ella pensaba que en el aquel momento yo tenía la oportunidad de contarle al mundo los sufrimientos que atravesaban los tibetanos bajo el comunismo chino, y estaba muy asombrada de que no lo hiciera.

Aunque a veces podamos experimentar felicidad cuando la mente no es virtuosa –por ejemplo, el placer que surge cuando satisfacemos el ansia que teníamos o cuando exigimos venganza hacia alguien que nos ha perjudicado–, esta felicidad no nos ayuda en el sendero hacia la Iluminación y deberíamos abandonarla. En cualquier caso, en lo más profundo de nuestro ser, no pienso que en tales ocasiones seamos realmente felices.

Otras experiencias de felicidad están enraizadas en estados mentales virtuosos. Cuando soy generoso y puedo aliviar la pobreza de los demás, me siento bien interiormente. La habilidad para vivir de manera ética con una actitud no violenta me hace regocijarme y genera una sensación de bienestar. Sentir amor afectuoso hacia los demás aporta placer a la mente, y hacer mis prácticas diarias de meditación, que profundizan mi refugio en las Tres Joyas, me aporta una gran satisfacción interior. También se dice que lograr la estabilidad meditativa inunda la mente de gozo.

A menudo estamos distraídos del Dharma por los estímulos sensoriales –visiones atractivas o repulsivas, sonidos, olores, sabores o sensaciones físicas–. Pero cuando nuestra mente del apego no tiene suficientes estímulos sensoriales, nos aburrimos. Las personas que están involucradas en el mundo externo de los cinco sentidos, a menudo se encuentran en esta tesitura y a menudo están insatisfechos, mientras que aquellos que extraen su felicidad de las cualidades internas –la fe, el amor, la compasión, la sabiduría, etc.–, experimentan gozo y alegría. No se ven barridos por los tejemanejes de la gente de su entorno. Demasiados estímulos sensoriales nos agotan, y nuestro potencial mental decae. Por esta razón, es mejor observar nuestra mente. No veo la televisión ni navego por Internet, aunque escucho las noticias de la BBC en la radio para saber lo que sucede en las vidas de otros seres conscientes. Escuchar las noticias se vuelve una especie de meditación en el karma y sus efectos, y me inspira a desarrollar compasión.

En mi práctica personal, me deshago de los estados mentales insanos que implican cierta clase de placer temporal contaminado e invierto la energía en el desarrollo de estados mentales saludables. Esto me permite mantener una mente feliz –que es importante para seguir practicando el Dharma– incluso en situaciones difíciles.

## *Seres realizados*

Hay quien me ha preguntado si sé de personas que hayan alcanzado la Iluminación. El Buda estipuló que, a menos que haya un gran propósito para revelar las realizaciones propias, no debería hacerse. Hablar de los propios logros espirituales es una infracción de los votos monásticos, y proclamar las realizaciones que uno no tiene es una caída raíz, de manera que esa persona ya no es monje. Proclamar siendo mentira que uno ha comprendido directamente la vacuidad es una caída raíz del código ético del bodhisatva. Así que pregonar los logros personales en público es algo insólito entre los verdaderos practicantes budistas.

Sin embargo, he tenido la oportunidad de conocer algunas personas que habían experimentado un desarrollo extraordinario y que podrían estar cerca de la Budeidad. Encontrarse con estas personas demuestra que las enseñanzas están vivas y nos aporta mucha inspiración y determinación. Por eso, el refugio en la Sangha –los seres altamente realizados– fortalece nuestra práctica.

En el resto de esta sección, a mí (Chodron) me gustaría explicar un poco más por qué los seres realizados no explican sus logros, especialmente en estos días en los que la gente se esfuerza mucho en proclamar sus buenas cualidades y logros. En primer lugar, hablar sobre nuestros logros tiene un efecto dañino en nuestra práctica. Tan pronto como alguien empieza a hablar de sus realizaciones espirituales públicamente, las palabras empiezan a reemplazar a la experiencia. La sensación real de la experiencia se empieza a disipar en la mente, y nos volvemos unos expertos en contar una historia fascinante. Es fácil volverse arrogante y complaciente si alcanzamos la fama como una celebridad espiritual. En beneficio de nuestra propia práctica, lo mejor es ser humilde y modesto.

Además, la gente inmadura espiritualmente confunde con facilidad una experiencia rara en meditación con un logro espiritual. Aunque nuestra intención sea buena, si proclamamos nuestra destreza y empezamos a enseñar a otros, las personas ingenuas o inexpertas pueden perderse fácilmente y seguir un camino erróneo. Entonces si esa fachada de maestro se derrumba, los seguidores se quedarán muy desilusionados y pueden quizá dejar de seguir un sendero espiritual por completo. Los maestros que no hacen proclamas especiales de su grandeza evitan ser transformados en falsos ídolos por sus seguidores.

Digamos que alguien con realizaciones reales va a proclamarlas en público, ¿qué podría derivarse de ello? Mucha gente podría venerar a esa persona en lugar de escuchar sus enseñanzas. Imagina que el Buda aparece en New York con un cuerpo que irradia luz dorada. La gente estaría tan impactada y asombrada que se quedarían mirándolo fijamente esperando a que hiciera milagrosas hazañas. Los medios querrían entrevistarlo, y pronto habría una nueva línea de ropa que llevaría su nombre.

Si alguien tiene unos logros estables y verdaderos, las personas con mérito para ser receptivas lo discernirán y tendrán fe en esa persona. No es necesario anunciar las propias cualidades. El que es un buen cocinero no necesita proclamar sus proezas culinarias a todos: cuando hace una comida, los demás ya se dan cuenta por sí mismos.

El comportamiento humilde es una señal de logro espiritual. La gente con auténticas realizaciones espirituales no necesita alabanzas, reputación o el glamur y los beneficios que conlleva. Su interés primordial está en estabilizar sus logros y en beneficiar a los demás.

En casos especiales, un maestro con conexiones especiales con unos pocos discípulos les puede revelar sus experiencias espirituales de manera confidencial y en privado. Esto puede inspirar a sus estudiantes que ya están implicados en el sendero para que pongan más energía en su práctica. Estos estudiantes deberían ser discretos respecto a lo que han oído.

Aunque comentar con los demás nuestros logros espirituales no conlleva ningún beneficio, es importante consultarlos con nuestro maestro espiritual cuando nos involucramos en una práctica espiritual intensa. Cuando estemos con él o ella le relatamos nuestras percepciones profundas y nuestras experiencias, para que nos ayude a evaluarlas y a comprenderlas, nos oriente y nos dé más instrucciones. Si un practicante está en retiro estricto y su maestro espiritual no está cerca, puede discutir sus experiencias meditativas con un compañero de retiro experimentado y de confianza para aclarar y refinar su comprensión y evitar así interpretaciones erróneas sobre su experiencia. En este sentido, es importante para el progreso espiritual.

## *Lo que he aprendido en la vida*

Alguien me preguntó una vez: "Ya ha vivido muchas décadas. Por favor, ¿puede resumirnos las cosas más importantes que ha aprendido en la vida?" Hice una pausa para reflexionar. Por descontado que he tenido muchas experiencias distintas en la vida: como ciudadano de mi propio país y como un refugiado, como una persona joven y ahora como un anciano, como un estudiante y como líder. En el budismo siempre rezamos para el beneficio de todos los seres conscientes sin importar su forma de vida. Esto tiene un gran impacto en mí. En todas las situaciones y con una vasta variedad de personas, considero a todo el mundo fundamentalmente igual: cada uno de nosotros desea la felicidad y quiere liberarse del sufrimiento. Pensando así, inmediatamente me siento cercano a los demás dondequiera que vaya. No hay barreras entre nosotros.

Como consecuencia de encontrarme con muchas clases de personas y también debido a la experiencia que trae la edad, actúo de manera informal con todo el mundo y hablo de un ser humano a otro ser humano. Esta actitud elimina cualquier base de ansiedad. Por otro lado, si pensara: "Soy el Dalai Lama y un monje budista, así que debo actuar de cierto modo, y la gente debe tratarme de una manera en particular", esto fomentaría la ansiedad y el resentimiento. Así que me olvido de estas distinciones y veo que simplemente soy un ser humano que se ha encontrado con otro ser humano. A nivel emocional somos iguales. A nivel mental y físico también somos iguales. Para mí es útil pensar de esta manera, y también se lo pone más fácil a los demás. A veces, al principio de una reunión o de una conversación la gente es muy reservada y está tensa, pero tras unos minutos, todo va bien y nos sentimos muy cercanos.

# 12 Trabajar en el mundo

Como budistas, y concretamente como practicantes del sendero mahayana, formamos parte de la comunidad humana y tenemos la responsabilidad de beneficiar a esta comunidad. Deberíamos adoptar un papel más activo para ayudar a la sociedad y utilizar cualquier talento y cualidad que tengamos para ayudar a los demás, tanto si somos budistas como si no. Si la comunidad humana es feliz y está en paz, todos nosotros nos beneficiamos automáticamente.

Los diferentes temperamentos de las personas se reflejan en dos tipos de compasión. El primero quiere que la gente se vea libre de su sufrimiento y de sus problemas, pero todavía prioriza su propia felicidad. El segundo no solo desea que los demás estén libres del sufrimiento, sino que además está preparado para actuar y hacerlo posible. La experiencia de la compasión es la misma en ambos casos, pero debido a que se enfoca más en el bienestar ajeno y en las desventajas de la actitud egocéntrica, la segunda clase de compasión tiene coraje y se implica activamente con los demás.

Para aquellos que desean aliviar la miseria hay muchas maneras de aplicar los principios del Dharma en sus interacciones con la familia, la sociedad y el mundo que los rodea. Mientras seguimos ayudando activamente a los otros, debemos continuar meditando en los dos métodos para desarrollar la bodhichita, utilizando la razón y ejemplos concretos para ampliar la perspectiva de nuestra compasión y evitar que degenere.

La buena salud y una actitud positiva son recursos cuando trabajamos para beneficiar a los demás, así que volveremos a ese tema primero. No se han incluido reflexiones en este capítulo, así que, por favor, detente al final de cada sección para reflexionar sobre sus puntos principales y cómo se relacionan con nuestra propia experiencia y aspiraciones.

## *Buena salud y lidiar con la enfermedad y el dolor*

Todo el mundo desea tener buena salud, y a los practicantes del Dharma les facilita su capacidad para practicar. Por eso, deberíamos hacer lo posible para cuidar nuestra salud y comer alimentos nutritivos, hacer ejercicio y dormir lo suficiente, ¡aunque tampoco demasiado!, y conservar buenos estándares de higiene. Aquí, nuestra motivación no es el apego al placer ni el miedo al dolor: es la oportunidad que proporciona una buena salud para utilizar nuestra preciosa vida humana para la práctica del Dharma, y específicamente para desarrollar la bodhichita y la sabiduría para beneficiar a todos los seres conscientes.

El equilibrio es importante. Un significado de "camino medio" es evitar los extremos de la automortificación y de la autoindulgencia. El sufrimiento físico viene de manera natural, simplemente porque tenemos un cuerpo. Infligir dolor a nuestro cuerpo deliberadamente no purifica la mente. De hecho, las prácticas ascéticas severas podrían ser otra forma de egocentrismo si la motivación es obtener una buena reputación porque somos capaces de soportar el dolor.

La autoindulgencia impide la práctica del Dharma porque perdemos el tiempo. En lugar de practicar el Dharma para ir más allá de la situación samsárica de tener un cuerpo bajo la influencia de las aflicciones y el karma, gastamos una energía y un tiempo exagerados en mimar nuestro cuerpo y preocupándonos de su salud y su comodidad. Es más sabio aceptar que mientras seamos seres humanos en la existencia cíclica, tendremos un cuerpo que es propenso a la enfermedad. Caer enfermos no es algo inusual o único que solo nosotros padecemos, ni tampoco es un castigo o una indicación de que hemos fallado. Aceptando las limitaciones de tener un cuerpo samsárico, y comprendiendo que es la base de nuestra preciosa vida humana, debemos utilizarlo sabiamente sin una preocupación excesiva por él.

La gente me escribe cartas a menudo preguntándome sobre la enfermedad. Aunque mis respuestas varían dependiendo de la enfermedad y las disposiciones de la persona, compartiré algunos consejos generales para ayudar a otros.

Cuando estás enfermo deberías consultar a un médico y seguir sus consejos. No abandonar la medicina convencional en favor de la curación proveniente de la fe.

Sucede que alguien le comentó a un paciente con cáncer: "Tu ira es la causa del cáncer". Estos comentarios no solo carecen de compasión, sino que además están equivocados. La enfermedad aparece debido a ciertas causas y condiciones, y es cruel culpar a alguien que está enfermo de su enfermedad.

La práctica del adiestramiento mental de ver nuestra enfermedad como un resultado de nuestras acciones destructivas cometidas en nuestras vidas previas o al principio de esta misma vida es muy diferente de culpar a la víctima. Ver la enfermedad de esta manera no significa que merezcamos sufrir. Nadie *merece* sufrir. Más bien, actuamos y experimentamos resultados acordes a nuestras acciones. Las semillas de margaritas producen margaritas, no producen chiles. Pensar de esta manera nos permite relajar nuestro enojo y nuestra sensación de injusticia y aceptar la situación. Hacer esto transforma una mala situación en una experiencia de aprendizaje, porque comprendemos que, si no nos gustan los resultados de sufrimiento, en adelante debemos dejar de crear sus causas. Esto nos da el empuje para abandonar las acciones destructivas y los hábitos negativos.

Pensar que el karma que produce la enfermedad podría haber madurado en un sufrimiento mucho mayor nos ayuda a darle perspectiva a nuestra miseria. El cáncer no es placentero en absoluto, pero si ese karma hubiera madurado en un renacimiento desafortunado, hubiéramos estado en una situación muchísimo peor. Reflexionar de este modo nos ayuda a comprender que, de hecho, podemos soportar nuestra desdicha presente. Además, puesto que ese karma ya ha madurado, su energía se ha consumido y ya no nos puede perjudicar otra vez.

Distinguir entre el dolor físico y el sufrimiento mental es crucial. Incluso aunque nuestro cuerpo esté enfermo, nuestra mente permanece en paz, y una mente relajada experimentará menos sufrimiento ayudando a la salud del cuerpo. Siéntate en silencio y observa la diferencia entre el verdadero dolor físico de la enfermedad, o la lesión, y el sufrimiento mental producido por el miedo y la ansiedad. Permitiendo que nuestras preconcepciones proliferen e imaginando toda clase de cosas horribles que pueden suceder debido a nuestra enfermedad o lesión, nuestra mente puede producir más miseria que nuestra condición física. En lugar de ser indulgente ante la ansiedad, dirige tu atención a una visión más amplia de la situación: contempla la amabilidad de quienes están cuidando de ti. Haciéndolo, estarás lleno de una enorme gratitud.

Recordar que la tragedia no nos afecta exclusivamente a nosotros también nos ayuda a ampliar nuestra visión e impide que caigamos en la autocompasión, que solo incrementa la desgracia. Podemos contemplar: "En este mismo momento, muchos otros están experimentando desgracias mucho peores, y muchos de ellos no tienen protector, ni refugio, ni amigos que les ayuden. Yo soy más afortunado porque puedo confiar en las Tres Joyas, y en muchos amigos, familiares e incluso extraños –como el personal de un hospital– para que me ayuden. Para ser alguien que está enfermo, mi situación es bastante buena". Después, envía amor y compasión a otras personas enfermas, lesionadas o que están en prisión injustamente, deseando que se liberen de su desgracia y que tengan toda la felicidad. Puedes combinar todo esto con la meditación de tomar y dar descrita en el capítulo siete.

Recordar que estos problemas son característicos de la existencia cíclica nos ayuda a generar la determinación de ser libres y de alcanzar la liberación. Esto proporciona a nuestra práctica de Dharma un gran impulso, ayudándonos a hacer del Dharma –y no de las ocho preocupaciones mundanas– nuestra prioridad en la vida. Además, el sufrimiento tiene algunos beneficios: nos hace más humildes y nos ayuda a abrir nuestro corazón con compasión hacia los demás.

Las prácticas de visualización también son útiles. En el lugar donde experimentes el dolor visualiza las sílabas de un mantra o una esfera luminosa. La brillante y suave luz blanca que irradia llena la zona dolorida o enferma, purificando toda la enfermedad y el dolor, y llenando el lugar de gozo.

Puedes alternar imaginando al Buda (o una deidad de meditación como Avalokiteshvara o Tara) delante de ti sobre tu coronilla. Luz y néctar fluyen del Buda o de la deidad y penetran en ti, purificando la enfermedad y sanando tu cuerpo, restaurando el equilibrio de los elementos.

Hacer purificación para limpiar el karma que produce la enfermedad es muy útil también. No es posible purificar el karma que ya ha madurado o está actualmente madurando, pero se puede purificar el karma que perpetua la enfermedad en el futuro. Sin embargo, cuando el karma es extremadamente pesado, es difícil impedir que madure completamente, aunque la purificación puede hacer que el resultado sea más breve o menos severo. También hace que la mente se calme, y así se puede manejar mejor la enfermedad.

## *Mantener una actitud positiva*

Excepto para unos pocos individuos que pueden dedicar toda su energía a la meditación veinticuatro horas diarias, la mayoría de los budistas deberían seguir ayudando activamente a su comunidad. La implicación social es vital, pero sin la meditación nuestro trabajo en la sociedad puede no llegar a ser una actividad de Dharma verdadera. Por otro lado, sin un componente social nuestra práctica de beneficiar a los demás no sería realmente efectiva. El equilibrio es importante.

Siempre que puedas ofrecer ayuda directa a los demás, hazlo. En el Tíbet, cuando veía animales que iban a ser sacrificados enviaba a alguien a comprarlos y les dábamos refugio a los animales. En la India, me duele mucho ver a los animales en jaulas en camiones. No puedo volcar los camiones y comprar los animales. En su lugar, recito mantras y oraciones por ellos, reflexiono en el karma y genero compasión.

Incontables seres conscientes se afanan en la existencia cíclica, todos ellos están atrapados por los tres tipos de duhkha: el sufrimiento obvio físico y mental, el sufrimiento debido a que las circunstancias de felicidad son fugaces y el sufrimiento por estar bajo la influencia de las aflicciones y el karma contaminado. Por supuesto, no podemos resolver todos esos problemas. La existencia cíclica continúa; las cosas nunca serán perfectas. Pero hacer una pequeña contribución a una persona o a diez para ayudarles a tener paz mental, ya merece la pena. Habremos hecho algo. No tener esperanza, abandonar y no hacer nada no tiene sentido. Todos somos turistas aquí en la Tierra, estamos solo durante un tiempo. Así que ¡no creemos más problemas mientras estemos aquí! Todo el mundo quiere ser feliz y tiene derecho a serlo. Es nuestra responsabilidad contribuir a su bienestar, y debemos hacer lo que podamos. Este es el propósito de nuestra vida.

Desde el punto de vista budista, la existencia cíclica ha sido defectuosa desde tiempo sin principio. Ya que todos los seres están bajo la influencia de las aflicciones y el karma contaminado, tratar de crear un mundo perfecto reorganizándolo es algo imposible. Basándose en esta visión del mundo, los tibetanos no esperan mucho de las situaciones externas. Están más preparados para aceptar las dificultades y están satisfechos más fácilmente. Si desarrollamos una visión que no tiene expectativas de una felicidad fantástica y magnífica en la existencia cíclica, estaremos más contentos con lo que tenemos. En vez de dirigirnos a la apatía o a la complacencia, tenemos expectativas modestas que hacen nuestra mente más estable y evitarán el desánimo.

La gente me pregunta cómo puedo soportar el sufrimiento del Tíbet. Cuando comparo el sufrimiento del Tíbet con el de la existencia cíclica, el último es mucho peor. No podemos cerrar los ojos ante el sufrimiento de cualquier tipo. Mirando nuestro propio sufrimiento, generamos la determinación de ser libres –esta es la compasión hacia nosotros mismos–. Cuando vemos el sufrimiento de los demás, generamos gran compasión y bodhichita y nos involucramos en prácticas que directa o indirectamente contribuyen a su bienestar.

A veces querríamos ayudar, pero la situación no lo permite. La gente que hace labores humanitarias en zonas de guerra habla del peligro al que se enfrentan en lugares donde los seres humanos tienen más emociones perturbadoras y no pueden pensar con claridad. Estos trabajadores voluntarios tienen un pie en el sitio y otro preparado para salir corriendo, porque no vale de nada que los maten. Incluso si el Buda fuera a alguno de esos lugares, no podría hacer mucho para ayudar. Bajo esas circunstancias, tenemos que dejar físicamente ese lugar, pero seguir enviando nuestra compasión y oraciones para el bienestar de los que están allí atrapados. Podemos trabajar activamente para educar a las personas que están en peligro de verse involucradas en conflictos. Aunque no podamos apagar el fuego, al menos podemos evitar que se extienda. No ignoremos el valor de hacer esto.

Individuos con buena intención me preguntan cómo desarrollar el coraje para seguir intentando marcar diferencias en un mundo que parece tan caótico. No importa lo numerosas que sean las dificultades y no importa lo grandes que sean los obstáculos. Si nuestra intención es buena y razonable, debemos seguir con nuestra determinación y mantener un esfuerzo constante. Si algo es bueno para la mayoría de la comunidad, no importa si el objetivo se materializa en este espacio de vida, debemos seguir trabajando por él. La siguiente generación puede seguir construyendo sobre el buen trabajo que hemos hecho, y, con el tiempo, las cosas cambiarán.

## *Utilizar diversos métodos para ayudar a los demás*

Como seres limitados, podemos tener problemas para saber qué es lo que beneficia a los demás. A veces, nuestros prejuicios, el apego o la ira tiñen la situación. Tenemos ideas preconcebidas acerca de cómo deberían vivir sus vidas los demás. El primer paso para ayudar a los demás es limpiar las aflicciones y la preocupación de nuestra propia mente.

En segundo lugar, desarrollamos activamente el amor, la compasión y el coraje para tener fortaleza interior y ser de ayuda.

En tercer lugar, desarrollamos la sabiduría para determinar la mejor manera de ayudar. En este punto, podemos practicar los cuatro tipos de actividad iluminada: pacificar, aumentar, controlar y airada. Al principio las practicamos en meditación. Primero imaginamos que *pacificamos* las aflicciones de los demás animándolos a purificar sus negatividades. Después imaginamos que *aumentamos* su periodo de vida, su sabiduría y su mérito, inspirándolos a actuar de manera constructiva. A continuación, imaginamos que podemos influir en ellos o *controlar* sus aflicciones mediante la fuerza de nuestra sabiduría y compasión. Finalmente, para quienes parecen intratables, imaginamos emplear métodos *airados* para destruir su capacidad de dañar a los demás.

Para aplicarlos a una situación real, tomemos como ejemplo a alguien que está a punto de realizar un acto de crueldad. Un bodhisatva que no tiene el poder de la clarividencia y no puede saber exactamente qué es lo más adecuado en una situación, empieza por los medios pacíficos. Utiliza medidas amables para interceder y pacificar a la persona, dándole comodidad, abordando verbalmente sus preocupaciones o utilizando la razón para disuadirle de hacer daño a alguien.

Si esto no funciona, trata de aumentar su bienestar. Podría darle una medicina o un regalo, o enseñarle un tema de su interés. Si esto tampoco funciona, utilizará una fuerte presión o influencia para llevarle en la dirección correcta. Si esto fallase también, intimidaría a la persona con medios agresivos o destruiría su capacidad para hacer daño a los demás. Estas acciones airadas deben estar motivadas por la compasión, no por la venganza, y se utilizan solo como último recurso.

El enfoque básico es utilizar la técnica que sea más efectiva para mitigar nuestras dificultades o las de los demás. Esto concuerda con el consejo de que no hay nada que un bodhisatva no deba aprender. No utilizamos únicamente el Dharma para prevenir o solucionar nuestros problemas y los de los demás, sino que también es adecuado una dieta sana, ejercicio y cualquier tipo de tratamiento médico. Complementar la práctica del budismo con otros métodos está bien, aunque es sabio recordar que son campos diferentes. Por ejemplo, si los budistas tienen problemas que la psicoterapia puede solucionar, pueden y deben ir a psicoterapia. Los centros de Dharma podrían tener consejeros que fueran también estudiantes del Dharma. Los estudiantes no deberían considerar a los consejeros como maestros espirituales, sino contrastar asuntos psicológicos con ellos. Estoy feliz porque he oído que algunos estudiantes han desarrollado métodos psicoterapéuticos basados en el budismo.

Desde un punto de vista, cualquiera puede considerarse budista si su motivación es la bodhichita. El mero hecho de que una práctica determinada sea llevada a cabo por un budista no la convierte necesariamente en una práctica budista. Por ejemplo, para alcanzar la liberación, un budista debe practicar la meditación de la permanencia apacible. Pero esto en sí mismo no es una práctica budista, porque practicantes de otras tradiciones también la utilizan. Igualmente, a excepción de la visión superior en la impermanencia y en la ausencia de existencia esencial, la visión superior, en sí misma, no puede denominarse budista, porque hay personas que no son budistas que también la practican. Técnicas de disciplinas como la psicoterapia pueden ser adoptadas por budistas, pero eso no las convierte en prácticas budistas. Desde este punto de vista, las únicas técnicas o prácticas que pueden específicamente denominarse budistas son aquellas directamente relacionadas con el objetivo de la liberación de la existencia cíclica, como, por ejemplo, la meditación en la ausencia de existencia esencial o inherente.

Si otras disciplinas como la psicología o el yoga no implican la creencia en un alma permanente o en un creador, y nos hacen personas más amables y saludables, entonces podemos utilizarlas. Si otras disciplinas enseñan creencias que entran en contradicción con las creencias budistas o generan dificultades en nuestra práctica, podemos dejarlas a un lado. Esta es la posición general, pero debe haber algunas excepciones. Por ejemplo, para ayudar a alguien con baja autoestima a tener una mejor visión de sí mismo, enseñarle que hay un alma permanente puede resultar útil. Incluso el Buda enseñó en algunas escrituras, como un medio hábil para beneficiar a una audiencia en particular, un yo permanente.

Cualquier enseñanza budista, como el mindfulness, la compasión o la meditación de tomar y dar, se puede enseñar a los demás para ayudarles. Las personas que lo hacen no deberían considerarse a sí mismas maestros budistas, ni tampoco denominar a las versiones secularizadas de prácticas budistas "budismo". Simplemente deben decir que las técnicas que enseñan tienen su origen en el budismo. Aunque el mindfulness está muy de moda ahora y tiene sus raíces en el Budadharma, la manera en que se enseña y se practica en la sociedad laica difiere de la que se practica en el contexto budista. El propósito del mindfulness laico es ayudar a la gente a vivir mejor en el presente, mientras que los budistas meditan en los cuatro fundamentos de la atención para alcanzar la Liberación y la Iluminación. El mindfulness laico observa simplemente las sensaciones y pensamientos que aparecen en el cuerpo y en la mente. El mindfulness budista tiene un elemento de sabiduría que lleva a la visión superior en la impermanencia, la naturaleza de duhkha y la ausencia de la existencia inherente.

Si una persona tiene fe tanto en el cristianismo como en el budismo, puede ver a Jesús como un bodhisatva y visualizarlo como un símbolo del amor y la compasión. Sin embargo, no podemos decir que esto sea una práctica budista. Podemos enseñar los principios budistas al público en general sin utilizar un lenguaje específicamente budista y sin llamarlos conceptos budistas. Sin embargo, no deberíamos incorporar prácticas o conceptos no budistas al budismo y llamarlos budistas. Esto amenaza la existencia de un Dharma puro.

## *Budismo comprometido e implicación política*

Tengo algunas reservas a la hora de hablar de política, del mundo de los negocios, etc. porque no quiero que parezca que tengo consejos para todos y cada uno de los campos, especialmente en los que mi conocimiento es limitado. Tampoco quiero que mis opiniones personales sobre estos temas se vean como "la visión budista" que todos los budistas deben adoptar, así que explicaré sencillamente los puntos generales sobre la motivación, etc. para dejar su aplicación en manos del lector.

Si alguien quiere hacer un progreso espiritual significativo, es provechoso permanecer aislado en retiro e invertir la mayoría de su energía en meditación profunda. Sin embargo, esto es difícil para la mayoría de las personas, que desean tener una familia y un trabajo. En este caso, vive de una manera equilibrada: mantén una práctica de meditación diaria de la duración que sea adecuada para ti, gánate la vida mediante un medio de vida correcto y contribuye al beneficio de la sociedad en general y de los individuos que la componen. Tendrás que establecer un buen equilibrio entre el tiempo y la energía, según tu propia situación.

Necesitamos educación para ayudar a los demás de manera más efectiva. El propósito de la educación no es solo aprender más sobre el mundo y los seres que lo habitan: es construir una comunidad humana más feliz y beneficiar a los animales también. Con esta motivación, estudia cualquier campo que te interese y busca un empleo que no implique dañar a los demás o vivir de un modo que no sea ético. De esta manera, correcta desde el principio, toda tu vida estará dedicada a beneficiar a los demás.

Veo tres maneras en que los budistas pueden servir a la sociedad. Primero, podemos ser más activos en proyectos que beneficien directamente a los otros. Los centros de Dharma o los monasterios pueden establecer sus propios proyectos o participar en organizaciones ya creadas que ayudan a la gente sin hogar, o que proporcionan cuidados para enfermos terminales, o educación infantil, o que ayudan a los refugiados, o a abogados para los presos, o que cuidan de la salud y proporcionan comida a los pobres, que protegen las especies amenazadas, que cuidan del medioambiente, etc. Algunos centros ya están involucrados en estas actividades, y estoy muy contento con ellos.

Baba Amte (1914-2008), un seguidor de Mahatma Gandhi y trabajador social indio, fundó un ashram para miles de leprosos, que normalmente son rechazados por la sociedad, y los educó en diferentes tareas. Cuando vi cómo trabajaban con las herramientas, me preocupaba que se hicieran daño, pero los leprosos trabajaban con diligencia y autoconfianza. Ofrecí parte del dinero de mi Premio Nobel de la Paz a este ashram.

También me he encontrado con los residentes de un suburbio de una gran ciudad de la India. Dado que son de una casta inferior, se sienten desmoralizados. Si los tratamos con amabilidad, respetándolos como seres humanos iguales que nosotros, se sentirán con más confianza. Una vez, unos trabajadores estaban haciendo reparaciones en mi residencia de Dharamsala. Al principio eran vergonzosos y tímidos, pero cuando estreché sus manos y conversé con ellos, sonrieron y se rieron. No debemos pensar que somos especiales y mirar por encima del hombro a los demás. Hemos estado en esa misma situación en vidas pasadas y podemos encontrarnos en ellas en el futuro si actuamos con imprudencia.

Deberíamos ayudar directamente a los individuos también. A menudo hay muchos mendigos con minusvalías severas fuera de los monasterios en los que enseño en la India. Algunos se van arrastrando por el suelo. Me siento muy triste al verlos y animo a la gente que asiste a las enseñanzas para que les ayuden.

En segundo lugar, también podemos utilizar los principios y las técnicas budistas para fomentar la compasión, la autoconfianza, la intrepidez, la paciencia y la tolerancia en la sociedad. Muchos conceptos y técnicas que encontramos en el budismo pueden ayudar a los demás, tanto a los laicos como a los creyentes de otra fe. Los activistas sociales podrían aprender los métodos para vencer la ira. Los maestros podrían introducir ejercicios para desarrollar la empatía y la compasión, y fomentar la buena comunicación entre los estudiantes. Podríamos explicar estos métodos a los demás en un contexto laico sin hablar sobre la doctrina budista y sin animar a la gente a ser budista.

La infancia es un periodo crucial, sin embargo, muchos niños crecen en un entorno con poca compasión. Sus padres pelean y se divorcian y sus profesores no cuidan de ellos como individuos. Cuando esos niños se hacen adultos y actúan sin consciencia ni compasión, ¿quién puede echarles la culpa? Ellos nunca han experimentado el afecto humano más profundo. La comunidad budista puede hacer contribuciones significativas en la familia y en la escuela ayudando a las personas a construir familias más cálidas y afectuosas, y enseñando a los profesores cómo implicarse, y a ser pacientes y compasivos con sus estudiantes. Los padres y profesores –y la sociedad en general– deberían aprender que enseñar a un niño a ser un buen ser humano es más importante que ayudarle a ser rico o famoso.

En tercer lugar, podemos presentar las ideas y prácticas budistas para ayudar a los que estén interesados. Alguien que padezca una enfermedad terminal puede estar interesado en escuchar acerca de la reencarnación. Los cuidadores pueden despertar interés en las etapas del proceso de la muerte como se describe en los textos budistas. Las enseñanzas budistas pueden ayudar a los jóvenes que están perdidos espiritualmente, y enseñar la naturaleza de Buda y la compasión a los presos puede darles una nueva visión de la vida.

Podrían reunirse representantes de diferentes grupos budistas para adoptar una postura común en algunos temas. En este sentido los budistas pueden participar en un esfuerzo conjunto para preservar el medioambiente y proteger los seres que lo habitan, incluyendo los animales. En nuestro mundo existen muchas formas de vida que no crean problemas que son sacrificadas para servir a los propósitos de los seres humanos, que son los creadores de problemas. No podemos cambiar estas cosas de golpe, pero es provechoso expresar nuestras preocupaciones y hacer todo cuanto esté en nuestras manos.

Algunas personas creen que la práctica religiosa y la implicación política son contradictorias y que una persona verdaderamente espiritual no se debería meter en política. En este sentido, tenemos que tener en cuenta varios factores. Aunque la política en sí misma no es inherentemente corrupta o dañina, la motivación de una persona puede hacer que sea así. Una persona que utiliza la política para convertir a la gente a su religión o para imponer creencias únicas de su religión a toda una sociedad, carece de respeto por todos los seres. Sin embargo, la actuación política llevada a cabo con una motivación compasiva puede ser otro método para resolver los problemas humanos, igual que lo son la ingeniería, la enseñanza, la agricultura, la sanidad y las empresas, pueden trabajar en beneficio de la humanidad.

Es especialmente importante que los políticos se comporten de manera ética y desarrollen compasión, y su práctica espiritual puede ayudarles a hacerlo. A veces, les digo a los políticos indios que deberían ser verdaderamente religiosos porque sus acciones tienen un fuerte impacto en la sociedad. Si un ermitaño en las montañas carece del control ético adecuado, perjudica a pocas personas, pero si lo hace un político, toda una nación e incluso todo el mundo puede verse negativamente afectado. En *Guirnalda preciosa*, que escribió Nagarjuna para el rey Satavahana, incluyó muchos versos con instrucciones sobre cómo gobernar de manera efectiva y justa. Aquí hay algunos ejemplos (RA 399, 256,134):

> En ese momento [como gobernante] deberías interiorizar firmemente las prácticas de la generosidad, la conducta ética y la paciencia, que fueron especialmente enseñadas por los cabezas de familia y cuya esencia es la compasión.
>
> Del mismo modo que tú intentas pensar en lo que se podría hacer para ayudarte a ti mismo, deberías intentar pensar en lo que se podría hacer para ayudar a los demás.
>
> Igual que por sí mismas las palabras verdaderas de los reyes generan una fuerte confianza, del mismo modo sus palabras falsas son el mejor medio para crear desconfianza.

Nagarjuna también animó al rey a adecuar con justicia los impuestos a los ciudadanos y a crear un sistema educativo público que asegurase una buena retribución a los profesores, y a que construyera carreteras públicas con áreas de descanso, y parques donde las personas pudieran descansar y disfrutar.

En los últimos años, muchas personas han tomado las escrituras budistas como una guía para los problemas actuales. Otros han buscado la confirmación de sus puntos de vista políticos o sociales en el Budadharma. Citas para apoyar esta o aquella perspectiva pueden encontrarse ciertamente en las escrituras. Sin embargo, debemos ser imparciales y evitar pensar que todo el mundo que se autodenomina budista debería estar de acuerdo en todos los asuntos políticos o sociales. El Buda enseñó principalmente el sendero a la liberación de la existencia cíclica. Cuando dio consejos sobre la sociedad, la familia, la política y otros temas, hablaba en el contexto de la cultura india del S. V antes de nuestra era. Algunos, pero no todos estos consejos, se pueden adaptar y aplicar a nuestros días.

Algunas personas consideran la cuestión del Tíbet como un tema político, y como practicantes del Dharma no quieren verse implicados. Sin embargo, si queremos que el budismo tibetano florezca y permanezca en el mundo, necesitamos la libertad en el Tíbet. Sin tener autonomía en nuestro país, los tibetanos tenemos grandes dificultades para preservar nuestra forma de Budadharma. Esto, a su vez, tiene un impacto adverso en el resto del mundo. Aunque no espero que todos los practicantes del Dharma trabajen activamente por los derechos humanos y la libertad en el Tíbet, su simpatía y apoyo moral ya tiene su efecto.

## *Consumismo y medioambiente*

La paz y la supervivencia de la vida en la Tierra tal y como la conocemos está amenazada por las actividades humanas despojadas de sus valores humanitarios. La destrucción de la naturaleza y de los recursos naturales proviene de la ignorancia, de la codicia y del desprecio por los seres conscientes que dependen de la naturaleza para sobrevivir. La degradación del medioambiente también juega sucio con las generaciones futuras, que heredarán un planeta enormemente degradado si la destrucción del entorno natural continúa en los índices actuales. Proteger el planeta es un asunto ético.

Mientras que la destrucción del medioambiente en el pasado podría atribuirse a la ignorancia, hoy tenemos más información. Debemos aprender a trabajar juntos por algo que a todos nos debe preocupar: la supervivencia y la prosperidad de nuestro planeta y de los seres que viven en él. Aunque la ciencia, la tecnología y la industrialización han traído mucho beneficio, también han sido la causa de muchas tragedias en la actualidad, incluyendo el calentamiento global y la contaminación. Cuando somos capaces de reconocer y abandonar las acciones ignorantes del pasado, obtenemos la fuerza para solucionar de manera constructiva los problemas del presente.

Las predicciones científicas acerca del cambio medioambiental son difíciles de comprender completamente para los seres humanos normales. Oímos cosas acerca del calentamiento global y de la subida del nivel del mar, del incremento de las tasas de cáncer, del agotamiento de los recursos, de la extinción de las especies o de la sobrepoblación. La economía mundial puede crecer y traer con ella unos índices de consumo de energía extremos, de producción de dióxido de carbono y la deforestación. Debemos considerar las expectativas de sufrimiento global en un futuro próximo y la degradación medioambiental como nunca se ha hecho en la historia de la humanidad. Entonces podremos hacer lo mejor que se pueda para prevenir lo que es previsible y para prepararnos para lo que no lo es.

La actividad humana dirigida por el deseo de obtener placer y comodidad en el presente sin cuidar del futuro de los seres conscientes y de su entorno no se puede sostener. Nuestra codicia debe relegarse a segunda fila y priorizar métodos para cuidar de la naturaleza y de los recursos naturales. Una distribución de la riqueza más igualitaria entre las naciones y entre los grupos de personas que viven en dichas naciones es esencial, como lo es la educación sobre la importancia de cuidar del medioambiente y de cuidarnos unos a otros.

Recordar nuestra mutua dependencia es la clave para contrarrestar las prácticas perjudiciales. Cada ser consciente quiere ser feliz y no quiere sufrir. Desarrollar un sentimiento auténtico y compasivo de responsabilidad universal es crucial. Cuando estamos motivados por la sabiduría y la compasión, los resultados de nuestras acciones benefician a todo el mundo, no solo a nosotros.

El consumismo está estrechamente relacionado con la difícil situación del medioambiente. Aunque los avances de la ciencia y la tecnología podrían compensar algunos de los efectos perjudiciales del excesivo consumo de los recursos naturales, no deberíamos ser demasiado confiados y dejar que las generaciones futuras resuelvan los problemas que hemos creado nosotros. Los seres humanos debemos considerar las perspectivas de que un día la ciencia y la tecnología no puedan ayudarnos para afrontar la falta de recursos. Esta tierra que compartimos no es infinita.

Como individuos y como sociedad, debemos practicar el contentamiento para aminorar nuestra codicia de más y mejor. No importa lo que hagamos para satisfacer nuestros deseos, los bienes externos no son capaces de proporcionárnoslo. La satisfacción se encuentra en adoptar las disciplinas interiores del autocontrol y el contentamiento, así como también del gozo del amor, la compasión y la libertad interior.

Cada persona y cada nación quiere mejorar sus estándares de vida. Si el estándar de vida de los países pobres se elevara hasta el de los países ricos, los recursos naturales no serían capaces de abastecer semejante demanda. Incluso aunque tuviésemos los recursos para proporcionar un coche a cada persona del planeta, ¿querríamos hacerlo?, ¿podríamos controlar la polución que producirían?

Más tarde o más temprano el estilo de vida de las naciones ricas tendrá que cambiar de acuerdo con nuevos imperativos. Aunque la gente espera una economía próspera que crezca año tras año, el crecimiento tiene sus límites. En lugar de estar desprevenidos y colisionar con los problemas que estas limitaciones entrañan, deberíamos desarrollar un sentimiento de contentamiento y de control voluntario. Entonces seremos capaces de evitar, o al menos podremos reducir, los desastrosos resultados del consumo desproporcionado. Con un buen corazón y sabiduría, estaremos motivados para hacer lo que sea necesario para protegernos unos a otros, así como al medioambiente. Esto es mucho más fácil que tener que adaptarse a las severas condiciones medioambientales proyectadas para el futuro.

## *El mundo de los negocios y las finanzas*

Cada ser humano tiene una deuda con la humanidad, una responsabilidad para considerar nuestro futuro común. Además, toda persona tiene el potencial para contribuir al bien común. Las personas en el mundo de los negocios y las finanzas no son una excepción. Ellos tienen un gran potencial y una gran responsabilidad con el bienestar global. Si pensamos solo en el beneficio inmediato, todos nosotros sufriremos las consecuencias. Esto ya es evidente en la destrucción del medioambiente que ha sucedido debido a la actividad no regulada de las grandes compañías.

A nivel global, hay un enorme abismo entre los países ricos industrializados y las demás naciones, en las que la gente pelea por satisfacer sus necesidades más básicas para sobrevivir. Mientras los niños en los países ricos se enfadan porque no pueden tener el último dispositivo tecnológico, en los países pobres los niños sufren desnutrición. Esto es muy triste. En cada país, además, los ricos incrementan su riqueza, mientras que los pobres siguen pobres y, en algunos casos, se vuelven incluso más pobres. Esto no es solo éticamente incorrecto, sino que es una fuente de problemas prácticos.

Aunque los gobiernos puedan, teóricamente, asegurar la igualdad de derechos y oportunidades, esta gran disparidad económica sitúa a los pobres en desventaja para obtener buena educación y buenos trabajos. Como resultado, se sienten descontentos y desanimados, lo que alimenta el resentimiento hacia los privilegiados. Esto, a su vez, les hace implicarse en protestas legales, así como en bandas, crimen y terrorismo. Las desavenencias sociales afectan tanto a los pobres como a los ricos.

Toda persona quiere dejar el mundo habiendo hecho una contribución positiva. Todo el mundo quiere asegurarse de que sus hijos y sus nietos tienen una buena vida. Por lo tanto, yo les pido a aquellos que están implicados en los negocios y en los gobiernos que tengan en cuenta a las generaciones futuras mientras toman sus decisiones en el presente.

Las actividades humanas en todos los campos son constructivas cuando se hacen considerando la interdependencia de todos los seres. Una consciencia de la profunda interconexión entre todos los seres y el planeta que compartimos inspira un sentimiento de responsabilidad y de preocupación por los demás, un compromiso con el bienestar de la sociedad, una consciencia de las consecuencias de nuestras acciones y una limitación del daño. Cuando actuamos preocupados solo por el interés a corto plazo o por el beneficio de un grupo selecto, o nuestra intención es simplemente acumular dinero o poder, nuestras acciones traerán inevitablemente resultados desagradables para todo el mundo.

Nuestra motivación es fundamental. Para que el esfuerzo de cada ser humano sea constructivo, debemos primero revisar nuestra motivación y purificarla de la ignorancia y de la intención centrada en uno mismo tanto como sea posible. El elemento más importante en una motivación saludable y productiva es el sentimiento de cuidar de los demás, y la consciencia de una imagen general de los resultados a largo plazo. Con esta motivación, hacer negocios o hacer dinero es bueno. Estas actividades no son inherentemente imperfectas o corruptas.

Algunos hombres de negocios me dicen que hacer negocios honestamente los atasca en la burocracia. Puesto que aumentar sus beneficios también beneficia a la sociedad y a sus empleados, dicen que reducir las gestiones para facilitar los negocios es beneficioso. Tengo dudas sobre esta línea de razonamiento.

Los valores éticos y el comportamiento ético no son ni una molestia ni algo impracticable cuando se aplican a los negocios. Para mí la ética quiere decir hacer lo que es correcto, y eso significa que es beneficioso para uno mismo y para los demás. Hay ocasiones en las que hay conflicto entre el largo y el corto plazo respecto a lo que es beneficioso, pero muchas otras veces coinciden. Poner un énfasis excesivo en el corto plazo a menudo perjudica al largo plazo, mientras que una sabia atención sobre el largo plazo hace que normalmente los objetivos den frutos.

Si una compañía engaña a sus clientes o compradores, los accionistas se darán cuenta y dejarán de hacer negocios con esa compañía. Además, los compradores y clientes hablarán con los demás de las prácticas engañosas de esa compañía y, como consecuencia, otros no harán negocios con ella. Cuando los clientes son tratados con respeto y se les cobra un precio justo, seguirán haciendo negocios con esa empresa durante mucho tiempo y hablarán bien de ella con sus amistades. Esto aumentará los beneficios de la compañía a largo plazo.

Cuando son arrestados por sus prácticas ilegales en los negocios, los CEOs y sus familias sufren deshonra y humillación. Su comportamiento hace que la gente pierda la confianza en el mercado de valores, lo que a su vez perjudica a otras empresas y a la economía nacional. Las compañías gastan enormes cantidades en derechos legales debido a sus malas prácticas. Así que, incluso teniendo solo en cuenta la prosperidad en esta vida, las prácticas fraudulentas en los negocios arruinan a los individuos y a las compañías.

Los practicantes budistas tienen incluso mayores razones para abandonar las prácticas fraudulentas en los negocios, porque comprenden el karma negativo implicado y las tres clases de consecuencias de sufrimiento que provoca. Saben que los acuerdos honestos en los negocios y las interacciones amables con los demás son acciones constructivas que traerán prosperidad y buenas relaciones en las vidas futuras. Conscientes de que la felicidad proviene de tener una mente alegre y no de una codicia que se aferra a tener más riquezas, los verdaderos practicantes del Dharma dirigen sus asuntos de negocios con honestidad. Aunque a corto plazo puedan no tener tantos beneficios como los hombres de negocios deshonestos, a largo plazo tendrán menos problemas y más paz mental.

En el mundo de los negocios la compasión se traslada a la cooperación, la responsabilidad y la empatía. Algunas compañías ahora cuidan más de sus empleados, clientes y compradores. Ven que un entorno de trabajo agradable, en el que los individuos son valorados, respetados y se les escucha, aumenta la productividad. Aunque su motivación principal para cuidar de los demás sea ganar dinero, saben, que su éxito depende de los demás y que, por lo tanto, la amabilidad y la justicia son importantes. Al final, esto resulta en empleados más felices, un buen entorno laboral y una mejor reputación de la compañía. Esto, a su vez, hace que la empresa se gane el reconocimiento del público y su apoyo, lo cual la beneficia.

Algunos asumen que la compasión en los negocios quiere decir ser demasiado blandos, abandonar la competencia y, así, no tener éxito. Estas suposiciones no son correctas. Hay dos tipos de competencia.

Una es negativa. Por ejemplo, poner activamente obstáculos a la competencia o engañar a los clientes en un esfuerzo por estar en la cumbre. La otra es beneficiosa. Queremos mejorar y trabajar duro para lograr nuestros objetivos, pero no a expensas de los demás. Aceptamos que, al igual que nosotros, los demás también tienen derecho al éxito y el deseo de alcanzarlo.

Querer conseguir un objetivo no es necesariamente egoísmo. En la práctica espiritual, nuestro deseo de convertirnos en un Buda no es egoísta, no implica mejorar nosotros a expensas de los demás, sino que, para ser más capaces de ayudar los demás, desarrollamos nuestras capacidades y talentos y trabajamos hacia nuestro objetivo.

No hay nada erróneo en querer ser el mejor. Esta motivación nos da una iniciativa y nos anima a progresar. Aun así, lo que nos hace el mejor no es siempre el dinero o el estatus. Si una compañía tiene grandes beneficios y se gana mala reputación ¡esto no es ser el mejor! Un negocio que beneficia más a la gente y que sirve a la comunidad mejor que sus competidores llega a ser el mejor.

Cada persona en los negocios y en el mundo de las finanzas es responsable de sus propias acciones y objetivos. Al final del día, tenemos que poder vivir con nuestra consciencia y sentirnos bien respecto a lo que hemos hecho. Los valores humanos son importantes sin importar nuestra profesión. Nunca he oído a nadie que diga en su lecho de muerte: "Debería haber hecho más dinero" o "Me gustaría haber trabajado más" o "Tendría que haber aplastado a la competencia".

La transformación de los valores en los negocios y en el mundo financiero empieza a nivel individual. Cuando una persona cambia, el efecto se percibe en la esfera de actividad de esa persona. No obstante el efecto dominó de esta influencia positiva se extenderá a más personas.

## *Los medios de comunicación y el arte*

Los medios de comunicación juegan un papel vital en la investigación de asuntos importantes atrayendo la atención del público, y yo aprecio sus esfuerzos en esta dirección. La libertad de prensa beneficia enormemente a la sociedad. Al mismo tiempo, quienes trabajan en estos medios necesitan tener compasión por toda la sociedad y no hacer sensacionalismo de los acontecimientos para vender más. Me atemoriza que la gente esté constantemente alimentada con violencia en las noticias, así como en los espectáculos. No es de extrañar que la gente padezca depresión y desesperación y que los niños crezcan entre adultos violentos.

Una información equilibrada es esencial. Un día cualquiera, en una ciudad cualquiera, unas pocas personas sufren grandes daños, mientras que muchas otras personas reciben ayuda bajo el aspecto de cuidados de salud, educación, amistad, etc. Aun así, predominan los titulares sobre sucesos perniciosos. Se ignora la tremenda cantidad de ayuda que unas personas ofrecen a otras cada día. De este modo, los ciudadanos obtienen una visión distorsionada de la humanidad, y aumenta su desconfianza, su miedo y su recelo. Si los medios también informaran acerca de las actividades que se llevan a cabo para ayudar a las personas y al planeta cada día, la gente tendría una perspectiva más realista y sería consciente de la gran amabilidad que los seres humanos manifiestan unos por otros. Esto haría que el público fuera más optimista sobre el futuro, lo que les impulsaría a trabajar duro para crear un futuro mejor para ellos y para los demás.

Los argumentos de las películas y los entretenimientos se resuelven normalmente en torno a la violencia y al sexo. Uno de mis estudiantes americanos me dijo un día que había oído a un niño decirles a sus compañeros de juego: "¡Vamos a jugar a los divorciados!". Los niños se ponían a pelear y a discutir imitando a las personas de los programas que habían visto. Los medios tienen un gran potencial para influir en los demás, así como la responsabilidad de utilizar este potencial con sabiduría. Las películas que muestren personas que desarrollan habilidades para resolver sus conflictos de una manera justa y beneficiosa para todos también pueden ser entretenidas, además de enseñar buenas habilidades de comunicación.

Los medios, así como los que hacen vídeos y juegos *online*, tienen cierta responsabilidad en las tragedias por tiroteos. Cuando la violencia es un entretenimiento y cuando es tan normal que los niños vean cientos de ejemplos de este tipo cada semana en televisión o en Internet, se siembran semillas en sus mentes que más tarde afectarán a su comportamiento. Los que trabajan en los medios, en el diseño de juegos y en publicidad deberían tener en mente el bienestar de toda la sociedad, por no mencionar el bienestar de sus propios hijos. Deberían utilizar su enorme poder creativo y su inteligencia para influir en la juventud de manera positiva y enseñarle buenos valores humanos, amabilidad y respeto por los demás.

A través de la historia, las artes han sido un medio de expresión de los valores humanos y las aspiraciones más elevadas, así como de la desesperación y de la depravación. Muchas personas en el mundo de las artes –pintores, escritores, actores, bailarines, músicos y otros– me han preguntado sobre el papel de las artes en la práctica espiritual. Como en otras ocupaciones, esto depende de la motivación del artista. Si el arte se crea únicamente para ganarse una reputación, sin preocuparse del efecto que tenga en los demás, es cuestionable su valía espiritual. Por otro lado, si el artista, con compasión y por el beneficio de los otros, utiliza su talento para ayudar a los demás, su arte puede ser magnífico artística y espiritualmente.

## *Ciencia*

En general, las enseñanzas del Buda se dividen en tres categorías: la ciencia budista, que implica la descripción del Buda del mundo externo, del cuerpo físico y de la naturaleza de la consciencia; la filosofía budista, que contiene la teoría del Buda acerca de la realidad; y la religión budista, la práctica del sendero espiritual.

La interdependencia y la causalidad son conceptos centrales en la filosofía budista y ahora se aplican a todos los campos. Los científicos concretamente saben que el cambio de una cosa tiene repercusiones en otro lugar, y ha empezado un fructífero diálogo entre la ciencia moderna y la ciencia y la filosofía budistas. Los budistas hablan de la ciencia budista y de ciertos conceptos de la filosofía budista como la impermanencia sutil y la interdependencia. Algunos científicos también están interesados en las afirmaciones del budismo de que la realidad última carece de existencia independiente y de que un fenómeno existe mediante la mera designación. Los budistas no discutimos con los científicos la práctica de la religión budista o los conceptos budistas como las vidas pasadas y futuras, la causalidad kármica y la liberación. Todas estas cuestiones son “asuntos” de los seguidores budistas.

En esta discusión interdisciplinaria, no tratamos de utilizar la ciencia para validar el Dharma. Los budistas tenemos una larga historia de consumados practicantes espirituales que han validado la eficacia del sendero a través de su experiencia personal. El budismo ha sobrevivido alrededor de 2.600 años sin el apoyo o la aprobación de la ciencia y así seguirá siendo. Sin embargo, nuestro diálogo es bueno para la sociedad, puesto que es un ejemplo de cómo se complementan el conocimiento moderno y el antiguo. A lo largo de los años, el diálogo resulta en muchos proyectos, como, por ejemplo, enseñar mindfulness para ayudar a reducir el dolor físico y el estrés mental, y el desarrollo de programas para instruir a los profesores para que enseñen a sus alumnos el pensamiento y la acción compasivos. Además, los tibetanos hemos empezado a educar en la ciencia en algunos de nuestros monasterios de monjes y de monjas, y unos cuantos tibetanos están ahora estudiando ciencia en universidades occidentales, llevando su conocimiento de vuelta al campo de debate.

Aprecio mucho la perspectiva de la ciencia. Los científicos buscan la verdad, la realidad. Enfocan su investigación con una mente abierta, y son capaces de revisar sus ideas si encuentran que no se corresponden con sus teorías originales. Como seguidores de Buda, también buscamos la verdad y la realidad. El Buda quería que comprobásemos sus enseñanzas, no que las aceptáramos ciegamente. Esto concuerda con el método científico. Si los científicos pueden refutar los puntos de las escrituras budistas, debemos aceptar sus conclusiones. Dado que tenemos un acercamiento similar, no creo que haya ningún peligro en debatir y confrontar temas con los científicos. Su actitud es objetiva, están abiertos a la investigación de nuevas cosas y son inteligentes.

Dentro de la ciencia budista, tal y como abordamos en el capítulo ocho, hay tres categorías de fenómenos: fenómenos evidentes, ligeramente ocultos y muy ocultos. Hasta este momento los temas de diálogo más comunes con los científicos han sido los fenómenos evidentes, pero también ha habido un poco de diálogo en cuanto a los fenómenos ligeramente ocultos, como son la impermanencia sutil y la vacuidad. Dentro de la categoría de los objetos evidentes, hemos hablado acerca de temas relacionados con la física, la neurología, la ciencia cognitiva, la psicología y otros campos.

Es útil para los budistas estudiar los hallazgos de la ciencia. Por ejemplo, cuando la literatura budista habla de las partículas sutiles, el conocimiento de la ciencia en ese terreno está más avanzado. Aprender el papel que juega el cerebro en la cognición y la emoción es nuevo e interesante para los budistas. Sin embargo, en cuanto a la percepción y la psicología, la literatura budista es mucho más rica y los psicólogos y los neurólogos encuentran de mucha ayuda los descubrimientos budistas sobre la atención y la emoción.

Tanto el Budadharma como la ciencia pueden beneficiar a la humanidad, y ambos también tienen limitaciones. La ciencia nos ayuda a comprender la base física de la que depende la mente mientras estamos vivos. Sin embargo, puesto que la investigación científica requiere de medidas físicas de los fenómenos externos, carece de herramientas para investigar más allá del ámbito de nuestros sentidos físicos. Aunque la ciencia ha contribuido en gran medida al conocimiento de la humanidad sobre algunos temas, carece de los medios para comprender completamente cada aspecto del ser humano. Los científicos pueden beneficiarse aprendiendo del vasto conocimiento que posee el budismo acerca de la mente como, por ejemplo, distinguir entre las consciencias sensoriales y las consciencias mentales, y diferenciar entre las mentes que perciben directamente sus objetos y las consciencias conceptuales que conocen sus objetos a través de una apariencia conceptual. El budismo también describe varios niveles de consciencia y cómo funcionan, así como el poder que logra la mente al desarrollar la concentración unipuntualizada. La psicología budista describe estados mentales que llevan a la felicidad humana y aquellos que son irreales y que llevan al sufrimiento. Creo que en este siglo tendrán lugar muchas ideas nuevas y hallazgos, ampliando el campo de la investigación científica. Es importante continuar con el diálogo entre científicos y budistas, de modo que podamos ampliar nuestros conocimientos, metodologías y modos de pensar. Los diálogos con los científicos han sido fructíferos y algunas de las perspectivas que he extraído de ellos están incluidas en este libro.

Animo a más monasterios budistas a introducir la ciencia en su currículo. Estudiar sus descubrimientos y dialogar con los científicos nos ayuda a desarrollar la fe basada en el análisis y la razón. Además, para que el budismo sea tomado en serio en occidente y entre los jóvenes tibetanos de la India que siguen una educación moderna, los practicantes budistas y los maestros deben estar versados en las teorías de la ciencia.

Igualmente, animo a los científicos a ampliar el campo de su investigación. El laboratorio último está en nuestro propio cuerpo y nuestra propia mente, y por eso es importante la meditación. Los científicos que desarrollan una consciencia interna de sus propios procesos cognitivos y emocionales a través de la meditación traerán nueva fuerza a la exploración científica.

Mi principal propósito para conversar con los científicos es llevar una consciencia más profunda del valor que tiene para la sociedad vivir una vida ética. Muchos de nuestros problemas se deben a que la gente no tiene cuidado con las dimensiones éticas de sus acciones y del efecto que tiene su comportamiento sobre los demás. Necesitamos esforzarnos más en promover los valores internos, pero es difícil hacerlo si están basados únicamente en ideas religiosas que solo son atractivas para las personas que siguen una religión en particular. La ética laica que habla de valores universales es atractiva tanto para los creyentes de cualquier religión como para los no creyentes.

Los científicos han encontrado y siguen encontrando conexiones entre nuestros estados mentales, por un lado, y nuestra salud física y la calidad de nuestras interacciones sociales, por otro. Los descubrimientos científicos demuestran los beneficios de la compasión, de una mente pacífica y de la vida ética. Puesto que los resultados de la investigación científica son respetados internacionalmente, sus descubrimientos se pueden usar para apoyar el progreso de una ética laica en beneficio de la sociedad.

## *Igualdad de género*

Se debe respetar la igualdad de derechos y oportunidades de las mujeres. No creo que en el pasado la sociedad en general o las instituciones budistas en particular discriminasen deliberadamente a la mujer. Más bien, eran negligentes y simplemente asumían que los hombres debían liderar porque eran más altos y fuertes, lo que les hacía más aptos para ello. Pero ahora este concepto ya no es válido, ni siquiera es cierto históricamente. Napoleón era físicamente pequeño pero muy inteligente, y se convirtió en un líder poderoso.

Además, los hombres asumían que eran intelectualmente superiores y que estaban menos dominados por sus emociones. Sin embargo, como indicó el Buda, los hombres y las mujeres tienen las mismas aflicciones y tanto los hombres como las mujeres están encadenados a la existencia cíclica por esas aflicciones. En una sociedad civilizada, la inteligencia es mucho más importante que la fuerza física, y en cuanto a esto los hombres y las mujeres son iguales. Todo el mundo debe tener una buena educación y utilizar sus talentos y habilidades para contribuir a la sociedad. Igualdad de oportunidades significa igualdad de responsabilidad, y hombres y mujeres deben compartirlas.

La gente tiende a identificarse de forma extrema basándose en su género. Pero como señala Aryadeva (CS 226-27), no hay un "yo interno" con existencia inherente que sea masculino, femenino u otro. El cuerpo tampoco es un hombre o una mujer inherentemente existente porque ninguno de los elementos que lo componen tiene género. Aunque desde el punto de vista de la vacuidad no se puede hacer distinción alguna entre mujer y hombre, esto no sirve de excusa para ignorar la discriminación sexual. El estatus entre hombres y mujeres en las instituciones budistas no es el mismo, y esto tiene un efecto perjudicial en los practicantes femeninos y masculinos, así como en la aceptación del budismo por parte de la sociedad occidental. Las instituciones budistas, los maestros y los practicantes deben tratar a todos igual. Toda forma de exclusión está basada en la actitud de "yo contra ellos", que no es adecuada para los verdaderos practicantes. Los verdaderos practicantes son humildes y consideran a todos como su maestro. Ellos trabajan para beneficiar a todos los seres.

Las mujeres deben desarrollar confianza en ellas mismas y aprovechar cualquier oportunidad para ser iguales en todos los campos. Algunas mujeres son consumadas practicantes, pero son tímidas y por lo tanto no enseñan o no toman posiciones de liderazgo. Los practicantes del sendero del bodhisatva deben desarrollar una fuerte autoconfianza, fuerza interior y coraje. Deben tomar la iniciativa, estudiar y desarrollar sus cualidades, y no desanimarse debido a una actitud derrotista simplemente porque la sociedad es sexista. Si se encuentran con prejuicios en la sociedad y en las instituciones religiosas, deberían decirlo y trabajaremos juntos para solucionar estos problemas.

En el pasado, ha habido una escasez de modelos femeninos a seguir en el budismo. Esto se debe en parte a la falta de conocimiento sobre las grandes practicantes femeninas del pasado. Son necesarios más libros y artículos que se centren en las practicantes femeninas del pasado y del presente. En la India, la madrastra del Buda fue una monja extraordinaria alabada por el propio Buda. La monja india Bhiksuni Laksmi tuvo la visión de Avalokiteshvara de mil brazos, y es la primera sostenedora del linaje de esta práctica. La hermana de Naropa, Niguma, fue una gran experta en el tantra, como lo fueron

Machik Labkyi Dronma y Dorje Pakmo en el Tíbet. El linaje de la reencarnación de Dorje Pakmo empezó muy pronto, más o menos en la misma época que el del karmapa, y continúa hoy día.

El vinaya recoge que, cuando el Buda empezó las órdenes de monjas, dijo que las mujeres podían alcanzar la Iluminación y que podían convertirse en arhats, y en las escrituras hay muchas historias de mujeres que han alcanzado la Liberación. El sutrayana y los tres tantras inferiores dicen que uno debe tener un cuerpo masculino en su última vida antes de alcanzar la Iluminación, pero en el budismo tibetano el más elevado yoga tantra es la autoridad última, y aquí hombres y mujeres son igualmente capaces de alcanzar la Iluminación. El más elevado yoga tantra enfatiza desarrollar el respeto por las mujeres y uno de los preceptos tántricos prohíbe despreciar a las mujeres.

Las declaraciones discriminativas en contra de las mujeres en las escrituras budistas se hicieron debido a las condiciones sociales en la época del Buda, y posteriormente, cuando las enseñanzas se pusieron por escrito. Puesto que este prejuicio surgió debido a las inclinaciones culturales, se puede y se debe cambiar. Otras cosas, como, por ejemplo, el que los bhiksus sean los preceptores de las bhiksunis parece un prejuicio, pero para una sola persona es algo muy difícil de cambiar. Se necesitaría un concilio de los ancianos de la sangha de todas las tradiciones budistas y llegar a un acuerdo para poder cambiarlo.

Según el vinaya, los bhiksus se sientan y caminan delante de las bhiksunis. Aunque las bhiksunis están regidas por más preceptos, la mayoría de ellos están para protegerlas. Puesto que las mujeres son más propensas a ser raptadas o amenazadas que los hombres, para evitar esos riesgos el Buda estableció preceptos que impiden a las mujeres encontrarse en situaciones de riesgo.

Sin embargo, en términos de derechos, los hombres y las mujeres son iguales. Igual que un hombre tiene el derecho y la oportunidad de ser monje, la mujer tiene el derecho y la oportunidad de ser monja. La sangha de bhiksunis, de monjas completamente ordenadas, se encarga de la prueba y del adiestramiento de las mujeres que son candidatas para novicias y para la ordenación completa. Están a cargo de sus propias comunidades y de enseñar a otras monjas. Las bhiksunis son ordenadas mediante un proceso que implica tanto a la sangha de bhiksunis como a la sangha de bhiksus, y los monjes deben enseñar el Dharma a las monjas cuando se lo soliciten. Puesto que el linaje de la ordenación completa no se extendió al Tíbet, mi deseo es que se establezca allí y que la ordenación de bhiksunis se dé en la comunidad tibetana.

También es mi deseo que cada vez más monjas se conviertan en maestras por derecho propio y en abadesas en los monasterios de monjas. Esto ha ocurrido hasta cierto punto en los monasterios budistas en occidente, y ciertamente es el caso en la comunidad budista china.

Una historia del canon pali (SN 15.2) habla de la bhikkhuni Soma, que estaba meditando un día en el bosque. Mara, la encarnación del mal, apareció, y con el propósito de hacerle perder su concentración meditativa le dijo:

> Ese estado tan difícil de lograr
> que es alcanzado por los profetas
> no lo puede lograr una mujer[62]
> con sus dos dedos de sabiduría.

La bhikkhuni Soma reconoció inmediatamente que se trataba de Mara que pretendía asustarla, que perdiera la confianza en sí misma y que saliera de su concentración. Ella respondió con firmeza:

> ¿Qué importa la condición de mujer
> cuando la mente está bien concentrada,
> cuando el conocimiento fluye constantemente
> y uno ve correctamente en el Dhamma?
>
> Alguien al que se le ocurra
> "soy una mujer" o "soy un hombre"
> o "no soy nada en absoluto"
> es idóneo para que lo dirija Mara.

En esta ocasión, "conocimiento" se refiere al conocimiento de las cuatro verdades en el continuo de un arahant. Como arahant, la bhikkhuni Soma había erradicado todos los engaños que impiden la liberación. Solo algunos que se aferran a la codicia, a la arrogancia y a las visiones erróneas –los engaños que subyacen detrás de las concepciones falsas– son receptores adecuados para los índices de audiencia de Mara. Aquellos con conocimiento y visión no se aferran a

62 "Dos dedos" hace referencia a la sabiduría de una mujer porque, al ser quien cocinaba en la casa, tomaba el arroz con dos dedos para ver si estaba cocido. También cortaba el hilo mientras sostenía el ovillo de algodón entre dos dedos.

un yo o a identidades fabricadas, y no son presas de Mara. Siguen con su práctica y sus actividades virtuosas impertérritos.

## *Diálogo entre religiones*

Los budistas deberíamos intentar crear relaciones amistosas y respetuosas con las personas de otras creencias. Para mí, el budismo es la mejor y encaja conmigo perfectamente, pero no es necesariamente lo mejor para todo el mundo. Por lo tanto, acepto y respeto todas las tradiciones religiosas.

Los jainistas, los budistas y una rama de los samkhyas de la India no creen en un Dios creador, mientras que los cristianos y los musulmanes sí. Si miramos solo esto vemos una gran diferencia entre las religiones, pero el propósito de las teorías de "Dios sí" o "Dios no" es el mismo: hacer mejores seres humanos. Las mentes humanas son tan variadas y diferentes que una sola filosofía no podría encajarles a todas. Se necesitan muchas filosofías para encajar en las múltiples clases de mentalidades.

Los líderes de todas las grandes religiones se esfuerzan en dirigir a sus seguidores más allá del egoísmo, la ira y la codicia. Todos enfatizan renegar de la violencia y del materialismo desenfrenado. Comprendiendo sus funciones y objetivos comunes, veremos que las diferencias superficiales en las teologías religiosas se deben a las diferentes necesidades espirituales de la gente en un lugar particular en el tiempo. Sabiendo esto, podemos evitar el sectarismo, el partidismo y el desprecio por cualquier enseñanza religiosa auténtica.

Esta variedad en las religiones es una bendición, no una dificultad. Igual que la tremenda variedad de comidas brinda la oportunidad a cada persona de comer lo que encaja con sus gustos y su constitución, la gran variedad de religiones nos permite a cada persona elegir el sistema de creencias más adecuado para nosotros. Tratar de hacer que todos acepten la misma religión es imposible y no sería beneficioso.

Algunas personas encuentran más cómodo creer en un creador. Siendo una persona temerosa de Dios, será disciplinada y cuidadosa en sus acciones. Este enfoque beneficia a estas personas. Otras personas pueden ser más conscientes en cuanto a su motivación y comportamiento cuando creen que la responsabilidad es enteramente suya. Estos dos enfoques comparten el mismo propósito de animar a la gente a vivir éticamente y a ser amables unos con otros.

Mis amigos cristianos y musulmanes lloran con fe cuando rezan a Dios, y sus vidas están dedicadas a servir a los demás. Aprecio a mis hermanos y hermanas cristianos que se esfuerzan mucho en educar a otros. Los hindúes también trabajan en la educación y en la sanidad. Sus esfuerzos desinteresados para ayudar a los demás se basan en su devoción a Dios. Las personas de otras religiones que practican sinceramente crean buen karma y tendrán unas buenas vidas futuras. Sin embargo, solo las acciones virtuosas no llevan al Nirvana, porque depende de la comprensión directa de la ausencia de existencia esencial.

Aunque algunos individuos han malinterpretado la enseñanza de su propia religión o han utilizado la religión para crear hostilidad, nunca me he encontrado enseñanzas auténticas religiosas que prediquen el daño o la violencia. Deberíamos abandonar todas estas acciones en nombre de la religión.

Hace muchos siglos, los budistas sufrieron bajo las invasiones musulmanas en la India, pero ahora los musulmanes en Bodhgaya ayudan a los peregrinos budistas allí. Cada año, cuando voy a Bodhgaya, me invitan y comparten su comida. Los practicantes musulmanes sinceros son muy buenos seres humanos. Es importante que lo recordemos y no generalicemos sobre las personas de cierta fe basándonos en las acciones dañinas de unos pocos que utilizan incorrectamente su religión para justificar sus acciones destructivas.

Aunque todas las religiones tienen un propósito similar y unos valores similares, no debemos eliminar las distinciones. No necesitamos decir que nuestras creencias son las mismas para estar juntos. Debemos advertir y respetar las diferencias, sabiendo que debido a la diversidad de religiones todo el mundo puede encontrar una fe que encaje con él.

En nuestros debates entre religiones, es importante investigar el significado de las palabras y de los conceptos. A veces se llega rápidamente a la conclusión de que, puesto que las palabras son las mismas, el significado también. El significado de "bendición" por ejemplo, no es el mismo en el budismo que en las religiones teístas. Por el contrario, podemos pensar que, puesto que las tradiciones utilizan un vocabulario diferente, sus significados no están relacionados, lo que puede no ser tampoco el caso.

Es necesario un mayor contacto y comunicación entre los líderes religiosos, así como entre sus seguidores, para promover la mutua comprensión y la armonía. Sugiero cuatro actividades en este sentido. Primero, los expertos en teología y religión deberían reunirse para discutir puntos similares y diferencias entre las diferentes fes. Esto fomentaría la consciencia de propósitos similares entre todas las religiones y el respeto por sus diferencias doctrinales. En un encuentro entre religiones en Australia, un cristiano me presentó y terminó diciendo: "El Dalai Lama es un buen practicante cristiano". Cuando hablé, le di las gracias por sus amables palabras y le dije que él era un buen budista.

Además, los practicantes de las diferentes creencias deberían reunirse para hablar, rezar y meditar juntos. Esto les aportaría profundas experiencias que los llevaría a ver el valor de otras religiones. Además, la gente podría ir junta de peregrinaje, no como turistas, sino a visitar los lugares sagrados de las diferentes religiones y rezar juntos allí. De este modo, comprenderían por su propia experiencia el valor de las demás religiones.

Por último, los líderes religiosos deberían reunirse para rezar y hablar de cómo solucionar los problemas del mundo y dejar que los medios de comunicación cubrieran el acontecimiento. Cuando los ciudadanos del mundo vean a los líderes religiosos trabajando juntos en armonía, se sentirán más esperanzados y se volverán más tolerantes.

El Obispo Tutu, a quien admiro profundamente, sugirió una quinta práctica: las religiones deberían hablar como una sola voz en los temas que afectan al mundo entero como la desigualdad de la riqueza, los derechos humanos, el medioambiente y el desarme. Yo apoyo también esta propuesta.

Un elemento importante en la armonía religiosa es el respeto mutuo, que implica evitar los intentos agresivos de conversión. Como se menciona en el capítulo uno, cuando doy conferencias de temas budistas en occidente, le digo a la gente que deben seguir la religión de su familia a menos que no encaje en sus necesidades. Es igual en los países que han sido tradicionalmente budistas: la gente debería seguir siendo budista a menos que no encaje con ellos. En Mongolia, China, Corea y algún otro país budista, los misioneros cristianos han promovido fuertemente su religión. He oído que en Mongolia algunas iglesias le dan a la gente cincuenta dólares cuando se convierten. ¡Algunos mongoles, al parecer, son muy listos y se bautizan muchas veces!

En ocasiones es necesario decir con franqueza a los demás que sus intentos por convertir a los otros hacen daño. Provoca conflictos en las familias, especialmente cuando un miembro de una familia se convierte y presiona a los demás para que hagan lo mismo. En una ocasión, algunos misioneros vinieron a verme, y, amablemente, les expliqué que no tratasen de convertir a la gente en países tradicionalmente budistas, porque eso creaba discordia y confusión en la sociedad. Una vez, unos mormones me invitaron a ir a su sede y prepararon para mí una charla pública en Salt Lake City. Allí dije con franqueza también: "Hacer trabajo misional entre la gente que no sigue una religión con una base filosófica está bien, especialmente si realizan sacrificios de animales u otras prácticas perjudiciales. Sin embargo, en los lugares donde la población sigue su propia religión tradicional que tiene su base ética y filosófica, no es bueno el proselitismo. Mantener la armonía en la sociedad es más importante".

## *Incorporar prácticas de otras religiones*

Cambiar de religión es un asunto serio que no debería tomarse a la ligera. Algunas personas prefieren seguir la religión de su lugar de nacimiento, pero encuentran provechoso incorporar ciertos métodos de otras tradiciones en su propia práctica espiritual. Aunque permanecen profundamente comprometidos con su propia fe, algunos amigos cristianos practican técnicas para desarrollar la concentración meditativa que han aprendido del budismo. También utilizan métodos, como la visualización, que mejoran la compasión, y meditaciones que mejoran la paciencia y el perdón. Esto no interfiere con su refugio en Dios.

Igualmente, los budistas pueden aprender e incorporar algunos aspectos del cristianismo en su propia práctica. Un ejemplo claro se encuentra en el área del trabajo en comunidad. Los monjes cristianos tienen una larga historia de trabajo social, particularmente en la sanidad y en la educación, áreas estas en las que la comunidad budista va rezagada. Uno de mis amigos, un budista alemán, me dijo, tras visitar Nepal, que en los últimos cuarenta o cincuenta años los lamas tibetanos habían construido muchos grandes monasterios. Sin embargo, habían construido muy pocos hospitales y colegios para el público. Había observado que, si los cristianos construían nuevos monasterios, éstos incluían escuelas y hospitales para el público en general. Como respuesta a su observación, nosotros los budistas solo podemos bajar la cabeza y reconocer que tiene razón.

Algunos de mis amigos cristianos han manifestado mucho interés en la filosofía budista de la vacuidad. Yo les he dicho que, puesto que la teoría de la vacuidad es exclusiva del budismo, no es sabio para ellos observarla en profundidad. Hacerlo provocaría dificultades en su práctica cristiana, porque si siguen la teoría de la vacuidad y de la relación dependiente, que son la base de la visión budista de la realidad, desafiarían la visión basada en la creencia de un creador absoluto, independiente y eterno. Adoptar la teoría de la vacuidad haría daño a su fe en Dios, y esto no les beneficiaría.

Cuando somos practicantes espirituales principiantes, es bueno desarrollar un sentido de respeto hacia los maestros de otras tradiciones religiosas. Al principio del sendero espiritual, podemos ser tanto un practicante budista como un practicante cristiano o judío. Sin embargo, conforme vamos profundizando en la práctica espiritual, llega un momento en el que necesitamos aceptar la visión de una filosofía y profundizar en nuestra comprensión de ella. Esto es parecido a los nuevos estudiantes universitarios, que se benefician de estudiar muchas materias, pero posteriormente eligen una para especializarse.

Desde el punto de vista de un individuo que está profundizando en su sendero espiritual, practicar una sola religión es importante. Sin embargo, desde la perspectiva de la sociedad en general, es importante adherirse al principio de muchas religiones y muchas verdades. A primera vista, estos conceptos –el de una sola verdad o una sola religión frente al de muchas verdades o muchas religiones– parecen contradictorios. Sin embargo, si los examinamos con cuidado, veremos que cada uno es correcto en su propio contexto. Desde la perspectiva de un practicante espiritual individual, el concepto de una sola verdad, una sola religión, es válido. Desde el punto de vista de toda la sociedad, el concepto de muchas verdades, muchas religiones, es coherente. No hay contradicción. La verdad debe ser entendida y definida en relación al contexto. Incluso dentro de una sola religión, el budismo, hablamos de dos verdades: la convencional y la última.

## *Un enfoque no sectario*

En el pasado, el sectarismo creó muchos problemas e hizo daño tanto a los individuos como a la comunidad budista. Surge principalmente debido a la falta de contacto entre las personas de las diferentes tradiciones budistas, lo que lleva a la falta de información correcta sobre la doctrina y las prácticas de los demás. Desafortunadamente, en los últimos años se ha extendido a los practicantes internacionalmente y a los centros de Dharma también. Sin embargo, con mejores medios de transporte y de comunicación, los practicantes de diversas tradiciones pueden aprender unos de otros y reunirse fácilmente.

El sectarismo adopta muchas formas. A veces está motivado por los celos o la arrogancia. Otras veces se hace con "compasión", diciendo a los estudiantes que se confundirán si van a otras enseñanzas o que otras tradiciones son preliminares para la suya, que es más elevada. A veces, el sectarismo surge debido a la ignorancia, debido a que alguien cree que entiende otro sistema, pero, en realidad, no lo comprende correctamente. Algunas personas tienen prejuicios contra otras tradiciones o maestros por un mal dirigido sentido de la lealtad hacia su propio maestro o tradición.

Los malentendidos que dirigen al sectarismo aparecen cuando los comentarios hechos en relación a un individuo concreto se generalizan para todo el mundo en todas las épocas. Los comentarios degradantes de Milarepa sobre los eruditos fueron los primeros. Él estaba hablando sobre gente concreta que vivía en aquella época, y no quería decir que todos los eruditos no practicasen de manera pura o que ser un erudito no tuviera ningún valor. Si se malinterpreta esto y pensamos que todo el estudio de las escrituras es una pérdida de tiempo, creará tirantez entre los budistas que estudian mucho y los que no, dañando la existencia del Budadharma en el mundo, e inhibiendo a los individuos que quieren aprender.

La única solución para el sectarismo es estudiar y practicar otras tradiciones budistas además de la tuya y desarrollar una comprensión amplia de todas las enseñanzas del Buda. En lugar de identificarnos con una tradición específica, deberíamos considerarnos sencillamente budistas: después de todo, cuando tomamos refugio lo hacemos en las mismas Tres Joyas, no en una tradición budista específica o en un maestro. Puedes, aun así, seguir principalmente una tradición budista pero, cuando necesites aclaraciones sobre áreas específicas, aprender los detalles de cualquier tradición te dará la más completa de las perspectivas acerca de esos puntos para después incorporar esa explicación en tu práctica.

En el pasado, concretamente a finales del S. XIX, en el Tíbet, y ahora en la India también, muchos maestros eran en principio no sectarios. Dilgo Khyentse Rimpoché, su maestro principal Khyentse Choki Lodro, y su principal discípulo Trulshik Rimpoché eran no sectarios. Pertenecían a la tradición nyingma, pero desde que eran jóvenes recibieron enseñanzas de muchos maestros espirituales. En 1940, un lama gueluk en Amdo invitó a Dilgo Khyentse Rimpoché a esta zona para dar enseñanzas, y Rimpoché también recibió enseñanzas de este lama gueluk.

Los Dalai Lamas anteriores han practicado en múltiples linajes. Según sus biografías, los tres primeros Dalai Lamas fueron principalmente gueluk, pero tenían un acercamiento no sectario y recibieron enseñanzas de todas las tradiciones. El quinto Dalai Lama recibió enseñanzas de maestros sakyas y nyingmas, aunque no tantas de maestros kagyu. El séptimo Dalai Lama no tuvo mucha conexión con los nyingmas o los sakyas, y el decimotercer Dalai Lama fue, en principio, no sectario. Recibió tanto enseñanzas nyingma como gueluk, e incluyó en sus escritos una enseñanza sobre Vajrakilaya, una deidad central de la tradición nyingma. Uno de mis maestros de debate, Lodro Chonyi, de Mongolia, era un gran erudito y un buen practicante. Su maestro principal también practicaba la tradición nyingma, principalmente Hayagriva. Le dijo a Lodro Chonyi que el decimotercer Dalai Lama practicaba principalmente dos deidades: Yamantaka y Vajrakilaya.

Cuando yo era joven, era estrictamente gelukpa, pero después me volví no sectario. Una razón por la que recomiendo que la gente no venere la deidad Shugden es porque aprecio el enfoque no sectario y la libertad de recibir enseñanzas de varios mentores espirituales, y esta deidad es contraria a esta idea. Mi comprensión de la luz clara se ha visto mejorada en gran medida por recibir enseñanzas de dzogchen y mahamudra además de la explicación de Tsongkhapa de los diferentes niveles de la mente. Ahora leo textos de todas las tradiciones. Estudiar las explicaciones del mismo tema desde diferentes perspectivas me ayuda enormemente a lograr un conocimiento más completo. En estos días en los que el Budadharma está degenerando, el no sectarismo es esencial. La disputa y las peleas en nombre de la religión son estúpidas y están equivocadas.

De acuerdo con los practicantes, las diferentes explicaciones de un tema llegan a un punto. Por ejemplo, en el dzogchen, a veces meditas en la vacuidad como una afirmación negativa, como se enseña en el texto de un gran experto que tiene la experiencia real en meditación. Aunque la vacuidad es una negación no afirmativa, debido a este modo concreto de practicar, puede ser útil verla como una afirmación negativa[63]. Conocer estas diferentes perspectivas es útil. Un día lo sabremos por nosotros mismos a través de nuestra propia experiencia.

Una vez, un monje anciano me pidió que enseñara la bodhichita según un texto kagyu. Yo no estaba familiarizado con ese texto. Al ser incapaz de cumplir su deseo me quedé triste. Desafortunadamente no muchos lamas tibetanos pueden enseñar sobre las cuatro tradiciones tibetanas. Espero que en el futuro entre los tibetanos y los occidentales puedan solucionarlo. Un mayor conocimiento acerca de las demás tradiciones enriquece nuestra propia práctica. Los practicantes deben tener una perspectiva tan amplia como les sea posible, sin dispersarse ni confundirse debido a la diversidad.

Además, el contacto tibetano con las tradiciones zen, tierra pura y theravada no ha sido adecuado. Durante los años que viví en el exilio, mi relación con el Papa y otros líderes cristianos ha parecido más cercana que con los maestros theravada, zen y tierra pura. A nivel personal, me gustaría tener más contacto con otros budistas, y por el bien del budismo en el mundo, me gustaría que todas las tradiciones del budismo estuvieran más cercanas. Una razón por la que escribí *Budismo: Un maestro, muchas tradiciones* fue para dar a los budistas de todas las tradiciones información acerca de la doctrina y las prácticas de las demás. Al hacerlo, se hace más claro que la base de todas las tradiciones es la misma. Tomamos refugio en las mismas Tres Joyas, vemos el mundo desde la perspectiva de las cuatro verdades de los aryas, todos practicamos los tres adiestramientos superiores y cultivamos el amor, la compasión, el gozo y la ecuanimidad. Todas las tradiciones

---

63 Como una negación no afirmativa, la vacuidad es la ausencia de existencia inherente. Esta no establece nada de modo positivo. Una afirmación negativa niega una cosa al tiempo que establece otra. "La vacuidad de la mente" niega la existencia inherente en términos de la mente. "La mente y su vacuidad" establece que la mente tiene el atributo de la vacuidad.

budistas hablan de la ausencia de existencia inherente y de la relación dependiente. Aunque podemos acercarnos a estos temas desde diferentes perspectivas, esta no es razón para criticarse unos a otros.

Dentro del budismo tibetano encontramos eruditos que refutan la posición de otros. Deberíamos examinar por qué lo hacen y las razones que tienen para mantener sus posiciones. Si no estamos de acuerdo, podemos responder con razonamientos que respalden nuestro punto de vista. Este ejercicio lleva más lejos nuestra comprensión y la de los demás y no es irrespetuoso. Cuando se debate la visión en *Reconocer la madre*, Changkya Rolpai Dorje dice: "No te estoy faltando al respeto. Por favor, debes perdonarme si te he ofendido". Debatir las ideas es diferente de ser arrogante respecto a tu propia tradición y denigrar a los demás. Aunque podamos no estar de acuerdo con otros, es importante respetarlos a ellos y a sus tradiciones.

Juntos, como discípulos del mismo maestro, los budistas tendremos una relación cercana. Podremos hablar con una misma voz de los problemas sociales y medioambientales y promover la no violencia y la tolerancia. Esto definitivamente complacerá al Buda y beneficiará a todos los seres conscientes.

# Glosario

*Abhayagiri*. 1.Uno de los primeros monasterios budistas en Sri Lanka, cuya formación estaba basada en las enseñanzas del primer budismo e influenciada por el mahayana y posteriores enseñanzas tántricas. 2.Una secta con ese nombre.

*Abhidharma*. 1.La rama de las enseñanzas budistas que trata de la sabiduría que conlleva el análisis de los fenómenos. 2.Una de las tres colecciones del tripitaka.

*Absolutismo*. Creer que los fenómenos existen inherentemente.

*Acumulación de mérito*. La práctica del aspecto del método de un bodhisatva del sendero que acumula mérito.

*Adiestramiento mental*. Un método para adiestrar la mente en la bodhichita convencional y última. Los textos del adiestramiento mental constan de instrucciones breves y concisas.

*Aferramiento a la existencia inherente* (*atmagraha*) La ignorancia que se aferra a la existencia inherente.

*Aflicciones* (*klesha*). Factores mentales como las emociones perturbadoras y las visiones incorrectas, que alteran la paz de la mente.

*Agamas*. Las antologías de las escrituras en el canon chino que corresponden a cuatro de los cinco nikayas en el canon pali.

*Agregados* (*skandha*). 1. Los cuatro o cinco componentes de un ser vivo: cuerpo (excepto para los seres nacidos en el reino sin forma), sensación, discernimiento, factores producidos y consciencia. 2. En general, los agregados son una manera de categorizar todas las cosas impermanentes. Aquí, la forma incluye los cinco objetos de los sentidos, sus cinco facultades sensoriales y las formas para la consciencia mental.

*Apariencia conceptual*. La imagen mental de un objeto que aparece a una consciencia conceptual.

*Arhat*. Alguien que ha erradicado todos los oscurecimientos aflictivos y está liberado del samsara.

*Arya*. Alguien que ha comprendido directamente y de modo no conceptual la vacuidad de existencia inherente.

*Autoridad escritural.* La autoridad de una escritura que cumple con tres criterios que la hacen fidedigna.

*Base de designación.* El conjunto de partes o factores en base a los que se designa un objeto.

*Bhanakas.* Un grupo de monjes cuyo deber era memorizar y recitar las escrituras.

*Bhiksu* y *Bhiksuni.* Monje y monja completamente ordenados.

*Bodhichita.* Una consciencia mental primaria inducida por el deseo de beneficiar a los demás, acompañada de una aspiración de alcanzar la Iluminación uno mismo para ese fin. Esta es la bodhichita convencional. Ver también *bodhichita última.*

*Bodhichita última.* La sabiduría que comprende directamente la vacuidad y que está soportada por la bodhichita convencional. Ver también *bodhichita.*

*Cesación* (*nirodha*). 1. La cesación de las aflicciones, de sus semillas y del karma contaminado, que producen un renacimiento en la existencia cíclica. 2. La Liberación.

*Cesación verdadera.* La cesación de una parte de las aflicciones o de una parte de los oscurecimientos cognitivos.

*Compasión* (*karuna*). El deseo de que todos los seres conscientes se liberen de todos los duhkhas y de sus causas.

*Iluminación.* Budeidad, el estado en el que todos los oscurecimientos han sido abandonados y todas las buenas cualidades se han desarrollado sin límites.

*Concentración de entrada.* El nivel de concentración logrado con la serenidad.

*Conocedor confiable, válido* (*pramana*). Una consciencia no engañosa que es incontrovertible en relación a su objeto aprehendido y que nos permite realizar nuestro propósito.

*Conocedor inferencial* (*anumana*). Una mente conceptual que determina su objeto mediante un razonamiento correcto.

*Conocedor sublime.* Una consciencia de sabiduría que comprende la vacuidad.

*Consciencia* (*jñana*). Aquello que es claridad y cognición.

*Contaminado.* Bajo la influencia de la ignorancia y las latencias de la ignorancia.

*Continuo mental.* La continuidad de la mente.

*Cuatro verdades de los aryas*. La verdad de duhkha, de sus causas, de su cesación y del sendero a la cesación.

*Cuerpo de emanación* (*nirmanakaya*). El cuerpo de un buda que aparece ante los seres conscientes ordinarios para beneficiarlos.

*Cuerpo del deleite* (*sambhogakaya*). El cuerpo de un buda que aparece en las tierras puras para enseñar a los arya bodhisatvas.

*Cuerpo de la forma* (*rupakaya*). El cuerpo en el que un buda aparece ante los seres conscientes. Incluye el cuerpo de emanación y el cuerpo del deleite.

*Cuerpo de la sabiduría de la verdad* (*jñanadharmakaya*). El cuerpo de un buda que es la mente omnisciente de un buda. *Ver también* cuerpo de la verdad.

*Cuerpo de la verdad* (*dharmakaya*). El cuerpo de un buda que incluye el cuerpo de la naturaleza de la verdad y el cuerpo de la sabiduría de la verdad.

*Cuerpo de naturaleza de la verdad* (*svabhavikadharmakaya*). El cuerpo de un buda que es la vacuidad de la mente de un buda y las verdaderas cesaciones de un buda. *Ver también* cuerpo de la verdad.

*Dakini*. Una practicante tántrica femenina altamente consumada.

*Deidad meditacional*. Una deidad de meditación que es un buda o un bodhisatva muy elevado y que se visualiza en ciertas clases de meditación.

*Dios* (*deva*). Un ser celestial que todavía está en el samsara.

*Dhamma*. El término pali para Dharma.

*Dharani*. Mantra, un grupo de sílabas que expresan un significado espiritual.

*Dharmaguptaka*. Una de las primeras dieciocho escuelas, cuyo vinaya se practica hoy en día en el este de Asia.

*Duhkha*. 1.Las experiencias insatisfactorias de la existencia cíclica, que son de tres tipos: el duhkha del dolor, el duhkha del cambio y el duhkha de lo condicionado que lo impregna todo. 2. La primera verdad de los aryas.

*Egocentrismo*. 1. En general, la actitud que cree que nuestra felicidad es más importante que la de los demás. 2. La actitud que busca solo la propia Liberación personal.

*El más elevado yoga tantra* (*anuttarayogatantra*). La más avanzada de las cuatro clases de tantra.

*Enseñanzas definitivas* (*nitartha*). Enseñanzas que hablan sobre la naturaleza última de la realidad y que pueden ser aceptadas literalmente (según los prasangikas). *Ver también* enseñanzas interpretativas/provisionales.

*Enseñanzas de la visión pura*. Las enseñanzas derivadas de la visión pura de una deidad meditacional que es vista por un maestro consumado en meditación.

*Enseñanzas interpretativas/provisionales* (*neyartha*). Las enseñanzas que no hablan acerca de la naturaleza última de los fenómenos y/o enseñanzas que no pueden tomarse literalmente. *Ver también* enseñanzas definitivas.

*Estabilidad meditativa*. Meditación para el desarrollo de la concentración.

*Estabilidad meditativa en la vacuidad*. La mente de un arya enfocada unipuntualizadamente en la vacuidad de existencia inherente.

*Existencia convencional*. *Ver* samsara.

*Existencia inherente* (*svabhava*). Existencia que no depende de ningún otro factor, existencia independiente, existencia esencial.

*Existencia verdadera*. Existencia inherente (según el sistema prasangika).

*Factor mental* (*chaitta*). Un aspecto de una consciencia que aprehende una cualidad particular de un objeto o realiza una función cognitiva específica.

*Fenómeno evidente*. Un fenómeno que los seres ordinarios pueden percibir con los cinco sentidos.

*Fenómeno funcional*. Algo que es producido por causas y condiciones y produce un efecto.

*Fenómeno ligeramente oculto*. Un fenómeno que inicialmente puede ser conocido solo por un conocedor inferencial.

*Fenómeno muy oculto*. Un fenómeno que solo puede ser conocido confiando en el testimonio de una persona fidedigna o de una escritura válida.

*Gathas*. Breves frases utilizadas en la práctica del adiestramiento mental.

*Giro de la rueda del Dharma*. El hecho de dar enseñanzas el Buda.

*Ignorancia* (*avidya*). Un factor mental que está oscurecido y se aferra a lo contrario de lo que existe. Hay dos tipos: la ignorancia respecto a la realidad, que es la raíz del samsara, y la ignorancia respecto al karma y sus efectos.

*Impresiones* (*vasana*). Predisposiciones, tendencias. Hay impresiones del karma e impresiones de las aflicciones.

*Inteligencia corrupta*. Un factor mental analítico que llega a una conclusión incorrecta.

*Jetavana.* 1. Uno de los primeros monasterios budistas en Sri Lanka, cuya formación se basaba en las enseñanzas del primer budismo e influenciado por el mahayana y posteriores enseñanzas tántricas. 2. Una secta con ese nombre.

*Karma.* Acción intencional.

*Lam Rim.* 1. Etapas del sendero a la Iluminación. 2. Un texto que enseña esto según los tres niveles de practicantes.

*Liberación* (*moksa*). El estado de libertad de la existencia cíclica. *Ver también* Nirvana.

*Luz clara.* Una mente que siempre ha sido pura y seguirá siéndolo; la vacuidad.

*Mahayana.* 1. El camino a la Iluminación. 2. Las escrituras que lo describen. 3. Un movimiento o tipo de práctica del budismo que se hizo predominante en la India y se extendió a Asia Central y al este de Asia.

*Mahavihara.* 1. Un monasterio en Sri Lanka que data de muchos siglos atrás, cuyas enseñanzas fueron predominantes en Sri Lanka y en el mundo theravada. 2. Una secta budista en Sri Lanka.

*Meditación analítica* (*vicarabhavana,* T. *dpyad sgom*). Meditación para comprender un objeto.

*Mente* (*chittajñana*). La parte inmaterial de claridad y consciencia de los seres vivos que conoce, experimenta, piensa, siente, etc.

*Mente innata fundamental de la luz clara.* El nivel de mente más sutil.

*Mérito* (*punya*). Karma positivo.

*Monje.* Alguien que ha recibido la ordenación monástica: un monje o una monja.

*Mulasarvastivada.* 1. Una de las primeras escuelas budistas que es una rama de la escuela sarvastivada. 2. El linaje del vinaya dominante en el Tíbet.

*Negación afirmativa.* Una negación que implica algo más.

*Negación no afirmativa.* Una negación que no implica nada más.

*Nihilismo.* Creer que nuestras acciones no tienen dimensión ética. Creer que lo que existe –como las Tres Joyas, las cuatro verdades y la ley de causa y efecto– no existe.

*Nikaya.* 1. Una colección de suttas en el canon pali. 2. Una tradición dentro del budismo theravada.

*Nirvana.* La Liberación, la cesación de los oscurecimientos aflictivos y de los renacimientos en el samsara que producen.

*No dualidad.* La no apariencia de sujeto y objeto, ni existencia inherente, ni verdades ocultas ni apariencias conceptuales en la estabilidad meditativa de un arya sobre la vacuidad.

*Objeto de negación.* Lo que es negado o refutado.

*Oscurecimientos aflictivos* (*kleshavarana*). Oscurecimientos que principalmente impiden la Liberación: las aflicciones, sus semillas y el karma contaminado.

*Oscurecimientos cognitivos* (*jñeyavarana*). Los oscurecimientos que impiden principalmente la Iluminación: las impresiones de ignorancia y la visión dualista sutil que estas hacen surgir. *Ver también* oscurecimientos aflictivos.

*Parinirvana.* El fallecimiento del Buda.

*Permanente.* Que no cambia momento a momento, estático. No significa eterno.

*Persona autosuficiente y sustancialmente existente.* Un yo que es el controlador del cuerpo y la mente. Este yo no existe.

*Persona* (*pudgala*). Un ser vivo designado sobre la base de cuatro o cinco agregados.

*Prajñaparamita.* La perfección de la sabiduría, que es el tema de una clase de sutras mahayana que llevan este mismo nombre.

*Pratimoksa.* Los diferentes grupos de preceptos éticos que ayudan al logro de la Liberación.

*Realizador solitario* (*pratyekabuda*). Una persona que sigue el vehículo fundamental y que busca la liberación personal y enfatiza la comprensión de los doce vínculos de relación dependiente.

*Relación dependiente* (*pratityasamutpada*). Es de tres tipos: (1) Dependencia causal –las cosas surgen debido a causas y condiciones; (2) dependencia mutua –los fenómenos existen en relación a otros fenómenos; y (3) designación dependiente –los fenómenos existen al ser meramente designados por términos y conceptos.

*Renacimiento desafortunado.* Renacer como un ser del infierno, un espíritu ávido o un animal.

*Samadhi.* Concentración unipuntualizada.

*Samsara.* El ciclo de sufrimiento que acontece bajo el control de las aflicciones y el karma contaminado.

*Sarvastivada*. Una de las primeras escuelas destacadas en el norte de la India.

*Seis perfecciones* (*sadparamita*). Las prácticas de la generosidad, la conducta ética, la paciencia, el esfuerzo gozoso, la estabilidad meditativa y la sabiduría que son motivadas por la bodhichita y selladas con la sabiduría que las percibe como vacías y dependientes.

*Sensación* (*vedana*). Uno de los cinco agregados, la experiencia de objetos agradables, desagradables o neutros.

*Serenidad* (*samatha*). Permanencia apacible. Una concentración que surge de la meditación, acompañada por el gozo mental y la flexibilidad física en la que la mente permanece sin esfuerzo, sin fluctuaciones, tanto tiempo como deseemos en cualquier objeto en el que se emplace.

*Ser consciente* (*sattva*). Cualquier ser con una mente que no está libre de contaminaciones, es decir, un ser que no es un buda. Esto incluye tanto a los seres ordinarios como a los arhats y los bodhisatvas.

*Sravaka*. Alguien que practica el vehículo fundamental que dirige al estado de arhat, que enfatiza la meditación en las cuatro verdades de los aryas.

*Sthavira*. Una de las primeras escuelas budistas. Se dice que el theravada desciende de ella.

*Sutta*. La palabra en pali para sutra.

*Sutrayana*. El sendero a la Iluminación basado en los sutras.

*Tantrayana*. El sendero a la Iluminación descrito en los tantras. Para practicarlo, uno debe tener una firme comprensión de las enseñanzas del vehículo fundamental y del mahayana en general.

*Tathagata*. Un buda.

*Terma*. Enseñanzas tesoro. Enseñanzas ocultas en el entorno o reveladas como enseñanzas en una visión.

*Theravada*. La forma de budismo predominantemente practicada hoy en Sri Lanka, Tailandia, Birmania, Laos, Camboya, etc.

*Tierra o nivel del bodhisatva* (*Bodhisatvabhumi*). Una consciencia caracterizada por la sabiduría y la compasión en el continuo de un arya bodhisatva. Es la base del desarrollo de las buenas cualidades y la base de la erradicación de la ignorancia y de las apariencias erróneas.

*Tradición de Nalanda*. La tradición budista descendiente del monasterio de Nalanda y otras universidades monásticas de la India, que floreció desde el S. VI hasta finales del S. XII.

*Tradición del pali.* La forma de budismo basada en los textos escritos en pali.

*Tradición del sánscrito.* La forma de budismo basada en las escrituras puestas originalmente en sánscrito, así como en otras lenguas de Asia Central.

*Treinta y siete factores que llevan a la Iluminación* (*bodhipaksya-dharma*). Siete grupos de adiestramientos –los cuatro fundamentos de la atención, los cuatro esfuerzos supremos, las cuatro bases del poder espiritual, las cinco facultades, los cinco poderes, los siete factores que llevan a la Iluminación y el noble óctuple sendero– que juntos dirigen al logro de la permanencia apacible y la visión.

*Tres adiestramientos superiores.* Los adiestramientos en la conducta ética, la concentración y la sabiduría, que son practicados habiendo tomado refugio en las Tres Joyas y que forman el sendero a la Iluminación.

*Tripitaka.* Las enseñanzas del Buda en tres ramas: vinaya, sutra y abhidharma.

*Vacuidad* (*sunyata*). La ausencia de existencia inherente, esencial. Ausencia de existencia independiente.

*Vehículo fundamental.* El sendero que dirige a la liberación de los sravakas y los realizadores solitarios.

*Verdad oculta* (*samvrtisatya*). Lo que aparece como verdadero desde la perspectiva de la mente que se aferra a la existencia verdadera, también denominada verdad convencional.

*Verdad última* (*paramarthasatya*). El modo último de existencia de todas las personas y de todos los fenómenos: la vacuidad.

*Vinaya.* 1. La disciplina monástica. 2. Las escrituras que presentan la disciplina monástica.

*Visión de una identidad personal* (*satkayadrsti*). Aferramiento a la existencia inherente del yo o lo mío (según el sistema prasangika).

*Visión superior* (*vipasana*). Una sabiduría capaz de discernir y que actúa unida a un gozo especial inducido por el poder de haber analizado el objeto en permanencia apacible.

*Yo, ser* (*atman*). Dependiendo del contexto, 1.Una persona, o 2.Existencia inherente, esencial.

*Yo permanente, unitario e independiente.* Un alma o yo (*atman*) afirmado por los no budistas.

## Índice por palabras

## C

F

## G

## H



## I

## J



## K

## N

## O



## P

## T

## U



## V

W



X



Y

## Z

www.ingramcontent.com/pod-product-compliance
Ingram Content Group UK Ltd.
Pitfield, Milton Keynes, MK11 3LW, UK
UKHW021709190726
13853UKWH00001B/470